国家出版基金项目
NATIONAL PUBLICATION FOUNDATION

中国旅游发展模式研究系列丛书

“十三五”国家重点出版物出版规划项目

海洋旅游发展的中国模式

THE CHINESE MODEL OF THE DEVELOPMENT OF MARINE TOURISM

石培华　陆明明
穆怀彦　杨　旭　马晨晖◎编著

中国旅游出版社

序一　知中国服务中国的旅游研究实践

龚　克[1]

在我国全面建设小康社会的胜利进程中，旅游业做出了重要的贡献并实现了自身的历史性发展。奉献给读者的这部《中国旅游发展模式研究系列丛书》，是我校石培华教授依托现代旅游业发展省部共建协同创新中心编撰的。丛书共八册:《乡村旅游发展的中国模式》《旅游景区发展的中国模式》《海洋旅游发展的中国模式》《旅游扶贫的中国模式》《生态旅游的中国模式》《工业旅游的中国模式》《国民旅游休闲的中国模式》《全域旅游的中国模式》，是一部从中国特色社会主义建设伟大道路的视角出发、基于改革开放40多年来中国旅游的壮阔实践、系统研究中国旅游发展模式的学术成果，入选了国家出版基金项目、国家新闻出版广电总局“十三五”国家重点出版物出版规划项目。

2015年7月，为适应建设全面小康社会对旅游发展的迫切需要，南开大学发起成立现代旅游业发展协同创新中心，得到中山大学和国家旅游局、国家信息中心等大力支持。我们引进石培华教授到南开大学具体负责中心建设，在学生培养、学术研究、学科发展等方面取得了系列重要成果，2019年11月通过教育部认定，成为我国旅游学科首个、目前唯一的旅游领域协同创新中心。这套丛书展示了中心取得的重要成果，可喜可贺。本套丛书也是石培华教授团队在旅游发展领域践行南开大学“允公允能，日新月异”之校训和“知中国、服务中国”之传统的生动实践，值得称道。

曾几何时，离家出行都要凭单位“介绍信”，休闲旅游更是被当作资产阶级生活方式而遭贬斥。改革开放的伟大历史转折，真正开启中国的现代旅游

① 南开大学学术委员会主任、现代旅游业发展省部共建协同创新中心理事长。

业。自1978年邓小平同志黄山讲话以来，中国旅游业从无到有、从小到大快速崛起，实现旅游资源大国向旅游大国的历史性跨越，形成了世界上最大国内旅游市场和最大出境旅游市场，入境旅游排名全球第四。短短40多年走过了发达国家二三百年的旅游发展历程，探索出作为发展中大国的中国特色旅游发展模式。中国旅游业成为全方位展示改革开放之中国快速崛起的生动窗口和鲜活缩影，是研究"中国模式"或者"中国道路"的一个极具代表性和标志性的领域。

"人民对美好生活的向往，就是我们的奋斗目标"（习近平）。中国旅游的迅速发展，从根本上看，就是因为顺应了广大人民群众对于旅游休闲的日益增长的需要。透过中国旅游发展历程及其模式经验，既能看到市场力量驱动下的中国旅游业之蓬勃发展，又能直观地看到中国政府切实以人民为中心集中力量办大事、上下齐心成大业的体制优势。中国旅游业现已成为全球旅游发展最大和最富活力的引擎，中国旅游发展也是世界旅游发展的一个典型样本，鲜活地展示着世界旅游业的独特优势、巨大潜力、强大功能和美好前景。

目前我国旅游领域的研究专著越来越多，但系统梳理中国旅游发展的成就、经验、规律和发展模式的成果还很不够。中国旅游业发展的道路，既有鲜明的中国特色，也反映了世界旅游发展的内在规律和共同趋势。这套丛书站在国家发展战略全局高度，选择乡村旅游、旅游景区、海洋旅游、旅游扶贫、生态旅游、工业旅游、国民休闲、全域旅游等主题，以学术研究讲述中国旅游发展故事，从总体模式、类型模式、典型案例等层面研究梳理中国旅游发展模式，与世界分享中国旅游发展经验，具有非常重要的现实价值。

中国即将实现全面小康社会，"更加突出的问题是发展不平衡不充分，这已经成为满足人民日益增长的美好生活需要的主要制约因素"（中国共产党十九大报告）。我以为，站在历史发展的新方位，不仅要系统总结改革开放以来中国的旅游业实现跨越式历史性发展的生动经验，还必须深刻认识到，与人民群众快速增长的需要和向往相比，我国旅游业的发展仍然很不平衡和很不充分，许多旅游资源尚未得到适当的开发，许多旅游资源被过度的不适当开发，旅游发展还需与物质文明、精神文明和生态文明建设深度融合，以更好地为全体人民的健康全面发展服务；面对后小康社会人民群众的新期待、面对国际形势的新变化，旅游发展亟待开拓新局面、创造新格局，需要更有力的智力支撑。人类正在经受的这场新冠病毒疫情，使旅游业的发展遭受惨重的打击，现在全球都在积极推动变革性的复苏，以期“build back better”，我们也要深入探讨如何使旅游业以“复苏”为契机，实现更有韧性更可持续的更好更快的变革性发展。

中国旅游发展模式的系统研究刚刚起步，中国旅游发展实践丰富多彩又极其复杂，很难用单一的模式去阐释，更希望全国乃至全球相关方面的同仁们一道共同关注和推进这一重大理论和实践问题的研究，也期望现代旅游业发展省部共建协同创新中心更好发挥平台作用，集聚更多的专家共同开展协同创新研究，不断推进旅游研究的系统创新。面对新的国情世情，旅游学科任重而道远，应该坚持扎根于实践基础，坚持开放吸纳世界旅游文明成果，坚持以人民为中心的旅游发展道路，自觉服务人民群众对美好生活的向往和人的全面发展需要，自觉将创新驱动、可持续发展和乡村振兴等国家战略贯彻于旅游发展之中，自觉将全球可持续发展目标与中国旅游发展有机结合，自觉运用好大数据、互联网、人工智能等新一代科技工具，推动旅游业实现文明、包容、协调、绿色、健康的高质量发展，成为广大人民群众向往而满意的幸福事业。

有感而发，祈读者指正。

序二　探寻中国旅游发展的逻辑规律与成功密码

郑新立[①]

改革开放以来，中国发展取得举世瞩目的伟大成就，全球越来越多的目光关注中国，聚焦研究快速崛起的“中国模式”。旅游业快速发展是透视中国快速崛起的一扇全息窗口，集中展示了中国发展成就。从1978年邓小平同志黄山讲话以来，中国旅游业迅猛发展，用短短40多年走过了西方发达国家二三百年旅游发展历程，形成了世界上最大规模的国内旅游市场、第一大出境旅游消费国家、第四大入境旅游国家，旅游业已经成为国民经济社会发展的战略性支柱产业，旅游成为大众化的幸福生活方式和成就人生的学习和成长方式，是世界上旅游业发展最快、受益人口最多、辐射带动力最强的国家之一，中国旅游也成为全球旅游发展最大、最有潜力和最富活力的第一引擎。中国旅游业发展之所以能在短短几十年取得如此巨大的发展成就，根本在于找到了一条体现中国特色、反映世界趋势、遵循旅游规律的旅游发展之路，探索了一条具有中国特色的发展中大国旅游发展模式。

正是在此背景下，石培华教授、黄萍教授等同志研究编撰出版《中国旅游发展模式研究系列丛书》具有特别重要的意义，该套丛书经中国旅游出版社申报入选国家出版基金项目、国家新闻出版广电总局“十三五”国家重点出版物出版规划项目，是首次系统研究中国旅游发展模式的学术成果。丛书共八册：《乡村旅游发展的中国模式》《旅游景区发展的中国模式》《海洋旅游发展的中国模式》《旅游扶贫的中国模式》《生态旅游的中国模式》《工业旅游的中国模

① 著名经济学家，中央政策研究室原副主任、第十一届全国政协经济委员会副主任、中国国际经济交流中心原常务副理事长、中国工业经济学会原会长、现代旅游业发展省部共建协同创新中心学术委员会主任、教授、博导。

式》《国民旅游休闲的中国模式》《全域旅游的中国模式》。丛书站在国家发展战略高度，选择中国旅游发展中典型专题，围绕乡村旅游、旅游景区、海洋旅游、旅游扶贫、生态旅游、工业旅游、国民休闲、全域旅游等主题，研究中国旅游发展模式，与世界分享中国旅游发展经验和方案。

过去 40 多年，中国旅游业从小到大，实现了从短缺型旅游发展中国家向初步小康型旅游大国的历史性跨越。一是国内旅游从小众市场向大众化转变，已拥有全世界最大国内旅游消费市场，中国步入大众旅游时代，成为世界上拥有国内游客数量最多的国家。二是国际旅游从单一入境游发展成为出入境旅游并重格局，出境旅游市场更加活跃、发展空间潜力巨大。中国已是世界第四大旅游入境接待国，是全球增长最快的客源输出国之一，已成为世界第一大出境旅游消费国。三是旅游业从单纯外事接待型事业转向事业产业共同发展，综合功能优势日益凸显。旅游从外交的边缘向外交的前沿、从经济建设边缘向经济建设主战场、从经济增长点向第三产业重点转变，从传统粗放型、数量型旅游发展方式向集约型、创新型方式转变。四是旅游业由一般性产业向战略性支柱产业转变，产业规模和实力迅速壮大。随着旅游业对国民经济拉动的作用大幅提升，旅游业的战略地位日益凸显，被定位为国民经济战略性支柱产业、人民群众更加满意的现代服务业，五大幸福产业之首。五是旅游业发展由局部扩展到全国，形成国家与地方、政府与企业、社会共同推进的大格局。所有省区市都将旅游业作为战略性支柱产业，85% 以上的市地州盟、80% 以上的市县区将旅游业定位为支柱产业。旅游发展的主体由政府为主向政府、企业、社会共同参与的多主体、多类型、全方位推进。

中国旅游业快速发展，是世界旅游业快速发展的一个典型样本，中国旅游业的发展得益于战后世界和平环境和世界旅游业的大发展，最能展示世界旅游业的独特优势、旅游业发展的巨大潜力、旅游业的强大综合功能，也最能展示旅游业的巨大力量、展示旅游业的美好前景，也最能反映旅游业发展面临的问题和挑战。目前世界对中国旅游业发展的了解还比较零星，也比较表面，世界感触最多的可能是中国快速增长的出境旅游，对中国旅游业发展所做全方位、立体化实践创新探索总体上了解甚少。

现代旅游业发展省部共建协同创新中心于 2015 年 7 月成立以来，2019 年 11 月通过教育部认定，成为我国旅游学科首个、目前唯一的旅游领域的协同创新中心。这套丛书正是协同创新的又一标志性成果，是实践和理论结合成果，既可以作为旅游实践工作者的工具书，也可以作为旅游研究教育工作者和广大学生学习研究的参考书。

中国旅游业发展的探索，立足于中国国情，有鲜明中国特色，但也反映世界旅游发展的共同趋势和规律，对其他国家特别是发展中国家可以有所启示，大国的国情决定了中国旅游发展模式的丰富性。经过几十年艰苦奋斗和探索，中国可以与世界分享的，不仅仅是强劲的出境旅游需求、旅游购物和投资，也可以分享中国发展旅游所做的创新探索努力。透过中国旅游发展历程，既能看到市场力量驱动下的中国旅游业之蓬勃发展，又能直观地看到中国旅游在政府主导下集中力量办大事，上下齐心成大业的体制优势，中国旅游业的发展探索，也是中国特色发展道路的一个缩影。现今，中国旅游业的发展潜力才刚刚释放，随着2035年中国基本实现现代化，2050年前后建成富强民主文明和谐美丽的社会主义现代化强国，我国人民收入水平将不断提高，基础设施和社会环境将不断优化。未来30年依旧是中国旅游快速发展的黄金期，而且进入转型升级创新发展关键期，中国旅游业巨大的发展潜力为世界分享中国机遇创造了巨大的空间和美好前景。编写出版该套丛书，有助于向世界展示中国旅游发展成就，展示旅游巨大力量，与世界分享中国旅游发展的经验、分享中国旅游发展机遇，共同推进世界旅游可持续发展，共建世界旅游共同体、共享美丽旅游地球村。

前 言

海洋旅游发展是展示中国改革开放发展成就、展示中国旅游业发展成就的窗口，也是中国快速发展的典型缩影。本书梳理阐述的海洋旅游发展的中国模式，是放在海洋时代全球海洋旅游发展大格局、“一带一路”愿景、我国改革开放大格局下思考研究我国海洋旅游发展，按照国家建设海洋强国和推进“一带一路”合作的总体部署要求，去研究我国海洋旅游发展。本书所说“模式”包括三层含义：一是总结中国海洋旅游发展成就和路径特征；二是探寻海洋旅游未来发展之路；三是总结各地发展海洋旅游丰富多彩的经验模式。需要特别说明的是，本书研究梳理的还只是中国大陆的海洋旅游发展，还没有研究台湾、香港、澳门地区的海洋旅游发展，以及大陆与港澳台海洋旅游合作。

21 世纪人类进入了大规模开发利用海洋的时期，海洋在国家经济发展格局和对外开放中的作用更加重要。中国共产党十八大报告提出建设海洋强国，十九大报告提出加快建设海洋强国。我国是海洋大国，海岸线漫长，管辖海域广袤，海洋资源丰富。纵观人类发展史，走向海洋是民族振兴、国家富强的必由之路。在世界海洋产业快速发展的背景之下，我国高度重视海洋资源保护利用开发和海洋产业可持续发展，提出建设“海洋强国”战略，颁布了系列政策法规和发展规划，并将重点区域海洋产业发展规划上升到国家战略层面，海洋产业步入全面快速发展时期，2013 年我国的旅游主题就被确定为“海洋旅游年”。海洋旅游业是海洋产业的重要组成部分，日益成为发展最快的新亮点、新热点，成为旅游消费和旅游业发展中的热点，成为我国沿海发展的新引擎、新亮点，在促进我国海洋产业快速发展、推动沿海地区经济增长方面发挥着重要作用。我国沿海地区旅游开发呈现“三带一区”（渤海湾旅游带、长三角旅游带、珠三角旅游带和海南旅游区）的发展格局，形成了滨海观光、康体疗养、休闲度假以及新型产品和高端产品构成的产品体系，海洋旅游产业结构逐渐优化，海洋旅游在地区经济发展与国家海洋发展战略布局中的作用日益凸显。

本书内容包括了五章：第一章中国海洋旅游相关知识概述；第二章中国海洋旅游发展成就与经验模式；第三章中国海洋旅游发展方向与战略思路；第四章中国滨海城市旅游发展模式案例；第五章中国海洋旅游新业态发展模式。这五章内容，重点从三个层面研究梳理海洋旅游发展的中国模式：一是研究阐述中国海洋旅游发展已经取得的成就和模式，以海洋旅游讲述中国发展故事、讲述中国改革开放故事、中国旅游发展故事，并总结中国海洋旅游发展成就、经验、规律和路径。我国海洋旅游业经过近40年发展，日益成为我国海洋经济中发展最快、最有潜力和活力的重要组成部分，对于我国海洋经济的贡献度也在不断提升，成为我国旅游中需求最旺、发展最快的重要部分，成为我国海洋战略、“一带一路”愿景中独具魅力优势的重要新载体，成为保护海洋生态环境的绿色发展路径，成为充分利用各种海洋新科技、融合转化海洋新产业的重要新载体，成为传承弘扬文化、增强民族海洋意识和自信的重要载体。已经跃然成长为中国发展成就的重要标志和窗口、中国改革开放沿海发展的重要标志和窗口、中国海洋战略成就的重要标志和窗口、中国国际化的重要标志和窗口。二是分类探究中国海洋旅游发展的各类模式，以典型案例阐述分析不同类型海洋旅游发展。中国海洋旅游的发展促进了海洋旅游相关法律法规体系、综合治理体系、资源保护体系和标准化体系的构建和完善，为中国海洋旅游发展构建了战略基础和政策保障，地方政府奋勇争先、因地制宜实施海洋强省战略，激发了市场主体的活跃创新，形成了滨海旅游城市发展模式，滨海旅游度假区和景区发展模式，海岛旅游发展模式，海洋文化旅游发展模式和以邮轮游艇旅游发展模式、休闲渔村渔港旅游模式、海洋旅游产业园模式、海洋运动休闲基地模式、海洋主题公园模式、海洋会议会展发展模式等为代表的新型海洋旅游产品模式等五大类中国海洋旅游发展模式，成为推动我国海洋旅游走向国际化、规模化、高端化、科技化、融合化的重要因素。三是研究分析中国海洋旅游发展中还存在的差距不足、分析发展前景，探索未来中国海洋旅游高质量发展的方向、路径和模式。中国海洋旅游发展虽然取得了瞩目的成就，但仍存在很多不足和问题，包括海洋旅游景点缺乏总体规划、海洋旅游产品开发不足、海洋旅游资源的污染严重、品牌意识薄弱、有关海洋旅游资源的法律体系还不完善、海洋旅游业与其他产业的合作不协调、缺乏海洋旅游专业人才等问题，提出了发挥优势整合资源、加强整体协调能力、发展海洋生态旅游是我国海洋旅游发展的必要趋势，推进海洋旅游科技创新，优化我国海洋旅游产业结构，强化品牌意识，准确品牌定位，培养高质量专业人才，提高从业人员素质的路径建议和未来展望。

我国对海洋旅游发展的关注和研究越来越多，也已经出版了一些海洋旅游发展专著，但系统梳理中国旅游发展的成就、经验、规律，总结中国海洋旅游发展模式等的成果还很少。本书试图在中国海洋旅游发展丰富鲜活实践基础上，系统梳理总结海洋旅游发展的中国探索、中国道路或者说中国模式。本书作者执笔起草过《国务院关于推进海南国际旅游岛建设发展的若干意见》，主持编制过《海南省十二五旅游业发展规划》《北部湾旅游发展规划》《三亚海洋旅游发展规划》《三亚邮轮旅游发展规划》《粤港澳区域旅游合作发展规划纲要》《三亚游艇旅游发展规划》《博鳌特别规划区旅游发展规划》《琼海田园城市幸福琼海发展规划》《北海市全域旅游发展规划》《辽宁省旅游发展总体规划》《三亚低空旅游发展规划》《涠洲岛旅游发展总体规划》《烟台市全域旅游发展规划》《蓬莱创建国家级旅游度假区规划》《蓬莱阁－蓬莱水城旅游发展规划》《莱州市全域旅游发展规划》《儋州市旅游发展总体规划》《海南棋子湾旅游度假区发展总体规划》《江门市全域旅游发展规划》《开平市全域旅游发展规划》《东山岛旅游发展总体规划》等系列海洋旅游发展规划。本书积累了这些规划中对海洋旅游发展的相关思考。但由于时间和水平等各方面限制，本书肯定存在许多不足，敬请各位同行和读者批评指正。

石培华

2020年12月于北京

目 录

第一章

中国海洋旅游发展相关知识概述

研究中国海洋旅游发展的模式，需要系统梳理中国海洋旅游发展的相关概念内涵、背景意义、海洋资源环境、海洋文化基因等。我国是海洋大国，海域辽阔，跨越热带、亚热带和温带。海洋经济在国民经济发展中具有举足轻重的地位，大力发展海洋旅游产业，不仅是本国产业经济的发展要求，也是我国融入世界经济的必然趋势。依托我国辽阔的环大陆海域和滨海及海岛风光，海洋旅游所带来的经济、文化和社会效益也随着旅游时代的不断进步而日益显著。我国在改革开放后也加大了对海洋旅游发展的政策性支持，颁布了多部支持海洋旅游发展的纲领性文件①，为海洋旅游可持续发展提供了政策保障。

第一节　海洋旅游相关概念内涵与分类

了解海洋旅游，首先要认识海洋，本节系统简要梳理海洋以及海洋旅游的各种相关概念、海洋旅游的主要产品业态分类等，为研究海洋旅游奠定相关知识基础。海洋为海洋旅游提供了海洋游览、娱乐和度假的环境和载体，充分认识海洋的地理形态是合理开发利用海洋资源，发展海洋旅游业的基础。海洋旅

① 成瑶瑶．国家政策视角下海洋旅游发展趋势分析［J］．中国商贸，2014（2）：117-118.

游，则是以海洋为旅游空间和场景，以探险、观光、娱乐、运动、疗养为目的的各类旅游活动的总和。海洋旅游是当今世界最受欢迎的旅游业态和旅游目的地，全世界最著名的旅游目的地中有90%以上是沿海国家或地区，世界沿海国家的旅游总收入占全球旅游总收入的80%以上。随着海洋旅游的火热兴起，世界范围涌现出一大批国际知名的海岛旅游度假胜地，如夏威夷群岛、马尔代夫群岛、巴厘岛、普吉岛、塞班岛、冲绳岛、济州岛等。

一、海洋相关概念

按照地理学的相关概念，海洋是地球上最广阔水体的总称，地球表面被各大陆地分隔为彼此相通的广大水域称为海洋，海洋的中心部分称作洋，边缘部分称作海，彼此沟通组成统一的水体。地球上海洋总面积约为3.6亿平方公里，约占地球表面积的71%。《联合国21世纪议程》中指出“海洋是全球生命系统中的一个基本组成部分，也是一种有助于可持续发展的宝贵财富”。海洋中含有13.5亿多万立方公里的水，约占地球上总水量的97%，而可用于人类饮用的只占2%。地球四个主要大洋为太平洋、大西洋、印度洋、北冰洋，大部分以陆地和海底地形线为界。根据海洋要素特点及形态特征，可将海洋分为主要部分和附属部分。主要部分为洋，附属部分为海、海湾、海峡。由于海洋的环绕，与海洋相接的陆地形成海岸、大陆架、岛屿、半岛。

（一）洋

洋或称为大洋，是海洋的主要部分，一般远离大陆，面积广阔，具有独立的潮汐系统和强大的洋流系统。过去一般都将世界的大洋划分为太平洋、大西洋、印度洋和北冰洋四部分。但国际水文地理组织于2000年将“南冰洋”（也称“南极海”“南大洋”）确定为一个独立的大洋，成为第五大洋，是世界上唯一完全环绕地球却没有被大陆分割的大洋。南冰洋是围绕南极洲的海洋，是太平洋、大西洋和印度洋南部的海域，以前一直认为太平洋、大西洋和印度洋一直延伸到南极洲，南冰洋的水域被视为南极海，但因为海洋学上发现南冰洋有重要的不同洋流，于是国际水文地理组织于2000年确定其为一个独立的大洋。因此，目前世界大洋就通常被分为五大部分，即太平洋、大西洋、印度洋和北冰洋、南冰洋[①]。洋，是海洋的中心部分和主体。大洋水深一般在3000米以上，最深处可达1万多米。大洋离陆地遥远，不受陆地影响，水温和盐度变化不大。每个大洋都有自己独特的洋流和潮汐系统。大洋的水色蔚蓝，透明度很高，水中的杂质很少。

（二）海

海是大洋的边缘部分，本质上海是被淹没的大陆，主体位于大陆架上，其下的地壳是大陆地壳。海的面积约占海洋的11%，海的水深比较浅，深度从几米到两三公里，和大洋相比，海没有自己独立的潮汐与洋流。全世界共有54个海，按照海所处的位置可以将其分为陆间海、内海和边缘海。陆间海也称地中海或自然内海，其被陆地环绕，形成一个形似湖泊但具海洋特质的海洋，一般与大洋之间仅以较窄的海峡相连，面积和深度都较大。内海是指深入大陆内部，除了有狭窄水道跟外海或大洋相通外，四周被大陆内部、半岛、岛屿或群岛包围的海域。边缘海又称陆缘海，是位于大陆边缘，以半岛、岛屿或群岛与大洋分隔，仅以海峡或水道与大洋相连的海域[②]。临近大陆的海，受大陆、河流、气候和季节的影响，海水的温度、盐度、颜色和透明度，都受陆地影响，有明显的变化。世界上有很多著名的海，它们主要分布于大洋的边缘地带，例如太平洋边缘的东海、南海、日本海，大西洋边缘的北海、地中海，印度洋边缘的阿拉伯海、红海等。

（三）海湾

海湾是一片三面环陆的海洋，另一面为海，有U形及圆弧形等，通常以湾口附近两个对应海角的连线作为海湾最外部分界线，相对应另一概念是三面环海的半岛，海湾所占面积一般比峡湾大。海湾是洋或海延伸进大陆且深度逐渐减小的水域，一般以入口处海角之间的连线或入口处的等深线作为与洋或海的分界。《联合国海洋法公约》（1982年）第十条第二款规定："海湾是明显水曲，其凹入程度和曲口宽度的比例，使其有被陆地环抱的水域，而不仅为海岸的弯曲。但水曲除其面积等于或大于横越曲口所划的直线作为直径

① 冯士筰，李凤歧，李少菁．海洋科学导论［M］．北京：高等教育出版社，1991.
② 冯士筰，李凤歧，李少菁．海洋科学导论［M］．北京：高等教育出版社，1991.

的半圆形的面积外，不应视为海湾。”第十条第四款规定：“如果海湾天然入口两端的低潮标之间的距离不超过24海里，则可在这两个低潮标之间划出一条封口线，该线所包围的水域应视为内水。”第十条第五款规定：“如果海湾天然入口两端的低潮标之间的距离超过24海里，24海里的直线基线应划在海湾内，以划入该长度的线所可能划入的最大水域。”海湾是人类从事海洋经济活动及发展海洋旅游的重要基地。世界大小海湾甚多，主要分布于北美、欧洲和亚洲沿岸，较大的有240多个。世界上面积超过100万平方公里的大海湾共有5个，即印度洋东北部的孟加拉湾、大西洋西部美国南部的墨西哥湾、非洲中部西岸的几内亚湾、太平洋北部的阿拉斯加湾、加拿大东北部的哈德孙湾。

（四）海峡

海峡是指两个水域之间的狭窄水上通道，是由海水通过地峡的裂缝经长期侵蚀，或海水淹没下沉的陆地低凹处而形成。海峡一般水较深，水流较急且多涡流，海峡内的海水温度、盐度、水色、透明度等水文要素的垂直和水平方向的变化较大。海峡是海上交通要道、航运枢纽、兵家必争之地，海上交通“咽喉”。海峡通常位于两个大陆或大陆与邻近的沿岸岛屿以及岛屿与岛屿之间。其中有的沟通两海（如台湾海峡沟通东海与南海），有的沟通两洋（如麦哲伦海峡沟通大西洋与太平洋），有的沟通海和洋（如直布罗陀海峡沟通地中海与大西洋）。海峡分为内海海峡、领海海峡、非领海海峡三类。内海海峡位于领海基线以内，为沿岸国的内水，航行制度由沿岸国自行制定。领海海峡宽度在两岸领海宽度以内者，通常允许外国船舶享有无害通过权。如海峡两岸分属两国，通常其疆界线通过海峡的中心航道，其航行制度由沿岸国协商决定；如为国际通航海峡，则适用过境通行制度。非领海海峡宽度大于两岸的领海宽度，在位于领海以外的海峡水域中，一切船舶均可自由通过。全世界有上千个海峡，其中著名的约50个。船只通过最大的海峡是连接北海和大西洋的英吉利海峡和多佛尔海峡、连接太平洋和印度洋的马六甲海峡（被称为东南亚的“十字路口”）、连接大西洋和地中海的直布罗陀海峡（被称为“西方世界的生命线”）、连接波斯湾和阿曼湾的霍尔木兹海峡。世界上最长的海峡是沟通南、北印度洋的莫桑比克海峡（全长1670公里），最宽的海峡是沟通南太平洋和南大西洋的德雷克海峡（最狭窄处的宽度达 900 公里），深度最大的海峡也是德雷克海峡，最大深度达 5840 米。我国主要海峡有：沟通东海和南海的台湾海峡，全长 380 公里；沟通渤海和黄海的渤海海峡，全长 115 公里；沟通南海和北部湾的琼州海峡，全长 70 公里。

（五）海岸带、海岸线

海岸带是陆地和海洋的分界线，指现在海陆之间相互作用的地带，也就是每天受潮汐涨落海水影响的潮间带（海涂）及其两侧一定范围的陆地和浅海的海陆过渡地带。海岸带主要由海岸、潮间带、水下岸坡基本单元组成。海岸，平均高潮线以上的沿岸陆地部分，通常称潮上带；潮间带，介于平均高潮线与平均低潮线之间；水下岸坡，平均低潮线以下的浅水部分，一般称潮下线。同时，由于潮位变化和风引起的增水—减水作用，海岸线是变动的，水位升高便被淹没、水位降低便露出的狭长地带即是海岸带。

海岸带是海岸线向陆海两侧扩展一定宽度的带状区域，包括陆域与近岸海域，对于其范围，至今尚无统一的界定。联合国 2001 年 6 月《千年生态系统评估项目》将海岸带定义为“海洋与陆地的界面，向海洋延伸至大陆架的中间，在大陆方向包括所有受海洋因素影响的区域；具体边界为位于平均海深 50 米与潮流线以上 50 米之间的区域，或者自海岸向大陆延伸 100 公里范围内的低地，包括珊瑚礁、高潮线与低潮线之间的区域、河口、滨海水产作业区，以及水草群落”。海岸带是海洋系统与陆地系统相连接、复合与交叉的地理单元，与人类的生存与发展的关系最为密切，是资源与环境条件最为优越的区域，是海岸动力与沿岸陆地相互作用、具有海陆过渡特点的独立环境体系。海岸带是第一海洋经济区，是宝贵国土资源，是海洋开发、经济发展的基地，是滨海旅游发展的“黄金地带”，是对外贸易和文化交流的纽带。

海岸线是海洋与陆地的分界线，更确切的定义是海水到达陆地的极限位置的连线。随潮水涨落而变动。由于受到潮汐作用以及风暴潮等影响，海水有涨有落，海面时高时低，这条海洋与陆地的分界线时刻处于变化之中。实际的海岸线应该是高低潮间无数条海陆分界线的集合，它在空间上是一条带，而不是一条地理位置固定的线。[①]

（六）大陆架

大陆架是大陆沿岸土地在海面下向海洋的延伸，通常被认为是陆地的一部分，又叫“陆棚”或“大陆浅滩”。国际法上，指邻接一国海岸但在领海以外的一定区域的海床和底土。沿岸国有权为勘探和开发自然资源的目的对其大陆架行使主权权利。大陆架有丰富矿藏和海洋资源，其中已探明石油储量是整个地球石油储量的三分之一。《联合国海洋法公约》规定，沿海国大陆架包括陆地领土的全部自然延伸，其范围扩展到大陆边缘的海底区域，如果从测算领海宽度的基线（领海基线）起，自然的大陆架宽度不足 200 海里，通常可扩展到 200 海里，或扩展至 2500 米水深处（二者取小）；如果自然的大陆架宽度超过 200 海里而不足 350 海里，则自然的大陆架与法律上的大陆架重合；自然的大陆架超过 350 海里，则法律的大陆架最多扩展到 350 海里。

（七）岛屿

岛屿简称岛，是指四面环水并在涨潮时高于水面的自然形成的陆地区域且能维持人类居住或本身的经济生活。岛拥有领海、毗连区和专属经济区。在狭小的地域集中 2 个以上的岛屿，即成“岛屿群”，大规模岛屿群称作“群岛”或“诸岛”，列状排列的群岛即为“列岛”。一个国家的整个国土都坐落在一个或数个岛上，则此国家可被称为岛屿国家，简称“岛国”。岛屿按成因可分为大陆岛、火山岛、珊瑚岛和冲积岛四大类。大陆岛，它是由大陆向海洋延伸露出水面的岛屿。世界上较大的岛基本上是大陆岛。它是因地壳上升、陆地下沉或海面上升、海水侵入，使部分陆地与大陆分离而形成的。火山岛是因海底火山持久喷发，岩浆逐渐堆积，最后露出水面形成的。珊瑚岛是由热带、亚热带海洋中的珊瑚虫残骸及其他壳体动物的残骸堆积而成的，主要集中于南太平洋和印度洋中，大堡礁、马尔代夫群岛等都是珊瑚岛，珊瑚礁有三种类型：岸礁、堡礁和环礁。冲积岛一般位于大河的出口处或平原海岸的外侧，是河流泥沙或海流作用堆积而成的新陆地。

---

① 河海大学《水利大辞典》编辑修订委员会 . 水利大辞典［M］. 上海：上海辞书出版社，2015.

（八）半岛

半岛是指陆地一部分伸入海洋或湖泊，另一部分同大陆或更大的岛屿相连的地貌状态，它的其余三面被水包围，沙咀和海角也可以说是一种半岛。大的半岛主要受地质构造断陷作用而成，半岛主要特点是水陆兼备。由于沿岸泥沙流携带泥沙由陆向岛堆积，或岛屿受海浪侵蚀使碎屑物质由岛向陆堆积，逐渐使岛与陆相连，形成陆连岛。世界主要半岛大都在大陆边缘地带，欧洲海岸曲折，有众多半岛，素有“半岛的大陆”之称。面积超过 10 万平方公里的半岛有 5 个：北欧的斯堪的纳维亚半岛、日德兰半岛，南欧的亚平宁半岛，东欧的克里木半岛，东北欧的科拉半岛。世界上最大的半岛是亚洲西南部的阿拉伯半岛。亚洲地区面积超过 100 万平方公里的半岛还有南亚的印度半岛和东南亚的中南半岛，以及朝鲜半岛（朝鲜和韩国）、堪察加半岛、楚科奇半岛等半岛。非洲最大半岛是东北非索马里半岛。南美洲和大洋洲虽然也有半岛，但面积都很小，如南美洲瓜希拉半岛、大洋洲约克角半岛。中国较大的半岛有山东半岛、辽东半岛、雷州半岛。

（九）海域、海洋国土（蓝色国土）与海洋权益

海域是指海洋中区域性的立体空间，法律意义上海域概念可分为《海域使用管理法》层面上的海域、《物权法》层面上的海域、国家主张管辖范围层面上的海域。《海域使用管理法》规定海域指的内水、领海水面、水体、海床和底土；海域中的内水是指领海基线向陆地一侧至海岸线的海域。领海指一个国家所管辖的法定海域；公海指各沿海国家管辖范围以外的广阔海域。海洋国土又称为蓝色国土，是一个沿海国家的内水、领海和管辖海域的形象统称。管辖海域包括领海以外的毗连区、专属经济区、大陆架、历史性海域或传统海疆等。海洋权益属于国家主权范畴，是国家领土向海洋延伸形成的权利。

二、海洋经济的相关概念

（一）海洋经济与海洋产业

根据国务院发布的《全国海洋经济发展规划纲要》，海洋经济是开发利用

海洋的各类产业及相关经济活动的总和。主要包括海洋渔业、海洋交通运输业、海洋船舶工业、海盐业、海洋油气业、滨海旅游业等。全球现代海洋产业总产值达 1 万亿美元，占世界 GDP 总值 87 万亿美元的 4%。全世界形成四大海洋支柱产业：海洋石油工业、滨海旅游业、现代海洋渔业、海洋交通运输业。根据《2019 年中国海洋经济统计公报》，2019 年中国海洋生产总值超过 8.9 万亿元。

海洋经济、海洋产业是内涵丰富的产业群，根据其涉海性主要分为五种经济活动：一是直接从海洋中获取产品的生产和服务活动；二是直接从海洋中获取产品的一次加工生产和服务活动；三是直接应用于海洋和海洋开发活动的产品生产和服务活动；四是利用海水或海洋空间作为基本要素所进行的生产和服务活动；五是海洋科学研究、教育、管理和服务活动。海洋产业是指以开发、利用和保护海洋资源和海洋空间为对象的产业部门，包括海洋渔业（海洋捕捞业和海水养殖业）、海水制盐及盐化工业、海洋油气开发与海洋石化工业、海洋交通运输业、滨海采矿业和船舶工业等物质生产部门和滨海旅游、海底储藏等非物质生产部门，还有正在形成过程中的海水淡化和海水综合利用、海洋能利用、海洋药物开发、海洋空间利用、深海采矿、海洋工程、海洋科技教育综合服务、海洋信息服务、海洋环境保护等①。

（二）海洋资源

海洋是生命摇篮和资源宝库，海洋资源十分丰富，主要包括海洋矿物资源、海水化学资源、海洋生物（水产）资源、海洋动力资源等。海洋蕴藏着极其丰富的油气资源，石油资源量占全球石油资源总量的三分之一以上，最丰富的是波斯湾海域，占总储量一半左右；然后依次是委内瑞拉的马拉开波湖海域、北海海域、墨西哥湾海域、亚太海域、西非海域等。海水不但可以通过其热能和机械能等给人类提供电能，海水中还可提取出铀和重水等燃料。海中铀储量达 45 亿吨左右，相当于陆地总储量的 4500 倍。海水运动产生海洋动力资源，主要有潮汐能、波浪能、海流能及海水因温差和盐差而引起的温差能与盐差能等，估计全球海水温差能可利用功率达 100×10^8 千瓦，潮汐能、波浪能、

① 海洋产业介绍［EB/OL］. https://m.dgdxs.com/baike/2819.html.

河流能及海水盐差能等可再生功率在 10×10^8 千瓦左右。海水中含有丰富海水化学资源，已发现海水化学物质有 80 多种。其中氯、钠、镁、钾、硫、钙、溴、碳、锶、硼、氟 11 种元素占海水中溶解物质总量 99.8% 以上，可提取的化学物质达 50 多种。世界水产品 85% 左右产自海洋，其中鱼类占世界海洋水产品总量 80% 以上，还有丰富的藻类资源，仅位于近海水域自然生长的海藻，年产量已相当于世界年产小麦总量的 15 倍以上，海洋中还有丰富的肉眼看不见的浮游生物，可以说是人类未来的粮仓。南极磷虾每年都产 50 多亿吨，我们只捕捞 1 亿 ~1.5 亿吨，就能达到全世界鱼虾捕捞量一倍多。

中国拥有丰富的海洋资源。我国大陆海岸线长度为 1.8 万多公里，海岛数量为 10312 个。除台湾省外，我国近海海洋可再生能源总蕴藏量为 15.80 亿千瓦；我国重要海砂资源区面积约 30.3 万平方公里，估算资源量约 4749 亿立方米，已探明具有工业储量的滨海砂矿产地共 91 处。油气资源沉积盆地约 70 万平方公里，石油资源量估计为 240 亿吨左右，天然气资源量估计为 14 万亿立方米，还有大量的“可燃冰”。中国管辖海域内有海洋渔场 280 万平方公里。已在国际海底区域获得 7.5 万平方公里多金属结核矿区，多金属结核储量 5 亿多吨。中国近海已记录的海洋药物及已进行现代药理学、化学研究的潜在药物资源已达 684 味，其中植物药 205 味，动物药 468 味，矿物药 11 味；涉及海洋药用动植物 1667 种（植物 272 种、动物 1395 种）。

（三）海洋空间资源

海洋为人类提供了巨大空间资源，海洋空间资源是指与海洋开发利用有关的海岸、海上、海中和海底的地理区域的总称，可以将海面、海中和海底空间用作交通、生产、储藏、军事、居住和娱乐场所的资源，用途主要包括海运、海岸工程、海洋工程、临海工业场地、海上机场、海流仓库、重要基地、海上运动、旅游、休闲娱乐等，特别是随着现代科技迅猛发展，可利用的海洋空间资源得以极大拓展。海洋交通运输连续性强、成本低廉，适宜对各种笨重的大宗货物作远距离运输。海上生产项目建设可大大节约土地，空间利用代价低。海底电缆空间（通信、电力输送），包括横越大洋的洲际海底通信电缆、陆地和海上设施间的通信电缆，电力输送主要用于海上建筑物、石油平台等和陆地间的输电。利用海洋建设仓储设施，安全性高、隐蔽性好、交通便利、节约土地。还可开发海洋空间的旅游和娱乐功能，利用海底、海中、海面进行娱乐和知识相结合的旅游中心综合开发建设。

（四）海洋功能区

海洋功能区是根据海域及其相邻陆域的自然资源条件、环境状况和地理区位，结合海洋开发利用现状和社会经济发展需要，而划定的具有特定主导功能，有利于资源的合理开发利用，能够发挥最佳效益的区域。海洋功能区划又是海洋管理的基础，是根据海域的地理位置、自然资源状况、自然环境条件和社会需求等因素而划分的不同的海洋功能类型区，用来指导、约束海洋开发利用实践活动，保证海上开发的经济、环境和社会效益。中国的海洋功能区分为八大类，即农渔业、港口航运、工业与城镇用海、矿产与能源、旅游休闲娱乐、海洋保护、特殊利用、保留区。农渔业区主要是指适于农业围垦、渔业基础设施建设、养殖增殖、捕捞和水产种质资源保护的区域。港口航运区是开发利用港口航运资源，可供港口、航道和锚地建设的海域。工业与城镇用海区是指适于发展临海工业与滨海城镇建设的海域，主要分布在沿海大、中城市和重要港口毗邻海域。矿产与能源区是指适于开发利用海上矿产资源与能源的海域。旅游休闲娱乐区是指适于开发利用滨海和海上旅游资源的海域。海洋保护区是指专供海洋资源、环境和生态保护的海域。特殊利用区是指用于海底管线铺设、路桥建设、污水达标排放、倾倒等其他特殊用途排他使用的海域。保留区是指为保留海域后备空间资源，专门划定的在区划期限内限制开发的海域①。

（五）世界主要海洋航路

全球有几条著名的航路。一是北大西洋航路：由美国佛罗里达起，沿美国东海岸北上至加拿大纽芬兰，横跨大西洋至英国，南线入地中海沟通西欧、南欧和北非各国，北线入波罗的海连接中欧和北欧各国，是世界上商船航行最繁忙的航线。二是亚欧航路（也称苏伊士运河航路）：连接西欧和亚太地区，途经地中海、苏伊士运河和红海，出红海后分成三条航线，分别为由波斯湾、经

---

① 中华人民共和国自然资源部.全国海洋功能区划（2011—2020年）[EB/OL]. https://m.dgdxs.com/baike/2819.html.

马六甲海峡至东南亚和东亚各国、由红海或印度洋直达大西洋各国，是西方国家出口工业品和进口战略物资的海上生命线。三是南美航路（也称南大西洋路）：最南至阿根廷和乌拉圭，是欧洲国家输出工业品，从南美运进粮食、肉类和经济作物的海上通道。四是南北美航路（也称巴拿马运河航路），是沟通大西洋和印度洋的捷径，委内瑞拉的石油和铁矿石、巴西的咖啡、智利的铜、美国的工业品多由此航路转运输出。五是北太平洋航路：北美各国同亚洲国家之间的国际贸易航线，随着亚太地区经济崛起，这条航线贸易量逐年增加。六是南太平洋航路：南北美洲西海岸各国与亚太地区国家贸易往来的通道。七是非洲航路（也称好望角航路）：苏伊士运河凿通之前，是从欧洲到东南亚、东亚的唯一海上通道。无法通过苏伊士运河的大型油轮和散装船舶仍要利用这一航路。

三、海洋旅游相关概念

海洋旅游是一个十分丰富多样的体系，涉及许多概念，而且随着海洋旅游不断发展，会出现越来越多的海洋旅游相关新概念。本书对这些概念进行初步梳理，为研究海洋旅游发展的中国模式形成一个概念知识基础体系。下面重点阐述海洋旅游、海洋旅游资源、海洋旅游经济、滨海旅游、海岛旅游、海上旅游、海底旅游等相关概念。

（一）海洋旅游

原国家海洋局出版的《中国海洋21世纪议程》，将海洋旅游定义为是对一切适宜于旅游娱乐的岸线、海滩、浴场和水域的空间进行娱乐利用，涉及海洋文化、海洋医疗、水上运动、海上垂钓、水下观光等多个项目活动[①]。《第一次全国海洋经济调查海洋及相关产业分类》中，对海洋旅游的定义是：依托海洋旅游资源，开展的观光游览、休闲娱乐、度假住宿和体育运动等活动[②]。原国家旅游局发布的《国家蓝色旅游示范基地标准》，指出“海洋旅游”是以海

① 中国人大网.中国海洋21世纪议程［EB/OL］. http://www.npc.gov.cn/zgrdw/huiyi/lfzt/hdbhf/2009-10/31/content_1525058.htm.

② 第一次全国海洋经济调查领导小组办公室.第一次全国海洋经济调查海洋及相关产业分类［EB/OL］. http://www.mnr.gov.cn/zt/hy/1stjjdc/gzzd/201704/t20170421_2103834.html.

洋为场所，以观光游览、休闲度假、康体疗养、运动探险为主要目的的度假旅游，一般包括海滨（海岸沙滩）旅游、海上旅游、海岛旅游、海底旅游等[①]。此外，我国很多学者还基于不同角度也对海洋旅游分别做出不同定义，其中，董玉明《海洋旅游》一书定义海洋旅游是在一定的社会经济条件下，以海洋为依托，以满足人们精神和物质需求为目的而进行的海洋游览、娱乐和度假等活动所产生的现象和关系的总和[②]。

（二）海洋旅游资源

《旅游资源分类、调查与评价》(《GB/T 18972—2003》) 中定义旅游资源是自然界和人类社会凡能对旅游者产生吸引力，可以为旅游业开发利用，并可产生经济效益、社会效益和环境效益的各种事物和因素。海洋旅游资源指在海岸带、海岛、海面、海底等地理空间中具有开展观光、游览、疗养、度假、娱乐和体育等活动的景观。根据旅游资源的分类可将海洋旅游资源分为自然风景和人文景观两大类。自然风景类的海洋旅游资源包括地文景观、水域风光、气象与气候景观、生物景观 4 类。地文景观包括滨海沙滩、海蚀地貌、岛礁景观、海底震迹等基本类型。这些资源在海洋旅游资源中具有代表性，且适合开发各种海上娱乐活动。水域风光包括涌潮、击浪、观海等。气象与气候景观包括海市蜃楼、日出、日落等。生物景观包括海洋植物、海洋动物栖息地等。人文景观类的海洋旅游资源可分为有形和无形两种。有形的人文类海洋旅游资源包括历史遗迹类、现代建筑与设施类、海洋旅游商品类。历史遗迹类海洋旅游资源具有明显的地域性、民族性、时代性、科学性和艺术性的特点。海洋旅游商品类主要包括各种文创产品、特产、海水产品等。无形人文类海洋旅游资源主要是指人文海洋活动类，其包括民俗宗教和海洋节庆，如妈祖文化、舟山国际沙雕节等[③]。

---

① 原国家旅游局. 国家蓝色旅游示范基地标准［EB/OL］. http://www.cmw-gov.cn/news.view-648-1.html.

② 董玉明 . 海洋旅游［M］. 青岛：青岛海洋大学出版社 . 2002.

③ 卢可，马丽卿. 我国海洋旅游业存在的问题及对策研究［A］// 中国海洋学会、三亚市政府. 中国海洋学会 2019 海洋学术（国际）双年会论文集［C］. 中国海洋学会、三亚市政府：中国海洋学会，2019：153-156.

（三）海洋旅游经济

海洋旅游经济是指依托海洋空间对海洋自然资源进行开发展开的一种旅游经济活动，是海洋经济和旅游经济的一个分支。海洋旅游经济以海洋旅游业为基础带动海洋经济和国民经济发展。海洋旅游经济应该在旅游经济的基础上得到进一步发展。“九五”初期，国务院制定了《中国海洋 21 世纪议程》，确立了海洋经济发展战略。总体思路中包括积极开拓海洋第三产业，按照现代化港口城市的要求，加快中国港口和海上通道建设，配套建设各种海上服务设施，把沿海城市建成集观光、娱乐、度假、康复、购物、会展等功能齐全的海洋旅游经济区，中国的海洋旅游业逐渐成为中国海洋经济的一个新亮点。

（四）海洋旅游产业

海洋旅游产业是随着我国海洋旅游的迅速发展，以食、住、行、游、购、娱六大要素为主要环节，对传统的海洋旅游要素进一步拓展，将各要素相互交织形成了一个紧密的海洋旅游产业链。海洋旅游产业属于海洋第三产业范畴，是新兴的产业门类，是海洋产业的一个组成部分，是海洋旅游经济的孵化器。海洋旅游资源只有通过海洋旅游产业才能转化并成为海洋经济。海洋旅游产业不同于传统意义的产业，它不是一个独立的产业部门，而是与其他有关部门和行业的组合。海洋旅游产业还是一个多元性的行业群体结构，它与经济、社会各部门之间有着难以割舍的联系，特别是与海洋相关产业或部门之间存在着不可分割的依存关系。《全国海洋经济发展规划纲要（2003）》中规定海洋旅游产业主要包括海洋与海岸带旅游开发（旅游接待设施、餐饮业、食品业、第二住宅等）、旅游基础设施（零售业、港口、交通等旅游活动支持系统）以及所有基于海洋与海岸带的各种旅游、休闲和娱乐活动（不同形式的游泳、冲浪及基于远洋深海垂钓和游船旅游等活动）[①]。

（五）滨海旅游

《海洋及相关产业分类》定义滨海旅游是指沿海地区开展的海洋观光游览、休闲娱乐、度假住宿和体育运动等活动。依托海岸带和近海水域的阳光、海

① 隋玉桂，董玉明．青岛旅游的明天：学术研讨会论文集［M］．海洋出版社，2006.

水、沙滩等自然资源，各种海上运动以及海洋食品，吸引大量游客前往开展以旅游、休闲和娱乐为目的的活动。滨海旅游不仅包括在海边和海上的娱乐活动，还包括在沿海渔村、城镇所发生的全部的旅游、娱乐活动，以及住宿、餐饮、食品工业、第二住宅等。

（六）海岛旅游

海岛旅游是指依托特定的海岛空间区域，利用海岛所特有的海滩、海上风光、海洋民俗等自然、人文资源，在海中岛屿及周围水域中开展的观光、休闲、娱乐、游览和度假等活动，以满足游客需要，且促进海岛经济、文化等各方面健康发展。海岛旅游依赖于海岛的发展、完整的设施和功能的升级，旅游资源是原始驱动力，交通和社会经济因素是发展的内在决定因素。近几年，海岛旅游已经成为相当受欢迎的出行选择，不管是距离较远的奢华海岛游，还是附近东南亚国家的经济海岛游，都是热门的旅游目的地选择[①]。

（七）海上旅游

海上旅游活动空间主要在海面以上包括海面以上大气层，随着海洋旅游的深入开发以及现代科技的不断进步，海上冲浪、帆船运动、滑水等体验性强、参与性高的海上体育运动项目，以及海上垂钓、海上邮轮观光、游艇休闲等海上休闲旅游项目逐渐受到旅游者的青睐，成为海洋旅游产品开发的热点。

（八）海底旅游

海底旅游是指借助一定的设施和设备，在海面以下展开的旅游活动，一般深度要在海平面 100 米以下，受人类科技水平和经济活动的限制，海洋海底世界始终散发出神秘的感觉，引发人们前往探险、考察和体验等。我国沿海城市充分利用其海底资源优势、便利的基础设施和先进的技术条件建设海底隧道，开发海底世界、潜艇观光、海底潜水体验、海底体育项目、人工渔礁和海洋牧场观光等海底旅游[②]。

---

① 蔡礼彬，王晨琳．近年来国外海洋旅游研究综述［J］．旅游论坛，2018，11（4）：31-42.

② 张广海，王佳．我国海洋旅游发展实践及理论研究［J］．资源开发与市场，2013，29（11）：1192-1197.

四、海洋旅游主要产品业态

海洋旅游包括丰富的产品和业态，包括滨海度假、海岛旅游、海洋观光、邮轮旅游、海洋运动、游艇旅游等旅游产品，包括海岛渔村渔家乐、海洋节事旅游、海洋康疗旅游、海洋文化旅游、海洋购物旅游、海洋科普旅游、海洋运动、海洋主题公园等专项海洋旅游产品。

（一）滨海度假

滨海度假旅游是指旅游者利用公休假期或奖励假期而进行休闲和消遣所购买的海洋旅游产品。滨海度假目的地依托于海岛、海岸、海滩、海水、海洋生物和海洋文化等自然、人文资源，以放松身心、消磨闲暇、促进健康为目的，以生态公园、汽车驿站、房车露营地、沙滩休憩、海水浴场、滨海康疗等休闲度假设施，结合休闲渔业和沙滩、近海水上运动项目及创意活动[①]，开发滨海度假区、滨海旅游综合体、度假酒店等产品业态。滨海度假旅游的特点是强调休闲和消遣，其要求自然景色优美、气候良好适宜、住宿设施令人满意，并且有较为完善的文体娱乐设施及便捷的交通和通信条件等。随着现代社会经济的发展、公休假日的增加及奖励旅游的发展，滨海度假旅游已成为国内外旅游者所喜爱的旅游产品，具有较好的发展态势和潜力。

（二）海洋观光

海洋观光旅游是指旅游者以观赏和游览海洋自然风光、名胜古迹等为主要目的而开发的旅游产品。观光旅游产品的类型一般可以分为海洋自然风光、滨海城市景观、名胜古迹、主题公园等旅游产品。海洋观光旅游产品是一种传统旅游产品，其构成了现代海洋旅游产品的主体部分。随着现代海洋旅游的发展，许多海洋观光旅游产品已不仅是单纯的观光旅游，而是融入了更多的文化内涵和休闲度假内容，使海洋观光旅游产品的内容更加丰富多彩和富有吸引力[②]。

---

① 艾米 . 我国滨海度假旅游的发展现状与展望［J］. 旅游纵览（下半月），2019（3）：27–28.

② 罗明义 . 旅游经济学原理［M］. 上海：复旦大学出版社，2004.

（三）邮轮旅游

邮轮旅游是一种多功能、组合型、可塑性很强的海洋休闲旅游产品，是21世纪发展较快的一种全新的现代旅游形式。现代邮轮旅游正式兴起于20世纪60年代，20世纪80年代中后期发展至完善阶段。30年来，邮轮旅游经历了巨大的变化，从奢侈产品变成大众产品，受众从高端游客到家庭和年轻消费者，开发了新的、特殊的、多元化的邮轮产品①。根据服务范围可分为国际邮轮旅游、区域邮轮旅游和海岸线邮轮旅游3类，其中海岸线邮轮旅游因为价格、航程时长和运营模式等优势而受到广大消费者喜爱。

（四）游艇旅游

游艇旅游是一项集运动、航海、娱乐、休闲、社交等功能于一体，满足个人及家庭享受型生活需要的水上娱乐休闲消费产品，游艇爱好者可自己或聘请专业驾驶员掌控船舶，从事游艇巡航、帆船运动、赛艇、皮划艇、摩托艇等海洋亲水活动②。

（五）海洋运动

海洋运动是指依托海洋空间，为了满足旅游者各种运动体验需求，以体育资源和一定的体育设施为条件，以旅游商品的形式，开发游泳、浮潜、海钓、帆板、摩托艇、海上帆船、海上竞技、水上脚踏车、水上降落伞、沙滩排球、沙滩足球、沙滩摩托车、海岛垂钓、海岛生存、探险旅游、滩涂滑泥、滩涂风车等项目，为旅游者在进行旅游过程中提供融健身、娱乐、休闲、交际等于一体的服务。它是一种特种的海洋旅游，是人类社会生活中的一种新兴海洋旅游活动。

（六）海洋节事旅游

海洋节事旅游是以海洋文化、海洋民俗等为底蕴，围绕特定主题开展的文

① 闫晋博.分析跨文化交流背景下我国邮轮旅游产品开发［J］.旅游纵览（下半月），2018（3）：12-13.

② 李宝轩，赵莹，陈咏梅.我国游艇旅游大众消费市场培育路径研究［J］.湖北经济学院学报（人文社会科学版），2019，16（6）：27-29.

化庆典、文化娱乐事件、会展及商贸、体育赛事、教育科学事件、休闲事件等节事[①]，有强大的旅游吸引功能，能减少旅游的季节性差异，优化旅游资源结构，完善旅游产品体系，平衡淡旺季的游客量[②]。

（七）海洋康养旅游

海洋康养旅游是以海洋蓝天白云为底蕴，以凉爽的气候为依托，开发海水浴、泥浴、漂浮浴、鲜藻疗、海水蒸汽按摩等康养项目，结合度假休闲、养颜健体、营养膳食、修身养性、关爱环境等，使人在身体、心智和精神上都达到自然和谐优良状态的各种旅游活动的总和。海洋康养旅游主要分为三类产品，分别是以温泉、海滨、森林等要素为核心的生态养生游；以海上、海岸运动娱乐为主的运动健体游；以高端体检与医药调理为重点的健康管理游。海洋康养旅游是对康养资源和海洋旅游资源的一种结合，是海洋旅游的新业态、新模式，拥有广阔的市场前景。它满足了消费者对健康养生的多元化需求，成为未来海洋旅游发展的新趋势，还有利于海洋旅游产业结构调整、促进业态跨界融合，已成为海洋旅游市场中的新兴力量[③]。

（八）海洋文化旅游

海洋文化旅游泛指以鉴赏海洋传统文化、追寻文化名人遗踪或参加当地举办的各种文化活动为目的的旅游。海洋文化旅游是一种特殊的综合性旅游产品，是集政治、经济、教育、科技等于一体的大旅游活动，其关联性高、涉及面广、辐射性强、带动性强，因而成为21世纪经济社会发展中最具有活力的新兴旅游活动。海洋文化旅游包括历史遗迹、建筑、民族艺术、宗教等内容[④]。

（九）海洋购物旅游

国际免税购物，是以地方特色海鲜、海洋生物高科技产品、海洋生物药

① 余意峰，徐曼玉．节事旅游利益相关者角色分析［J］．合作经济与科技，2017（5）：13–15.

② 余晨杰．节事旅游效益升级的对策研究——以宁波节事旅游为例［J］．时代金融，2018（36）：46–47.

③ 赵杨，孙秀亭．我国沿海地区康养旅游产业创新发展研究——以秦皇岛市为例［J］．城市发展研究，2020，27（6）：24–28.

④ 刘昕宇．浅谈中国旅游文化发展［J］．科技资讯，2012（7）：241.

品、海洋特色工艺品等为核心吸引物，以购物为主要目的而开展的一种特殊旅游活动。游客对旅游目的地的商品及具有地方特色的传统产品往往怀有强烈兴趣，不少国家和地区利用游客渴望购物的心理，大力发展具有海洋民族特色的土特产品、手工艺品和精巧美观的纪念品，以及名牌烟酒、化妆品和日用消费品。

（十）海洋科普旅游

以海洋科普为内涵，以旅游为载体，将科学知识、科学方法、科学精神和科学思维的传播、普及和教育融入旅游食、住、行、游、购、娱等各个环节之中，让游人在旅游过程中增长知识、开阔视野，从而提高自身科学文化素质[①]。海洋科普旅游是一种将科学普及教育与休闲观光旅游相结合的旅游模式，这是海洋旅游高度发展的表现形式，发展海洋科普旅游能寓教于游，将海洋科普工作用娱乐、休闲的方式进行传播，将科学知识与休闲旅游相结合提高科普教育效果。

第二节　中国海洋旅游发展的时代背景

海洋是人类生存发展的资源宝库和巨大拓展空间，蕴藏着人类可持续发展的宝贵财富，是世界各国推动经济社会发展、参与国际竞争的战略要地[②]。中国海洋旅游发展有着深刻的时代背景，新时代是海洋时代、海洋旅游快速发展的时代，也是中国加速海洋强国建设和海洋旅游加快发展的新时代，中国海洋旅游发展需要把握这些时代背景。

一、21 世纪是海洋世纪

21 世纪之所以是海洋世纪，是因为海洋乃新世纪人类社会赖以发展的新的资源空间。海洋是储量最大、取之不竭的聚宝盆，是支持人类持续发展的宝

① 孙祖斌．关于科普旅游发展的几点思考［J］．科技创新与应用，2015（24）：271.

② 国家海洋局．2017—2022 年中国造船行业发展趋势及投资战略研究报告［R］．

贵财富，海洋经济将成为21世纪世界经济发展的新支柱[①]。海洋约占地球表面积的71%，人口趋海移动趋势将加速，60%的世界人口居住在距海岸100公里的地区。海洋孕育生命、连通世界，与人类生存息息相关，与国家兴衰紧密相连，纵观世界，葡萄牙、西班牙、荷兰、英国、日本、美国等历史上都曾走过因海而兴、依海而强的崛起之路。100多年前，世界著名的海权理论创始人美国的马汉曾指出："所有帝国的兴衰，决定性的因素在于是否控制了海洋。"进入21世纪，海洋在国际政治、经济、军事、外交格局中地位更加凸显。未来50年，世界性、大规模开发利用海洋将成为国际竞争的主要内容，全球化时代，现代海洋科技水平突飞猛进使各沿海国家比历史上任何时候都更能轻易获得海洋资源，海洋成为国际竞争的主要领域，沿海国家面向未来的海洋战略纷纷出炉，世界各国开展了全面激烈竞争[②]。

1992年联合国环境与发展大会通过《21世纪议程》，指出海洋是全球生命保障系统的一个基本组成部分，是一种有助于实现可持续发展的宝贵财富。1994年《联合国海洋法公约》，把世界海洋的开发与管理引入一个新的时代，为海洋世纪的到来拉开了序幕。1994年12月，联合国通过决议，宣布1998年为"国际海洋年"，此后每年的6月8日，定为"世界海洋日"。2001年5月，联合国缔约国文件更是明确指出："21世纪是海洋世纪。"世界主要海洋国家都把维护国家海洋权益、发展海洋经济、保护海洋环境列为本国重大发展战略。

世界主要沿海国家都不断调整和强化自身的国家海洋战略，美国指出海洋是地球上"最后的开辟疆域"，提出未来50年要从外层空间转向海洋，制定了《21世纪海洋蓝图》和《美国海洋行动计划》；俄罗斯在2001年和2015年，发布了两版《俄罗斯联邦海洋学说》，还拟定了在北极的海洋政策；日本每5年更新其《海洋基本计划》，2012年公布的《海洋基本计划》为2013—2017年的海洋战略制订了框架方案；英国出台2050海洋战略，旨在保持英国作为全球海洋枢纽的地位；德国发布《海洋议程2025：德国作为海洋产业中心的未来》；法国启动了海洋空间规划磋商，确定海洋能项目专用海域，制定沿海战略文件；加拿大制定了21世纪国家海洋发展战略，力争使加拿大在海

① 徐红.《海洋知识普及读本》选载 21世纪是海洋世纪［J］. 铁军，2014（1）：38-39.

② 21世纪是海洋世纪［EB/OL］. http://www.tiejunmedia.com/article/details/id/816.html.

洋管理和海洋环境保护方面处于世界领先地位；澳大利亚在强化海洋基础知识普及，加强海洋资源可持续利用与开发。海洋是高新技术发展前沿领域，20世纪80年代以来，美、日、英、法、德等国家分别制定了海洋科技发展规划，提出优先发展海洋高技术的战略决策，希望在21世纪世界海洋政治、经济和军事等各方面的竞争中占据有利地位，也期望在海洋领域找到国民经济新的增长点[①]。

二、新时代是海洋旅游时代

全世界1/10人口，1/8城市居民生活在沿海地区。海洋旅游得到世界各国重视并快速发展，成为海洋经济和旅游经济的重要产业和新增长点[②]。世界旅游与旅行理事会估计，海洋旅游业已占世界海洋经济30%份额，是海洋经济四大支柱产业之一。据世界旅游组织统计：滨海旅游业收入占全球旅游业总收入的1/2，约为2500亿美元，增加了3倍；全世界40大旅游地中有37个是沿海国家或地区；沿海37个国家的旅游总收入达3572.8亿美元，占全球旅游总收入的81%。

海洋旅游已发展成为世界海洋最大产业之一，发展海洋旅游是传承海洋文明、寻找海洋基因的载体，是建设海洋强国新兴的最有朝气的优势产业，是现代人们旅游最受欢迎的方式，是开展海洋国际合作的有效方式。海洋经济发达的国家，海洋旅游大多起着非常关键的作用。在全世界国际旅游收入排名前25的国家和地区中，沿海国家和地区有23个，这些国家和地区的国际旅游总收入（入境旅游）占到全世界的近70%。海洋旅游在各国国民经济中所占地位日趋重要。在西班牙、希腊、澳大利亚、印度尼西亚等国，海洋旅游业已经成为国民经济的重要产业或支柱产业，在热带、亚热带的许多岛国，海洋旅游业已成为最主要的经济收入来源，有的甚至占到国民经济比重的一半以上。热带和亚热带目的地在世界海洋旅游中占主导地位，形成了一批世界级海洋旅游目的地。目前最具市场影响力的世界级海洋旅游目的地主要包括地中海地区、加勒比海地区和东南亚地区，南太平洋地区和南亚地区正在迅速成为世界海洋旅游的新热点。这些世界级海洋旅游目的地，共同的特点都是很好地把握并且

① 海洋经济（三）[EB/OL]. http://www.dongyingnews.cn/topic/system/2018/05/02/010704185.shtml

② 吴普. 我国海洋旅游亟须摆脱洼地状态[N]. 中国旅游报，2011-12-14（002）.

利用了各自拥有的内部条件和外部机遇。大多数世界级海洋旅游目的地都具有优越的自然条件和独特的文化背景[①]。从地中海、加勒比海、东南亚、南太平洋到美国夏威夷和南亚的马尔代夫、斯里兰卡，土著民族的生活方式、多民族交融的文化背景、传统文化积淀与现代时尚元素的结合，不仅成为最有魅力的旅游吸引物，而且成了旅游目的地的独特形象[②]。

21 世纪是海洋的世纪，同时也是海洋旅游时代。通过海洋旅游传播弘扬亲海、向海的海洋意识，引导人们认识海洋、重视海洋、亲近海洋，开启海洋旅游新时代进程。

三、中国加快推进海洋强国建设

党的十九大报告指出，我国“要坚持陆海统筹，加快建设海洋强国；要以‘一带一路’建设为重点，形成陆海内外联动、东西双向互济的开放格局”。2012 年党的十八大报告中首次指出，我国应“提高海洋资源开发能力，发展海洋经济，保护生态环境，坚决维护国家海洋权益，建设海洋强国”。习近平总书记在主持中共中央政治局就建设海洋强国研究进行第八次集体学习时强调了建设海洋强国的基本要求，即“四个转变”：要提高资源开发能力，着力推动海洋经济向质量效益型转变；要保护海洋生态环境，着力推动海洋开发方式向循环利用型转变；要发展海洋科学技术，着力推动海洋科技向创新引领型转变；要维护国家海洋权益，着力推动海洋权益向统筹兼顾型转变。

建设海洋强国，是中央在我国全面建成小康社会决定性阶段做出的重大决策。海洋强国战略提出有发展内在逻辑，党的十六大报告、2004 年《政府工作报告》、《十一五规划纲要》、2009 年《政府工作报告》、《十二五规划纲要》、2014 年《政府工作报告》、《第十三个五年规划纲要》、2015 年和 2016 年《政府工作报告》中均有相应内容。1996 年，我国制定了《中国海洋 21 世纪议程》，阐明了海洋可持续发展战略对策和主要行动领域，成为我国海洋可持续开发利用的政策指南。

党的十八大以来，以习近平同志为核心的党中央从实现中华民族伟大复兴的高度出发，着力推进海洋强国建设，提出一系列新理念、新思想、新战略，

---

① 蔡礼彬，王晨琳．近年来国外海洋旅游研究综述［J］．旅游论坛，2018，11（4）：31–42.

② 世界海洋旅游分区［EB/OL］. http://www.guayunfan.com/baike/249562.html.

出台一系列重大方针政策，推出一系列重大举措，推进一系列重大工作，推动我国海洋事业发展取得举世瞩目的成就。海洋经济转型升级效果明显、亮点频现，海工装备、海洋电力等新兴产业不断取得突破，海洋渔业、船舶制造等传统产业加快提升改造，海洋服务业创新发展并领跑海洋经济，海洋休闲娱乐、涉海金融等新兴业态彰显生机活力。京津冀、长三角、珠三角等区域凭借海洋经济优势不断焕发新的活力，海洋已成为陆海内外联动、东西双向互济开放格局中的关键一环。我国海洋科技创新推动海洋事业发展的引擎效应凸显。“蛟龙号”达到世界应用型载人潜水器最高水平，与“海龙号”和“潜龙号”组成的“三龙”深海装备体系基本成熟。海水淡化技术、波浪能和潮流能发电、系列海洋卫星等跻身国际领先或先进行列。南海神狐海域天然气水合物试采成功，标志着中国成为世界首个成功试采海域天然气水合物的国家。深化海洋生态文明体制机制改革，将生态管海贯穿于海洋工作全过程。海洋主体功能区制度逐步落地，海岸线保护与利用、围填海管控、海域和无居民海岛有偿使用等机制加快建立，海洋空间规划约束和资源集约节约利用不断强化，“生态 + 海洋管理”新模式不断完善。湾长制、海洋资源环境承载能力监测预警等改革试点顺利开展，蓝色海湾、生态岛礁等大工程统筹实施，海洋生态环境治理成效显著。以“一带一路”建设为牵引，提出并构建蓝色伙伴关系，中国的海上朋友圈越来越大。积极承担大国责任，在应对气候变化、保护海洋生态环境、推动海上互联互通等领域与其他国家开展务实合作，提供海洋公共产品，为全球海洋治理贡献中国智慧、中国方案。新时代，我国海洋强国建设和发展迎来历史机遇期[①]。加快建设海洋强国，行动有指南、国家有基础、人民有需求、环境有保障。

四、中国海洋旅游发展的黄金期

中国海洋经济持续快速发展，2019 年全国海洋生产总值超过 8.9 万亿元，比十年前翻一番，作为我国经济发展“新引擎”不断增强，海洋经济对国民经济增长的贡献率达到 9.1%，拉动国民经济增长 0.6 个百分点。海洋生产总值占国内生产总值的比重近 20 年连续保持在 9% 左右，占沿海地区生产总值的

① 海洋强国建设迎来历史机遇期［N］. 人民日报，2018-02-11.

比重连续 3 年稳步上升，2019 年超 17%。同时，海洋经济结构持续优化，海洋服务业“稳定器”作用进一步增强。海洋第一、第二和第三产业增加值占海洋生产总值的比重分别为 4.2%、35.8% 和 60.0%，与上年相比，第三产业比重提高 0.9 个百分点。海洋服务业增加值占比连续 9 年稳步提升，拉动海洋生产总值增长近 5 个百分点，对海洋经济增长的贡献率超过 75%①。

2019 年，滨海旅游业全年实现增加值 18086 亿元，比上年增长 9.3%，成为我国海洋经济的三大支柱之一。海洋旅游日益成为我国海洋经济中发展最快、最有潜力和活力的重要组成部分，成为我国旅游业中需求最旺、发展最快的重要部分，成为我国海洋战略、“一带一路”愿景中独具魅力优势的重要新载体，成为保护海洋生态环境的绿色发展路径，成为充分利用各种海洋新科技、融合转化海洋新产业的重要新载体，成为传承弘扬文化、增强民族海洋意识和自信的重要载体。

海洋旅游是具有关联性强、产业集聚效应明显的综合性产业，其持续快速发展对海洋经济的平稳增长具有较大的拉动作用。海岛和滨海是旅游者漫游观光、避暑疗养、拥抱自然、休闲放松的理想空间和优选场所。滨海旅游快速发展，日益成为广大群众旅游消费的新热点。随着日益增长且休闲化的海洋度假需求，在帆船、赛艇、海底休闲、低空飞行、邮轮游艇等滨海、海面、空中、海底立体式的海洋度假旅游产品体系和基础设施建设上亟须升级。海洋旅游成为“一带一路”愿景的重要新载体。自 2013 年习近平首次提出“一带一路”构想倡议，2015 年国家发改委、外交部和商务部联合发布了《推动共建丝绸之路经济带和 21 世纪海上丝绸之路的愿景与行动》，海洋旅游成为对接“一带一路”国家倡议，探索建立新型友好合作关系，促进对外开放、经贸合作、海洋文化文流等，打造旅游及相关产业资讯互通、客源互送、合作互助的共商、共建、共享、共赢大平台，扩大国际影响力的重要载体。海洋生态旅游的主要方式是感受、体验、探险、科研和教育等，与其他海洋产业，如传统渔业、捕捞业、近海养殖业和海上油田开发等相比，其对海洋生态环境造成的破坏程度较低。海洋生态旅游的持续、健康发展，不仅有利于广泛普及海洋环境

---

① 中华人民共和国自然资源部.2019年中国海洋经济统计公报［EB/OL］. 2020-05-09. http://gi.mnr.gov.cn/202005/t20200509_2511614.html.

知识，提高海洋环境保护意识和自觉性，达到旅游与环境相互促进的效果[①]。海洋旅游成为充分利用各种海洋新科技、融合转化海洋新产业的重要新载体。海洋旅游有效加强了旅游与文化、旅游与科技、旅游与金融等融合，海洋旅游新业态的发展促使海洋科技成果产业化进程明显加快，绿色、智能、大数据等高新技术带动海洋旅游业及相关海洋渔业、海洋交通运输业、海洋船舶工业等海洋传统产业加速转型升级，持续推动生物技术、纳米技术、先进材料、能源与海洋工程等技术领域呈现集体跃升与加速融合态势[②]。休闲渔业与游艇邮轮旅游的发展有利于提升海洋渔业、海洋船舶工业等竞争力和综合效益。海洋旅游成为传承弘扬海洋文化，增强民族海洋意识和自信的重要新载体。海洋旅游的发展有助于输出亲海、向海的海洋意识，提升海洋国土、海防、海权意识，扩大海洋文化的传播范围，服务海洋强国建设。

第三节　中国海洋旅游发展的自然资源环境

中国是幅员辽阔的大陆国家，同时又是拥有漫长海岸线和辽阔领海的海洋国家，具有海岸漫长、岛屿众多、中低纬度、气候宜人的优势。中国海岸线长达 3.2 万公里，有 1.8 万公里大陆海岸线和 1.4 万公里的海岛岸线，纵贯渤海、黄海、东海、南海四大海域，不同纬度的海洋风光旖旎、不同季节的海洋气象万千，海岸地貌复杂多变、沿岸风土民情多彩多姿，为中国发展海洋旅游提供了丰富的资源。海洋旅游资源丰富，既包括滨海、沿海滩涂和浅海、海洋生物、海洋生态系统、海岛资源等自然海洋旅游资源，还包括深厚悠久的海洋文化、海洋民俗、历史文化名城、渔村、集镇、民间信仰与宗教建筑、海防、海战遗迹、海洋博物馆等人文海洋旅游资源。

一、中国的海洋分布

中国位于亚洲大陆的东部，面向太平洋；毗邻中国大陆边缘的渤海、黄

① 乌兰．海洋生态旅游与环境保护关系研究［J］．山东社会科学，2010（10）：90-92.

② 国家海洋局，科技部．全国科技兴海规划（2016 年 ~ 2020 年）［EB/OL］.2017-03-10. http://ghhzrzy.tj.gov.cn/ywpd/hygl_43039/hyjj/202012/t20201206_4543844.html.

海、东海、南海互相连成一片，跨温带、亚热带和热带，大陆海岸线长度 1.8 万公里，从东北角的丹东开始，到广西的防城港一线，自北向南呈弧状分布，是北太平洋西部的边缘海。以上四海域因紧邻中国大陆，属于中国的近海①，是中国的四大海域。毗邻中国的海域总面积约为 470 万平方公里，其中，根据《联合国海洋法公约》的规定，我国主张管辖的海域面积约为 300 万平方公里，这其中包括了内海、领海、毗连区、专属经济区和大陆架。入海河流众多，流域范围广阔，有鸭绿江、辽河、海河、黄河、淮河、长江、珠江等 1500 余条河流入海。海洋生物多样性十分丰富，已记录的海洋生物 22629 种，分布有红树林、珊瑚礁、滨海湿地、海草床、海岛、海湾、入海河口和上升流等多种类型海洋生态系统。

（一）渤海

渤海是我国最北端的海域，因地处北方，在古代有北海之称，是中国的内海，三面环陆，在辽宁、河北、山东、天津之间，被山东半岛、辽东半岛和华北平原环绕，仅东部以渤海海峡与黄海相通，是一个半封闭的大陆架浅海，海水平均深度约 18 米，面积约 7.7 万平方公里。在北纬 37°07′~41°0′、东经 117°35′~121°10′。辽东半岛南端老铁山角与山东半岛北岸蓬莱角的连线是渤海与黄海的分界线，约 9 万平方公里。渤海通过渤海海峡与黄海相通，渤海海峡口宽 59 海里，有 30 多个岛屿，其中较大的有南长山岛、砣矶岛、钦岛和皇城岛等，总称庙岛群岛或庙岛列岛。其间构成 8 条宽狭不等的水道，扼渤海的咽喉，是京津地区的海上门户，地势极为险要。渤海平均水深 25 米，总容量不过 1730 立方公里。渤海沿岸水浅，特别是河流注入地方仅几米深；而东部的老铁山水道最深，达到 86 米。渤海水温变化受北方大陆性气候影响，2 月在 0℃左右，8 月达 21℃。严冬来临，除秦皇岛和葫芦岛外，沿岸大都冰冻。3 月初融冰时还常有大量流冰发生，平均水温 11℃。由于大陆河川大量的淡水注入，又使渤海海水中的盐度是最低的（仅 30%）。渤海沿岸有辽东湾、渤海湾、莱州湾，辽河、海河、黄河等河流从陆上带来大量有机物质，使这里成为盛产对虾、蟹和黄花鱼的天然渔场②。

① 袁世全，冯涛．中国百科大辞典［M］．北京：华夏出版社，1990.

② 渤海［EB/OL］. http://www.cjk3d.net/old/cnocean/bohai/bohai.html.

（二）黄海

黄海位于我国大陆与朝鲜半岛之间，北在鸭绿江口，南以长江口北角到韩国济州岛的西南角连线与东海分隔，西北以辽东半岛南端的老铁山角到山东半岛北岸的蓬莱角连线与渤海分隔，为一半封闭的浅海，出了渤海海峡，海面骤然开阔，深度逐渐加大，就是黄海。海水平均深度约 44 米，面积约 38 万平方公里。黄海因为古时黄河水流入，江河搬运来大量泥沙，使海水中悬浮物质增多，海水透明度变小，故呈现黄色，黄海之名因此而得。黄海是我国华北的海防前哨，也是华北一带的海路要道。黄海西临山东半岛和苏北平原，东边是朝鲜半岛，北端是辽东半岛。海洋学家按照黄海的自然地理等特征，习惯将黄海分为北黄海和南黄海。北黄海是指山东半岛、辽东半岛和朝鲜半岛之间的半封闭海域，海域面积约为 8 万平方公里，平均水深 40 米，最大水深在白翎岛西南侧，为 86 米。长江口至济州岛连线以北的椭圆形半封闭海域，称南黄海，总面积为 30 多万平方公里，南黄海的平均水深为 45.3 米，最大水深在济州岛北侧，为140米①。黄海的水温年变化小于渤海，为15~24℃。黄海海水的盐度也较低，为 32%。黄海寒暖流交汇，水产丰富，特别是渤海和黄海沿岸地势平坦、面积宽广，适宜晒盐。例如，著名的长芦盐区、烟台以西的山东盐区以及辽东湾一带都是我国重要的盐产地。长江口北岸的启东角与韩国济州岛西南角的连线是黄海与东海的分界线。黄海虽比渤海开阔，但它在很大程度上仍然受大陆环抱②。

（三）东海

东海位于中国大陆与台湾岛以及日本九州岛和琉球群岛之间，北与黄海相连，南以广东省南澳岛到台湾岛南端连线与南海分隔，是一个比较开阔的边缘海，海水平均深度约 370 米，面积约 77 万平方公里。盐度为 31‰ ~32‰，东部为 34‰。海水温度平均 9.2℃。冬季南部水温在 20℃以上。世界著名渔场之一，产大黄鱼、小黄鱼、刀鱼、墨鱼等。在其东南部，巨大的黑潮暖流从太平洋奔腾而入，沿着琉球群岛的西北侧蜿蜒而上，仿佛给东海披上一条蓝色彩

① 黄海［EB/OL］. http://www.qimg.cgs.gov.cn/dxkp/kpzs/tmhy/201603/t20160309_268897.html.

② 中国海之黄海［EB/OL］. http://www.360doc.com/content/17/0702/07/18841360_668110002.shtml.

带，是黑潮水特有的象征，它温度特别高，盐度特别大，水质却十分贫瘠，生物极其稀少，故而显出蓝黑色，被称为黑潮。在东海的西北部，滚滚长江从大陆倾泻而来，把混浊的泥沙水向海中扩展。东海中央海域，由于黑潮和长江泥沙的共同作用，因而颜色一片青绿。散布在海面上成百上千的岛屿、曲折的海岸、高耸的悬崖，都把东海打扮得分外妖娆[①]。

（四）南海

南海，因位于中国南边而得名。南接大巽他群岛的加里曼丹岛，东邻菲律宾群岛，西面是中南半岛和马来半岛。南海海域辽阔，海水平均深度约 1212 米，最深达到 5559 米，面积约 350 万平方公里[②]。近代有人从英语 South China Sea 翻译为南中国海，但中国仍采用南海作官方名称。但新加坡和马来西亚等地则称之为南中国海。从东海往南穿过狭长的台湾海峡，就进入汹涌澎湃的南海。南海是我国最深、最大的海，也是仅次于珊瑚海和阿拉伯海的世界第三大陆缘海。南海位居太平洋和印度洋之间的航运要冲，在经济上、国防上都具有重要的意义。南海北边是我国海南、广东、广西、福建和台湾五省，东南边至菲律宾群岛，西南边至越南和马来半岛，最南边的曾母暗沙靠近加里曼丹岛。浩瀚的南海，通过巴士海峡、苏禄海和马六甲海峡等，与太平洋、印度洋相连。它的面积最广，约有 356 万平方公里，相当于 16 个广东省那么大。我国最南边的曾母暗沙距大陆达 2000 公里以上，这比广州到北京的路程还远。南海也是邻接我国最深的海区，平均水深约 1212 米，中部深海平原中最深处达 5559 米。南海四周大部分是半岛和岛屿，陆地面积与海洋相比，显得很小。注入南海的河流主要分布于北部，主要有珠江、红河、湄公河、湄南河等。由于这些河的含沙量很小，所以海阔水深的南海总是呈现碧绿或深蓝色。南海地处低纬度地域，是我国海区中气候最暖和的热带深海。南海海水表层水温高（25~28℃），年温差小（3~4℃），终年高温高湿，长夏无冬。南海盐度最大（35%），潮差 2 米。南海的自然地理位置适于珊瑚繁殖。在海底高台上，形成很多风光绮丽的珊瑚岛，如东沙群岛、西沙群岛、中沙群岛和南沙群岛。南海诸岛很早就为我国劳动人民发现与开发，是我国领土不可分割的一部分。

---

① 中国海之东海［EB/OL］. http://www.360doc.com/content/17/0806/09/12171710_677013809.shtml

② 南海［EB/OL］.igsnrn.ac.cn/kxcb/dlyzykpyd/zgdl/zghayjh/200703/t20070328_2154937.html.

南海水产丰富，盛产海龟、海参、牡蛎、马蹄螺、金枪鱼、红鱼、鲨鱼、大龙虾、梭子鱼、墨鱼、鱿鱼等热带名贵水产[①]。

二、中国海洋旅游自然资源

海洋旅游资源是海洋资源的有机组成部分，我国海域蕴藏着丰富的海洋旅游资源，既有丰富的海洋自然旅游资源，又有厚重的海洋人文旅游资源[②]，具有重要的自然价值、经济价值和社会价值。

一是海岸线资源。我国由北向南依次濒临渤海、黄海、东海和南海，拥有大陆岸线1.8万多公里，我国有11个沿海省、直辖市，南北跨越20个地理纬度，港湾众多。各沿海省、市拥有的大陆海岸线资源从北向南依次为，辽宁约2290公里，其中砂质岸线约150公里；河北约480公里，其中砂质岸线约65公里；天津约150公里，自然砂质岸线几乎没有；山东约3000公里，其中砂质岸线约240公里；江苏约900公里，自然沙质岸线很少；上海约200公里，没有自然的砂质岸线；浙江约2200公里，其中砂质岸线约30公里；福建约3700[③]公里，其中砂质岸线约390公里；广东约8500公里，其中砂质岸线约600公里；海南海岸线总长约1900公里，其中砂质岸线约700公里；广西约1600公里，其中砂质岸线约85公里。我国拥有基岩海岸、平原海岸和生物海岸三类海岸类型体。基岩海岸集中分布于杭州湾以南的浙、闽、粤、桂等省区沿岸以及北方的山东半岛、辽东半岛等地，岸线曲折，海湾与岬角相间分布，其间常见一些细软洁净的沙滩，海中往往错落有致地点缀着大大小小的岛屿、岩礁，景观富有层次感。由于地质构造和岩性的差异以及长期的海洋动力作用，岬角不断地受到侵蚀形成了诸如海蚀崖、海蚀穴、海蚀拱桥、海蚀柱和海蚀平台等一系列的海蚀地貌，构成了重要的风景地貌旅游资源，如大连的黑石礁、北戴河南天门、青岛石老人、普陀山潮音洞等；同时还往往形成水深、港阔、少淤的优良海港，如大连、秦皇岛、烟台、青岛、连云港、宁波和

① 自然资源部. 国家领土与版图［EB/OL］. http://www.mnr.gov.cn/zt/ch/11chdlxx_30928/btjbzs/201807/t20180727_2148012.html，2010-09-11/2020-06-10.

② 国务院. 全国海洋主体功能区规划［EB/OL］. http://www.gov.cn/zhengce/content/2015-08/20/content_10107.htm.

③ 此次海岸线改动参考各省政府官网.

北海等海港。我国基岩海岸大部分形成陡峻的岩壁和奇峰错列的海岸山脉，如青岛崂山、浙江普陀山等[①]。平原海岸其沿海陆地为平原，岸线平直，海洋与陆地平原紧密相连。例如，中国江苏北部海岸等。许多这种海岸的岸外常常形成沙岛，在沙岛的向陆一侧又常常形成潟湖。在大河入海处，河流经堆积作用形成复杂的三角洲，构成独特的三角洲海岸。其外形类似于陆地上的冲积扇，其上有呈放射状分岔的水道。三角洲通常都迅速扩展，所以岸线很不稳定。生物海岸由植物或动物钙质残骸构成，它们分布于热带、亚热带。红树林海岸是因为有红树生长，促使淤泥物质大量沉积而形成的，它几乎没有什么旅游价值。珊瑚礁海岸由造礁珊瑚的钙质残骸构成，可分为岸礁、堡礁和环礁三种。珊瑚礁海岸对于旅游意义最大的是与其有直接联系的沙质海滩。生物海岸主要以红树林海岸和珊瑚礁海岸最为发育。红树林海岸主要分布在从福建福鼎以南直到海南岛的一些岸段，以海南岛的铺前港和清澜港一带较为典型，素有海岸绿色屏障之称，茂密苍翠最高可达 10 米，常形成宽数百米，绵延数公里的绿色长城。珊瑚礁海岸有洁白柔软的细沙、温和明媚的阳光、高大浓绿的椰树、碧波万顷的海水、色彩缤纷的热带鱼群、色艳姿奇的珊瑚，极富吸引功能。它的分布北界为澎湖列岛，分布最广的是海南岛、雷州半岛和南海诸岛，在南海北部沿岸的香港沿岸，北部湾中的涠洲岛、斜阳岛等地都有珊瑚礁发育[②]。

二是海岛资源。我国拥有面积大于 500 平方米的海岛 7300 多个，海岛陆域总面积近 8 万平方公里，海岛岸线总长 14000 多公里。渤海区内海岛数量占总数的 4%，黄海区占 5%，东海区占 66%，南海区占 25%。距大陆岸线 10 公里之内的海岛数量占总数的 70%，10~100 公里的占 27%，100 公里之外的占 3%。我国面积最大的海岛是台湾岛，面积 35760 平方公里，海岸线长 1217 公里；海南岛是第二大岛，面积 33907 平方公里，海岸线长 1900 公里；崇明岛是第三大岛，面积 1083 平方公里，海岸线长 210 公里。在我国岛屿中大多数为无人岛，有常住居民的岛屿 460 多个，人口近 4000 万。我国 12 个海岛县为辽宁长海县（长山群岛）、山东长岛县（庙岛群岛）、上海崇明岛、浙江舟山群岛属嵊泗县、岱山县、普陀区和定海区、玉环县（玉环岛和楚门半岛）、洞

① 陈君 . 我国滨海旅游资源及其功能分区研究［J］. 海洋开发与管理，2000（3）：41–47.

② 陈君 . 我国滨海旅游资源及其功能分区研究［J］. 海洋开发与管理，2000（3）：41–47.

头县（洞头列岛）、平潭县（海坛岛等）、东山县（东山岛）和南澳县（南澳岛）。我国海岛广布温带、亚热带和热带海域，生物种类繁多，不同区域海岛的岛体、海岸线、沙滩、植被、淡水和周边海域的各种生物群落和非生物环境共同形成了各具特色、相对独立的海岛生态系统，一些海岛还具有红树林、珊瑚礁等特殊生境；海岛及其周边海域自然资源丰富，有港口、渔业、旅游、油气、生物、海水、海洋能等海洋资源①。

三是滨海旅游资源。我国沿海地带跨越热带、亚热带、温带三个气候带，旅游资源种类繁多，有海滨旅游景点 1500 多处，滨海沙滩 100 多处，其中有 25 处国家重点风景名胜区、5 处国家海岸自然保护区。其中，有 273 处主要景点，其中有 45 处海岸景点，15 处最主要的岛屿景点，8 处奇特景点，19 处比较重要的生态景点，5 处海底景点，62 处比较著名的山岳景点，以及 119 处比较有名的人文景点。

四是沿海滩涂和浅海资源。沿海滩涂总面积为 3.8 万平方公里，我国沿海入海河流每年带入的泥沙量为 17 亿 ~ 26 亿吨，平均约 20 亿吨。在沿岸沉积形成滩涂，每年淤涨的滩涂总面积约 40 万亩，使我国滩涂资源不断增加。主要分布在平原海岸，渤海占 31.3%，黄海占 26.8%，东海占 25.6%，南海占 16.3%。我国由于陆架宽广，浅海资源也很丰富。0~15 米水深的浅海面积约为 123800 平方公里，占近海总面积的 2.6%。按海区分，渤海为 31120 平方公里，黄海为 30330 平方公里，东海为 38980 平方公里，南海为 23330 平方公里。

五是海洋生物资源。中国近海海洋生物达 20278 种，其中鱼类 3032 种，虾蟹 1388 种，螺贝 1932 种，海藻 290 种，海洋哺乳动物 39 种，石珊瑚 246 种，红树植物 40 种。海洋生物分布由北向南递增，即渤海、黄海 4198 种，东海 11291 种，南海 12933 种。从中、高纬度南下的低温、低盐、低速的沿岸流和从低纬度北上的高温、高盐、高速的黑潮——台湾暖流形成广阔交汇区，各种习性鱼类分别沿着暖流或寒流自南向北或从北到南洄游，出现季节性、地区性的不同鱼汛。我国浅海渔场面积约占世界渔场面积的 1/4。由于黄海、东海、南海的外缘为岛链所环绕，属半封闭性海域，故海洋生物种类具有半封闭

① 国家海洋局 . 全国海岛保护规划［EB/OL］. http://www.mnr.gov.cn/gk/ghjh/201811/t20181101_2324822.html.

性和地域性特点，多为地方性种类，还有少数土著种和特有种，而世界广布种较少。中国海域被确认的浮游藻类 1500 多种、固着性藻类 320 多种。海洋动物共有 12500 多种，其中，无脊椎动物 9000 多种，脊椎动物 3200 多种。无脊椎动物中有浮游动物 1000 多种、软体动物 2500 多种、甲壳类约 2900 种、环节动物近 900 种。脊椎动物中以鱼类为主，近 3000 种，包括软骨鱼 200 多种，硬骨鱼 2700 余种[①]。

六是海洋生态系统。我国拥有世界海洋大部分生态系统类型，包括入海河口、滨海湿地、珊瑚礁、红树林、海草床等浅海生态系统以及岛屿生态系统，具有各异的环境特征和生物群落[②]。辽宁形成了黄海北部和辽东湾两大海洋生态系和重要渔业资源区，黄海北部河口海域与辽东湾顶海域是重要渔业品种产卵场。重要海洋生态系统有鸭绿江口滨海湿地、长山群岛、大连南部沿岸、金州湾、双台子河口滨海湿地、辽西沿岸砂质海岸等。

七是港口资源。我国拥有得天独厚的地理位置和港口资源，海南岛港湾众多，洋浦港湾 60 多公里，北岸水深 24 米。香港的维多利亚港被称世界三大深水良港之一。福州的湄洲湾深水岸线 11 公里，其中可建 1 万 ~ 30 万吨泊位岸线 5.5 公里，航道水深 10~ 20 米，是我国沿海四大深水港之一。崇明岛南岸岸线 42 公里，水深 10~ 15 米。宁波市的大榭岛深水岸线 10.7 公里，离岸 150~ 200 米，水深达 20 米。舟山群岛可供开发建设各类泊位岸线 1538 公里，其中深水岸线 183.2 公里，占浙江省深水岸线总长的 78.95%。岛屿滨水地质以火成岩为基底，基岩临海，岬湾相间，水深湾大，口多腹大，微波轻浪，不冻不淤。陆地多为处女地，是建设泊位、仓库、堆场以及临港工业的理想场所。如将舟山市主要岛屿深水岸线都开发利用，可建 10 万 ~30 万吨级泊位 500 个，超过目前世界任何大港。

三、中国的海洋主体功能区

根据《全国海洋主体功能区规划》（国发〔2015〕42 号），我国的内水和

---

① 汉中平原洋. 中国海洋资源状况［EB/OL］. https://wenku.baidu.com/view/abc6fd3a1b2e453610661ed9ad51f01dc28157ab.html?fr=search，2020-01-04/2020-06-09.

② 国务院. 全国海洋主体功能区规划［EB/OL］. http://www.gov.cn/zhengce/content/2015-08/20/content_10107.htm.

领海主体功能区（我国已明确公布的内水和领海面积38万平方公里，是海洋开发活动的核心区域，也是坚持陆海统筹、实现人口资源环境协调发展的关键区域）包括:（1）优化开发区域。包括渤海湾、长江口及其两翼、珠江口及其两翼、北部湾、海峡西部以及辽东半岛、山东半岛、苏北、海南岛附近海域。辽东半岛海域包括辽宁省丹东市、大连市、营口市、盘锦市、锦州市、葫芦岛市毗邻海域。加快建设大连东北亚国际航运中心，优化整合港口资源，打造现代化港口集群。开展渔业资源增殖放流和健康养殖，加强辽河口、大连湾、锦州湾等海域污染防治，强化陆源污染综合整治。渤海湾海域包括河北省秦皇岛市、唐山市、沧州市和天津市毗邻海域。优化港口功能与布局，推动天津北方国际航运中心建设。积极推进工厂化循环水养殖和集约化养殖。加快海水综合利用、海洋精细化工业等产业发展，控制重化工业规模。保护水产种质资源，开展海岸生态修复和防护林体系建设。加强海洋环境突发事件监视监测和海洋灾害应急处置体系建设，强化石油勘探开发区域监测与评价，提高溢油事故应急能力。山东半岛海域包括山东省滨州市、东营市、潍坊市、烟台市、威海市、青岛市、日照市毗邻海域。强化沿海港口协调互动，培育现代化港口集群。加快发展海洋新兴产业。建设具有国际竞争力的滨海旅游目的地。开展现代渔业示范建设。推进莱州湾、胶州湾等海湾污染治理和生态环境修复。有效防范赤潮、绿潮等海洋灾害对海洋环境的危害。苏北海域包括江苏省连云港市、盐城市毗邻海域。有序推进连云港港口建设，提升沿海港口服务功能。统筹规划海上风电建设。以海州湾、苏北浅滩为重点，扩大海洋牧场规模，发展工厂化、集约化生态养殖。加快建设滨海湿地海洋特别保护区，建成我国东部沿海重要的湿地生态旅游目的地。长江口及其两翼海域包括江苏省南通市、上海市和浙江省嘉兴市、杭州市、绍兴市、宁波市、舟山市、台州市毗邻海域。整合长三角港口资源，推动港口功能调整升级，发展现代航运服务体系，提高上海国际航运中心整体水平。发展生态养殖和都市休闲渔业。控制临港重化工业规模。严格落实长江经济带及长江流域相关生态环境保护规划，加大长江中下游水环境治理力度。加强杭州湾、长江口等海域污染综合治理和生态保护。严格海洋倾废、船舶排污监管，加强海洋环境监测，完善台风、风暴潮等海洋灾害预报预警和防御决策系统。海峡西部海域包括浙江省温州市和福建省宁德市、福州市、莆田市、泉州市、厦门市、漳州市毗邻海域。推进形成海峡西岸现代化港口群。发挥海峡海湾优势，建设两岸渔业交流合作基地。突出海洋生态和海洋文化特色，扩大两岸旅游双向对接。加强沿海防护林工程建设，构建沿岸河口、海湾、海岛等生态系统与海洋自然保护区条块交错的生态格局。完善海洋灾害预报预警和防御决策系统。珠江口及其两翼海域包括广东省汕头市、潮州市、揭阳市、汕尾市、广州市、深圳市、珠海市、惠州市、东莞市、中山市、江门市、阳江市、茂名市、湛江市（滘尾角以东）毗邻海域。构建布局合理、优势互补、协调发展的珠三角现代化港口群。发展高端旅游产业，加强粤港澳邮轮航线合作。加快发展深水网箱养殖，加强渔业资源养护及生态环境修复。严格控制入海污染物排放，实施区域污染联防机制。加强海洋生物多样性保护，完善伏季休渔和禁渔期、禁渔区制度。健全海洋环境污染事故应急响应机制。北部湾海域包括广东省湛江市（滘尾角以西）和广西壮族自治区北海市、钦州市、防城港市毗邻海域。构建西南现代化港口群。积极推广生态养殖，严格控制近海捕捞强度，合理开发渔业资源。依托民俗文化特色，发展具有热带气候、沙滩海岛、边关风貌和民族风情的特色旅游。推动近岸海域污染防治，强化船舶污染治理。加强珍稀濒危物种、水产种质资源及沿海红树林、海草床、河口、海湾、滨海湿地等保护。海南岛海域包括海南岛周边及三沙海域。加大渔业结构调整力度，实施捕养结合，加快海洋牧场建设。加强海洋水产种质资源保存和选育。有序推进海岛旅游观光，提高休闲旅游服务水平。完善港口功能与布局，严格直排污染源环境监测和入海排污口监管。加强红树林、珊瑚礁、海草床等保护。（2）重点开发区域。包括城镇建设用海区、港口和临港产业用海区、海洋工程和资源开发区。城镇建设用海区，是指拓展滨海城市发展空间，可供城市发展和建设的海域。城镇建设用海应符合海洋功能区划、防洪规划和城市总体规划等，坚持节约集约用海原则，提高海域使用效能和协调性，增强海洋生态环境服务功能，提高滨海城市堤防建设标准，做好海洋防灾减灾工作。港口和临港产业用海区，是指港口建设和临港产业拓展所需海域。港口和临港产业用海应满足国家区域发展战略要求，合理布局，促进临港产业集聚发展。控制建设规模，防止低水平重复建设和产业结构趋同化。严格环境准入，禁止占用和影响周边海域旅游景区、自然保护区、河口行洪区和防洪保留区等。海洋工程和资源开发区，是指国家批准建设的跨海桥梁、海底隧道等重大基础设施以及海洋能源、矿产资源勘探开发利用所需海域。海洋工程建设和资源勘探开发应认真做好海域使用论证和环境影响评价，减少对周围海域生态系统的影响，避免发生重大环境污染事件。支持海洋可再生能源开发与建设，因地制宜科学开发海上风能。（3）限制开发区域。包括海洋渔业保障区、海洋特别保护区和海岛及其周边海域。海洋渔业保障区包括传统渔场、海水养殖区和水产种质资源保护区。我国沿海有传统渔场52个，覆盖我国管辖海域的绝大部分。海水养殖区主要分布在近岸海域，面积约2.31万平方公里。我国现有海洋国家级水产种质资源保护区51个，面积7.4万平方公里。在传统渔场，要继续实行捕捞渔船数量和功率总量控制制度，严格执行伏季休渔制度，调整捕捞作业结构，促进渔业资源逐步恢复和合理利用；加强重要渔业资源保护，开展增殖放流，改善渔业资源结构。在海水养殖区，要推广健康养殖模式，推进标准化建设；发展设施渔业，拓展深水养殖，推进以海洋牧场建设为主要形式的区域综合开发。加强水产种质资源保护区建设和管理，在种质资源主要生长繁殖区，划定一定面积海域及其毗邻岛礁，用于保障种质资源繁殖生长，提高种群数量和质量。我国现有国家级海洋特别保护区23个，总面积约2859平方公里。应加强海洋特别保护区建设和管理，严格控制开发规模和强度，集约利用海洋资源，保持海洋生态系统完整性，提高生态服务功能。在重要河口区域，禁止采挖海砂、围填海等破坏河口生态功能的开发活动；在重要滨海湿地区域，禁止开展围填海、城市建设开发等改变海域自然属性、破坏湿地生态系统功能的开发活动；在重要砂质岸线，禁止开展可能改变或影响沙滩自然属性的开发建设活动，岸线向海一侧3.5公里范围内禁止开展采挖海砂、围填海、倾倒废物等可能引发沙滩蚀退的开发活动；在重要渔业海域，禁止开展围填海及可能截断洄游通道等开发活动。适度发展渔业和旅游业。在海岛及其周边海域，加强交通通信、电力供给、人畜饮水、污水处理等设施建设，支持可再生能源、海水淡化、雨水集蓄和再生水回用等技术应用，改善居民基本生产、生活条件，提高基础教育、公共卫生、劳动就业、社会保障等公共服务能力。发展海岛特色经济，合理调整产业发展规模，支持渔业产业调整和结构优化，因地制宜发展生态旅游、生态养殖、休闲渔业等。保护海岛生态系统，维护海岛及其周边海域生态平衡。对开发利用程度较高、生态环境遭受破坏的海岛，实施生态修复。适度控制海岛居住人口规模，对发展成本高、生存环境差的边远海岛居民实施易地安置。加强对建有导航、观测等公益性设施海岛的保护和管理。充分利用现有科技资源，在具有科研价值的海岛建立试验基地。从事科研活动，不得对海岛及其周边海域生态环境造成损害。（4）禁止开发区域。包括各级各类海洋自然保护区、领海基点所在岛礁等。我国现有国家级海洋自然保护区 34 个，总面积约 1.94 万平方公里。在保护区核心区和缓冲区内不得开展任何与保护无关的工程建设活动，海洋基础设施建设原则上不得穿越保护区，涉及保护区的航道、管线和桥梁等基础设施经严格论证并批准后方可实施。在保护区内开展科学研究，要合理选择考察线路。对具有特殊保护价值的海岛、海域等，要依法设立海洋自然保护区或扩大现有保护区面积。我国已公布 94 个领海基点，领海基点在有居民海岛的，应根据需要划定保护范围；领海基点在无居民海岛的，应实施全岛保护。禁止在领海基点保护范围内从事任何改变该区域地形地貌的活动。

此外，我国专属经济区和大陆架及其他管辖海域划分为重点开发区域和限制开发区域。重点开发区域包括资源勘探开发区、重点边远岛礁及周边海域，加快推进资源勘探与评估，加强深海开采技术研发和成套装备能力建设；以海洋科研调查、绿色养殖、生态旅游等开发活动为先导，有序适度推进边远岛礁开发。资源勘探开发区：选择油气资源开采前景较好的海域，稳妥开展勘探、开采工作。加快开发研制深海及远程开采储运成套装备。加强天然气水合物等矿产资源调查评价、勘探开发科研工作。重点边远岛礁及周边海域：加快码头、通信、可再生能源、海水淡化、雨水集聚、污水处理等设施建设。开展深海、绿色、高效养殖，建立海洋渔业综合保障基地。根据岛礁自然特点，开辟特色旅游线路，发展生态旅游、探险旅游、休闲渔业等旅游业态。加强海洋科学实验、气象观测、灾害预警预报等活动，建设观测、导航等设施。限制开发区域包括除重点开发区域以外的其他海域。该区域的开发原则是，适度开展渔业捕捞，保护海洋生态环境。在黄海、东海专属经济区和大陆架海域加快恢复渔业资源。在南海海域适度发展捕捞业，鼓励和支持我国渔民在传统渔区的生产活动。加强对经济鱼类产卵场、索饵场、越冬场和洄游区域的保护，加强西沙群岛水产种质资源保护区管理。适时建立各类保护区，维护海洋生物多样性和生态系统完整性。

第四节　中国海洋旅游发展的海洋文化基因

中国是大陆国家，也是海洋大国，中国古代文明中也有灿烂的航海历史和海洋文明，孕育了博大精深、底蕴深厚且内涵独特的中国海洋文化，造就了中国海洋旅游发展的内在文化基因，积淀了丰富的海洋旅游文化资源，形成了独特的海洋文化魅力和精神气质。要建设海洋强国和21世纪海上丝绸之路，就要进一步加强全民海洋意识宣传教育和文化建设，提升中国海洋旅游独特的文化魅力，推进海洋文化发展繁荣，提升海洋强国软实力。

一、中国悠久的航海与海洋文明史

中国有非常悠久的海洋文明史，航海及其他与海洋有关的人类活动历史悠久，有必要对中国的海洋文化和海洋文明做一次系统梳理，以唤醒民族记忆深处的海洋印记。在中国人观念中，龙是中华民族的图腾和象征，是雨水与海洋的主宰。早在旧石器时代，中国沿海就已有了人类活动的足迹，生活遗迹被称为“贝丘遗址”，从事原始海洋渔猎的原始人也被称为“贝丘人”。旧石器时代晚期，沿海地区劳动人民就开始利用原始的航行工具以渔猎为生与海洋打交道。7000多年前的新石器时代，开始出现了最早的船舶——独木舟。《竹书纪年》中记有夏帝王芒“命九夷，东狩于海，获大鱼”，《诗·商颂·长发》中也有“相土烈烈，海外有截”的语句，这表明，早在夏商时期，我们民族的统治者就已在海外开疆辟土，狩海经营。《诗经·商颂》还有“肇于彼四海，四海来假，来假祈祈”的语句，记录了商朝开始和外朝经由海域进行交流的盛况。在20世纪20年代出土的大量殷墟海贝、鲸鱼骨、龟甲，也表明中原地区与沿海地带有着频繁的贸易往来。在商王妃墓中考古发现了大量来自印度洋的海贝壳，另外甲骨文中出现的“帆”字也证明商人已经掌握了航海风帆技术。至少从公元前3世纪起，迄至15世纪，中国古代航海和航海技术一直处于世界领先水平。夏商周时期就已经产生了木板船与风帆，开始了较大规模航海活动，不但中国沿海地区间的航行往来活跃，而且与今日本列岛、朝鲜半岛等地的海上往来也见诸史籍，甚至经人研究已部分证实了殷人或越人远渡重洋到达美洲海岸的传说[①]。殷纣王曾率大军过江、涉海征伐人方，其航行规模已相当可观。春秋战国是我国古代航海事业的形成时期，随着冶铁技术的发展与铁制工具的出现，造船技术得到很大的进步，在海上探险、大规模海上运输、海外贸易及频繁的海战中先后出现了海上强国——齐国、吴国和越国。出现了一些诸侯国之间的航线，如以渤海湾口的芝罘（烟台）为中转点，北到辽东半岛，南到琅琊的一条南北航线；燕、齐航海者从山东或辽东半岛出发，经过朝鲜半岛，航行到日本，前后共开辟了两条对日航线；战国时期随着航海技术的提高，又开辟出一条经由对马岛直航日本北九州的航线。

秦汉时期，建立中央集权统一国家，大大促进了生产力发展，也使中国造船和航海技术得到了极大提高，航海船只不断朝大型化发展，出现了尾舵这一先进的控制航向技术，人们认识了海上季风规律和掌握掉戗驶风技术，中国航海事业进入了蓬勃发展时期。为人熟知的秦始皇的四次海巡，这是中国历史上第一次大规模的海上航行，标志着古代中国的船舶制造技术和航海水平达到了新的高度。西汉时，中国的远洋船队已驶出马六甲海峡，到达印度半岛的南端，并形成了我国历史上第一条印度远洋航线——“海上丝绸之路”。汉武帝积极致力于航海事业，组建了一支强大的水师，以合浦为起点，顺应建立海上丝绸之路，史称“徐闻、合浦南海道”，并亲自七次巡海航行。三国两晋南北朝时期，政局动荡，战乱不已，航海事业处于相对徘徊阶段。中国古代海洋文明的第二个航海高峰出现在三国的东吴时期。吴国为了抵御外强，根据本国的海洋优势，制定了“舟楫为舆马，巨海化夷庚”的向海洋发展的国家战略，多次派舰队远征辽东和东南沿海[②]。

隋唐五代时代，是中国航海的繁荣时期，造船技术、地图绘制技术和指南针在航海中得到广泛应用，船舶坚固精良，载重吨位大、工艺技术先进，无论是近海还是远洋航行都可以说是独步于世界。当时中国与渤海国、朝鲜、日本等国家和地区的交往非常频繁，并开辟了西北太平洋上的堪察加与库页岛航线以及横跨东海的中日南路航线；在南洋与印度洋航路上，“海上丝绸之路”十分兴盛，航迹不但遍及东南亚、南亚、阿拉伯湾与波斯湾沿岸，而且已伸展至红海与东非海岸，形成了直接沟通亚、非两大洲的长达万余海里的远洋航线。

① 张丽旭．中国海洋文化发展历程与海洋文化成就概述［C］// 首届建设弘扬海洋文化研讨会．0.

② 李陈章，丁爱侠．中国古代海洋文明与西方海洋文明的比较［J］．学理论，2013（5）：139–140.

从唐代中后期起，航海的经济价值得到了重视，出现了专门管理海外航运贸易的机构，交州、广州、泉州、扬州、登州、温州、杭州和台州等地成为名噪中外的滨海贸易港口；在浙江等沿海地区已经开始兴筑海塘御潮捍田，开始形成具有区域特色的海塘文化。《海内华夷图》记录了唐朝几条主要对外交通路线，一是营州（今辽宁朝阳）入安东（今辽东）道；二是登州（今山东烟台）海行入高丽渤海道；三是夏州（今陕北横山）塞外通大同云中（今山西大同）道；四是中受降城（今内蒙古包头）入回鹘道；五是安西入西域道；六是安南（今越南河内）通天竺道；七是广州通海夷道。其中第五道和第七道最为重要，即陆上丝绸之路和海上丝绸之路。其间鉴真在 11 年内先后 6 次东渡日本，在中日两国友好的航海交往史上留下了永世不灭的千古美谈。

宋元时代，中国的航海业进入了全盛时期，推行航海贸易政策，大大促进了航海业发展；这一时期航海技术取得世界意义的重大突破，以罗盘导航、天文定位与航迹推算为标志，航海技术比西方早 2~3 个世纪进入了“定量航海”（根据海洋季风、水文形态来把握航行时间、方向）阶段。宋代发明指南针以后，水罗盘成为航海最主要的导航仪器，大大提高了航船的定位、用锚和使舵的准确度。还有船舵、水密隔舱和龙骨装置这三大发明对世界造船技术产生了深远的影响。宋朝与印度尼西亚、印度、波斯、阿拉伯、东非沿岸国家都有海上交通往来。元时中国与 120 多个国家或地区建立了海上贸易往来关系（陈大震《南海志》）。在国内外航海贸易大发展的基础上，国内各主要海港也得到了较大的发展，特别是著名的刺桐港——福建的泉州港，已成为当时世界上最大的国际贸易港之一。宋朝除了将“开洋裕国”作为国家发展的战略外还通过册封来自福建民间的海洋女神“妈祖”来提升东南沿海的海洋文化，标志着中国海洋文明从文化边缘走向中央意识形态。中国在元朝重新得到国家统一，将国家疆域几乎扩展为整个欧亚大陆，并取代了阿拉伯人成为当时世界上最大的海洋贸易国家，民间海洋贸易在东南沿海一带发展得更是如火如荼。

明初郑和下西洋的航海壮举震惊了世界，是沟通东西方文化的航海先驱。郑和船队无论从数量上还是船只的吨位上都比 70 多年后的哥伦布船队多几十倍，标志着中国古代航海时代的到来，是中国航海的顶峰时期。郑和曾到达过爪哇、苏门答腊、苏禄、彭亨、真腊、古里、暹罗、阿丹、天方、左法尔、忽鲁谟斯、木骨都束等 30 多个国家，最远曾到达非洲东岸，红海、麦加，并到过澳大利亚。这些记载都代表了中国航海探险的高峰，比西方探险家达伽马、哥伦布等人早80多年。明朝在航海技术、船队规模、航程之远、持续时间、涉及领域等均领先于同一时期的西方。郑和通过七次大西洋的探险航行，开辟了海上交通路线，形成了系统完善的海上交通网络。前三次主要到印度以东，最远到达古里，这里是古代东西方海上贸易的重要港口。第四次开始到达西亚、东非地区。郑和重要航线有56条，航线总长15000英里。郑和下西洋在军事上，维护了海洋安全，稳定了边境和周边环境；在政治上，发展了睦邻友好、和平外交政策，与亚非国家建立了友好关系；在文化上，传播了先进的中国古代文明；在航海上，开拓了海上丝绸之路，完善了印度洋航路；在经济上，引发了海上贸易新高潮；在科学技术上，完善了古代航海技术，创造了远洋医学保障方法，还首创了海洋调查先例，开展了生物考察，丰富了我国生物资源宝库。郑和七下西洋这一航海盛举，不但将中国古代航海业推向顶峰，而且在整个人类航海史上，竖起了一座永垂史册的丰碑①。

明中叶至清鸦片战争时期，我国航海衰落。由于倭寇的侵扰和维护封建国家专制统治的需要，明中叶之后明政府并没有沿着郑和所开辟的航道向海上强国发展，而是实行了严格的海禁政策和户口制度，中国航海事业的发展势头戛然而止，迅速由盛转衰，悄然退出了在世界航海界的领先地位。明、清两代除了官方漕行海运等有限的近海航运以外，对外基本上采取了闭关锁国的海禁政策。1840年鸦片战争以后，西方殖民者用坚船利炮打开了中国大门，中国从此沦入半封建半殖民地的境地，中国航海事业迅速陷入全面萧条，中国航海运输业一直在很不景气的状况下挣扎。中国清朝海洋文明的一个重要发展标志是“洋务运动”，沿海各大港口城市相继设立“制造局”“船政局”等实业，初步显现了近代中国政府谋求海上管理权的国家意志，但中国的航海事业发展和海洋文明的发展颓势一直延续到20世纪40年代②。

关于海洋文化，黑格尔在《历史哲学》中阐述了海洋和陆地与人类文明的关系：“大海给了我们茫茫无定、浩浩无际和渺渺无限的观念；人类在大海的无限里感到他自己的无限的时候，他们就被激起了勇气。”人们需要用历史厚度和全球视野，解读中华文明的海洋基因，阐释中华民族的海洋文明和海洋

① https://www.sohu.com/a/105504916_454366.

② 中国古代航海时间线［J］. 中国海事，2016（6）：75-78.

观，很长时期，人们习惯性地将中华文明等同于农耕文明，海洋文明和海洋文化在中华五千年文明史中，似乎是一把璀璨的珍珠散落在历史长河的惊涛骇浪之中而不为人所知①。实际上，梳理中国的海洋文明史，其极丰富地诠释了中国先民从近海逐渐走向深海以及跨越大洋走向世界的非凡历程和精彩故事。中华民族是人类海洋文化主要缔造者之一，孕育了非常悠久的中华海洋文化。从远古的海洋神话，到劳动人民的“靠海吃海”，再到全球海洋贸易逐渐一体化，对海洋的探索，不断积累沉淀着中国旅游文明与精神。

二、中国海洋旅游丰厚的海洋文化资源

中国不仅有漫长海岸线、辽阔的海洋和极丰富的海洋自然资源，还有历史悠久、内涵丰富的海洋文化特色资源和独具魅力的海洋文化精神财富，积累了非常灿烂、内涵深厚、色彩缤纷、富于东方特色的海洋文化，为现代海洋旅游业发展留下了丰富的海洋旅游文化资源。

首先，留下了非常丰富的文物、建筑、建筑群和遗址遗迹。我国管辖的海域内遗存有大量的水下文物，仅在沿海就有超过2000艘沉船。浙江、福建、广东、山东沿海不断通过海洋考古有大量重要发现，被称为水下考古“黄金海域”的广东沿海据探测有沉船1000多艘，重要文物无数。每条沉船都是一个巨大的水下文化遗产宝库，反映了古时海上丝绸之路的兴盛与海洋文化的繁荣。滨海和近海历史文化名城、古渔村、古集镇。我国滨海和近海有秦皇岛、山海关、天津、青岛、扬州、上海、宁波、临海、福州、泉州、漳州、潮州、广州、雷州、琼山等十几座国家级历史文化名城，还有不少省级名城和历史文化村、镇。这些名城名镇名村，作为海防重地、通商港口，海洋文化在其城市发展中留下深刻的历史烙印。现在依然有不少古渔村、古集镇保留着古朴生活情调，体现了滨海与海岛地区的文化原生态。还有大量的历史上的港口保留着历史的意蕴，记载着昔日海洋文化的辉煌，如提到古代四大海港扬州、明州（今宁波）、泉州、广州，即可想见中古时期海上丝绸之路的盛况。还有很多海塘、海堤，是古往今来人们开发利用海洋的陆上见证，浩大的工程、雄伟的气势体现出国人的聪明才智和改造自然的伟大成就。丰富的民间信仰与宗教

① 靳京.《走向海洋》：一部梳理中华民族海洋文化的电视史诗［J］.中国电视（纪录），2012（7）：66-68.

建筑，很多沿海地区修建了妈祖阁、天妃宫、天后宫等建筑。佛、道教中的观音信仰、神仙信仰在滨海地区也形成数不尽的山海宗教景观，如“海天佛国”、全真道教天下第二丛林崂山、“蓬莱仙阁”等。海防、海战遗迹。还有很多的古烽火台和炮台、军营和屯寨，许多“卫”“所”至今犹在。浙江临海桃渚城、福建惠安崇武古城等卫所城垣保存较完好。宁波镇海口海防遗迹、福州马江海战旧址、旅顺和大连甲午海战旧址等，断壁残垣，诉说着抗敌海战的历史。古代不少佛教徒由印度返回中国是通过海路，如东晋法显、北燕的昙无竭；佛教由中国传入日本则必须通过海路，著名如鉴真东渡日本。泉州港在南宋至元代是东方第一大港，大批外商云集，佛教、伊斯兰教、基督教、印度教、摩尼教等宗教因而传入中国，至今留下古迹。以及历史上各时代和海洋有关的重要实物、艺术品、文献、手稿、图书资料等可移动文物，如郑和七下西洋遗留或相关记载的一些重要文献，对于研究我国明朝造船业和当时海洋商业文明提供了宝贵资料①。

其次，还留下了丰富的海洋文化的非物质文化遗产和民俗。有丰富的民间文艺、传统技艺，渔民、航海船工、跑码头的人们口传故事、号子、小调、戏曲、杂技绝活等，随着生产、生活方式的变迁，这些珍贵的非物质遗产面临失传的境地，继续抢救与整理，形成了许多与海洋有关的宗教和风俗习惯。夏商周已开始祭海活动，战国时北方沿海已流行三神山（蓬莱、方丈、瀛洲）传说，这诱发了秦始皇、汉武帝多次遣方士入海求仙药。东汉时“子胥圭恨，驱水为涛”的神话已盛行。西汉时八月之望广陵观涛已成风俗。唐玄宗天宝十年封四海为王：东海为广德王、南海为广利王、西海为广润王、北海为广泽王。由于风暴潮危害，各地建立起子胥祠、海神庙、潮神庙、镇海塔，设海神坛、置镇海铁牛、投铁符等；沿海一些地方还取了象征海安洪宁的名称，如海宁、宁波、镇海、海安、海昌等。与海洋有关的神话故事有精卫填海、哪吒闹海、西游记、龙女牧羊等。渔民水手中广为流传的则是海神天妃（天后、妈祖）的故事。与海洋生产活动、生活方式有关的习俗，如青岛地区沿海渔民农历三月十九的祭海习俗，仪式在春汛起锚前举行，乞求海神保佑平安，现演变为“上网节”，成为欢送渔民出海并预祝丰收的节日。又如，广东潮汕地区保持滨海

① 张丽旭 . 中国海洋文化发展历程与海洋文化成就概述［C］// 首届建设弘扬海洋文化研讨会 . 0.

饮食习惯，食俗以海产品为主要原料，并以海食居于正统地位，用于先人祭祀典礼。海洋饮食风俗有海产品食用风俗、海产品储藏加工习俗、食粥习俗、食番薯习俗、吃槟榔习俗、饮茶风俗、西餐引入和推广、疍家食俗等。海洋居住风俗有草棚和草屋、海草房、石屋、住家船、浮水屋、船屋、水棚等。海洋节庆风俗有海滩放风筝、赛龙舟、龙船歌、龙舞、游蛇灯和人蛇共游、斗鱼、飞镲、咸水歌、渔船生日、渔灯节、龙抬头节、鳗鱼节、螃蟹节、沙滩节、沙雕节、渔民节、休渔放生节、开渔节、鬼节、游神节、风筝节、龙凤日、航海日、海洋日等。在中国八大菜系中，鲁菜的胶东菜、粤菜的广府菜和潮汕菜、闽菜的福州菜和莆仙菜、浙菜的宁波菜和温州菜都具有浓厚“海味”。浙东方言有许多涉海词汇[①]，大连话被形容成有一股“海蛎子味”[②]。还形成了大量有关海的诗歌、词曲、戏剧、小说、绘画、刺绣、雕刻等文学艺术作品。海岛渔村传承的海洋民俗博大精深，历代相沿积久而形成了独特风俗习惯，体现在服饰、饮食、建筑、婚丧、语言和禁忌等诸多方面。其中，京族是我国唯一的海洋民族，传统节日哈节是国家级非物质文化遗产，京族先民长期采取浅海捕捞和杂海渔业的原始谋生方式。主要以拉网、塞网、渔箔、鱼笼等传统捕捞工具在近海作业，杂海渔业则以较为原始的竹筏、麻网、鱼钩、鱼叉、蟹耙等工具从事简单的近海渔业生产，京族的岁时节庆习俗渗透着大海的气息。被称为海上“吉卜赛人”的疍家人，有着许多独特的海洋习俗，如穿曲蹄裤、住连家船、唱疍民渔歌、死后没有墓地等，以疍家婚礼和咸水歌为代表。

中国历史上形成了许多海洋主题的文学艺术作品，体现了中国人的海洋审美和追求。秦汉以来就有大量的海赋，如汉代班固的《览海赋》、王粲的《游海赋》、三国曹操的《沧海赋》、晋代潘岳的《沧海赋》、木华的《海赋》、孙绰的《望海赋》、庾阐的《海赋》、唐代卢肇的《海潮赋》、宋代吴淑的《海赋》等。《史记·天官书》《汉书·天文志》《唐国史补》《梦溪笔谈》《物理小识》等描述犹如仙境的海市蜃楼，还有北宋苏轼《登州海市》、南宋林景熙《蜃说》、明代陶性《观海市》、王世贞《和呈峻伯蓬莱阁六绝》等诗。其他还有很多关于海洋的文化艺术作品，《庄子·秋水》有关海神和河伯对话故事，《异

① 周志锋．浙东方言与海洋文化探析［J］．绍兴文理学院学报，2009，29（2）：81-84.

② 李悦铮，李雪鹏，张志宏．试论城市文化景观的演化与构建——以大连市为例［J］．辽宁师范大学学报（社会科学版），2010，33（5）：14-19.

鱼图赞》《异鱼图赞补》《异鱼图赞闰集》、唐代顾况《海鸥咏》、宋代苏轼《丁公默送蝤蛑诗》《鳆鱼行》等赞美描述海洋生物，宋代真德秀《祈风文》、苏轼《舶牌风》诗、陈严肖《庚溪诗话》、清代查慎行《舶牌风歌》、唐代韩愈《祭鳄鱼文》、刘禹锡《沓潮歌》、宋代蔡襄《戒约弄潮文》、苏过《飓风赋》、陈尧佐《戳鳄鱼文》等。

中国历史上还积淀了许多关于海洋方面的科学知识，积累了很多关于海洋地貌、海洋气象、海洋水文、海洋生物等科学知识和海洋观。甲骨文中已有不少关于海的字，先秦时已建立海洋广阔无垠、深不可测的海洋观，《吕氏春秋》已提出水分海陆大循环学说，《管子》提出维护生态平衡的理论，邹衍提出了海洋开放型大地观——大九州说，东汉王充提出了潮汐月球成因说和潮月同步原理，晋代葛洪用浑天论来解释潮汐成因、建立起天地结构论潮论，南海潮区被划分为半日潮和全日潮两个区。《尔雅》《说文》《临海水土异物志》《魏武四时食制》《博物志》《南越志》等书不仅记载了许多海洋生物，而且逐步形成在每一种类下，分别记述名称、形态、习性、用途及地理分布的传统海洋生物学体例。海市蜃楼在《史记》中已有记载。《南越志》已明确指出台风是旋转的"四方之风"，《史记》已明确阐述了季风概念。隋至元朝出现了窦叔蒙、卢肇、邱光庭、张君房、燕肃、余靖、朱中有、史伯璇等大批潮汐学家，窦叔蒙应用天文历算方法推算了潮汐周期的精确数据，总结出潮汐的半日、月、年三个基本周期，绘制了天文潮汐表，吕昌明编制了《浙江四时潮候图》，宋代余靖和沈括提出应根据海区地理情况修改天文潮汐表，全面替代天文潮汐表，卢肇提出了江水、海水激而为斗说，燕肃提出沙滓（河口拦门沙）说。宋代已发明莲子比重计，用于海盐生产中测量卤水浓度。元代郭守敬提出海拔概念，并以海平面作为大地高程测量的基准面。在唐代反映海陆变迁的沧海桑田思想已经流行。明代郎瑛、陈霆、方以智建立了海市蜃楼成因的气映说，指出海市蜃楼是大气上下层不均匀性造成的特殊光象。许多沿海地方志保存了丰富的海洋学知识，《海潮辑说》总结了历代潮论、《海塘录》总结历代海塘技术。实测潮汐表在各海区充分发展，形式多样，有表、图、指掌图、口诀、谚语等，黑潮洋流也被发现并用于航海，产生了不少海洋气象谚语。

最后，还孕育了独具东方神韵和充满想象力的海洋神话，中国海洋神话内容丰富多彩、生动绚丽，从《诗经》、《楚辞》、诸子百家著述等几乎在各类古代文化典籍中都有其影子，自古中国文化里有无数与海洋相关的神话故事。记录海洋神话最早、内容最丰富的要数《山海经》，其中有许多宝贵的海洋神话素材，被后人附会推衍、传颂吟咏，成为中国海洋神话植株的主根和中国海洋文学长河的源泉，如精卫填海、海外仙山、八仙过海、煮海为盐、哪吒闹海等海洋神话故事。

三、海上丝绸之路与中国海洋文化性格

“海上丝绸之路”是古代中国与外国交通贸易和文化交往的海上通道，也称“海上陶瓷之路”和“海上香料之路”。“海上丝绸之路”由法国汉学家沙畹于1913年首次提出，用以形容中外贸易与文化的海上通道。沙畹认为：“国之丝绢贸易，昔为亚洲之一重要商业，其商道有二：其一最古为出康居之一道；其一为通印度诸港之海道。”沉淀承载了我国与世界交往的历史，成为我国海洋文明的重要载体和魅力纽带，也为建设面向21世纪海上丝绸之路积累巨大精神财富。新时代，我国提出建设海洋强国和面向21世纪海上丝绸之路，建设海洋命运共同体，这是对海洋认知新高度、全球海洋观新境界。我国正在推进海上丝绸之路申报世界遗产，中国境内海上丝绸之路主要有广州、泉州、宁波三个主港和其他支线港组成。国家文物局确定广州为海上丝绸之路申遗牵头城市，联合南京、宁波、江门、阳江、北海、福州、漳州、莆田、丽水等城市进行海上丝绸之路保护和申遗①。

海上丝绸之路是人类航海和海洋文明交流的一个重要标志，沿线各地经由海洋，深入交流了贸易和文化，航海技术和航海文明得以发展，让人类探索远洋以至全球化贸易活动成为可能。依据史料，海上丝绸之路萌芽于商周，发展于春秋战国，形成于秦汉，兴于唐、盛于宋元，衰于明清，是已知最为古老的海上航线。汉武帝时期就开设了徐闻和合浦两个通商口岸，用于对外贸易和西南海防；魏晋时期，广州开始成为海上丝绸之路的起点，航线远涉东南亚诸国，以及印度和欧洲的大秦；隋朝，南海、交趾成了著名商业都会和外贸中心；唐宋时期，海上丝绸之路已经拓展至14000多公里，由广州出发途经90多个国家地区，是8—9世纪世界最长远洋航线。唐朝中期以前，中国对外主

① 蒋双江. 合浦汉代“海上丝绸之路”文化遗产的历史价值及“申遗”对策研究［D］. 广西师范大学，2019.

通道是陆上丝绸之路，之后由于战乱及经济重心转移等原因，海上丝绸之路取代陆路成为中外贸易交流主通道。宋元时期已经覆盖大半个地球，成为东西方文化经济交流的重要载体①。

中国“海上丝绸之路”分为东海航线和南海航线两条线路。南海航线又称南海丝绸之路，起点主要是广州和泉州，早在先秦时期，岭南先民就在南海乃至南太平洋沿岸及其岛屿开辟了以陶瓷为纽带的交易圈。唐代南海航线上的丝绸之路被称为“广州通海夷道”，是当时世界上最长的远洋航线。南海丝路从中国经中南半岛和南海诸国，穿过印度洋，进入红海，抵达东非和欧洲，是中国与外国贸易往来和文化交流的海上大通道。东海航线也叫“东方海上丝路”，春秋战国时期齐国在胶东半岛开辟直通辽东半岛、朝鲜半岛、日本列岛直至东南亚的黄金通道。唐代，山东半岛和江浙沿海的中韩日海上贸易逐渐兴起。宋代，宁波成为中韩日海上贸易的主要港口。海上通道在隋唐时运送的主要大宗货物仍是丝绸，所以后世把这条连接东西方的海道叫作海上丝绸之路。到了宋元时期，瓷器出口渐成为主要货物，因此又称作“海上陶瓷之路”。同时由于输出商品有很大一部分是香料，因此也称作“海上香料之路”②。海上丝绸之路是约定俗成的统称。

中国输往世界各地的主要货物，从丝绸到瓷器、茶叶，形成一股持续吹向全球的东方文明之风，通过海上丝绸之路，中国还传播着民族工艺和儒道思想，对“海上丝路”沿线国家和地区以及欧洲各地产生不同程度的影响，不同程度掀起了“中国热”。尤其是在宋元时期，中国造船技术和航海技术的大幅提升以及指南针的航海运用，全面提升了商船远航能力，中国同世界 60 多个国家有着直接的“海上丝路”商贸往来，形成了“涨海声中万国商”的繁荣景象，马可·波罗和阿拉伯伊本·白图泰等旅行家的笔墨，引发了西方世界一窥东方文明的大航海时代的热潮。瓷器和茶叶对世界有着很大的影响，俄国、法国、埃及等很多国家都崇尚收藏中国瓷器或以之为外交礼品，也曾把中国的瓷器作为身份的象征或类似黄金的代货币。茶文化也传播到世界各地，从生活方式到思维理念对许多国家产生影响。9 世纪日本刮起“弘仁茶风”，12 世纪日本僧人到中国将茶种带回日本种植，形成独特的日本茶道。17 世纪初，荷

---

① 陈贵 . 国家战略与时代文明——码头文化与商业文明［J］. 管理观察，2017（15）：2-3.

② 本刊编辑部 .“海丝”兴衰记［J］. 珠江水运，2015（2）：56-57.

兰率先通过海上丝绸之路将茶叶输入欧洲，开始推行饮茶之风。18、19世纪，茶叶在英国开始由奢侈品转变为大众饮品，饮茶也成为英国传统文化组成部分。“海上丝路”的南北航线在元明时期达到最大限度的交融。元明时期的中国，经济中心在南方而政治中心在北方，相对先进的航海技术使得南北方之间的海运成为保证南方粮食、丝绸、瓷器等北上的重要运输方式。在对外贸易上，明朝中期郑和率船队七下西洋，标志着海上丝路发展到极盛。21世纪海上丝绸之路是在海上丝路文明历史传承基础上的一种再造。自古以来，海上丝绸之路就是中外海洋交通的大动脉，它连接两大洋，沟通中国与东南亚、南亚、中东与非洲诸国的交往，使中国从陆地走向海洋。它与纵横亚欧大陆的陆上丝绸之路交相辉映，见证了2000多年来中国与外部世界经济、技术、文化及民众间交流的历史①。

在中国悠久的海洋文化之中，积淀形成了“靠海吃海”的滨海文明、“渔盐之利”的用海文明、“舟楫之便”的商业文明、“耕海种洋”的海土文明、“海上丝路”的开放文明。形成了中华民族“四海一家、友善和平、海纳百川、开拓创新、人海和谐”等海洋文化性格。明代郑和率领当时世界上最强大的舰队七下西洋，完成的是“和平之旅、友谊之旅”，给沿途各国带去中国茶叶、丝绸、瓷器等，没有掠夺一件物品，没有带回一个奴隶，更没有强迫别人签订任何不平等条约。中华民族的海洋文化，有含纳万物的胸怀，《老子》倡导“道之在天下，犹川谷之于江海”，从盛唐到现在的“对外开放”，都体现博大兼容和开放交流的精神。从林则徐、魏源“开眼看世界”，到今天对外开放的大手笔，无不体现开拓探索、尚新图变的中华海洋精神。中华海洋文化讲求天人合一、人海和谐，耕海养海、亲海敬洋、祭海谢洋。中国沿海各地的海神信仰和祭海习俗包含感恩海洋、热爱海洋的成分。帝王祭海早在夏商周时期就开始了，多是象征性地对四海遥祭②。

四、我国沿海各省市区海洋文化特征

作为一个大国，中国的海洋文化表现出各具特色的区域特征。南方海洋文

① 新华网.“海上丝路”的影响与启示［EB/OL］. http://my.xinhuanet.com/2014-10/19/c_127113466.html.

② 张开城.中华海洋精神及其现代价值［J］.海洋世界，2016（11）：42-47.

化主要源于百越文化，海南海洋文化、潮汕文化、粤文化等都是南部沿海海洋文化的代表。江浙地区的海洋文化受其吴越文化、海派文化等长三角文化的影响较深。环渤海与山东半岛是中国海洋文化发源的核心区域之一，是中国北部海洋文化的核心区。东夷海岱文化、齐文化以及受其影响至今而形成的山东海洋文化，河北、山东、辽宁等地保留传承发展的海洋文化均可归属于北部沿海海洋文化。①

（一）山东海洋文化特点

山东是我国重要的海洋大省，山东半岛三面环海，是我国最大的半岛，海岸线长达 3000 多公里，占我国大陆海岸线总长度的 1/6，山东半岛自古就是中国文化向外辐射传播的重要区域和核心地带，在中国海洋文化发展中有十分重要的地位和作用。山东半岛与辽东半岛对望，形成拱卫京津的海上国门。既是我国海洋渔盐重点地区，又是我国南北海上交通、与朝鲜半岛和日本列岛跨海交流的枢纽和中心地带。自古是先秦海洋文化的中心，被誉为“海王之国”，汉唐时代更成为东方海洋文化枢纽，山东半岛诸港口在全国的地位尤为凸显。琅琊、芝罘等成为帝王巡海、祭祀的圣地。秦始皇 5 次巡幸中有 4 次到达山东半岛诸港，到达山东黄县（今烟台龙口市）、福山县（今烟台市福山区）、芝罘半岛、荣成成山角等地，登临琅琊海口，并派徐福带领规模宏大的远航船队东航海外。汉代，汉武帝多次到山东半岛诸港巡幸，有“舳舻千里”的记载。隋唐时期登州、莱州港就成为中国北部沿海名噪中外的航海贸易大港，并且是朝鲜半岛和辽东半岛进行通商贸易的周转中心。宋元时代的南北海上通衢，明清时代为京畿海上门户和北方海上贸易中心。蓬莱仙山、八仙过海等海洋神话传说和神仙文化，浓郁的大秧歌、海草房等胶东海洋民俗风情，祭海文化、渔业和海鲜美食文化、盐业文化、海疆英雄文化、黄河入海文化等都极富魅力②。

（二）广东海洋文化特点

广东是中国海洋大省，是内陆通往东南亚、太平洋地区的主要通道，是

① 张令品 . 沿海省份的海洋文化研究与发展［C］. 首届建设弘扬海洋文化研讨会，2007：216–222.

② 曲金良 . 山东海洋文化在中国海洋文化史上的地位［J］. 山东省社会主义学院学报，2018（4）：64–72.

中华海洋文化的富地和重要发祥地，广州、江门、阳江、湛江、潮州、汕头等海上丝绸之路古港城市集聚了丰富多彩的海上丝绸之路历史文化，“南海Ⅰ号”“南澳Ⅰ号”的发现奠定了广东在海上丝绸之路中的地位。广州、湛江是古老的海上丝绸之路的起点，汕头港是我国历史上对外开放较早港口，潮汕文化、雷州文化是独特的海洋文化形式，广东人有着“敢为天下先”的海洋文化精神。我国历史上的三次大规模对外文化交流，均以岭南为主要枢纽。伴随着航海、港埠间物品交换形成深厚的海洋商业文化。创造了渔盐之利、海洋渔业文化、航运与海商文化、海洋移民文化、沿海宗教与民间信仰文化，勇立潮头、敢为人先的广东海洋思想文化，以疍家人习俗为代表的原生态海洋民俗文化，以珠三角海洋城市为代表的广东经济特区与沿海开放城市文化等。梁启超说，要认识广东地理之奇崛，需要进行中国地图与世界地图之转换。在中国地理上，广东是边缘，“故就国史上观察广东，则鸡肋而已”。但在世界地图上，广东是中心，为“世界交通第一孔道”。珠江口是中国千年不变的大门，是世界贸易史上少有的历史最长影响、最大的河海交汇地[①]。历史上四次大迁徙对广东海洋文化的多元及平民化起到很大的推动作用，促进了广东政治的进步、经济的奇迹、文化的多元、社会的活力，为广东文化注入了新的因素。

（三）福建海洋文化特点

福建是海洋资源大省，全省陆地海岸线3700多公里，是中华海洋文明重要发源地，“闽在海中”描绘福建的海洋特质，远古时代的石山文化就是以贝丘遗址为特征的海洋文化。福建海洋文明发展源于先秦、成于汉晋、兴于隋唐、盛于宋元。隋朝加强福建的治理和航海琉球，唐初陈元光入闽加快中原汉族向闽台的迁徙，唐代在福建设置州县，加强福建与日本经济文化交流，宋元时期福建海外贸易蓬勃兴盛，泉州港成为世界大港，明郑和下西洋等。近代福建更是中西方文化交流的重要桥梁和载体，是中国现代船政和海军舰队的发源地；它是连接海峡两岸人民精神的重要纽带和依托，这些都构成了福建沉淀极深的海洋文化。鼓浪屿历史国际社区世界文化遗产既反映出中国传统文化的深厚根基，也体现出本土文化与世界不同文化价值观的包容、吸纳与发展。泉州

① 独异的海洋性——岭南文化的根本原质［EB/OL］. http://theory.southen.com/c/2008-10/06/content_4630212.htm.

作为宋元中国海洋商贸中心体现了传承至今的多元共荣海洋商业传统，也包含中原传统儒家思想。福建是南岛语族文化重要起源地，福建海域海防文化有漫长历史积淀。

（四）海南海洋文化

海南是我国海域面积最大的省，是亚洲与大洋洲、太平洋和印度洋的交汇之处，是“海上丝绸之路”的桥头堡。唐宋以来，海南就作为中西方商船互相往来的避风港和补给港，以及大陆、东南亚国家及本岛特产的中转集散地，是我国与世界特别是东南亚国家联系的重要枢纽。海南拥有丰富多样的文化资源，许多人文元素除了具有东方传统文化的特色，还带有鲜明的海南地方特色。海南是最具海洋特征的文化宝库，缘于海南海洋而生产的一种地域文化，独具特色的民族风情、历史文化、热带雨林生活方式等，都形成了海南特色的海洋文化脉络。海南岛是一个多移民且多民族聚集的地方，这里也汇聚了众多文化形态，黎苗文化是海南本土文化特色符号，黎苗人民创造了独特而灿烂的民族文化。全岛分布的各种古镇古城、骑楼老街、中西合璧的民居、渔港渔村，都记载了冒险下南洋后来衣锦还乡的海南人在 20 世纪带回来的记忆和故事。基于近海而产生、创作的诗词、歌赋、绘画和装饰等艺术形式，形成了独具特色的海洋审美意识和海南海洋文化的特质。

（五）广西海洋文化特点

广西处于山之口、地之角、海之门的独特地域，是古代“海上丝绸之路”的始发地之一，山地文化与海洋文化、中原文化与岭南文化交会。在汉代，合浦郡是当时赴东南亚、南亚、欧洲“海上丝绸之路”的始发港之一。环北部湾沿岸成为中国古代最早的对外开放的沿海地区和汉王朝在南方的政治、经济和文化中心，也使中华文明和印度文明、阿拉伯文明、罗马文明第一次实现了沟通和交流。广西海洋文化又具有浓郁的南疆民族特色。广西的海洋文化主要集中于北海、防城港、钦州三座城市与周边地区，沉淀了大量海洋历史人文遗迹、海洋特色技艺、海洋民俗文化与海洋宗教文化等丰富的海洋文化。京族是我国唯一的海洋民族，主要生活在广西壮族自治区东兴市江平镇沿海一带“京族三岛”，京族民间文学艺术是海洋历史文化的记忆，京族民歌有礼俗歌、海歌、情歌、生产劳动歌、叙事歌、苦歌、盘歌、儿歌八大类，调子有30多种，海歌是京族在渔业生产中创造出的劳动歌曲，京族乐器种类很多，独弦琴是最具特色的传统民族乐器。哈节是京族唯一本民族传统节日，也是最为隆重的节庆，以祭祀神灵、团聚乡民、交际娱乐为主要内容，集中展示了京族海洋文化全貌①。

（六）浙江海洋文化特点

浙江是海洋大省，浙江海洋文化特色历史悠久。秦汉至隋唐为浙江海洋文化发展的初盛期，浙江造船、航海能力加强，对外贸易、海洋捕捞等全面发展，随着明州、温州大量建造海船，成为全国造船业发达地区之一，并形成相当规模浅海滩涂渔业。宋元两代是浙江海洋文化发展鼎盛时期，成为全国的造船中心，海洋贸易也十分活跃，出现了“永嘉学派”，重视商贸，形成了具有一定体系性的海洋商贸文化思想，海洋文化思想处于全国最高水平。出现了较大的船网工具，海洋渔业生产方式从涂面采捕逐渐发展到近海捕捞，渔业产量得到大幅提高。唐、宋、元、明时期，宁波港就成了著名“海上丝绸之路”的始发港之一。与海相伴、靠海为生的劳作方式，深深地影响着宁波沿海人民的生活观念和心理特征，也形成了独具特色的风俗习惯②。

（七）上海市海洋文化特点

上海江海一体，是一座“由海而生，因海而兴”的城市，上海港城的兴起是因为枕江傍海。从江南小渔村到国际化大都市，海洋文化孕育出上海的城市气息和时代精神。海洋文化是上海城市发展的重要动力，上海城市发展史大致可分为渔港自然经济时代、国内港口贸易时代、远东和国际航运中心时代三个时代。国家级非物质文化遗产“奉贤胡桥滚灯”正是早年海洋文化传承的一个典型。上海“海纳百川，有容乃大”的城市精神正是源自于千百年来的海洋文化积淀。上海海洋文化随着时间不断演变，逐渐发展成为个性鲜明、独树一帜的“海派”文化。

---

① 蓝武芳.北部湾海洋文化保护——以广西京族为例［A］// 中国海洋学会，广东海洋大学.中国海洋学会2007年学术年会论文集（下册）［C］.中国海洋学会、广东海洋大学：中国海洋学会，2007：6.

② 张令品.沿海省份的海洋文化研究与发展［C］// 首届建设弘扬海洋文化研讨会，2007.

（八）天津市海洋文化特点

天津是京津冀的海上门户、中蒙俄经济走廊的东部起点、新亚欧大陆桥的重要节点、21 世纪海上丝绸之路的战略支点，有丰富的港口文化、渔盐文化、海塘文化、海防文化、海洋习俗等海洋文化。唐代天津港形成，明成祖朱棣将直沽赐名“天津”，是中国海盐生产的发祥地之一，有“海韵盐魂”为主线的海洋渔盐文化，数百年间被作为“贡盐”。大沽口就因其畿辅京都的独特地理位置成为“海门要塞”，有“北塘丰登乐会高跷”“汉沽飞镲”等海洋民俗。有基辅号航母公园、滨海渔家风情（渔人码头）、滨海新区等海洋文化新的地标。

（九）辽宁海洋文化特点

辽宁靠近渤海和黄海，是东北唯一的沿海省，也是东北地区和内蒙古自治区东部对外开放的门户，处于东北亚经济区和环渤海经济圈的重要区域，现有海岸线近 2290 公里。辽宁海洋文化可追溯至远古时期，有许多贝丘遗址。长海县广鹿岛的小朱山古人类文化遗址，反映了辽宁新石器时代文化发展的全貌，证明 4000~6000 年前辽宁的渔业生产已具有较高水平[①]。秦汉时期，就有海防城堡牧羊城，君主多次到辽东半岛巡游，加强边疆防务。唐开元二年，崔忻奉命出使渤海，隋唐时期中央政府册封渤海国郡王。从辽东半岛，经过山东沿海、朝鲜半岛，到日本各大岛屿的海上路线，被誉为“北方海上丝绸之路”，也是水稻东传之路、佛教东传之路，古代日本、朝鲜遣唐使必经之路。大连是有百年航运史的港口城市，著名海军基地旅顺口曾是中日甲午战争和日俄战争战场，是一座庞大的露天战争遗址展览馆。

（十）河北海洋文化特点

河北是中国唯一全地貌的省份，孕育出了诸多影响历史进程的文明，拥有大陆海岸线近 480 公里。“东临碣石，以观沧海。”曹操《观沧海》中的沧海，就是河北之渤海海域。秦始皇东巡至碣石，派燕人卢生入海求仙，并驻跸于

---

① 朱晖，李思齐，高海淳. 辽宁海洋文化发展对策研究［J］. 吉林省教育学院学报，2019，35（05）：152–157.

此，命大臣李斯刻“碣石门辞”。河北有丰富的渔盐文化、海塘文化、海防文化等海洋旅游文化。秦皇岛得名于因秦始皇东巡至此派人入海求仙，是中国唯一一个因皇帝帝号而命名的城市。北戴河是闻名中外的滨海旅游度假胜地，毛泽东主席的《浪淘沙·北戴河》让北戴河更是闻名遐迩。曹妃甸既有古老的妈祖文化资源，又有作为元朝和明朝海上丝绸之路、“七十二面灶”制盐的辉煌历史。黄骅市海丰镇遗址应为宋金时期“海上丝绸之路”北起点。

（十一）江苏海洋文化特点

江苏也有丰富的海洋文化，有拥山抱海的连云港山海文化、滩涂湿地为代表的盐城海盐文化、通江达海的南通江海文化。有被誉为中国最早“东方天书”的将军崖岩画，比敦煌石窟佛教造像早近200年的孔望山摩崖石刻，被誉为“华夏史前第一古城”的藤花落遗址海洋文化基因。有连云港云台山演绎《西游记》花果山灵仙之气。南通、盐城、连云港都是中国东部沿海重要的海上丝绸之路起点城市、海港城市、盐业基地，使江苏沿海地区成了中华海洋文明起源地之一。明代郑和七下西洋，从南京出发，将海上航线的西端港口延伸到非洲东岸，见证了“海上丝路”由单向到多向、由线状到网状的发展过程，拉开了世界大航海时代的帷幕，自此，江苏便是海事活动的高地和海上文化的灯塔，南京市也成为新海上丝绸之路的重要地标城市。①

① 江苏国际文化交流中心理事文化系列讲座在南京开讲［EB/OL］. 2019-10-17. http://ocean.china.com.cn/2019-10/17/content_75310688.htm.

第二章 中国海洋旅游发展成就与模式特点

海洋旅游在我国改革开放后得到快速蓬勃发展，近年来在国家拉动内需、加大投入的政策驱动下，我国滨海旅游业持续快速发展，对于我国海洋经济的贡献不断提升，形成了海陆统筹、联动发展的格局，海洋旅游成为中国改革开放和发展成就的重要标志和窗口。

第一节　中国海洋旅游发展历程与成就

自改革开放以来，中国经济取得了令人瞩目的成就，21 世纪后，我国海洋旅游一直保持持续快速增长态势。滨海旅游业作为海洋经济的支柱产业，实现持续较快增长，发展模式呈现生态化和多元化。海洋旅游已经成为我国海洋经济发展中重要的组成部分，是我国海洋经济发展中的龙头产业，并保持着良好的发展势头，海洋旅游发展潜力巨大①。

一、中国海洋旅游发展阶段历程

中华人民共和国成立后，中国海洋旅游进入了新的发展时期。中华人民共和国成立后由于政治环境的变更，中国的海洋旅游也经历了不同的发展阶段。

① 秦素贞 . 我国海洋旅游对海洋经济增长影响的定量研究［D］. 中国海洋大学，2015.

（一）外交事业阶段（1949—1965）

中华人民共和国成立后，我国旅游业主要作为人民外交的一条渠道，旨在宣传我国的方针、政策和社会主义建设成就，增进我国人民与世界各国人民之间的相互了解和友谊，团结港、澳、台同胞和海外侨胞。我国现代海洋旅游的发展也是与现代旅游同时发展的。

外交事业阶段海洋旅游作为外交手段，具有明显的政治属性。在当时，沿海地区并不是国与国交融的空间，而是海防前哨的战略要地。在这种社会环境下，滨海国际旅游没有得到发展。另外，由于国内社会生产力水平低，人民群众主要把重点放在恢复和发展国民经济方面，包括海洋旅游的国内旅游仅局限于小规模的商务、公务、会议等旅游方式。[①] 这一时期，中国海洋旅游业是以政治接待为主的经营期，作为经济行业的海洋旅游业职能还不健全，其发展受到限制，处于自发的、缓慢的发展状态。这一时期关于海洋旅游的文学作品多描写海滨海岛之美，歌颂劳动人民勤劳勇敢、平凡伟大，如李瑛在《舟山群岛》中用“像草坪上散落的花瓣，清幽的藤萝，喷香的玫瑰”等优美的诗句来赞颂舟山群岛壮观的礁滩和岛屿[②]。

（二）停滞阶段（1966—1977）

当全球现代旅游业正在如火如荼进行时，中国的海洋旅游正在经历动荡的“文革”十年。1966 年开始的“文化大革命”，使国家遭到了最严重的挫折和损失，将大量历史古迹、文物、风景名胜等旅游资源作为批判的对象，进行毁灭性的破坏，不允许单位、企业或个体兴办旅游以及与旅游相关的产业，使正处在成长阶段的中国旅游业受到了干扰和破坏，处于瘫痪状态，旅游被作为资产阶级的东西予以批判。这一时期国内的海洋旅游仅限于公务旅游、会议旅游等形式，旅游开展的规模较小，同时，鉴于外界环境及开放程度，当时中国国际出境海洋旅游规模更小，几乎处于停滞状态[③]。这一时期关于海洋文学作品的描述大都饱含浓郁的政治气息，为数不多的《西沙之战》等作品也充斥着厚

---

① 黄少辉主编 . 中国海洋旅游产业［M］. 广州：广东经济出版社，2011.

② 张迪 . 中国海洋旅游的演进历程及其启示［J］. 城市地理，2017（4）：268-269.

③ 张迪 . 中国海洋旅游的演进历程及其启示［J］. 城市地理，2017（4）：268-269.

重的“文革”色彩。

（三）起步发展阶段（1978—1990）

1978年开启的改革开放选择旅游业作为突破口，而海洋旅游又是旅游业中最具开放性、联动性优势的领域，进入全新发展阶段。1978年“改革开放”的基本国策，标志着沿海地区的海洋旅游进入全新快速发展的新阶段。使得沿海地区成为对外开放的前沿，成为外引内联的窗口和桥梁。在这一阶段，国家对旅游业的属性有了新的认识，开始从外交事业向经济产业转变。对旅游业定位的突破，推动着我国海洋旅游业的初步改革发展。中国的海洋旅游业受到重视，中国进入了大众旅游的时代。

专栏 2-1　我国沿海地区由海防前哨转变为对外开放的窗口

进入70年代后，周恩来总理力主重新开展外事旅游活动，国际旅游市场略有好转。1971年，中国同罗马尼亚、南斯拉夫等东欧地区的一些国家恢复了中断多年的旅游业务往来。此后，随着中国在联合国合法席位的恢复，国际影响日益扩大，来华旅游人数持续回升。

1978年，中共十一届三中全会召开，提出改革开放，转换机制，发展产业型旅游业。从此，改变了过去沿海地区海防前哨的形象，转变为对外开放的窗口和桥梁，大批海外旅游者蜂拥而至，沿海地区通过率先开放经济迅速崛起。

1980年，我国的滨海旅游业发展势头强劲并走向了世界。随着经济的发展，在国家积极发展旅游业的大环境下，一些具有滨海旅游资源的城市开始重视旅游产业，积极发展滨海旅游业，继浙江、海南、山东、广西之后，辽宁、河北、广东、江苏等沿海省份也陆续把海洋旅游业纳入其发展规划。沿海地区带有外资性质的宾馆公司如雨后春笋般多了起来。在我国滨海旅游业发展的过程中，国家作为政策的制定者和旅游资源的拥有者一直起着决定性的作用。我国还对宾馆、旅行社、交通旅游企业、沿海地区旅游基地等行业制定了很多的优惠政策和政策法规。我国滨海旅游得到快速发展，滨海旅游逐渐成为滨海各地政府和旅游企业关注的对象[①]。我国滨海地区开发度日益提高，与国外人员的交往也大量增加，同时旅游交通、通信等基础设施条件的改善及旅游景点、景区的建设，使得前来滨海地区旅游的海外游客逐年增加，旅游外汇收入也随之提高，这也为提升我国海洋经济的整体实力做出积极贡献。

起步发展阶段海洋旅游以滨海观光为主，康养、娱乐、休闲度假等产品崭露头角。前来中国滨海游览观光度假的国内外旅游者日益增多，与此同时，海洋旅游外汇收入逐年增长，海洋旅游业在旅游产业中占据重要地位，成为中国沿海地区新的经济增长点。人们不再仅满足于阳光沙滩、临碧海，追求旅游的文化内涵和休闲情调成为当代游客的深层需求。伴随着海洋旅游的不断发展，海洋旅游产品的深层次开发成为关注的重点，出现了许多诸如邮轮旅游、房车旅游、海洋休闲渔业等新的旅游项目。新时期的海洋文学作品更多的是反映海洋美景，记述涉海事件，运用哲理反思人们的海洋生活，如邓刚在其小说《迷人的海》中通过平铺的故事情节，让人们感受到了大海的魂牵梦萦。

（四）迅速发展阶段（1991—2008）

1992 年邓小平视察南方，发表南方谈话，标志着中国改革开放进入新的阶段。此后，海洋旅游业作为改革开放的重要组成部分，抓住市场改革和加入 WTO 的新机遇，迅速发展起来。通过旅游市场化改革，推动着海洋旅游市场主体的发展和旅游业的迅速发展。[②]

中国海洋旅游业受到重视，成为中国沿海地区新的经济增长点。来中国滨海地区的海外游客和中国滨海地区的旅游外汇收入逐年增加，到中国滨海地区旅游的国内旅游者越来越多，出境旅游也开始兴起，海洋旅游业在海洋产业中占有重要地位，并成为中国沿海地区新的经济增长点。1992 年，国务院批准了首批 12 个国家级旅游度假区，其中包括大连金石滩国家旅游度假区、青岛石老人国家旅游度假区、湄洲岛国家旅游度假区、北海银滩国家旅游度假区、

① 李金玲 . 我国滨海旅游业的演化的动力机制研究［D］. 中国海洋大学，2013.

② 揭筱纹，尹奇凤. 中华人民共和国成立七十年来旅游业发展历程和演变特征［J］. 广西财经学院学报，2019，32（6）：1–8.

三亚亚龙湾国家旅游度假区 5 家海洋类旅游度假区。

（五）融入国家发展战略阶段（2009 年至今）

2009 年 12 月，国务院出台《关于加快发展旅游业的意见》，明确提出“把旅游业培育成国民经济的战略性支柱产业”，开启了中国旅游业发展的新时代。此后，各地陆续将旅游业定位为战略性支柱产业，并出台配套政策和措施推动旅游业的发展。

海洋旅游成为沿海城市的主要创收来源，成为国民经济的支柱产业和龙头产业。旅游发展受政府重视，沿海及海岛城市近来接待游客人数以 20%~30% 的速度剧增，滨海旅游规划纷纷出台。人类对海洋旅游的需求也日益旺盛，海洋旅游的概念成了人类生活中的重要概念。这一时期涌现了一大批邮轮游热潮。

我国出台各项战略举措促进海洋旅游发展。2010 年 1 月 4 日，国务院发布《国务院关于推进海南国际旅游岛建设发展的若干意见》，将海南建成世界一流海岛休闲度假旅游胜地，作为国家的重大战略部署。2012 年开始，我国海洋旅游进入大发展阶段。党的十八大正式提出海洋强国战略，提出要提高海洋资源开发能力，这其中包括海洋旅游。2013 年被定为“中国海洋旅游年”，以“体验海洋，游览中国”“海洋旅游，引领未来”“海洋旅游，精彩无限”为宣传口号，海洋旅游正从滨海观光向滨海度假转变，从近海休闲向远洋度假转变，海洋旅游装备制造业迅速崛起，航运产业集群和旅游产业集群进一步融合发展。

总的来说，20 世纪 80 年代以前，限于国内当时的经济和社会发展水平，旅游业以外事接待为主，只具备产业雏形，不完全属于产业范畴。到滨海地区旅游的国内游客旅游目的多为商务、公务及探亲访友等，且以公费旅游者居多。改革开放之初，沿海地区优惠政策多，经济发展速度快，当地居民物质、文化、收入、生活水平相应提高，到沿海旅游区的国内游客数量增多。改革深化后，带动内陆地区经济发展，全国居民收入水平的提高以及基础设施建设的发展，观光游览型的游客逐渐减少，以休闲、度假为目的的旅游者日渐增加，并成为海洋旅游的主体（表 2–1）。

表 2-1　海洋旅游相关重要事件统计

年份	海洋旅游重要事件
1992	国务院批准了首批国家级旅游度假区，海洋旅游占比约 42%
2003	《全国海洋经济发展规划纲要》
2010	海南国际旅游岛建设
2011	浙江舟山群岛新区成立
2012	海洋强国战略，提出要提高海洋资源开发能力
2013	“中国海洋旅游年”

二、中国海洋旅游发展现状

目前，我国沿海地区现有滨海旅游景点 1500 多处，滨海沙滩 100 多处。按资源类型分，有 273 处主要景点，其中有 45 处海岸景点、15 处主要的岛屿景点、8 处奇特景点、19 处比较重要的生态景点、5 处海底景点、62 处比较著名的山岳景点以及 119 处比较有名的人文景点。截至 2020 年 12 月，全国有 45 家国家级旅游度假区，其中有 17 家在滨海城市。景区景点建设成为滨海旅游业发展建设的重点，滨海旅游经济在很大程度上围绕滨海景区景点而孵化发展。

我国海岛岸线总长 14000 多公里，拥有面积大于 500 平方米的海岛 7300 多个，年国内旅游人数规模超过 50 亿人次，具有发展海洋旅游的市场和资源基础。通过对全国 9 个沿海省区、2 个直辖市、53 个沿海城市、242 个沿海区县的客流大数据计算，2017 年 3 月至 2018 年 2 月期间，我国滨海旅游市场规模达 10.6 亿人次，约为同期国内旅游市场的 21.1%。海洋旅游是我国吸引入境游客的新热点。从历年统计数据看，天津、秦皇岛、上海、福州、厦门、泉州、青岛等滨海及海洋旅游业较为发达的城市，接待入境游占比较高。25 个主要沿海城市接待入境旅游人数占全国入境接待比重超过 30%（表 2-2）。

表 2-2　2010—2019 年海洋旅游与旅游产业相关数据

年份	实现增加值（亿元）	同比增长（%）	全国旅游业生产总值（亿元）	同比增长（%）	占比（%）
2010	4838	7.9	15786	21.8	30.6
2011	6258	12.5	22701	43.8	27.6

续表

年份	实现增加值（亿元）	同比增长（%）	全国旅游业生产总值（亿元）	同比增长（%）	占比（%）
2012	6972	9.5	26206	15.4	26.6
2013	7851	11.7	29895	14.1	26.3
2014	8882	12.1	34295	14.7	25.9
2015	10874	11.4	42154	22.9	25.8
2016	12047	9.9	47790	13.4	25.2
2017	14636	16.5	54299	13.6	27.0
2018	16078	8.3	60175	11.0	26.7
2019	18086	9.3	66442	10.4	27.2

数据来源：国民经济和社会发展统计公报、中国海洋经济统计公报。

注：旅游外汇收入按照 1 美元 ≈7 元人民币汇率计算。

20 世纪 80 年代后期，滨海旅游在我国青岛、厦门、海南等地区兴起，并于 90 年代开始在我国得到蓬勃发展[①]。进入 21 世纪，《中国海洋 21 世纪议程》和《全国海洋经济发展规划纲要》均把滨海旅游列为新兴的支柱性海洋产业予以重点发展。“十一五”期间，国家旅游局将重点推动“热带、亚热带滨海度假地建设”和“滨海、高尔夫、滑雪、温泉等产品的开发和服务设施建设”，引导形成“分时度假、游艇俱乐部等新的旅游业态”。2009 年滨海度假被确定为我国首批 12 条国家旅游线路之一，成为引导海内外游客流向和消费热点的重要的国家品牌。“十二五”“十三五”期间，规划指出科学规划和开发滨海、海岛等旅游资源，因地制宜打造各具特色的滨海黄金旅游带，大力推进大连、天津、青岛、上海、厦门、深圳、北海、三亚等滨海城市资源开发，推进滨海度假、邮轮经济、游艇基地等建设。同时，国务院相继批准实施了一系列沿海地区发展战略，从探索区域管理先进模式的“上海浦东新区”“天津滨海新区”，到探索发展高效生态经济的“黄河三角洲发展”，再到培育经济增长极的“长江三角洲地区区域规划”“珠江三角洲地区改革发展规划”，以及上升到国家战略层面的“广西北部湾经济区发展”“图们江区域合作开发”“海峡

① 罗少玉 . 我国滨海旅游业串联型趋势预测模型及应用［D］. 五邑大学，2016.

西岸经济区”“江苏沿海地区发展”“辽宁沿海经济带发展”等规划和区域发展政策的密集出台，新一轮沿海开发开放战略将进一步促进我国沿海生产力的合理布局，滨海旅游作为新兴产业在国家、地区发展与海洋发展战略布局中将更加受到重视[①]。如今，在各方的共同努力下，我国滨海旅游经济总量增长势头强劲。滨海旅游业已经成为我国海洋旅游及海洋经济产业的新兴主导产业，但受到经济社会发展水平和旅游业发展阶段等影响，我国滨海旅游业的发展过程并不顺利，各种阻碍滨海旅游发展的问题颇多，以至于我国滨海旅游业水平与世界先进水平差距较大[②]。我国的滨海旅游业近几年发展势头迅猛，这从前面所列的数字可见一斑，然而，这在高速发展的同时，也暴露出了众多的问题。主要表现在以下几个方面：一是缺乏长期的发展规划，现有产品单一。二是旅游交通等基础设施滞后，相关的海滨旅游产品有待开发。三是滨海旅游带来的生态环保问题需要引起关注。同时，我国的滨海旅游发展面临激烈的国际竞争，世界的许多滨海旅游景区比我国的滨海旅游要开发得早，像马尔代夫、塞班岛、巴厘岛等，都比我国的广东、福建、江苏、山东的旅游景区建设更加完善，相对的国际知名度也更高些。这些景区每年都会吸引众多国人前去旅游观光，对我国的滨海旅游业有着一定的影响[③]。

中国海洋旅游产业迅速崛起，呈现出多区域、多元投资主体、多市场、多行业的跨越式发展，我国的海洋旅游产品逐渐由滨海转为海湾、海岛，由近海向远洋，由海面发展到海底与海上，逐渐形成海陆统筹、联动发展的空间布局。我国海洋旅游产业已形成了“三带一区”格局，即渤海湾旅游带、长江三角洲旅游带、珠江三角洲旅游带和海南旅游区。

（一）渤海湾旅游带发展现状

渤海湾旅游带由辽东半岛、渤海湾和山东半岛沿岸及海域组成，主要海洋旅游城市括天津、唐山、秦皇岛、沧州、大连、丹东、锦州、营口、盘锦、葫芦岛、青岛、东营、烟台、潍坊、威海、日照和滨州。海岸线像一条“金项链”将滨海城市连成一体，形成了一个经济区。在这一区域既有自然景观和人

① 刘佳．中国滨海旅游功能分区及其空间布局研究［D］．中国海洋大学，2010.

② 罗少玉．我国滨海旅游业串联型趋势预测模型及应用［D］．五邑大学，2016.

③ 叶皓玥．对当前我国滨海旅游业发展的思考［J］．当代经济，2017（17）：30–31.

文景观，也有多姿多彩的海洋景观，形成了汇集海光山色的独特旅游景观，具备发展海洋旅游得天独厚的条件。该区域海洋经济发展基础雄厚，海洋科研教育优势突出，是我国北方地区对外开放的重要平台，是我国参与经济全球化的重要区域，是具有全球影响力的先进制造业基地和现代服务业基地、全国科技创新与技术研发基地。

环渤海地区海岸线长达 5800 公里，占全国海岸线的近 1/3，拥有各种滨海地貌类型。该区域四季分明，景观多样，景观地域系统比较完整，资源空间组合安排合理。环渤海地区海洋旅游资源丰富，特色突出。天津的人造海滨浴场，是我国最大的人造浴场之一；秦皇岛有远近闻名的北戴河和南戴河，秦始皇求仙入海处更是充分展现宗教文化；大连的老虎滩公园、圣亚海洋世界展示神奇别样的海底世界；烟台的蓬莱阁恍若仙境；威海的刘公岛、甲午博物馆再现我国抗战军旅历史。环渤海地区拥有国家 4A 级景区 58 个、国家级风景名胜区 9 个、历史文化名城 3 个、优秀旅游城市 8 个。该区丰富的旅游资源提供了较为完善的基础服务设施，为海洋旅游发展奠定基础。此外，该区客源市场辐射范围较广。对于国内，环渤海地区清凉的海水和幽静的海洋环境是西北内陆游客和南方城市游客避暑休闲的度假场所。对于国外，环渤海地区打开日本、韩国甚至东南亚国家领略中国风土人情、感受中国渊源文化的大门，客源市场前景广阔①。

渤海湾旅游带发展一核三带五区的规划格局和 5 大主导产品及 9 大精品线路，确定“翡翠渤海”的形象，遵循文化特色立区、城市旅游架构、顶级时尚引领、快陆支航出洋、区域实质合作、生态涵养保护六大模式。一是文化特色立区——该区历史文化积淀之厚重、近代百年文化之典型，更有现代文化之时尚，在区域比较中彰显特色，脱颖而出。二是城市旅游架构——作为中国三大城市群之一，环渤海区域旅游在很大意义上就是城市旅游；紧紧把握这一特点，进行该区域的城市旅游和旅游城市建设，凸显各城市、城市群的特色，加大其差异，实现产品互补和合理布局。三是顶级时尚引领——把握旅游市场发展之脉搏，除传统旅游外，以顶级高端和现代时尚旅游产品，最大限度凸显该区域旅游市场的特点，并引领中国旅游的新潮流。四是快陆支航出洋——建

① 田东娜，冯筱婧，江海旭．环渤海地区海洋旅游发展研究［J］．海洋开发与管理，2014，31（2）：111-114.

设和完善“海陆空一体”的旅游交通网络，注重海洋旅游的发展，建设方便快捷的环渤海周末游圈和国际邮轮旅游专线。五是区域实质合作——从认识、政府、企业和操作 4 个层面，推动和实现 3 个层次的区域合作——“环渤海区域旅游一体化”，环渤海与东北、长三角、中原等临近旅游区的合作，以及与韩、日、俄远东、朝鲜、蒙古国等东北亚国家的合作。六是生态涵养保护——环渤海区域存在严重缺水、众多河流断流、海洋污染、生态承载量等诸多重大环境问题，要求必须高度重视生态环境的涵养、保护与恢复，才能实现旅游的可持续发展。

（二）长江三角洲旅游带发展现状

长江三角洲旅游带由江苏、上海、浙江沿岸及海域组成，包括南通市、连云港市、盐城市、上海市、杭州市、宁波市、温州市、嘉兴市、绍兴市、舟山市和台州市。该区域港口航运体系完善，海洋经济外向型程度高，是“一带一路”建设与长江经济带发展战略的交会区域，也是我国参与经济全球化的重要区域、亚太地区重要的国际门户、具有全球影响力的先进制造业基地和现代服务业基地。

该区域大陆海岸线长约 3300 公里，集“黄金海岸”“黄金水道”于一体，自然景观、山海风貌，历史底蕴与都市风貌相融，旅游资源具有显著的差异性与互补性。其中上海是长三角经济圈的中心城市，也是全国性经济中心城市，作为国内著名的都市旅游的目的地、中国出入境旅游的重要枢纽，其已成为我国沿海地区旅游产业发展中最具竞争力的城市。依托独特而富有魅力的都市旅游资源，上海已形成富有特色的都市观光、购物、商务、文化和节庆等现代都市旅游产品。北部江苏沿海岸段地势平坦，以淤泥质海岸为主，湿地资源丰富，海洋文化浓郁、历史遗址遍布，多样性文化景观突出。南部浙江沿海以沙砾质海岸为主，以杭州西湖、舟山普陀山、宁波港口、绍兴越文化等为代表的人文景观以及舟山海岛景观等独具吸引力①。

从地域布局看，长江三角洲地区已形成“一核、两极”的滨海旅游产业空间分布形态，“一核”是指以上海为核心，“两极”则是指以杭州、宁波为两

① 刘佳 . 中国滨海旅游功能分区及其空间布局研究［D］. 中国海洋大学，2010.

大旅游增长极，它们构成了长江三角洲地区滨海旅游产业发展总体布局。今后应依据各区域内的旅游功能定位，发挥上海、杭州、宁波等优化开发区旅游辐射和带动功能，加快南通、连云港、温州、绍兴、舟山等重点开发区的发展速度，以政策引导、资金支持挖掘盐城市等引导开发区的特色旅游产品，严格保护江苏盐城、浙江杭州湾、乐清湾等滨海湿地，浙江南鹿列岛海洋自然保护区，在保护基础上进行适度开发，努力打造滨海生态旅游品牌①。

（三）珠江三角洲旅游带发展现状

珠江三角洲旅游带由福建、珠江口及其两翼、北部湾沿岸及周边海域形成，包括福州市、厦门市、莆田市、泉州市、漳州市、宁德市、广州市、深圳市、珠海市、汕头市、江门市、湛江市、茂名市、惠州市、汕尾市、阳江市、东莞市、中山市、潮州市、揭阳市、北海市、防城港市、钦州市 23 个滨海城市。该区域海域辽阔、资源丰富、战略地位突出，是我国对外开放和参与经济全球化的重要区域，是具有全球影响力的先进制造业基地和现代服务业基地，也是我国保护开发南海资源、维护国家海洋权益的重要基地。

本区跨越空间范围较大，滨海自然旅游资源种类繁多，人文历史底蕴深厚，民族风情浓郁，旅游资源互补性较强。其中福建省滨海地区融自然风光与历史古迹于一体，各种宗教文化并存，武夷山、鼓浪屿和湄洲岛等自然景观，南普陀寺等名刹古寺、古田会议会址等优秀文物古迹、永定土楼等人文景观独具特色。广东省沿海地区以主题公园等人造景观以及现代都市购物、商务会议等旅游资源为主体。广西壮族自治区沿海地区以发育完全的喀斯特地貌景观、南亚热带滨海景观、浓郁的少数民族风情和边境风貌、近现代革命文物遗址等旅游资源为主体。海南省度假气候宜人，四季常青，热带、亚热带景观迷人，海岛景观地域特征鲜明②。

在“9+2”泛珠三角区域合作框架推动和主导下，泛珠三角区域滨海旅游市场一体化程度将逐日加深，未来依托珠三角南部近海水域、海岸带和近海岛屿组成的“三湾”，借助广东海洋经济综合试验区政策优势，建设环珠江口湾（生活休闲湾）、环大亚湾湾区（生态度假湾）、大广海湾区（运动体验

---

① 刘佳 . 中国滨海旅游功能分区及其空间布局研究［D］. 中国海洋大学，2010.

② 刘佳 . 中国滨海旅游功能分区及其空间布局研究［D］. 中国海洋大学，2010.

湾）三大滨海旅游功能湾区，将珠三角“三湾”蓝色滨海带打造成世界级滨海旅游目的地。环珠江口湾滨海旅游带，推动广州、深圳、东莞、珠海、中山五市共同编制《环珠江口湾滨海旅游发展总体规划》，重点推进游艇、邮轮联盟合作，东西联动环大亚湾和大广海湾，把环珠江口湾滨海旅游带建设成粤港澳共建优质生活圈的滨海旅游合作区，打造成世界一流滨海休闲幸福湾区。环大亚湾滨海旅游带，推动深圳、惠州两市共同编制《环大亚湾滨海旅游发展总体规划》，推进环大亚湾滨海旅游资源的整体开发，共同开展与香港的滨海旅游合作，建立密切的港深惠滨海旅游联系。重点推进深圳大鹏半岛和惠州稔平半岛特色旅游区发展，推进港深惠海上旅游航线及海岛开发，东西联动环珠江口湾和大红海湾，把环大亚湾滨海旅游带建设成为珠三角东岸黄金旅游带，打造成国际级生态型滨海综合旅游度假胜地。大广海湾滨海旅游带，推动珠海、江门两市共同编制《大广海湾滨海旅游发展总体规划》，整合黄茅海、广海湾、镇海湾和上下川岛等旅游资源。重点推进上下川岛特色旅游区发展，推进珠海平沙、江门银湖湾和海龙湾以及中山游艇基地联盟合作，把大广海湾滨海旅游带建设成为珠三角西岸黄金旅游带，打造成国际级滨海运动休闲度假胜地[①]。

（四）海南旅游区发展现状

海南省旅游资源总量丰富，资源单体共有486处。种类相对齐全，涵盖8个主类、30个亚类、135个基本类型（占全国155种基本类型的87%）。其中：热带海岛特色的自然资源，在国内具有唯一性吸引。海南省拥有优良的滨海景观、沙滩质量、海水质量和空气质量，是中国唯一媲美国际的四季无冬旅游海岛，但其自然条件在全球看来并不罕见，与马尔代夫、夏威夷、巴厘岛等国际知名热带海岛相仿。民族文化代表的人文资源，成为海南参与国际竞争的灵魂所在。海南文化在国内影响力较弱，但从国际海岛发展经验来看，海南需要加强文化与旅游的结合，重点以黎苗文化为国际特色，带动海上丝路文化、时尚文化、非物质文化遗产、历史文化、流放文化、名人文化、红色文化、军垦文化、侨乡文化、宗教文化等融合发展。从空间上看，海南省拥有山地森林、台

① 广东省人民政府办公厅.珠江三角洲地区旅游一体化规划（2014—2020年）[EB/OL].2014-11-27. http://www.gd.gov.cn/gkmlpt/content/0/143/post_143490.html#7.

地、滨海、海洋四大自然圈层，与历史民俗、渔家文化、南海文化、民族文化等人文资源组团叠加融合，形成多元发展潜力[①]。

海南迎来了国际自由贸易港口、国际旅游岛、“21 世纪海上丝绸之路”等国家战略和三沙设市、推进旅游供给侧结构性改革、首个全域旅游创建省等重大机遇，南海旅游和海南岛中西部旅游成为新热点。同时，青山绿水、碧海蓝天为海南经济发展、旅游发展提供了重要的环境保障。近期以中国旅游业改革创新试验区、国际旅游岛建设、全域旅游示范省创建建设为目标，中期以建成世界一流的海岛休闲度假旅游胜地为目标，远期将海南打造成世界一流的国际旅游目的地。

坚持“陆海统筹、生态优先、空间优化、重点引领”布局理念，构筑“两圈、四组团”旅游空间布局。近期做强滨海旅游，拓展海洋、海岛旅游发展空间，稳步推进三沙旅游，积极发展邮轮旅游，大力发展帆船、游艇、海钓等海上休闲运动。做精做强滨海旅游。整合滨海旅游资源，着力打造一批滨海精品度假项目，培育一批具有国际水平的滨海休闲度假品牌。继续推进海棠湾、亚龙湾、清水湾等热带滨海休闲度假海湾建设，加快三亚亚特兰蒂斯、儋州海花岛、国际旅游岛先行试验区海洋欢乐世界等一批滨海旅游综合体开发。积极开发无居民海岛旅游和西沙群岛海岛旅游。丰富休闲渔业和沙滩、近海水上运动项目及创意活动类型。探索开通环岛观光巴士，丰富游客体验。稳步推进三沙旅游。以西沙邮轮旅游为基础，积极推进海陆空立体旅游方式，做好相关岛屿旅游服务设施建设。强化三沙生态环境保护，发展岛礁观光旅游，逐步构建海洋生态观光、海洋休闲运动、海岛养生度假、海岛蜜月风情四大特色品牌。加快推进三沙国家海洋公园建设。大力发展邮轮旅游。加强海南邮轮航线与国内滨海城市、港口的航线对接，大力发展环海南岛邮轮旅游，推动开辟海南与“21 世纪海上丝绸之路”沿线国家之间的跨国邮轮航线和“泛南海”邮轮航线。提升海口秀英港邮轮综合配套服务能力，加快建设南海明珠邮轮港，推进三亚邮轮母港二期工程建设。鼓励支持国内大型企业投资建设邮轮港和购买、租用邮轮[②]。支持国内外企业在海南注册邮轮公司，或与海南本地企业组建国际邮

---

① 海南省人民政府办公厅．海南省旅游发展总体规划（2017—2030）[EB/OL]．2017-12-01. http://www.hainan.gov.cn/hainan/szfbgtwj/201712/a95c8633397e44298a7b5eb4a2e746ee.shtml.

② 海南重点开发“海洋旅游”产品 [N]．海口日报，2017-12-18（13）.

轮公司，参与邮轮旅游运营。积极发展无目的地海上游。积极开发帆船、游艇及海钓旅游。培育帆船、游艇大众消费市场。逐步开放岸线和水域范围，推动简化游艇审批手续，放宽航行条件，降低准入门槛和游艇登记、航行旅游、停泊、维护的总体成本。在海口、三亚重点发展大型综合性游艇码头，在儋州、琼海、文昌、万宁、澄迈、陵水等地重点建设以滨海度假及旅游为依托的游艇码头。高水平建设秀英港、金沙湾、半山半岛、凤凰岛、红塘湾等 14 个帆船、游艇码头和俱乐部，设计主题化环岛游艇休闲旅游线路。鼓励发展海钓旅游，优化海钓生态和市场环境，建设一批休闲海钓示范基地，推出主题海钓旅游线路，通过定期举办海钓赛事或节庆活动，扩大海南海钓旅游的市场影响。

中远期继续提升滨海旅游质量和效益，加快三沙旅游发展，推进邮轮旅游有序发展，提升帆船、游艇旅游经济效益。升级滨海度假产品质量。实施精品化发展工程。优化滨海传统产业格局，进一步提升岛屿旅游、滨海度假酒店、健康机构、休闲运动、娱乐演艺及相关配套设施及产品的品质与效益，引导度假产业向高端化、规模化转变，形成国际一流的滨海度假产业集群。加快三沙旅游发展。引进国际标准大型邮轮，优化海南本岛到西沙邮轮旅游航线。积极争取西沙邮轮旅游扩展到南沙，适时开通一程多站的南海旅游线路。加快完善三沙旅游基础设施，高水平开发邮轮和海岛度假旅游、渔业体验休闲旅游、远海观光科考旅游，构建完整海洋旅游产品体系。推进邮轮旅游有序发展。加快建立世界一流的邮轮港口群。设计具有海南特色的邮轮线路，提供新型旅游方式、体验内容和游览视角。结合邮轮主题，建立岸上观光线路组织系统。推动南海邮轮旅游实现全面发展，将三沙打造成升级版的亚太国际邮轮服务业集聚区。继续扩大与南海周边、“一带一路”沿线国家旅游合作范围，深化区域旅游合作。提升帆船、游艇旅游经济效益。引进国际运营商，丰富帆船、游艇旅游产品，提升产业效益，把海南建设成为世界帆船、游艇旅游高地。

海南作为受权管辖全国三分之二海域面积的海洋大省，希望在海洋，生机在开放。海南正认真贯彻落实习近平总书记“4·13”重要讲话精神，在加快推进自贸试验区建设、探索中国特色自由贸易港进程中，努力建设开放型蓝色经济。未来将以更大的开放力度发展海洋旅游特别是邮轮游艇产业，开通环海南岛、21 世纪海上丝绸之路等特色邮轮旅游航线和海上无目的地邮轮旅游航线，放宽游艇管制，开通“琼港澳”自由行，率先开展游艇租赁试点；高起点开发利用海洋资源，加快天然气水合物勘探开发利用商业化开发进程，引导油气开发相关服务业向海南集聚；大力发展海洋工程装备等新兴产业，依托一流科研团队开展深海科技研发和成果转化，推进智慧海洋建设，打造深海科技城，建设国家深海基地南方中心；大力加强海洋生态环境保护，将其纳入法治化轨道，依法规范用海行为，努力保护好蓝色家园①。

三、中国海洋旅游发展成就

（一）我国海洋旅游成为海洋经济中最大的产业

随着海洋旅游快速发展，在海洋经济发展中产业优势越发明显。海洋旅游是综合性产业，具有关联性强、产业集聚效应明显的特点，作为海洋新兴产业，其持续快速发展对海洋经济的平稳增长具有较大的拉动作用。根据历年中国海洋经济统计公报相关数据可以看出，我国海洋旅游一直保持着增长的态势，随着海洋旅游发展规模稳步扩大，邮轮游艇等新业态旅游成长步伐加快，海洋旅游年实现增加值及全国海洋生产总值占比逐年攀升。2013 年海洋旅游业实现增加值 78.51 亿元，占海洋生产总值的比重达到 14.5%。在 12 个主要海洋产业中，海洋旅游业在总量上继续保持“领头羊”的位置，比第二位的海洋交通运输业高出了将近 2700 亿元，比海洋油气业、海洋矿业、海洋盐业、海洋化工业、海洋生物医药业、海洋电力业、海洋利用业、海洋船舶工业、海洋工程建筑业 9 个产业综合量还要多将近 2000 亿元。2015 年海洋旅游实现增加值突破 10000 亿元，海洋旅游实现增加值占比全国海洋生产总值超过 40%，2018 年、2019 年占比保持在 40% 以上，2019 年，我国主要海洋产业保持稳步增长，全年实现增加值 35724 亿元，比上年增长 9.3%。滨海旅游业作为海洋经济发展的支柱产业，实现持续较快增长，发展模式呈现生态化和多元化，全年实现增加值 18086 亿元，其增加值占主要海洋产业增加值的比重分别为 50.6%，由此可以看出海洋旅游已经成为我国海洋经济发展的组成部分，是我国海洋经济发展中的龙头产业，并保持着良好的发展势头，海洋旅游发展潜

① 海南省旅游发展总体规划（2017—2030）[EB/OL]. http://hainan.chinagdp.org/fzgh/201804/477.html.

力巨大[①]，见表 2-3、图 2-1、图 2-2。

表 2-3　2010—2019 年海洋旅游与海洋经济相关数据

年份	实现增加值（亿元）	同比增长（%）	全国海洋生产总值占比（%）
2010	4838	7.9	31.2
2011	6258	12.5	33.4
2012	6972	9.5	33.9
2013	7851	11.7	34.6
2014	8882	12.1	35.3
2015	10874	11.4	40.6
2016	12047	9.9	42.1
2017	14636	16.5	46.1
2018	16078	8.3	47.8
2019	18086	9.3	50.6

数据来源：中国海洋经济统计公报。

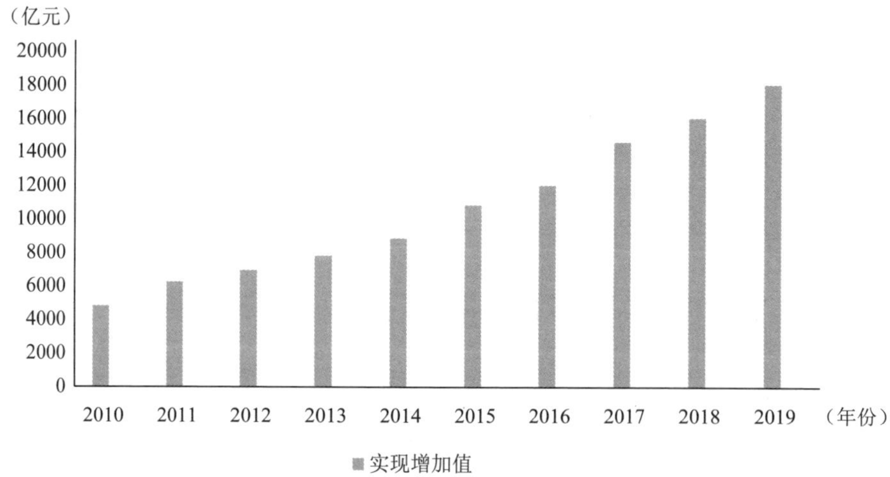

图 2-1　2010—2019 年海洋旅游增加值

数据来源：中国海洋经济统计公报。

① 秦素贞 . 我国海洋旅游对海洋经济增长影响的定量研究［D］. 中国海洋大学，2015.

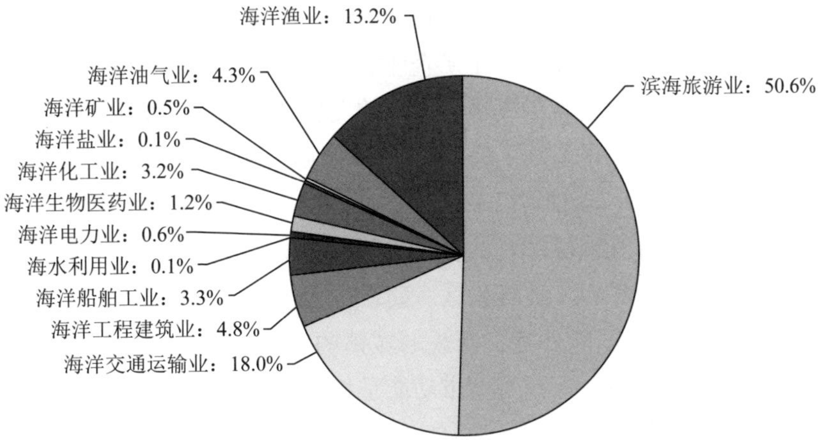

图 2-2　2019 年主要海洋产业增加值构成[①]

海洋旅游业继续保持较快发展，依然是海洋经济的重要增长点。海洋旅游市场已经成为带动海洋经济发展的重要增长点，并且扮演着越来越重要的角色。由此可见，我国海洋旅游产业链正在逐渐成熟。有专家表示，海岛度假、邮轮旅游、海洋运动旅游、海洋文化旅游等产品，贴合当前旅游市场的需求。未来，随着多业态旅游产品的开发，海洋旅游还将吸引更多游客的目光。

根据国家海洋局公布的数据，滨海旅游继续保持较快发展态势，邮轮游艇等新业态旅游成长步伐加快。2016 年全年我国海洋旅游业实现增加值 12047 亿元，比 2015 年增长 9.9%，依然是海洋经济的重要增长点。自然资源部称，滨海旅游业、海洋交通运输业和海洋渔业成为我国海洋经济发展的 3 大支柱产业。《2019 年中国海洋经济统计公报》显示，2019 年，我国主要海洋产业保持稳步增长，滨海旅游业、海洋交通运输业和海洋渔业作为海洋经济发展的支柱产业，其增加值占主要海洋产业增加值的比重分别为 50.6%、18.0% 和 13.2%。滨海旅游业持续较快增长，发展模式呈现生态化和多元化。全年实现增加值 18086 亿元，比上年增长 9.3%。

（二）我国海洋旅游成为沿海区域重要的经济社会增长动力

传统的发展经济学理论认为，工业化是促进城镇化发展的基本推动力。在

① http://k.sina.com.cn/article_1708533224_65d625e802000t1n6.html.

历史上，伴随着工矿企业的发展，居住、商业、金融、教育、医疗等城市配套功能围绕工矿企业布局和发展，工矿企业的生产功能与其他城市配套功能是紧密结合在一起的。随着时代的发展，城市的发展开始向后工业化迈进，建设资源节约型、环境友好型的宜居、宜商、宜游型城市不断成为城镇建设的主导方向。工业革命后很长一段时间以来，以工矿企业为核心聚集城镇功能的传统城镇化发展模式和工业化对城镇化的作用机制不断发生改变，城市工业的发展不断向城镇周边园区化（以工业开发区、高新区为代表）的方向发展，曾经位于城镇市区的工业企业不断外迁，新规划城镇的工业生产型园区与其衍生的居住、商业、金融、教育、医疗等城市功能是相互分离的。沿海地区为海洋生态环境优异且脆弱的地区，因此，沿海地区新型城镇化建设的驱动力将更多地落到滨海旅游业的身上，滨海旅游业与城市滨海新区城镇化以及旧城改造的相互促进耦合。一方面，大力发展滨海旅游的需要促进城市建设成为滨海氛围浓厚的现代海滨型旅游城市，将不断改变沿海城市滨海城市风貌不突出的现状；另一方面，滨海城市成为滨海旅游业孵化发展的载体，成为促进滨海旅游业不断转型升级的孵化器。

在我国，旅游业较为成熟的省市大多分布于沿海地区，滨海旅游在其旅游发展中扮演重要角色。按照国际旅游接待能力进行排名，国际旅游收入方面，前十名的省市中有八个位于沿海地区。此外，滨海旅游业最基本的卖点在于滨海资源的稀缺性和滨海旅游独特的休闲、养生功能；滨海旅游成熟的模式都是在这些资源基础上，通过主题开发、产业链整合实现升级改造而成的。由于滨海资源的不可再生性，在对原始滨海资源进行升级改造的同时必须重视生态环境的保护。只有处理好了滨海资源的可持续发展问题，滨海旅游才能实现长远发展，才能和当地经济、文化融为一体，协调发展。

我国沿海地区经济条件优越、旅游开发起步早、开发相对成熟，是海洋旅游业的发达地区和核心地带，在旅游业发展初期沿海 11 省市就将滨海旅游确定为旅游业的主导产业，如今滨海旅游已成为我国沿海地区旅游产业的主体和引擎[①]。随着区域旅游合作与发展，我国滨海旅游已经形成环渤海、长三角、泛珠三角三大滨海旅游区发展格局，并呈现较强的区域旅游分工态势。近年来

① 刘佳. 中国滨海旅游功能分区及其空间布局研究［D］. 中国海洋大学，2010.

上海市、广东省等旅游经济发达省市的增长速度有所放缓，辽宁、河北、广西等省区增长速度持续增长，环渤海、长三角、泛珠三角之间以及区域内部的相对差异趋于缩小。但我国滨海旅游产业布局中心仍然集中于沿海发达省份和沿海发达城市。江苏、广东等沿海发达省份占中国滨海旅游收入总量和旅游市场份额的绝对优势，成为中国滨海旅游业发展水平最高、产业基础最为雄厚和旅游需求量最为旺盛的中心区域，尤其是上海、广州等沿海发达城市已成为滨海旅游发展的“增长极”①。

（三）我国海洋旅游成为中国旅游经济最大的增长点

区域经济学中的非均衡发展理论认为，经济发展过程在空间上并不是同时产生和均匀扩散的，一般是从一些条件较好的地区先开始的。实际上，旅游经济的发展也遵循着非均衡的发展路径。旅游业是典型的资源依托型经济，历史人文和自然生态等方面的禀赋条件往往决定着旅游发展的优先度和吸引力。随着经济社会发展重心的变化和旅游市场需求结构的变动，旅游业发展或者旅游经济增长的区位格局也不断发生变化。纵观改革开放以来中国的旅游经济发展格局演变，那些资源禀赋条件好的历史文化名城、世界文化遗产、三山五岳、名山大川等成为旅游业最早发展的区域，随后温冷区资源、城市空间、大都市郊区又成为旅游开发的重点区域。旅游增长格局的消长及演变是一种常态。可以预测，那些传统旅游区增长潜力已相对有限，在实施海洋强国战略、海洋大开发的序幕徐徐拉开之际，中国丰富的海洋旅游资源将迎来统筹开发的大好机遇。海洋旅游开发将成为海洋大开发的先导，中国的海岸带、内水、领海、毗连区以及专属经济区的海湾、海岛、海水等资源将成为开发的重点，海洋休闲度假旅游也将随之成为中国旅游经济最大的增长点。2001 年，我国滨海旅游区国内旅游总收入为 1796 亿元，占我国国内旅游总收入的 51%；滨海地区国际旅游收入为 85.47 亿美元，占我国国际旅游总收入的 48%。而滨海旅游业在全国旅游总收入中的比重在 2009 年达到最高点，占到 33.74%（表 2–4）。

① 刘佳．中国滨海旅游功能分区及其空间布局研究［D］．中国海洋大学，2010.

表 2-4　滨海旅游业在海洋经济和全国旅游经济格局中的比重

年份	滨海旅游业增加值（亿元）	海洋生产总值（亿元）	占海洋生产总值比重（%）	全国旅游总收入（亿元）	占旅游总收入比重（%）
2001	1072	9518.4	11.26	4995.3	21.46
2002	1523.7	11270.5	13.52	5565	27.38
2003	1105.8	11952.3	9.25	4882.1	22.65
2004	1522	14662.0	10.38	6840.4	22.25
2005	2010.6	17655.6	11.38	7656.5	26.26
2006	2619.6	21592.4	12.13	8943.7	29.29
2007	3225.8	25618.7	12.59	10901.7	29.59
2008	3766.4	29718.0	12.67	12492.2	30.15
2009	4352.3	32277.6	13.48	12899.5	33.74
2010	5303.1	39572.7	13.40	17217.9	30.80
2011	6258.0	45570.0	13.73	22309.0	28.05
2012	6972.0	50087.0	13.92	25766.0	27.06

数据来源：《中国海洋经济统计公报》《中国统计年鉴》以及国民经济与社会发展统计公报。

（四）我国海洋旅游形成了一批有影响力的海洋旅游目的地

滨海旅游城市已经成为我国城市旅游发展格局中举足轻重的主要力量，滨海旅游不仅是受人欢迎的传统旅游方式，也是现代旅游方式中增长最快的部门。我国滨海旅游发展主要依托 53 个沿海城市，已经形成了一批有影响力的海洋旅游目的地，如大连、青岛、厦门、三亚、上海、秦皇岛、烟台、威海、珠海、海口、天津、日照、连云港、舟山、福州、汕头、汕尾、深圳、北海、葫芦岛、阳江、台州、温州、湛江、锦州、泉州、漳州、防城港、宁德、阳江、莆田、茂名等特色海洋旅游目的地。

三亚市地处海南岛最南端，境内海岸线长 209.1 公里，有大小港湾 19 个。主要港口有三亚港、榆林港、南山港、铁炉港、六道港等。主要海湾有三亚湾、海棠湾、亚龙湾、崖州湾、大东海湾、月亮湾等。是我国东南沿海对外开放黄金海岸线上最南端的对外贸易重要口岸，是中国通向世界的门户之一。青岛是中国首批优秀旅游城市，是中国东部沿海地区重要的交通枢纽和海外游客入出中国的主要口岸。青岛三面环海、依山傍海、风光秀丽、气候宜人，加上特殊的历史积淀，使青岛早在20世纪初期就成为中国著名的旅游胜地。秦皇岛，素有“京津后花园”之美誉。拥有长城、滨海、生态等良好的旅游资源。国家历史文化名城山海关、避暑胜地北戴河、南戴河旅游度假区、昌黎黄金海岸等40多个旅游景区独具魅力，每年吸引上千万海内外游客慕名而至。日照旅游资源丰富。日照海、山、古、林兼备。境内百公里的海岸线上有64公里的优质沙滩，被有关专家誉为“中国沿海仅存未被污染的黄金海岸”，特色旅游项目众多。厦门“城在海上，海在城中”，海水环绕、沙滩广阔、阳光和煦，由于生态环境良好，厦门的空气清新，栖息着成千上万的白鹭，形成了厦门独特的自然景观，是我国著名的旅游城市。大连是中国首批“优秀旅游城市”，是中国著名的避暑胜地和旅游热点城市，依山傍海，气候宜人，环境优美，适于居住。宁波取自“海定则波宁”，简称“甬”，是浙江省的一个副省级城市、计划单列市和有制定地方性法规权力的较大的市，是中华人民共和国文化部批准的全国历史文化名城。

（五）我国海洋旅游形成了不同类型海洋旅游发展模式

各区域在发展海洋旅游业的过程中，都立足自身特色，发挥资源优势，突出发展重点，塑造特色品牌，形成不同类型的发展模式。一是特色风情渔村模式。不仅沿袭了传统渔港的捕鱼养殖功能，同时也开辟了一种新型的海洋旅游形式——特色渔村风情体验。这种和渔夫拉网捕鱼、看渔妇织网晒网、品美味海鲜的旅游方式吸引着越来越多的游客参与其中，海滩篝火晚会、喊渔家号子、跳渔家秧歌等妙趣横生、其乐无穷的旅游活动使游客告别了单纯的赶海观光、踏浪逐沙，体验到了传统旅游所没有的乐趣。二是海洋旅游产业园模式。海洋旅游产业园不是单纯的海洋旅游，而是涉及文化、体育、金融、科研等众多行业，正如前面所讲，是海洋众多主题功能的融合。以海洋生物产业园为例，其中可以包含国内外知名海洋生物企业、海洋生物研究所等生产科研机构，也可以包含海洋生物为主题的博物馆或展览馆、海洋生物主题酒店等娱乐休闲项目。三是海洋主题公园集群模式。海洋主题公园是集诸多娱乐内容、休闲要素和服务接待设施于一体的综合性旅游目的地。它以强烈的个性、普遍的适宜性而吸引着各个层次的游客，同时以其高门票、高消费、重游率高等特点吸引着投资者的投资建设。四是滨海旅游度假区模式。旅游度假区发展模式是我国海洋旅游发展中最常见的一种发展模式，于20世纪80年代被引进我国并被广泛应用，至今已较为成熟。一个成熟的滨海旅游度假区在建有适合滨海旅游的旅游娱乐设施外，还包含餐饮、住宿、交通以及购物等基础配套设施。五是邮轮、游艇基地模式。邮轮游艇旅游是近几年快速发展的偏高端旅游项目，随着市场产品的不断丰富、开发者的不断增加以及游客旅游需求的不断提高，这一旅游方式已具有一定量的游客，且平均消费水平远远高于传统旅游模式。它不仅包括传统的邮轮观光、游艇体验，现在很多私密的聚会、会议也趋向于在邮轮上、游艇俱乐部举行。同时，它的兴起与发展也带动了海洋第二产业的快速发展。六是综合海岛开发模式。海岛旅游受欢迎程度高居滨海旅游之首。传统的海岛旅游无外乎海岛观光、休闲度假等，而新兴的海岛综合开发完全颠覆人们的观念，开创了集观光度假、购物休闲、娱乐表演、主题乐园、养生SPA为一体的度假模式①。

（六）我国海洋旅游形成了较为完善的海洋旅游产品体系

我国基本形成了以滨海观光为主，康体疗养、休闲度假为辅，兼及新型产品和高端产品的产品体系，形成一批知名的海洋旅游风景区和海滨度假区。目前我国海洋旅游主要有五大发展模式，即综合旅游、观光旅游、疗养度假旅游、水上运动和科普探险，休闲渔业、邮轮旅游等一些海洋旅游形式也逐渐得到发展。以海南国际旅游岛、天津滨海新区、山东蓝色半岛经济区、海峡旅游合作区、辽东半岛经济区为代表的滨海旅游目的地正处在快速成长中②。从海洋旅游活动的空间区域进行划分，海洋旅游可以划分为海岸旅游活动、海滨旅游活动、海上旅游活动以及空中旅游活动等内容。其中海岸旅游活动包括海岸景区的观光游览、度假村休闲度假、会展中心的会议展览、商业街区游览购物等活动内容；滨海旅游活动包括沙滩游乐、日光浴、海水浴、沙滩体育运动、滨海主题公园游乐等活动内容；海上旅游活动包括水面的冲浪、垂钓、帆船、

① 我国海洋旅游发展六大模式［EB/OL］. 2014-07-29. http://ocean.china.com.cn/2014-07/29/content_33084393_2.htm.

② 新华网.海洋旅游成我国旅游经济新增长点［EB/OL］.2013-11-24. http://jingji.cntv.cn/2013/11/24/ARTI1385283310606378.shtml.

赛艇以及游船、邮轮、游艇等与水上交通工具紧密联系的旅游活动，还包括潜水、水底考古、水底探险等水下的活动内容；空中旅游活动包括滑翔伞、动力伞、热气球、直升机观光等游乐内容。伴随着中国海洋旅游活动空间的不断向纵深拓展和旅游者需求的多样化，海洋旅游活动内容将呈现出愈加丰富多彩、新型活动内容不断萌生的变化趋势。

第二节　中国海洋旅游发展的主要经验与模式特点

中国海洋旅游发展与其所处的政治环境、生产力发展、科技提高、有序的市场竞争密不可分，离不开改革开放以来我国经济的飞速发展带来的巨大市场基础和海洋战略地位提升掀起的外向经济浪潮。中国海洋经济的发展进一步促进了海洋旅游相关法律法规体系、综合治理体系、资源保护体系和标准化体系的构建和完善，为中国海洋旅游发展构建了战略基础和政策保障。地方政府奋勇争先、因地制宜实施海洋强省战略，激发了市场主体的活跃创新，以海洋科技装备为助力，成为推动我国海洋旅游走向国际化、规模化、高端化、科技化、融合化的重要因素。中国海洋旅游发展模式可概括为“四轮驱动”模式。

一、国家战略引领、改革开放驱动

海洋资源的共有性属性，决定海洋旅游开发在国家战略层面上要具备显著的外向性、开放性、国际性。海洋与陆地最大的不同点在于，海洋资源存在或水平或垂直的流动性，因此，有些海洋旅游活动，如国际邮轮游很难进行专属划界和支配。目前，部分海洋旅游活动可以较少地受到国家行政区划的影响；而近海存在所有权划分的部分，虽然属主权国管辖的领水范围，也缺乏明确的界标。在一国范围内，渔场、航道也没有行政区域的划分。决定了海洋资源的所有权不能确定给个人或企业所有，只能由公众或国家占有。海洋资源的这种外向性、国际性、开放性、整体性、公有性特点，在海洋旅游开发过程中容易引起不同单位、不同地区，甚至不同国家之间的纠纷，发生经济利益的冲突。

（一）改革开放驱动

旅游业是中国最早开放的领域，最早进入国际市场，最早同国际规则和惯例接轨，率先在国际上树立了中国的新形象，对推进全面改革开放起到了重要的先行先试作用。特别是在我国加入WTO后，旅游业提前全面兑现入世承诺，依托蔚蓝海域，中国人逐步走向世界。在我国经济迅猛增长的同时，发展成为高度依赖海洋的外向型经济，大幅增强对海洋资源、空间的依赖程度。发展速度超前于整个国民经济发展速度。1979年海洋经济总产值为64亿元，1994年达到了1400亿元，1996年猛增至2800余亿元，两年间翻了一番。两年后的1998年增至3270亿元，1999年又增至3651亿元。20年来海洋经济总产值增加了57倍。尤其是进入20世纪90年代后，伴随科技进步，海洋经济高速发展。

1979年4月，党中央和国务院确定了广东、福建实行特殊政策和灵活措施，兴办深圳、珠海、汕头、厦门4个经济特区，进行了利用国外资金、技术、管理经验来发展社会主义的崭新试验，取得了很大成功。继兴办经济特区后，1984年5月，进一步开放大连、秦皇岛、天津、烟台、青岛、连云港、南通、上海、宁波、温州、福州、广州、湛江、北海这14个沿海港口城市，进一步放宽了利用外资和引进技术的各项具体政策。1985年2月，又将长江三角洲、珠江三角洲、闽东南地区开辟为经济开放区，66个沿海县市作为沿海经济开放区，至1988年6月，又增加到274个县、市，10个省、市、自治区。在批准海南建省并划定海南岛为经济特区后，中央又决定开放浦东，这样以经济特区和14个沿海开放城市为龙头，形成了我国对外开放的基本格局，有力地带动了全国的改革开放和经济建设。

改革开放推动沿海开放城市的经济发展。沿海开放城市已成为驱动我国产业结构向高级化演进的最强大的动力源泉和推进基地。沿海开放城市作为中国经济最具活力的排头兵，继续对推进结构调整和优化、推动科技创新、拉动国民经济又好又快发展做出极为重要的贡献。沿海开放城市在科学发展观的指导下，呈现出速度与效益共进的良好局面[①]。一是经济总量贡献大。2006年，大连、秦皇岛、天津、烟台、青岛、连云港、南通、上海、宁波、温州、福州、

---

① 吕余生.改革开放是沿海开放城市发展的不竭动力［J］.学术论坛，2009，32（1）：1-5.

广州、湛江、北海、威海 15 个沿海开放城市实现地区生产总值达到 40449 亿元，占全国的 19.3%，相当于以全国 1/13 的人口创造了占全国总数 1/5 的财富。地区生产总值平均增长 14.1%，是拉动全国经济的重要力量，15 个城市增长速度全部达到 12% 以上。二是开放经济继续领先。2006 年 15 个城市实际使用外商直接投资 304 亿美元，比上年增长 1.8%，占全国的比重达到 43.7%，增幅比全国平均高 20.9%。三是产业结构不断优化。一二三产业的结构之比由 2005 年的 5.3∶49.9∶44.8. 调整为 2006 年的 5.0∶50.4∶44.6。15 个城市第一产业增加值占全国的 8.2%；第二产业增加值占全国的 20.0%，其中工业增加值占全国的 20.4%；第三产业增加值占全国的 21.8%。

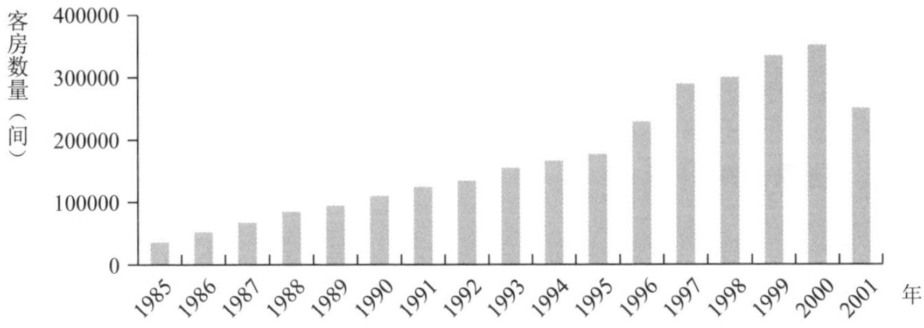

图 2–3　沿海城市涉外饭店客房数量

改革开放促进经济发展，才有资本和技术发展海洋旅游。滨海国际旅游业面对的消费者是外国旅客，一个国家在世界中的经济地位是消费者做出消费选择的重要参考依据，经济增长越快，消费者对此国家偏好越大，经济地位提高了才能增加举办世界盛事的机会，让更多的外国消费者增加对我国的了解。一个国家经济发展的好，才可能有资本和技术去发展滨海旅游产业。国内生产总值的增加，代表经济的增长，便促进滨海国际旅游的发展。

从第一批沿海开放城市，到 21 世纪海上丝绸之路；从耕海牧渔、油气开发，到极地远洋科考、海洋生态文明建设，中国人关心海洋、认识海洋、经略海洋的意识空前高涨，推动海洋强国建设不断取得新成就。海洋旅游作为一种非基本生存需求，属于享受性消费支出。中国改革开放以来经济社会变迁，激发了包括旅游休闲在内的享受型消费活动的欲望。

随着改革开放推行，经济快速发展，人们收入水平稳步提高。据有关资料统计，1978~2008 年 30 年间，城镇居民可支配收入从 343 元增加到 15781 元，农村居民人均收入从 134 元增加到 4761 元。2008 年，我国人均 GDP 达到 3266 美元，城镇和农村居民家庭恩格尔系数下降到 37.9% 和 43.7%①。中国社会已经进入小康社会，人们收入提高和可支配收入增加，为旅游休闲提供了物质基础。近年到沿海城市旅游人数逐年增长，证明了海洋旅游成为人们休闲消费的需求②。

另外，改革开放以后，人们逐步从计划经济时代高度集中、高度计划的管理体制下解放出来，人们对个人自由和个人时间的支配权大大增加，这就为出游提供了可能。就业结构多元化、工作形式多样化、生活需求多模式化使得“弹性时间工作制”成为更多人的选择。

在海洋旅游产业的推动中，各个国家关系的融洽度是发展的良好软化实力。

（二）国家战略引领

“一带一路”倡议是海洋旅游业发展的动力，促进形成海陆相连格局。“一带一路”倡议的提出将为沿线国家基础设施互联互通、贸易投资、海洋经济和海洋旅游等带来发展机遇。“一带一路”将会持续吸引沿线国家的游客来中国旅游。同时国内游客出境到沿线各个国家旅游，相互促进了海洋旅游的发展。形成了海陆相连、物境相依的海上旅游模式，为沿线各个国家的互通往来奠定了基础，也为经济往来提供了便利。

海洋强国战略。建设海洋强国，需要一种柔中寓刚、以柔克刚的柔性国家战略，即发展海洋旅游。中国旅游，一直扮演着柔性国家战略的角色，在处理外交危机、两岸关系、经贸摩擦、内需拉动、民生改善等重大问题上，一贯发挥独特的作用。不仅中国，世界各大强国莫不如此。当今，和平与发展是世界的主题。强国曾经的军事硬实力，往往转化为飚高的国民出游率，如长期作为世界第一旅游客源地国的德国；大国强大的文化软实力，往往能够转化成为游客接待量，如常年位居世界第一旅游目的地国的法国。中国共产党十八大报告

① 中共中央宣传部理论局 . 理论热点面对面 2007［M］. 北京：学习出版社，人民出版社，2007.

② 蔡勤禹，魏德志，霍春涛 . 近年来我国海洋旅游变迁述论［J］. 海洋科学，2010，34（11）：72–77.

提出，提高海洋资源开发能力，发展海洋经济，保护海洋生态环境，坚决维护国家海洋权益，建设海洋强国。国家旅游局将2013年的旅游主题确定为“2013中国海洋旅游年”。发展海洋旅游，是中国旅游维护国家核心利益、承担民族历史使命的重大领域。发展海洋旅游，能够超越领土争议、避免国际敏感、促进民间交流、树立海权形象、传达国家意志、造就行动影响、沉淀共同利益、积累安全因素、挖掘海洋资源、拉动海洋经济、丰富海洋业态、保育海洋环境、培植海洋文化，最终，巧妙维护国家海洋权益，柔性建设中华海洋强国[①]。

二、人民需求引领、巨大市场驱动

（一）人民需求引领

国民经济的持续快速增长带来的旅游消费需求增长和生活价值观的改变，是海洋旅游发展的根本动力。改革开放以来，实现了从高度集中的计划经济体制到充满活力的社会主义市场经济体制的伟大历史转折。中国经济的前行既快、又稳、更好——国内的生产总值年均增长9.5%，经济总量占世界份额从1.8%增至15.2%，目前中国的经济总量超越日本，成为全球第二大经济体。效用理论认为，经济增长有效增加个人财富积累，而居民财富积累为其追求更加多样化的消费形式提供了资本支撑，多元的消费形式也将更好地满足其高层次的精神需求，以及高质量、高品质的生活，海洋旅游作为一种高品质的旅游方式，成为经济水平提高后的高品质生活向往。

人们对自然世界的怀念、对海洋的向往，推动海洋旅游进一步发展。工业化的迅速扩张，促使人们想要远离喧嚣的城市生活，渴望回归自然。滨海旅游、休闲、度假逐渐成为人们的共同向往。

拥有最大、层次类型最丰富活跃的国内需求。国内旅游市场增长空间巨大，未来仍将保持较长时间段的快速增长。目前中国的中产阶层占总就业人口的20%，如果按每年1%的增长速度，20年内中产阶层可以达到总就业人口的40%。这一由中国经济持续飞速增长催生出来的中产阶层，也使得中国旅游产业进入到一个新阶段。同时，中国旅游基础设施接近成为全球领先者。以

① 魏诗华．建设海洋强国需要发展海洋旅游［N］．人民日报海外版，2013-01-11.

汽车保有量及国家高铁建设发展为例，中国拥有世界第一的汽车保有量，以及里程最多、速度最快的高铁设施，这些都将为国人的旅行提供优于其他国家的出行条件。因此，旅游产业仍是最有前景的行业，中国旅游业未来仍将有很大的发展空间，仍将保持较长时间的快速发展[①]。

旅游消费分层逐步显现，旅游者对旅游服务品质的追求不断加深。受经济社会发展驱动和收入提高推动，伴随“85后”“90后”等年轻游客群体逐渐成长，大众消费从生存型消费转向发展型消费，享受型旅游消费需求稳步增长，消费分层加速。同时，旅游消费大众化与结构分化并存特征更加明显，小众市场不断涌现，但休闲与观光需求将长期并存。从大众市场看，旅游人数和消费持续多年稳定增长。同时中产阶层的游客正在增多，而且他们越来越愿意选择自由行。同时，邮轮旅游、房车旅游、户外探险、博物旅行、极地旅游、婚尚旅游、体育旅游、电竞旅游、研学旅行、毕业旅行、影视旅游、定制旅游等小众旅游市场遍地开花，长尾效应逐渐明显。根据相关数据显示，近年来百姓旅游消费明显升级，游客更愿意把钱花在体验上，在食、住、行、游、购、娱等方面更追求品质与个性化，平台上私家团、定制游、当地向导等升级型新产品成为“网红”[②]。随着中产阶层对高品质、个性化旅游需求的提高，消费者对价格的敏感性越来越低，更愿意花更多钱消费高质量的产品，服务好品质高的好产品以后会脱颖而出，现在欧洲、美国都已经出现这样的趋势，我国也正在朝这个趋势发展。

（二）巨大市场驱动

海洋作为当今最具时尚和动感的旅游资源，已经成为休闲度假旅游的主要载体之一。随着社会经济的不断发展，海洋旅游市场也在不断壮大，在过去的50年以3S（阳光、沙滩、冲浪）为形象口号的海洋旅游已经发展成为全球旅游产业的前沿和增长最快的领域[③]，成为人们基本生活消费品[④]。旅游行业保持

① 中国旅游业未来十年将迎来什么样的前景 . https://www.zhihu.com/question/329032168/answer/713037383.

② 腾讯网 . 相遇在未来之旅［EB/OL］. 2020-06-16. https://new.qq.com/rain/a/20200616A00IHM00.

③ Hall C M. Trends in Ocean and Coaof the Last Frontie 2001，44（9）：601-618.

④ 王大悟 . 海洋旅游开发研究——兼论舟山海洋文化旅游和谐发展的策略［J］. 旅游科学，2005，19（5）：72-76.

稳定增长的态势，维持两位数增长率。近年来，我国国内旅游收入以及海洋旅游收入都维持稳步增长的态势，2019 年滨海旅游业增加值达到 18086 亿元，同比增长 9.3%，全国旅游收入达到 66442 亿元。海洋旅游潜在市场超万亿元，发展空间广阔。从增速看，我国海洋旅游产业的增长率与国内旅游收入增长率保持一致；但从绝对量看，我国的海洋旅游收入仅占到整个旅游业产值的 30% 左右，且该比例固定，对标发达国家海洋旅游占比普遍达到 2/3，我国海洋旅游在体量上还有差距[①]。估计随着我国人均收入的增长，滨海旅游业潜在的市场规模超过 1 万亿元，潜在发展空间十分广阔。

旅游企业是旅游市场创新的主体，是创新活动的具体实践者，最具创新动力。企业的主体地位体现在企业既是创新资金的投入主体和创新风险的承担主体，也是创新课题的决定主体、创新成果的转化主体以及创新利润的分配主体。一方面企业是自负盈亏主体，创新关系到旅游企业在市场中的生死存亡，所以企业最具有创新激情；另一方面，旅游企业是距离市场需求最近的主体，对旅游者的需求最为清楚，对市场反应也最灵敏，最了解创新方向，也最具有使创新成果转化为现实的内在需要[②]。

伴随着国家机构和行政体制改革的不断推进，建设旅游市场主体和培育发展新动能是大势所趋。随着供给侧结构性改革持续推进，我国涉海市场主体活力进一步释放。截至 2019 年年末，实有涉海企业比上年增长 10.7%，连续 4 年增长过万家；重点监测行业中新登记涉海企业共 2.3 万，比 2015 年翻了一番。其中，海洋可再生能源利用业、海洋技术服务业等高技术产业实有企业数量增速较高，5 年来年均增速分别为 39.9% 和 20.4%。

三、绿色发展引领、融合创新驱动

（一）绿色发展引领

海洋旅游活动频繁的海岸带及邻近海域，将面临海洋生态环境问题，加强海洋资源和生态环境保护是必然需求。那种视旅游业为“无烟产业”，不存在

---

① 中国产业信息网 .2017 年中国海洋旅游行业发展前景分析［EB/OL］. 2017-12-14. https://www.chyxx.com/industry/201712/592711.html.

② 王皓 . 变革时代旅游市场主体创新动力因素研究［J］. 中外企业家，2015（33）：23-24.

环境污染的看法是与客观实际相违背的。如果旅游对环境的消极作用不能控制在相应的限度内，环境资源的消耗成本就会增加，降低旅游新创造的价值。海洋旅游业的飞速发展，迫切要求在合理开发利用海洋旅游资源的同时，加速环境治理和保护，为海洋旅游活动的开展营造良好的外部环境。

国家重视海洋生态环境治理，为海洋旅游开发奠定坚实基础。我国通过实施大气、水、土壤污染防治行动计划，全国生态环境质量总体改善，为海洋生态环境质量改善创造了前所未有的历史条件。渤海综合治理攻坚战提出了降低陆源污染物排放、实施严格围填海管控、构建和完善海上污染防治体系等关键目标，在渤海率先探索海洋生态环境综合治理的方法和途径，为“十四五”期间在全国开展海洋生态环境保护与治理提供实践经验。通过严格围填海管控和实施“蓝色海湾”生态环境整治修复等系列工程，有效遏制了海岸线、滨海湿地和重点海湾生态退化趋势，为拓展海洋生态空间、扩大优质生态产品供给、提升海洋旅游高质量发展等奠定了坚实基础。

重视建立海洋生态文明，我国公民环保意识大幅提高。为了使海洋经济可持续发展，既要维护海洋生态环境安全，还要协调人与海洋之间的关系。我国首先从改变人们的观念开始，改变传统工业中人与自然对立的思维方式，淡化人类主体意识，变征服关系为互依共存的协调关系。自觉按照生态规律调整人类行为，开展海洋生态道德建设，把道德范围由人扩大到自然，让人们重新尊重自然、爱护海洋，让人们自觉参与到维护海洋生态安全中来。通过开展海洋生态旅游提高人们对生态环境的保护意识。进而通过各种方式和手段保护生态环境。海洋旅游的发展能加快地方的基础设施建设，如机场、道路、用水系统和污水处理、通信设施等，从而改善环境综合质量。

建立完善的海洋保护管理体制。1982 年，《中华人民共和国海洋环境保护法》经由全国人大常委会审议通过，1983 年正式实施。1992 年，《中华人民共和国领海与毗连区法》历经 8 个年头，终获通过。1998 年，我国又颁布实施了《中华人民共和国专属经济区和大陆架法》，进一步加强了海洋管理和海洋权益维护。进入 21 世纪，《中华人民共和国海域使用管理法》《中华人民共和国海岛保护法》《中华人民共和国深海海底区域资源勘探开发法》《防治海洋工程项目污染损害海洋环境管理条例》等法律条例陆续出台，填补了我国海洋法制体系的空白。为科学、规范、有序地开展海洋生态文明示范区建设工作，提高海洋生态文明建设水平，推动沿海地区经济社会发展方式转变，2012 年国家海洋局在深入调查研究的基础上，编制了《海洋生态文明示范区建设管理暂行办法》和《海洋生态文明示范区建设指标体系（试行）》。提出海洋生态文明示范区建设应当遵循统筹兼顾、科学引领、以人为本、公众参与、先行先试的原则。坚持在开发中保护、保护中开发，坚持规划用海、集约用海、生态用海、科技用海、依法用海，促进海洋资源环境可持续利用和沿海地区科学发展。2013 年，国家海洋局公布了首批国家级海洋生态文明建设示范区。2015 年 6 月，国家海洋局印发了《国家海洋局海洋生态文明建设实施方案（2015—2020 年）》，规划到 2020 年，新增 40 个国家级海洋生态文明建设示范区。2015 年，《国家海洋局海洋生态文明建设实施方案》和《关于全面建立实施海洋生态红线制度的意见》相继出台。截至目前，全国海洋生态红线已基本完成划定，全国 30% 的近岸海域和 35% 的大陆岸线纳入红线管控范围，筑牢了生态环境保护的防线。2018 年 2 月，中国共产党第十九届中央委员会第三次全体会议通过《深化党和国家机构改革方案》，海洋生态环境保护职责整合到新成立的生态环境部，这是以习近平同志为核心的党中央立足于新时代增强陆海污染防治协同性和生态环境保护整体性的重大战略部署和关键体制改革。随着海洋生态环境保护职能的整合，海洋综合治理成为最主要的政策目标和决策原则。渤海综合整治攻坚战、“蓝色海湾”等整体性、综合性的海洋生态环境治理政策相继被制定和实施。大力推进海洋生态文明建设，不断增强海洋经济高质量可持续发展能力，成了海洋生态环境保护工作的战略目标。

（二）融合创新驱动

海洋旅游活动的开发和旅游活动的展开，均对科技具有高度依赖性。由于海洋复杂的水文、难测的气象影响，海上旅游活动必须借助于专业的技术设备。海洋旅游的开发、利用和保护离不开科学技术的进步。正是由于卫星遥感技术、航船技术、通信技术等新技术及潜水器具、抗风浪设施等新设备的广泛应用，才出现了现代海洋旅游大发展的局面。可以说，没有当今新技术成就的广泛应用，绝不会有今天海洋旅游的迅猛发展。但同时也加大了海洋旅游活动对高技术的依赖性。

海洋技术的发展带动人们对海洋旅游资源和空间的探索。物理海洋学、生物海洋学、化学海洋学和地球地质海洋学的突破，带动了海洋旅游的深入发展。海洋探测技术实现了对海洋的探测，能有效帮助探测人员在恶劣的环境下生存生活并完成一些高难度的调查调研任务，加深对海洋理解。三维数字地震勘探技术的广泛应用，以深海张力腿平台与浮式结构为代表的海面系统技术取得很大进展，使海洋勘探作业水域不断加深。深潜水技术的发展也使海洋探索深度不断增加，我国完成了海洋 6000 米深潜技术。这些技术的出现与进步扩宽了海洋旅游资源和海洋旅游活动空间。

汽车、飞机等交通技术迅速发展，游客外出更加方便，海洋旅游的质量和效率大大提高。交通是连接海洋旅游需求和供给的桥梁和纽带，是海洋旅游发展的前提和重要保障。交通运输条件是改良经济运行效率和影响经济活动空间聚集的关键要素。尤其是对于具有流通经济性质的海洋旅游发展而言，交通条件对旅游经济效益提升、旅游流的流动和空间拓展有着更为深刻的影响。交通工具日趋先进，行驶速度不断加快，实用功能逐步完善，使得人们的出行不再受季节和天气等自然因素影响，也不再为遥远的距离而担忧。

造船业的发展，用来游乐的船只出现。在大航海时代，帆船的出现不仅仅是一种生活休闲方式，也是一个庞大的产业链体系，它与旅游的深度融合推动了海洋旅游的迅速发展。19 世纪初，邮轮开始发展，但是邮轮的重要功能还是运载邮件和移民。直至 20 世纪初，一些邮轮开始为旅客提供有限的基本设施，如客房及餐厅服务，很多邮轮公司开始投资设施更豪华、节目更丰富、排水量更多的邮轮，邮轮变成豪华的海上度假村，被称为“无目的地的目的地”“海上流动度假村”，成为海洋旅游不可或缺的一部分。

海洋娱乐装备的发展，使人类有足够的能力借助工具深入海洋游乐，人们不再局限于滨海游，出现了如滑水、划船、空中跳伞、潜水、垂钓等水上游乐项目。科技与海洋文化在海洋旅游中的融合主要体现为海洋数字电影、海洋数字互动展示、海洋数字智能游戏、海洋数字实景表演、海洋虚拟体验旅游以及海洋旅游产品的数字营销等形式①。从目前我国海洋旅游数字化的实践上看，涉及了计算机图形技术、动感控制设备系统、动作捕捉系统、数字声光系统等。对海洋文化传播起到的积极作用有：提升海洋文化的传播效率、拉近人

① 孙晓玮 . 海洋旅游中的文化与科技融合［D］. 浙江大学，2014.

海距离从而输出亲海意识、承担寒暄媒介功能引起注意、营造空间沉浸、加强海洋文化符号表现力、推动海洋文化跨时空传播，以及解放创意生产力、丰富海洋文化内涵等。目前，在海洋文化旅游中，主要承担了：以形式创新驱动消费、营销衍生产品、聚集人气、增强娱乐性、地域营销、品牌差异化发展等作用。

四、地域特色引领、地方竞争驱动

党的十九大报告明确指出，实施区域协调发展战略。坚持陆海统筹，加快建设海洋强国。山东、广东、浙江、上海、深圳等地相继发布加速推进建设海洋强省、发展海洋经济的相关方案，在争做海洋强省上，出现了“百舸争流、千帆竞渡”的局面。

2018 年年底，国家发改委、自然资源部联合印发《关于建设海洋经济发展示范区的通知》，支持山东威海、山东日照、江苏连云港等 10 个市级以及天津临港等 4 个园区的海洋经济发展示范区建设，并明确了各示范区的总体目标和主要任务。2019 年以来，各示范区建设方案密集出炉。《海南陵水海洋经济发展示范区建设总体方案》明确，陵水海洋经济发展示范区功能定位为依托国家和区域发展战略和政策环境大背景，将打造成为海洋旅游与文化高度融合发展示范区。粤港澳大湾区发展规划纲要提出，推动粤港澳游艇自由行有效实施，加快完善软硬件设施，共同开发高端旅游项目。探索在合适区域建设国际游艇旅游自由港。支持澳门与邻近城市探索发展国际游艇旅游，合作开发跨境旅游产品，发展面向国际的邮轮市场。支持珠三角城市建设国家全域旅游示范区。促进滨海旅游业高品质发展，加快“海洋—海岛—海岸”旅游立体开发，完善滨海旅游基础设施与公共服务体系。探索以旅游等服务业为主体功能的无居民海岛整岛开发方式。天津市积极挖掘旅游资源价值，通过“深度亲海”新亮点打造滨海旅游品牌；秦皇岛依托滨海特色优势做优休闲旅游经济。上海市计划在“十三五”期间着力打造水陆联动、全域开发的大旅游空间格局，规划建设滨海临江旅游圈。厦门以生态廊道为基底，打造由城区向滨海带渗透的山海景观廊道，构筑一条以休闲旅游为目的的滨海旅游浪漫线。三亚滨海旅游产品已经逐渐从起步走向成熟，出现了滨海旅游传统业态和新业态齐头并进的新局面；不断挖掘滨海休闲运动项目发展潜力，开展国际帆船赛、马拉松等国际赛事产品；推动海上休闲观光旅游，开发游艇、帆船、潜水和冲浪等海上娱乐产品；已经初步形成了颇具吸引力的滨海度假产品体系。

伴随示范区推动高质量发展的同时，山东、海南、辽宁等省份也酝酿打造海洋强省新版图。沿海各省、市、县纷纷大力开发形式多样的滨海旅游产品。除了传统的观光型滨海旅游产品之外，还包括海洋亲水活动、海洋文化体验、海洋主题活动等滨海旅游产品。

第三节　中国海洋管理体制与政策演变

我国海洋管理体制经历了海洋行业管理、海军代管、海洋行政管理、综合管理等阶段，海洋管理体制不断完善，建立了系统的海洋法制体系、综合管理体制、协调机制，海洋旅游发展体制政策不断完善。

一、我国海洋管理体制演变历程

中华人民共和国成立后，我国海洋管理工作逐渐步入正轨，海洋管理体制不断改革完善，海洋管理下的体制大致经历了以下几个阶段。

从中华人民共和国成立到改革开放前，中国海洋管理、海洋政策、规划和立法侧重于海洋防卫，海洋执法多由海军进行[①]。中华人民共和国成立之初没有组建专门海洋管理机构，20 世纪 60 年代成立海洋管理部门，几经调整，从海洋科学研究到海洋综合管理，海洋管理体制与中国海洋事业同步发展，服务于建设海洋强国战略。

1964—1979 年，随着我国海洋事业的不断发展，海洋造船业生产能力极大的提高，海洋渔业捕捞能力大幅提升，海洋养殖业也快速发展，1978 年的海洋水产品产量达到了 1950 年的 6.6 倍。随着远洋运输能力和商船数量的大幅增加，我国原有的海洋交通管理模式受到了严峻的挑战。海盐业在国营盐场和个体私人盐场的共同开发下，海盐场数量及规模都大幅增加，盐田面积增加到 1978 年的 270380 公顷。鉴于海洋事务的蓬勃发展，海洋管理工作也亟须进

① 中国海洋发展研究中心 . 贾宇，等 . 新中国 70 年海洋事业的发展［EB/OL］. 2020-03-19. http://aoc.ouc.edu.cn/2020/0318/c9821a282463/page.htm.

一步规范和完善。1964 年，第二届全国人大第 124 次常委会会议批准成立国家海洋局，国务院批准国家海洋局在青岛、宁波、广州设立北海、东海、南海三个分局，并建立海洋情报资料中心和海洋仪器研究所，其中，国家海洋局由海军代管，其下属的三个分局分别管理黄渤海、东海、南海海域。此时的海洋管理逐渐形成了相对稳定的工作体制。

20 世纪 80 年代以来，海洋管理体制进行过几次较大的调整。1980 年 1 月，《中央科学研究协调委员会会议纪要》建议，“海洋工作综合性强，涉及中国科学院、石油部、地质部等十几个部门，应由国家科委领导统一组织协调，明确分工合作”。1980 年 10 月起，国家海洋局由国家科委代管，主要负责海洋科研调查的组织实施。国家海洋局、国家计委、国家科委等五部门为综合调查全国海岸带和海涂资源的情况，共同成立了研究小组，同时要求各个沿海地区成立“海岸带调查办公室”，这就为推进地方海洋管理机构的建设注入了活力。随着地方海洋管理的不断发展，沿海地方各省市均成立了专门的厅局级海洋管理机构。例如，辽宁省等沿海 15 个省（市、区）成立了兼有海洋与渔业两种管理职能的海洋与渔业厅。该机构主要受国家海洋局和农业部渔业局双重领导，执行上级机构交给的各项工作。1982 年，国家海洋局被设置为国务院下设的直属机构，负责组织协调全国海洋工作，肩负组织、实施海洋科研、海洋管理、海洋调查和海洋公益服务四个方面的任务。1982 年《中华人民共和国海洋环境保护法》（以下简称《海洋环境保护法》）第 5 条规定：“国家海洋行政主管部门负责海洋环境的监督管理，组织海洋环境的调查、监测、监视、评价和科学研究，负责全国防治海洋工程建设项目和海洋倾倒废弃物对海洋污染损害的环境保护工作。”为适应国家发展的需要，“中国海监”的船舶、飞机在中国管辖海域巡航执法，“中国海监”队伍应运而生。

20 世纪 80 年代以后，国家海洋局的管理已经由两个层次的管理拓展形成国家海洋局—海区海洋分局—海洋管区—海洋监察站的体系化的管理体制。作为国家最高海洋行政管理部门，国家海洋局集中管理全国海洋，统一组织全国海洋工作。1983 年，国家海洋局作为国家海洋管理的行政职能部门，负责组织、实施海洋调查、海洋科研、海洋管理和海洋公益服务。随着改革开放的不断深入，沿海地区的地域优势及资源优势逐年显现。地方海洋管理工作逐渐占据了我国海洋开发利用管理工作的重要地位，我国海洋管理逐步推行统一的行政管理。1993年，国务院调整海洋管理机构，国家海洋局复由国家科委管理。1998年3月10日，根据第九届全国人民代表大会第一次会议通过的《关于国务院机构改革方案的决定》，国家海洋局成为国土资源部的部管国家局。1993年，全国召开海洋局长会议，会议决议围绕发展海洋经济，逐步开展国家海洋工作，进一步完善和推进海洋综合管理工作。1995年，国务院机构编制委员会通知印发了《国家海洋局北海、东海、南海分局机构改革方案》，进一步转变职能、做好海洋管理和公益服务工作。1998年，中共中央编制委员会办公室批准设置“中国海监总队”。作为海洋行政执法力量，中国海监的主要职能是依照有关法律法规和规定，对中国管辖海域实施巡航监视，查处侵犯海洋权益、违法使用海域、损害海洋环境与资源、破坏海上设施、扰乱海上秩序等违法违规行为。中国海监还根据委托或授权，进行其他海上执法工作。中国海监执法队伍成立以来，迅速强化巡航执法，实现了中国管辖海域巡航执法的全覆盖。2002年1月1日，《中华人民共和国海域使用管理法》正式实施，其立法意义就在于确立了国家海洋局和地方海洋管理机构的事权划分，推进形成中央、省（市、区）、地（市）、县（区）四级海洋管理体制，实现了对海洋管理的分层、分步模式。规范了海洋开发利用管理活动，填补了我国在海洋权益和海域使用中无法可依的空缺，推进了依法治海的进程。2003年，国家海洋局会同国家发改委和沿海省市区共同编制了第一个全国海洋经济发展中长期规划，与此同时，国务院为了落实党的十六大提出的“实施海洋开发”的战略部署，专门印发《国家海洋事业发展规划纲要》，并要求各级政府机关贯彻执行。2004年，国务院分别批复建立山东、辽宁、广西等省级海洋功能区，提出地方用海和管海可持续发展。2008年，国务院为加强海洋经济的宏观调控和规划指导，专门批准印发了《国家海洋事业发展规划纲要》，并提出明确的要求。2008年12月8日，中国海监51船和46船编队进入钓鱼岛12海里领海实施巡航执法，对非法进入钓鱼岛海域的日本海上保安厅巡视船喊话驱离，实现了钓鱼岛海域执法的百年突破。对个别国家军事船舶的抵近侦察、军事测量等骚扰活动，中国海监采取识别、查证、警告、驱离等执法措施。中国海监还在军事演习、演练等军事活动、海洋资源开发及岛礁建设等民事活动中提供安全保障措施。海洋执法队伍的建立和执法活动使中国的海洋管理发生了质的变化。随着海上交通安全、海洋渔业资源的利用和保护、海洋权益和海洋环境保护等法律法规的制定与实施，中国形成了海监、渔政、海事、边防、海关等多支执法队伍。

2011 年 1 月，国务院批复建立我国第一个以海洋经济为主题的区域发展战略——《山东半岛蓝色经济区发展规划》，标志着海洋开发管理开始重视地方的特色发展。2013 年国务院重新组建国家海洋局，加强了海洋综合管理以及统筹规划与协调等职能。国务院办公厅印发国家海洋局的主要职责、内设机构和人员编制规定的通知，取消部分资质认定职责，下放省内县际海域界限勘定职责，加强海洋综合管理、生态保护和科技创新制度机制建设，加强海上维权执法等职责①。2013 年 7 月，中国海警局成立，将中国海监、边防海警、中国渔政、海上缉私警察四支海上执法队伍整合为中国海警，开展海上维权执法，形成了相对集中的海洋执法队伍。2018 年 3 月，海洋执法队伍又进一步整合。一是将原国家海洋局（中国海警局）领导管理的海警队伍及其相关职能全部划归武警部队，二是将农业部的渔船检验与监督管理职责划入交通运输部，实现了所有船舶检验与监管的统一。

2018 年，海洋管理机制再次调整。第十三届全国人民代表大会第一次会议批准国务院机构改革方案，组建自然资源部，统一行使全民所有自然资源资产所有者职责，统一行使所有国土空间用途管制和生态保护修复职责，着力解决自然资源所有者不到位、空间规划重叠等问题，实现山水林田湖草整体保护、系统修复、综合治理。自然资源部的主要职责是，对自然资源开发利用和保护进行监管，建立空间规划体系并监督实施，履行全民所有各类自然资源资产所有者职责，统一调查和确权登记，建立自然资源有偿使用制度，负责测绘和地质勘查行业管理等。将原国家海洋局应对污染等职能并入了新组建的生态环境部，解决了过去污染防治与保护部门分割的问题。海洋不同于陆地，海洋资源及载体是一个不可分割的整体，任何海洋管理活动都不能孤立地进行，相互之间不断影响、不断促进。在法律层面上，海洋权益受到了各个沿海国家的重视，专属经济区、大陆架、公海及底海等法律概念都得到国际社会的普遍认可。海洋综合管理的目标被确立为平衡和协调发展海洋环境保护和海域开发利用的工作。《中国海洋 21 世纪议程》（以下简称议程）中指出海洋综合管理应

① 赵伟．我国海洋管理体制改革研究［D］．烟台大学，2014.

当以国家的海洋资源的开发利用、海洋权益的维护、海洋环境的保护为出发点，制定专门的方针政策、立法法规、划定区划、实施规划等，通过建立相关产业部门和沿海地区在开发利用海洋中协调、平衡关系，实现科学可持续地开发海洋资源、全面协调地保护海洋环境、依法严格地维护海洋权益的目的，最终促进海洋经济持续、稳定、协调地发展。《议程》明确指出建立海洋综合管理体系，逐步形成海洋开发和管理的综合决策机制，制定引导性的统一的海洋开发政策、海洋技术政策、海洋保护政策；逐步完善海洋开发和管理的协调工作，编制市县级海洋功能区划、海洋开发和保护规划，并建立规划协调机构和开展协调活动；制定和完善海洋综合管理法规、建立和健全执法系统，加强综合管理。

二、我国海洋法制建设进展

海洋立法是沿海国管理海上活动，包括海洋资源开发利用和环境保护等活动的基本措施。沿海国通过立法确定与海上活动有关的方针、政策、原则和行为规范，明确各级机构的管理范围和分工，规定对违法行为的处罚方法和处理程序。根据经济发展和对外开放的需要，我国已先后制定了一些涉海的法律、行政法规、部门规章、国家规范性文件及地方海洋法律法规，逐步形成了海洋管理的法规体系。

国家出台了系列法律、法规、部门规章和规范性文件，如《中华人民共和国政府关于领海的声明》《中华人民共和国领海及毗连区法》《中华人民共和国专属经济区和大陆架法》《中华人民共和国海洋环境保护法》《中华人民共和国渔业法》《中华人民共和国海上交通安全法》《中华人民共和国海域使用管理法》《中华人民共和国港口法》《中华人民共和国渔港水域交通安全管理条例》《中华人民共和国航道管理条例》《中华人民共和国国际海运条例》《中华人民共和国海洋石油勘探开发环境保护管理条例实施办法》《海洋行政处罚实施办法》《中华人民共和国渔业法实施细则》《中华人民共和国水生野生动物保护实施条例》《中华人民共和国渔港水域交通安全管理条例》《中华人民共和国对外合作开采海洋石油资源条例》《中华人民共和国涉外海洋科学研究管理规定》《中华人民共和国海洋石油勘探开发环境保护管理条例》《中华人民共和国防止船舶污染海域管理条例》《中华人民共和国海洋倾废管理条例》《中华人民共和国防止拆船污染环境管理条例》《防治海洋工程建设项目污染损害海洋环境管理条例》《防治海岸工程建设项目污染损害海洋环境管理条例》《防治陆源污染物污染损害海洋环境管理条例》《铺设海底电缆管道管理规定》《中华人民共和国水下文物保护管理条例》《外商参与打捞中国沿海水域沉船沉物管理办法》《中华人民共和国船舶和海上设施检验条例》《中华人民共和国航道管理条例》《中华人民共和国海上交通事故调查处理条例》《中华人民共和国国际海运条例》《基础测绘条例》《中华人民共和国航标条例》《中华人民共和国海洋石油勘探开发环境保护管理条例实施办法》《铺设海底电缆管道管理规定实施办法》《海洋行政处罚实施办法》《海底电缆管道保护规定》《委托签发废弃物海洋倾倒许可证管理办法》《海域使用管理违法违纪行为处分规定》，国务院关于国家海洋事业发展规划纲要的批复、国务院关于国土资源部《报国务院批准的项目用海审批办法》的批复、国务院关于国土资源部《省级海洋功能区划审批办法》的批复、国务院关于印发全国海洋经济发展规划纲要的通知、国务院办公厅关于沿海省、自治区、直辖市审批项目用海有关问题的通知、国务院办公厅关于开展勘定省县两级海域行政区域界线工作有关问题的通知、国务院关于全国海洋功能区划的批复、国务院办公厅关于印发国家海洋局主要职责内设机构和人员编制规定的通知等，对促进我国海洋开发和保护海洋资源与环境起到了重要的作用。

各地也相应出台了系列法律法规和规范性文件，如辽宁省海域使用管理办法、河北省海域使用管理条例、天津市海域使用管理条例、山东省海域使用管理条例、江苏省海域使用管理条例、上海市海域使用管理办法、浙江省海域使用管理办法、福建省海域使用管理条例、广东省海域使用管理条例、广东省铺设海底电缆管道管理办法、广西壮族自治区海域使用管理办法、海南省实施《中华人民共和国海域使用管理法》办法、大连市海域使用管理条例、青岛市无居民海岛管理条例、厦门市海域使用管理规定、厦门市无居民海岛保护与利用管理办法、宁波市无居民海岛管理条例、辽宁省海洋环境保护办法、山东省海洋环境保护条例、江苏省海洋环境保护条例、浙江省海洋环境保护条例、福建省海洋环境保护条例、广东省实施《中华人民共和国海洋环境保护法》办法、深圳经济特区海域污染防治条例、上海市金山三岛海洋生态自然保护区管理办法、海南省海洋环境保护规定。

三、我国海洋综合管理体制和协调机制

20世纪80年代初，中国海洋综合管理已初现端倪，国务院已设立了国家一级的海洋管理职能部门，沿海省（区、市）也相继成立了一批海洋管理机构。由于海洋开发利用潜势巨大和海洋经济发展需求增加，各部门和地区携手合作、共同开发海洋资源的愿望也有所增强。1991—1993年由国家海洋局负责组织，国务院21个部、委、局和直属部门以及沿海12个省、区、市参加的《全国海洋开发规划》的编制活动，就是一次包括所有涉海部门和沿海省市的大协作，这次成功的协作为加强海洋综合管理带来巨大的动力。在《中国海洋21世纪议程》中明确指出从中央到地方，建立一个完整的，对海洋开发和环境保护具有指导、规划、协调、监督作用的综合管理体系；加强组织协调机制，继续发挥行业主管部门的作用，共同将海洋管理工作推向新阶段，使海洋开发活动得到合理、有序、协调和可持续发展，并获得最佳的经济、社会和生态环境等综合效益。一是建立、健全海洋综合管理体制。建立、健全国家、省、地、县的多级海洋综合管理机构；明确各级海洋管理机构的综合管理权限；调整和划分各级综合管理部门的海域管理范围，充分发挥中央、地方各级政府的管理职能。二是加强部门和地区间的海洋事务协调管理机制。建立国家和地区的高层海洋综合管理领导协调机构（例如直属各级政府部门的海洋事务管理委员会）；建立和巩固部门间和地区间稳定、有效的协调机制和磋商制度；发展跨部门、跨地区的海洋监测网、通信网、预警网、安全指挥系统等公益性海上生产、安全保障系统。2008年发布的《国家海洋事业发展规划纲要》中指出全面推进海洋管理体制改革，建立海洋综合管理的高层次协调机制，强化涉海部门间的协调配合，各司其职，形成促进海洋事业发展的合力。“十一五”时期以海洋综合管理体系继续完善，进一步推进海洋管理体制改革，以生态系统为基础的海洋区域管理模式和海洋管理协调机制初步形成；内水和领海海域各类开发活动得到有效规范；毗连区、专属经济区和大陆架海域资源开发得到有效保障；参与国际海洋事务管理和海洋维权能力显著提高。“十二五”时期海洋综合管理能力稳步提高，海洋综合管理体制机制进一步完善，涉海法律法规和政策日益健全，海洋联合执法力度不断加大。海域、海岛、海洋环境、交通运输、渔业管理更为规范有力，海洋经济监测公报与评估制度有效执行，海

洋综合管理调控手段明显加强。同时还推动建立海洋事务高层次协调机制，加强涉海管理部门之间的统筹协调和沟通配合，提高中央与地方海洋管理工作的联动性，增强海洋行政管理效能。根据国家宏观政策取向，综合运用海域和海岛、海洋渔业、海运海事、海洋生态环境保护等管理手段，对海洋产业发展和海洋经济运行实施引导和调节，提高综合管理对海洋开发利用与保护的调控效率。“十三五”期间以创新海洋综合管理体制机制为重点任务，探索海洋资源保护开发新路径和海洋综合管理新模式，提高中央与地方海洋经济管理工作的联动性，健全完善跨区域协调机制，建立促进军民融合发展的工作机制[①]。

四、我国海域使用管理

海域是海洋国土的主体，是各种海洋资源开发活动的载体，是一切海上开发利用活动的空间基础，是宝贵的海洋空间资源。港口、养殖、采矿、油气开采和公共设施建设都需要占用一定的海域。随着海洋交通运输业、海洋捕捞、海水养殖业、海上油气工业、滨海采矿业、海上旅游业、临海工业、电缆管道布设及各项公益事业的迅速发展，海域的使用价值和对它的需求量与日俱增。海域空间是有限的，尤其是一些自然资源丰富、自然环境条件优越、社会经济发达、交通运输方便地区的海域更为宝贵。在各种产业竞相发展的情况下，海域使用矛盾日益突出。各行业争占海域，也会造成海域开发利用不合理、综合效益降低的结果，有时甚至导致资源的浪费和破坏。

海域使用管理就是建立相应的法律法规，调整与规范海洋开发利用过程中海域使用冲突所发生的各种关系，包括正确处理与协调全局利益与局部利益、长远利益与眼前利益、开发利用与治理保护等的关系，产业间、行业间、地区间的关系，国家、集体和个人利益之间的关系等。对海域使用加强管理，一方面可以克服海域使用的无序状态，使各种产业得到协调发展，另一方面也可以使海域空间得到合理利用，从而获得最佳的经济效益。此外，海域使用管理是保护海洋资源和环境的有力手段，能够促进海洋经济和沿海经济的可持续发展。

海域使用管理工作的核心是实行海域使用许可证制度和贯彻海域有偿使用

① 国家海洋局 . 中国海洋 21 世纪议程［M］. 北京：海洋出版社，1996.

原则。为加强海洋综合管理，世界上许多沿海国家建立了海岸带管理或海洋开发利用方面的管理制度。1993 年 6 月，财政部和国家海洋局共同颁布了《国家海域使用管理暂行规定》，初步建立了中国海域使用的管理制度。一些沿海省、市也先后制定和实施了地方海域使用管理暂行办法，使海域使用的无偿、无序、无度局面开始有所好转。建立、健全国家海域有偿使用管理法规体系，形成国家、省（区、市）、地（市）、县（市）、乡海域有偿使用法制管理。完善海域使用管理法规，其中包括制定高级别的相关法规和各种法规细则。例如，制定和完善海域使用许可证的办理程序、价格体系、减免规定和现场监管办法等。同时，建立和发展地方性海域使用管理规章制度。《中国 21 世纪海洋议程》中明确指出建立全国海域使用管理档案。建立和完善海域使用的统计报告制度，对海域使用情况进行调查、登记、分类、归档和统计报告。加强海域使用管理的理论研究，积极探讨海域管理的科学依据，为指导实际管理工作服务。发展和完善海域使用管理技术支持系统，保障海域使用管理的科学性、先进性和有效性。制定国家管辖海域总体使用规划，为海域使用管理提供科学依据。结合海洋功能区划，制定专项海域使用开发规划，作为科学合理地审批海域使用的依据。建立海域使用可行性评价制度。积极组织有关专家和社会各界代表，参与论证和审批海域使用工程项目。在行业管理基础上建立海域使用管理、行业管理与综合管理相结合的协调机制。加强海域使用管理信息系统的建设，提高行政决策的效率和科学性。建立和完善海域使用管理机构及人员培训制度。

第四节　中国海洋旅游发展相关规划

《中国海洋 21 世纪议程》明确提出“为适应海洋旅游娱乐业迅速发展的要求，一切适宜于旅游娱乐的岸线、海滩、浴场和水域，都要预留下来以保证旅游娱乐事业的需要”，为海洋旅游可持续发展奠定了政策基础。近年来，围绕着国家总体规划的涉海部署，出台了一系列涉及海洋旅游规划和政策文件，明确提出优化海洋产业和大力发展海洋旅游的战略，确立了实施滨海旅游精品战略、突出海洋文化、滨海旅游特色等目标，明确了各个时期海洋旅游发展的总体思路。

一、21 世纪海上丝绸之路

建设 21 世纪海上丝绸之路的构想，通过“政策沟通”“道路联通”“贸易畅通”“货币流”“民心相通”的一系列规划项目和实践，促进沿线国家深化合作，建设成政治互信、经济融合、文化包容的利益共同体、命运共同体和责任共同体，这本身就是对中华传统文化精神的传承和弘扬，是文化自信的集中表现。当代中国海洋强国建设和 21 世纪海上丝绸之路建设所坚持的和平友好、互助合作理念，是中华海洋文化在思维方式、行为方式和价值取向的当代延续。

2013 年 10 月，习近平总书记在访问印度尼西亚（东盟国家）时提出共建 21 世纪海上丝绸之路这一构想。2014 年 2 月，中国外交部将这一概念阐述为“加强海上互联互通以及发展海洋经济”。2014 年“一带一路”丝绸之路经济带和 21 世纪海上丝绸之路同时被写入政府工作报告。2014 年 9 月 15 日，国家主席习近平在同马尔代夫总统亚明会谈时，就两国共建 21 世纪海上丝绸之路进一步交换意见。两国随后发表的新闻公报上写道：马方欢迎并愿积极参与中方提出的构建 21 世纪海上丝绸之路倡议。2014 年 9 月 16 日，第十一届中国—东盟博览会和中国—东盟商务与投资峰会在广西南宁开幕。博览会的主题是“共建 21 世纪海上丝绸之路”。这些无不预示着，“21 世纪海上丝绸之路”已不仅仅是一个新构想、新提法，而正成为照亮现实的新经济。

海洋是各国经贸文化交流的天然纽带，共建“21 世纪海上丝绸之路”，是全球政治、贸易格局不断变化形势下，中国连接世界的新型贸易之路，其核心价值是通道价值和战略安全。尤其在中国成为世界上第二大经济体，全球政治经济格局合纵连横的背景下，“21 世纪海上丝绸之路”的开辟和拓展无疑将大大增强中国的战略安全。21 世纪海上丝绸之路的战略合作伙伴并不限于东盟，而是以点带线、以线带面，增进周边国家和地区的交往，串起连通东盟、南亚、西亚、北非、欧洲等各大经济板块的市场链，发展面向南海、太平洋和印度洋的战略合作经济带，以亚欧非经济贸易一体化为发展的长期目标。由于东盟地处海上丝绸之路的十字路口和必经之地，是 21 世纪海上丝绸之路战略的首要发展目标。

21世纪海上丝绸之路超越了传统海洋观，以和平共处、互利共赢为原则，倡导构建的是新型国际合作观。2014年，习近平总书记在和平共处五项原则发表60周年纪念大会上强调：“当今世界正在发生深刻复杂的变化，和平、发展、合作、共赢的时代潮流更加强劲，国际社会日益成为你中有我、我中有你的命运共同体。”习近平主席提出的“共商、共建、共享”作为“21世纪海上丝绸之路”沿线国家和地区合作的基本思想和原则，“共商”强调多元主体，各主权国家一律平等、协商合作且兼顾各方利益；“共建”强调合作路径的开放性与包容性，“21世纪海上丝绸之路”虽是中国首提倡议，但是需要相关各方共同参与建设；“共享”强调的是相关各方互利共赢，乘“中国改革号快车”，共享建设成果。共商、共建、共享三者互为依托、有机统一，在此基础上，共同构建人类命运共同体。

21世纪海上丝绸之路是一条合作之路、开放之路。自21世纪海上丝绸之路倡议来，相关各国凝聚共识、对接发展诉求。首先是高层的频繁互访，仅仅在2014年，习近平主席7次出访，足迹遍布亚洲、欧洲、拉美和大洋洲的18个国家，200多位时任外国元首或政府首脑访问中国，为其合作提供了强有力的政治保证。其次是搭建多边平台，中国与东盟及印度尼西亚、马来西亚、越南等国都签署了海洋合作双边机制，巴基斯坦将中巴经济走廊写入巴基斯坦“愿景2025”，斯里兰卡以政府声明形式支持“21世纪海上丝绸之路”，阿拉伯国家联盟、海湾合作委员会、非洲联盟等区域组织对“21世纪海上丝绸之路”亦持欢迎态度，中欧签署的“蓝色伙伴关系”宣言以及中国与新西兰、巴布亚新几内亚等签署“一带一路”合作备忘录等，共同促进“21世纪海上丝绸之路”建设。最后是积极促进民间交流，以海上丝绸之路国际艺术节、21世纪海上丝绸之路国际博览会等为代表的文化、经济交流活动频频上演，21世纪海上丝绸之路合作、开放的理念得到越来越多国家的支持与参与，文化交流为“21世纪海上丝绸之路”沿线国家和地区的合作提供了民意基础。

21世纪海上丝绸之路是一条共赢之路。全球化时代需要合理配置资源，使人类共享文明发展成果，合作共赢是时代的要求，“要跟上时代前进步伐，就不能身体已进入21世纪，而脑袋还停留在冷战思维、零和博弈的旧时代”。（2014年5月21日，习近平在上海举行的亚洲相互协作与信任措施会议第四次峰会上的讲话。）2017年6月，中国政府提出重点建设中国—印度洋—非洲—地中海、中国—大洋洲—南太平洋，以及经北冰洋连接欧洲的三条蓝色经济通道。通过提升互联互通、促进产能合作、创新发展模式等，三条蓝色经济通道都取得新进展。同时“21 世纪海上丝绸之路”注重提高沿线国家的积极参与，共享建设成果，真正实现了合作共赢，正所谓“得道多助”，“21 世纪海上丝绸之路”成为构建人类命运共同体的重要实践平台①。

二、国家五年旅游发展规划中相关内容

我国在各个五年规划中均明确了各时期海洋旅游发展思路及主要建设项目，为各个时期我国海洋旅游发展规定了目标和方向。

（一）“十五”期间中国海洋旅游发展思路

“十五”期间，科学确定旅游区的游客容量，使旅游基础设施建设与生态环境的承载能力相适应；加强自然景观、滨海城市景观和旅游景点的保护，严格控制占用海岸线、沙滩和沿海防护林的建设；旅游区的污水和生活垃圾处理，必须实现达标排放和科学处置，禁止直接排海。度假旅游区（包括海水浴场、海上娱乐区）执行不低于二类的海水水质标准，海滨风景旅游区执行不低于三类的海水水质标准。

重点保证鸭绿江、大连金石滩、大连海滨—旅顺口、兴城海滨、秦皇岛北戴河、青岛崂山、胶东半岛海滨、云台山和海滨、普陀山、嵊泗列岛、福建湄洲岛和东山岛、海坛岛、鼓浪屿—万石山、清源山、太姥山、阳江海陵岛、三亚热带海滨等国家重点风景名胜区和国家级旅游度假区的用海需要。

（二）“十一五”期间中国海洋旅游发展思路

坚持突出重点，大力发展支柱产业。努力扩大并提高滨海旅游支柱产业的规模、质量和效益。滨海旅游业要进一步突出海洋生态和海洋文化特色，努力开拓国内、国际旅游客源市场；实施旅游精品战略，发展海滨度假旅游、海上观光旅游和涉海专项旅游；加强旅游基础设施与生态环境建设，科学确定旅游环境容量，促进滨海旅游业的可持续发展。滨海旅游业的区域布局重点是渤

① 中国海洋发展研究中心 . 王华锋 .“21 世纪海上丝绸之路”建设的时代价值与意义［EB/OL］. 2020-10-14. http://aoc.ouc.edu.cn/2020/1013/c9821a301954/page.htm.

海海滨，北黄海海滨海岛，沪、浙、闽、粤海滨海岛以及海南岛和北部湾等区域。

辽东半岛海洋经济区建设大连、旅顺、丹东滨海旅游带；渤海西部海洋经济区发展北戴河、南戴河、山海关、兴城旅游业；山东半岛海洋经济区开发建设以青岛、烟台、威海为重点的滨海及海岛特色旅游带；苏东海洋经济区挖掘滨海旅游资源，形成独特的滨海旅游景区；长江口及浙江沿岸海洋经济区：完善杭州、宁波和舟山群岛旅游景区，建设浙北—上海海滨海岛旅游带；闽东南海洋经济区构筑海峡西岸有特色的滨海、海岛旅游带；南海北部海洋经济区发展滨海、海岛休闲旅游和港、澳、粤大三角城市观光、购物旅游；北部湾海洋经济区大力开发海洋生态旅游和跨境旅游，重点发展北海滨海度假旅游；海南岛海洋经济区发展海岛休闲度假旅游、热带风光旅游、海洋生态旅游。

（三）“十二五”期间中国海洋旅游发展思路

滨海旅游业增加值约占海洋产业增加值的22%，发展迅速，已经成为海洋经济的重要支柱产业。提出海洋功能旅游休闲娱乐区，实施旅游精品战略，因地制宜打造各具特色的滨海黄金旅游带。旅游休闲娱乐区是指适于开发利用滨海和海上旅游资源，可供旅游景区开发和海上文体娱乐活动场所建设的海域。包括风景旅游区和文体休闲娱乐区。旅游休闲娱乐区主要为沿海国家级风景名胜区、国家级旅游度假区、国家5A级旅游景区、国家级地质公园、国家级森林公园等的毗邻海域及其他旅游资源丰富的海域。旅游休闲娱乐区开发建设要合理控制规模，优化空间布局，有序利用海岸线、海湾、海岛等重要旅游资源；严格落实生态环境保护措施，保护海岸自然景观和沙滩资源，避免旅游活动对海洋生态环境造成影响。保障现有城市生活用海和旅游休闲娱乐区用海，禁止非公益性设施占用公共旅游资源。开展城镇周边海域海岸带整治修复，形成新的旅游休闲娱乐区。旅游休闲娱乐区执行不劣于二类海水水质标准。推进海南国际旅游岛建设。积极推进海岛旅游，有序引导社会资本投资无居民海岛的保护开发。积极发展休闲渔业。大力发展邮轮经济，推进大连、天津、青岛、上海、厦门、深圳、北海、三亚等港口邮轮运输，完善港口码头的旅游服务功能，支持有条件的地方发展成为邮轮母港。建设游艇基地，规范游艇市场秩序，发展以游艇和帆船为主体的海上运动休闲旅游。

北部海洋经济圈中辽东半岛沿岸及海域，整合沿海旅游资源，打造具有地域特色的东北亚黄金旅游线路；渤海湾沿岸及海域，推进重大旅游项目建设，支持天津邮轮游艇经济发展和东疆保税港核心功能区建设；山东半岛沿岸及海域，重点发展国际滨海休闲度假、邮轮游艇、海上运动等高端海洋旅游业，建设长岛休闲度假岛和荣成好运角旅游度假区，打造全国重要的海洋文化和体育产业基地。东部海洋经济圈中江苏沿岸及海域，发挥海洋、湿地、文化等旅游资源优势，培育我国东部旅游新基地和生态休闲旅游带；上海沿岸及海域，进一步拓展旅游市场，整合区内旅游资源，加快发展邮轮产业，建设吴淞口国际邮轮码头。结合发展休闲渔业，积极倡导生态、健康型水产养殖；浙江沿岸及海域，深入挖掘历史文化、民俗文化旅游资源，继续办好海洋文化节，建成我国知名的海洋文化和休闲旅游目的地。南部海洋经济圈中福建沿岸及海域功能定位是我国重要的自然和文化旅游中心，加快发展游艇帆船等高端旅游，积极拓展闽台旅游合作，共同打造“海峡旅游”品牌；珠江口及其两翼沿岸及海域，加强粤港澳邮轮航线合作，打造世界邮轮旅游航线重要节点，积极发展新兴旅游项目，重点建设南澳岛、惠东巽寮、红海湾等一批海洋综合旅游区，建成国际高端旅游目的地；广西北部湾沿岸及海域，积极开发多层次的海洋旅游精品，发展以游艇和帆船为主的海上运动休闲旅游，建立环北部湾滨海跨国旅游区。加快海岛旅游开发，重点推进涠洲岛整体开发和海岛生态修复；海南岛沿岸及海域功能定位是我国旅游业改革创新的试验区、世界一流的海岛休闲度假旅游目的地、全国生态文明建设示范区、国际经济合作和文化交流的重要平台、南海资源开发和服务基地、国家热带现代农业基地。“十二五”时期建设重点是：加快海南国际旅游岛建设，积极开发滨海度假、海洋观光、海岛休闲、邮轮游艇、海上运动等特色旅游项目。规范中沙群岛、西沙群岛旅游开发活动，建设热带海岛风情休闲度假基地。

（四）“十三五”期间中国海洋旅游发展思路

提出海洋服务业增长势头明显，滨海旅游业年均增速达 15.4%、邮轮游艇等旅游业态快速发展，涉海金融服务业快速起步的目标。开辟特色旅游线路，发展生态旅游、探险旅游、休闲渔业等旅游业态，积极培育海洋主题公园、海岛旅游等新兴旅游业态，重点发展休闲渔业、海上运动休闲旅游等项目。

辽东半岛沿岸及海域重点推进东北亚国际海洋海岛旅游；渤海湾沿岸及海域加快推进天津北方国际航运核心区建设，积极发展高端旅游；山东半岛沿岸及海域发展国际滨海休闲度假等高端海洋旅游业；江苏沿岸及海域积极培育海洋文化创意产业；上海沿岸及海域加快邮轮游艇经济发展，发展海洋工程装备和大型邮轮等高技术船舶设计建造，提升上海邮轮产业的国际地位和竞争力；浙江沿岸及海域继续办好海洋文化节，维护重点港湾、湿地水动力和生态环境；福建沿岸及海域全面提升“海丝旅游”“海峡旅游”品牌，构建两岸海洋开发深度合作平台，加强邮轮游艇研发制造，积极培育海洋文化创意产业；珠江口及其两翼沿岸及海域携手港澳共同打造粤港澳大湾区，加快建设开放包容的世界级城市群，开辟海上丝绸之路旅游专线，推进珠三角港口协调发展、打造世界级港口群，建设广州、江门船舶配套基地，珠海、东莞、中山等游艇制造基地；海南岛沿岸及海域做精做强特色滨海旅游。

三、中国海洋经济发展规划中相关内容

为了贯彻落实海洋强国战略、促进海洋经济发展、推动海洋旅游发展，我国编制了一系列相关规划，如《全国海洋经济发展规划纲要（2001—2010）》《全国海洋经济发展“十二五”规划（2010—2015）》《全国海洋功能区划（2011—2020年）》《全国海洋经济发展“十三五”规划（2016—2020）》《全国海岛保护规划（2012）》《国家海洋事业发展规划纲要（2008）》《国家海洋事业发展十二五规划》等，这些规划均明确指出科学利用和开发滨海、海岛等旅游资源，全面发展中国海洋旅游，促进海洋经济快速发展，推动我国海洋强国战略建设。

（一）《全国海洋经济发展规划纲要（2001—2010）》

该《纲要》明确指出大力发展滨海旅游业，区域布局重点是渤海海滨，北黄海海滨海岛，沪、浙、闽、粤海滨海岛以及海南岛和北部湾等区域。进一步突出海洋生态和海洋文化特色，努力开拓国内、国际旅游客源市场；实施旅游精品战略，发展海滨度假旅游、海上观光旅游和涉海专项旅游；加强旅游基础设施与生态环境建设，科学确定旅游环境容量，促进滨海旅游业的可持续发展。

该《纲要》指出辽东半岛海洋经济区建设大连、旅顺、丹东滨海旅游带；渤海西部海洋经济区重点发展北戴河、南戴河、山海关、兴城旅游业；山东半岛海洋经济区开发建设以青岛、烟台、威海为重点的滨海及海岛特色旅游带；苏东海洋经济区挖掘滨海旅游资源，形成独特的滨海旅游景区；长江口及浙江沿岸海洋经济区完善杭州、宁波和舟山群岛旅游景区，建设浙北—上海海滨海岛旅游带；闽东南海洋经济区构筑海峡西岸有特色的滨海、海岛旅游带；南海北部海洋经济区发展滨海、海岛休闲旅游和港、澳、粤大三角城市观光、购物旅游；北部湾海洋经济区大力开发海洋生态旅游和跨境旅游，重点发展北海滨海度假旅游；海南岛海洋经济区发展海岛休闲度假旅游、热带风光旅游、海洋生态旅游①。

（二）《全国海洋经济发展"十二五"规划（2010—2015）》

规划指出科学规划和开发滨海、海岛等旅游资源，积极推进生态旅游示范区、滨海度假区等建设。实施旅游精品战略，因地制宜打造各具特色的滨海黄金旅游带。推进海南国际旅游岛建设。积极推进海岛旅游，有序引导社会资本投资无居民海岛的保护开发。积极发展休闲渔业。大力发展邮轮经济，推进大连、天津、青岛、上海、厦门、深圳、北海、三亚等港口邮轮运输，完善港口码头的旅游服务功能，支持有条件的地方发展成为邮轮母港。建设游艇基地，规范游艇市场秩序，发展以游艇和帆船为主体的海上运动休闲旅游。

规划明确辽东半岛沿岸及海域整合沿海旅游资源，打造具有地域特色的东北亚黄金旅游线路；渤海湾沿岸及海域推进重大旅游项目建设，支持天津邮轮游艇经济发展和东疆保税港核心功能区建设；山东半岛沿岸及海域重点发展国际滨海休闲度假、邮轮游艇、海上运动等高端海洋旅游业，建设长岛休闲度假岛和荣成好运角旅游度假区，打造全国重要的海洋文化和体育产业基地。江苏沿岸及海域发挥海洋、湿地、文化等旅游资源优势，培育我国东部旅游新基地和生态休闲旅游带。上海沿岸及海域进一步拓展旅游市场，整合区内旅游资源，加快发展邮轮产业，建设吴淞口国际邮轮码头；浙江沿岸及海域深入挖掘历史文化、民俗文化旅游资源，继续办好海洋文化节，建成我国知名的海洋

① 国务院．全国海洋经济发展规划纲要（2001—2010）[EB/OL]．http://f.mnr.gov.cn/201702/t20170206_1436579.html.

文化和休闲旅游目的地；福建沿岸及海域定位为我国重要的自然和文化旅游中心，加快发展游艇帆船等高端旅游，积极拓展闽台旅游合作，共同打造“海峡旅游”品牌；珠江口及其两翼沿岸及海域加强粤港澳邮轮航线合作，打造世界邮轮旅游航线重要节点，积极发展新兴旅游项目，重点建设南澳岛、惠东巽寮、红海湾等一批海洋综合旅游区，建成国际高端旅游目的地；广西北部湾沿岸及海域积极开发多层次的海洋旅游精品，发展以游艇和帆船为主的海上运动休闲旅游，建立环北部湾滨海跨国旅游区。加快海岛旅游开发，重点推进涠洲岛整体开发和海岛生态修复；海南岛沿岸及海域定位是我国旅游业改革创新的试验区、世界一流的海岛休闲度假旅游目的地。加快海南国际旅游岛建设，积极开发滨海度假、海洋观光、海岛休闲、邮轮游艇、海上运动等特色旅游项目。规范中沙群岛、西沙群岛旅游开发活动，建设热带海岛风情休闲度假基地①。

（三）《全国海洋功能区划（2011—2020 年）》

《全国海洋功能区划（2011—2020 年）》首次在海洋规划中提出“旅游休闲娱乐区”概念。旅游休闲娱乐区是指适于开发利用滨海和海上旅游资源，可供旅游景区开发和海上文体娱乐活动场所建设的海域。包括风景旅游区和文体休闲娱乐区。旅游休闲娱乐区主要为沿海国家级风景名胜区、国家级旅游度假区、国家 5A 级旅游景区、国家级地质公园、国家级森林公园等毗邻海域及其他旅游资源丰富的海域。旅游休闲娱乐区开发建设要合理控制规模，优化空间布局，有序利用海岸线、海湾、海岛等重要旅游资源；严格落实生态环境保护措施，保护海岸自然景观和沙滩资源，避免旅游活动对海洋生态环境造成影响。保障现有城市生活用海和旅游休闲娱乐区用海，禁止非公益性设施占用公共旅游资源。开展城镇周边海域海岸带整治修复，形成新的旅游休闲娱乐区。旅游休闲娱乐区执行不劣于二类海水水质标准。

规划明确指出辽东半岛西部海域、辽西冀东海域、黄河口与山东半岛西北部海域、辽东半岛东部海域、山东半岛东北部海域、山东半岛南部海域、江苏沿岸海域、长江三角洲及舟山群岛海域、闽南海域、珠江三角洲海域、桂东海

① 国务院 . 全国海洋经济发展“十二五”规划［EB/OL］. http://f.mnr.gov.cn/201702/t20170206_1436951.html.

域、海南岛东北部海域、海南岛西南部海域等为旅游休闲娱乐区。辽东半岛西部海域：旅顺西部至金州湾沿岸重点发展滨海旅游，适度发展城镇建设，加强海岸景观保护与建设，维护海岸生态和城镇宜居环境；瓦房店北部至营口南部海域发展滨海旅游，开展营口白沙湾沙滩等海域综合整治工程。辽西冀东海域：锦州白沙湾、葫芦岛龙湾至菊花岛、绥中西部、北戴河至昌黎海域重点发展滨海旅游，维护六股河、滦河等河口海域和典型砂质海岸区自然生态，严格限制建设用围填海，禁止近岸水下沙脊采砂，积极开展锦州大笔架山、绥中砂质海岸、北戴河重要沙滩、昌黎黄金海岸等的养护与修复。辽东半岛东部海域：鸭绿江口至大洋河口、城山头、老铁山附近海域主要发展生态保护和滨海旅游，维护鸭绿江口与大洋河口滨海湿地生态系统；长山群岛海域主要发展海岛生态旅游和海洋牧场建设，维护海岛生态系统，协调旅游、渔业、海岛保护与基础设施建设用海关系；大连市南部海域主要发展滨海城镇建设和旅游，维护城山头、金石滩、小窑湾等大连南部基岩海岸景观生态，推动现代海洋服务产业升级。山东半岛东北部海域：蓬莱角至平畅河海域重点发展滨海旅游、海洋渔业；烟台市区至成山头近岸海域主要发展滨海旅游与现代服务业。山东半岛南部海域：荣成近岸海域兼顾区域性港口建设和滨海旅游开发；五垒岛湾至日照海域主要发展滨海旅游业，建设生态宜居型滨海城镇，禁止破坏旅游区内自然岩礁岸线、沙滩等海岸自然景观，加强潟湖、海湾等生态系统保护，加强胶州湾、千里岩岛等海洋生物自然保护区建设。浙中南海域：洞头列岛海域重点做好海岛资源的保护与开发，积极发展具有海岛特色的滨海生态旅游和海洋渔业。闽南海域：以厦门市为核心，积极发展滨海旅游和文化旅游，重点保护厦门海洋珍稀物种、九龙江口红树林等重要海洋生态系统。海南岛西南部海域：三亚、陵水和乐东海域主要发展滨海旅游和生态保护，优先安排海南国际旅游岛发展用海，打造世界级热带滨海旅游城市，带动周边旅游产业发展[①]。

（四）《全国海洋经济发展“十三五”规划（2016—2020）》

该规划构建北部、东部和南部三个海洋经济圈发展布局，分别明确各个海洋经济圈海洋旅游发展任务及目标。北部海洋经济圈：辽东半岛沿岸及海域定

① 国务院．全国海洋功能区划［EB/OL］. http://f.mnr.gov.cn/201806/t20180621_1830454.html.

位为重要的海洋生态休闲旅游目的地，重点推进东北亚国际海洋海岛旅游、海滨避暑度假旅游区建设，大力培育邮轮旅游发展，打造东北亚地区邮轮旅游基地；渤海湾沿岸及海域积极发展高端旅游，打造天津北方国际邮轮旅游中心；山东半岛沿岸及海域发展国际滨海休闲度假、邮轮游艇、海上运动等高端海洋旅游业。东部海洋经济圈：江苏沿岸及海域推进海洋旅游业发展，积极培育海洋文化创意产业，强化海洋生态建设，加大滨海湿地、海州湾、吕四渔场海洋生态修复与保护；浙江沿岸及海域继续办好海洋文化节，建成我国知名的海洋文化和休闲旅游目的地。南部海洋经济圈：福建沿岸及海域是我国重要的自然和文化旅游中心，生态文明试验区，重点是加强与“21世纪海上丝绸之路”沿线国家和地区的交流合作，全面提升“海丝旅游”“海峡旅游”品牌；珠江口及其两翼沿岸及海域积极发展海上运动、邮轮游艇，开辟海上丝绸之路旅游专线；广西北部湾沿岸及海域积极开发多层次海洋旅游精品，发展邮轮和游艇产业，构建中国—东盟海洋旅游合作圈；海南岛沿岸及海域定位是我国旅游业改革创新的试验区、世界一流的海岛休闲度假旅游目的地，重点是做精做强特色滨海旅游，加快发展邮轮旅游，积极开发帆船、游艇旅游[①]。

（五）《全国海岛保护规划（2012）》

该规划主要阐明规划期内海岛保护的指导思想、基本原则、目标和主要任务，是引导全社会保护和合理利用海岛资源的纲领性文件，是从事海岛旅游活动的重要依据。规划指出适度利用无居民海岛开发成旅游娱乐用岛。倡导生态旅游模式，突出资源的不同特色，注重自然景观与人文景观相协调，各景区景观与整体景观相协调，旅游设施的设计、色彩、建设与周边环境相协调；合理确定海岛旅游容量，落实生态和环境保护要求；严格保护海岛地形、地貌，加强水资源保护和水土保持，提高植被覆盖率；鼓励采用节能环保的新技术。

黄渤海区：长山群岛及辽东沿岸区发展海岛生态旅游，逐步建成以獐子岛为龙头的现代化海洋牧场和以大长山岛、小长山岛、广鹿岛为中心的旅游度假胜地；渤海区发挥唐山湾三岛、菊花岛、滦河口诸岛和大连沿岸海岛等的区位优势和旅游资源优势，逐步建成环渤海海岛生态旅游圈；庙岛群岛区支持

① 国家发展改革委，国家海洋局.全国海洋经济发展“十三五”规划［EB/OL］. http://gc.mnr.gov.cn/201806/t20180614_1795445.html.

以南、北长山岛为中心的生态旅游休闲度假基地建设；环山东半岛区促进养马岛、田横岛、灵山岛等海岛生态旅游业发展。东海区：长江口—杭州湾区发展以崇明岛和杭州湾内海岛为代表的现代海岛生态旅游业；舟山群岛区发展海岛特色生态旅游业和生态渔业，完善舟山岛定海西码头、沈家门等中心渔港的配套设施建设；浙中南区建设象山港湾海岛旅游娱乐区，支持洞头、南麂等海岛生态旅游发展；福建沿岸区积极推进厦门岛、湄洲岛、海坛岛、东山岛及大嵛山岛等海岛旅游景观建设。南海区：粤东区加强海岛旅游基础设施建设，逐步建成以大、小三门和南澳岛为中心的生态旅游度假基地；珠江口区推动淇澳岛、野狸岛、九州列岛等海岛旅游区建设；粤西区在上川岛、下川岛、海陵岛等发展生态旅游、海上运动、度假疗养、休闲渔业、邮轮旅游等多元化旅游产业；广西北部湾区开发海岛生态旅游，支持涠洲、斜阳两岛的休闲度假旅游岛建设，发展以“七十二泾”为主的海岛生态旅游；海南岛区与建设海南国际旅游岛战略相衔接，加快开发海岛旅游资源，完善海岛旅游基础设施建设，调整优化西瑁洲岛、蜈支洲岛等海岛的开发利用模式，科学发展琼南和琼东海岛生态旅游；西沙群岛区积极稳妥开放开发西沙群岛旅游产业[①]。

① 国家海洋局．全国海岛保护规划［EB/OL］. http://www.mnr.gov.cn/gk/ghjh/201811/t20181101_2324822.html.

第三章

中国海洋旅游发展方向与战略思路

根据国家海洋战略的总体部署，顺应新时代全球海洋旅游发展的大趋势，按照“推动形成以国内大循环为主体、国内国际双循环相互促进的新发展格局”的要求，研究明确我国海洋旅游发展战略。

第一节　中国海洋旅游发展目标定位与总体思路

依托我国丰富的海洋旅游资源、巨大的客源市场和日益完善的交通网络，我国在消费市场开发、海洋旅游空间开发、季节和时间开发、海洋文化挖掘活化、体制机制改革和科技进步等方面还具有巨大潜力。我国海洋旅游高速发展，未来的发展空间和潜力巨大，但同时要认识到，受经济社会整体发展水平、国家海洋经济发展和旅游业发展阶段等的影响，目前我国海洋旅游与世界水平还有较大差距。“十四五”及未来十年，是中国建设海洋强国和旅游强国的关键时期，需从陆海统筹战略、蓝海蓝天战略、绿色发展战略、融合创新战略、文化铸魂战略入手，将海洋旅游发展作为重点优先领域，全面推进建设海南国际旅游消费中心、粤港澳大湾区世界级旅游目的地、长三角（东海）世界旅游目的地、环渤海黄海湾世界级旅游目的地、推进海上丝绸之路旅游合作等世界级海洋旅游目的地。

一、中国海洋旅游发展优势与潜力

随着世界各国加快对海洋的开发利用，海洋旅游业已发展成为具有先导地位的海洋产业。我国现代海洋旅游产业的发展伴随着沿海地区的开发开放而起步，比国外晚了近一个半世纪。但我国优良的海洋旅游资源、巨大的客源市场、日益完善的交通网络体系为我国海洋旅游业的快速发展奠定了良好的基础，我国海洋旅游在消费市场，海洋旅游资源，空间、季节和时间开发，海洋文化挖掘活化，体制机制改革和科技进步等方面还具有巨大优势，发展潜力巨大①。

（一）消费市场优势与潜力

习近平总书记在党的十九大报告中指出："中国特色社会主义进入新时代，社会主要矛盾转化为人民日益增长的美好生活需要和不平衡、不充分的发展之间的矛盾。"旅游已经成为居民的普遍需求，据历年旅游业统计公报可得，近年来我国旅游市场规模不断扩大，海洋旅游作为旅游业最重要的组成部分，其消费市场也随之扩大。2012 年我国国内旅游人数达 29.57 亿人次，收入达 22706.22 亿元人民币，分别同比增长 12.0% 和 17.6%；接待入境旅游 1.32 亿人次，实现国际旅游（外汇）收入 500.28 亿美元，分别同比下降了 2.2% 和增长了 3.2%；全年实现旅游业总收入 2.59 万亿元人民币，同比增长 15.2%。2013 年我国国内旅游人数达 32.62 亿人次，收入达 26276.12 亿元人民币，分别同比增长 10.3% 和 15.7%；接待入境旅游 1.29 亿人次，实现国际旅游（外汇）收入 516.64 亿美元，分别同比下降了 2.5% 和增长了 3.3%；全年实现旅游业总收入 2.95 万亿元人民币，同比增长 14.0%。2014 年国内旅游人数 36.11 亿人次，收入 3.03 万亿元人民币，分别同比增长 10.7% 和 15.4%；入境旅游人数 1.28 亿人次，实现国际旅游收入 1053.8 亿美元；全年实现旅游业总收入 3.73 万亿元人民币。2015 年国内旅游人数 40 亿人次，收入 3.42 万亿元人民币，分别同比增长 10.5% 和 13.0%；入境旅游人数 1.34 亿人次，实现国际旅游收入 1136.5 亿美元，分别同比增长 4.1% 和 7.8%；全年实现旅游业总收入

① 我国现代海洋旅游产业的发展状态分析［EB/OL］. https://www.chinairn.com/news/20111214/873058.html.

4.13万亿元人民币，同比增长11%。2016年国内旅游人数44.4亿人次，收入3.94万亿元，分别同比增长11%和15.2%；入境旅游人数1.38亿人次，实现国际旅游收入1200亿美元，分别同比增长3.5%和5.6%；全年实现旅游业总收入4.69万亿元，同比增长13.6%。2017年国内旅游人数50.01亿人次，收入4.57万亿元，分别同比增长12.8%和15.9%；入境旅游人数1.39亿人次，实现国际旅游收入1234亿美元，分别同比增长0.8%和2.9%；全年实现旅游业总收入5.40万亿元，同比增长15.1%。2018年全年国内旅游人数55.39亿人次，同比增长10.8%；入境旅游人数14120万人次，同比增长1.2%；全年实现旅游总收入5.97万亿元，同比增长10.5%。2019年全年国内旅游人数60.06亿人次，同比增长8.4%；入境旅游人数14531万人次，同比增长2.9%；全年实现旅游总收入6.63万亿元，同比增长11.1%。随着旅游习惯常态化，预计在2023年我国旅游行业总收入将突破10万亿元，国内旅游人数将突破80亿人次。

随着海洋旅游快速发展，海洋旅游在海洋经济发展中产业优势越发明显。根据历年中国海洋经济统计公报相关数据可以看出我国海洋旅游一直保持着增长的态势，随着海洋旅游发展规模稳步扩大，邮轮游艇等新业态旅游成长步伐加快，海洋旅游年实现增加值及全国海洋生产总值占比逐年攀升，2015年海洋旅游实现增加值突破10000亿元，海洋旅游实现增加值占比全国海洋生产总值超过40%，2018年、2019年占比保持在40%以上，2019年，我国主要海洋产业保持稳步增长，全年实现增加值35724亿元，比上年增长9.3%。滨海旅游业作为海洋经济发展的支柱产业，实现持续较快增长，发展模式呈现生态化和多元化，全年实现增加值18086亿元，其增加值占主要海洋产业增加值的比重为50.6%，由此可以看出海洋旅游已经成为我国海洋经济发展中重要的组成部分，是我国海洋经济发展中的龙头产业，并保持着良好的发展势头，海洋旅游发展潜力巨大①。

旅游消费分层逐步显现，海洋旅游需求成为旅游中需求最旺的领域。受经济社会发展驱动和收入提高推动，伴随“85后”、“90后”等年轻游客群体逐渐成长，大众消费从生存型消费转向发展型消费，享受型旅游消费需求稳步增

① 秦素贞.我国海洋旅游对海洋经济增长影响的定量研究［D］.中国海洋大学，2015.

长，消费分层加速。同时，旅游消费大众化与结构分化并存特征更加明显，小众市场不断涌现，但休闲与观光需求将长期并存。海洋作为当今最具时尚和动感的旅游资源，已经成为休闲度假旅游的主要载体之一。随着社会经济的不断发展，海洋旅游市场也在不断壮大，在过去的 50 年以 3S（阳光、沙滩、冲浪）为形象口号的海洋旅游已经发展成为全球旅游产业的前沿和增长最快的领域①，成为人们基本生活消费品②。当前，全球滨海旅游蓬勃发展，逐渐呈现出高端度假驱动、邮轮港口驱动、民风民情驱动等多种发展模式以及海岛观光、海岛休闲、水上运动等多种旅游产品。特别是在建设“21 世纪海上丝绸之路”的大背景下，我国滨海旅游快速发展，日益成为广大群众旅游消费的新热点③。

（二）海洋旅游资源与空间优势潜力

海洋旅游业收入占我国旅游总收入的 1/4 以上，尽管如此，与海洋旅游业发达的国家和地区相比，我国丰富的海洋旅游资源尚未创造出相应的社会经济效益，发展空间十分广阔。中国沿海地带跨越热带、亚热带、温带 3 个气候带，具备“阳光、沙滩、海水、空气、绿色”5 个海洋旅游资源基本要素，旅游资源种类繁多、数量丰富。

我国海洋有中温带、暖温带的海上景致，更有热带、亚热带的海洋风光。从几米深的浅海到超过 5300 米的深海中，栖息浮游着各种海洋生物；滨海地带有岩岸、沙岸、泥岸和红树林生物海岸；有海蚀地貌、海市蜃景、观日赏月的佳处、祭海的宗教宫庙，还有种种记录名人游踪、海战遗迹的人文景观；沿海及海岛居民缤纷多彩的生产活动和风俗民情以及广为流传的种种美丽动人的传说，都映射出中华民族几千年来的文化积淀。我国的海洋旅游资源种类多、数量大、质量高④。沿海开放地区又有着政策、经济、区位、科技、人才等方面的优势，因此发展海洋旅游的条件十分优越。

---

① Hall C M. Trends in Ocean and Coaof the Last Frontie2001，44（9）：601–618.

② 王大悟.海洋旅游开发研究——兼论舟山海洋文化旅游和谐发展的策略［J］.旅游科学，2005，19（5）：72–76.

③ 新华网.我国滨海旅游正领跑海洋经济增长［EB/OL］.2019–08–29. http://m.xinhuanet.com/2019–08/29/c_1124938639.htm.

④ 柴寿升，吕华．中国海洋旅游市场开发的现状分析［J］．海岸工程，2002（1）：75–79.

据初步调查统计，我国有可供开发游览娱乐的滨海旅游景点1500多处，具有相当规模的海滨沙滩100多处，目前已开发或部分开发的滨海人文景点、海岸景点、奇物景点和山丘景点仅350处，大约占全部可开发景点的23.5%。其中，最重要的有国务院已公布的国家历史文化名城16个，国家重点风景名胜区25处，全国重点文物保护单位130处，国家海洋自然保护区37处。按照滨海旅游资源的类型分，共有273处主要景点，其中有主要海岸景点45处，主要的岛屿景点15处，奇特景点8处，较重要的生态景点19处，海底景点5处，较著名的山岳景点62处，较有名的人文景观119处。另外，1992年国务院正式批准建立的12个国家旅游度假区有11个分布在沿海地区。

目前我国海洋旅游空间还存在巨大的发展空间，海洋旅游空间拓展是海洋旅游目的地在新的市场需求刺激下通过丰富旅游产品空间范围的涵盖面来实现旅游产业空间布局的调整，其目的是使海洋旅游目的地的产品内容更加丰富、产品质量不断提升，以完善而赋有新意的旅游产品体系来满足不断变化和更新的市场需求①。未来需加快推进拓宽十大海洋旅游空间，分别是海滨空间发展度假酒店和休闲地产；海滩空间发展休闲娱乐功能；海岛空间发展中高档小规模休闲度假或观光、探奇、探险、水上运动、民俗体验项目；近海空间发展动静相宜的水上休闲、航空休闲、海底观光项目系列；远洋空间发展邮轮、海钓、猎潜艇、航海赛事等特种旅游和高端海洋生态旅游产品；跨海空间发展游客体验高潮项目和地方形象名片设施；沿海城市空间发展地方文化和海洋文化双核的主题旅游城市、海洋文明结晶地、海洋经济密集地、海洋消费集聚地；沿海腹地空间发展海洋旅游与陆地旅游组合式创新的临港区、湾区；广义海洋空间发展受海洋活动、海洋气候、海洋文化作用和影响明显区域的陆地旅游；超越海洋空间发展让内陆游客享受海洋乐趣的情景海洋馆、海洋主题公园、人工海滩等项目。

（三）季节和时间开发的优势与潜力

季节性是旅游产业发展的长期困扰因素之一，海洋旅游季节性特征鲜明，有着明显的淡旺季之分。旅游季节性的成因大体可以概括为季节性自然因素、

① 马丽卿．海洋旅游产业结构模式及其空间拓展［J］．海洋开发与管理，2006（5）：125-128.

季节性社会因素及偶发因素。以海洋旅游资源来看，造成海洋旅游季节性规律的主要因素为自然性因素，包括节假日放假安排等在内的社会因素也产生了较大作用，当然也包含某些偶然因素。旅游的季节性在经济、社会、安全、环境等诸多方面都带来了具有一定规律的影响，旺季会带来显著的经济增长点，但同时，社会治安、交通、环境治理等多方面也存在困难，淡季则会带来更大的经济压力，并且在社会管理、就业压力等方面也存在风险。目前我国海洋旅游在季节性和时间开发上还存在巨大潜力，在旅游旺季，供给不足，容易造成产品质量下降，旅游淡季，供给过剩，产能浪费严重，这对海洋旅游供给侧结构性改革提出了较为严峻的考验。面对供需矛盾，海洋旅游应当更加有效地调控，完善旅游市场整体布局，通过深化供给侧结构性改革，应对旅游季节性效应。创新旅游项目，增强市场竞争力。改变以往海洋旅游看完大海看植物的状况，滨海城市不仅有热带滨海旅游资源，同样有更加广阔的开发空间。创新不受季节性限制的旅游项目，增加海洋旅游的多样性和发散性，增强海洋旅游市场的竞争力，以此来缓解季节性给海洋旅游带来的不利影响。

（四）中国海洋文化挖掘活化的潜力

丰富深厚的海洋文化是海洋旅游产品创新的不竭源泉。海洋旅游业是海洋文化含量较大的经济产业，海洋旅游业的近代、现代、当代海洋文化的内涵更为丰富，海上交通、贸易、航海、海洋科技、各国人民往来、中西方海洋文化交流诸方面，形成了海洋旅游业的海洋文化体系，它在思想观念和物质演进方面，对推动社会进步和经济发展发挥了巨大作用。随着“一带一路”发展战略的提出和经济“新常态”下的转型需求，邮轮旅游、海滩旅游、海港旅游等海洋旅游新业态也将成为未来热潮，海洋旅游已成为建设海洋强国的重要增长极。邮轮游艇旅游发展模式、休闲渔村渔港旅游模式、海洋旅游产业园模式、海洋运动休闲基地模式、海洋主题公园模式、海洋会议会展发展模式等新型海洋旅游产品模式正引领当前及未来旅游市场需求，我国海洋旅游产业链也将更加成熟。

（五）体制机制改革和科技进步将释放的潜力

运营管理创新为海洋旅游发展提供多元可能。支持各类社会资本进入旅游市场，鼓励国有旅游景区、旅游饭店、旅游交通企业与民营旅游企业相互持股，发展混合所有制旅游企业。推进国有景区改革，建立产权国有、景区管委会行政管理、企业经营的管理运作模式，鼓励和吸引国内外优质资源、优良资本控股、参股、持股，推动企业结构多元化和运营专业化。培育旅游龙头企业，整合国有旅游资源，探索组建大型旅游集团。各级国有投资公司要发挥资源整合服务平台作用，为社会化投资开发提供基础条件。积极引进国内外知名旅游集团。

数字科技是海洋旅游体验创新的核心力量。现有的旅游主要还是集中于基本的观光，还并未结合新科技挖掘新的增长点。“科技＋旅游”是近年来新兴的以知识性、创新性、教育性为一体的旅游形式，对促进青少年科技教育有积极的推动作用，具有广阔的市场发展前景。数字科技与海洋文化在海洋旅游中的融合主要体现为海洋数字电影、海洋数字互动展示、海洋数字智能游戏、海洋数字实景表演、海洋虚拟体验旅游以及海洋旅游产品的数字营销等形式[①]。

二、我国海洋旅游发展的主要差距

全世界 1/10 的人口，1/8 的城市居民生活在沿海地区，对海洋有强烈的游憩倾向。因此，海洋旅游得到世界各国重视并快速发展，成为海洋经济和旅游经济的重要产业和新增长点。世界旅游与旅行理事会估计，海洋旅游业已占世界海洋经济 30% 的份额，是海洋经济的四大支柱产业之一。尽管我国海洋旅游发展迅猛，发展空间和潜力巨大，但受经济社会整体发展水平、国家海洋经济发展和旅游业发展阶段等的影响，与世界水平还有较大差距。而由于发展时间过短，目前我国滨海旅游处于发展起步阶段，与国外市场相比消费层次、消费观念、发展体制不同，目前还仅限于国内市场，真正意义上的滨海国际旅游客源市场份额较小；旅游的目的是以游览观光和休闲娱乐为主，度假游客不是主要群体，高端市场规模尚未形成，存在着滨海旅游初级发展阶段、中低端的

① 孙晓玮．海洋旅游中的文化与科技融合［D］．浙江大学，2014.

市场供给和高端旅游需求的错位[①]。与同处太平洋西岸地区的日本、韩国以及东南亚相比，无论从发展现状、发展态势还是相关指标来看，我国仍处于太平洋西岸地区海洋旅游发展的洼地与塌陷区。

（一）中国海洋旅游还缺乏世界竞争力

中国还没有真正从海洋大国变成海洋旅游强国，海洋旅游游客是净流出，不仅对入境旅游竞争力不足，对国内旅游消费的国际竞争力也不足。

海洋旅游在世界各国国民经济中所占比例日益增多。世界排名前 40 的旅游目的地中有 37 个是沿海国家或地区，其旅游总收入占全球旅游总收入的 81%。在热带、亚热带的许多岛国，海洋旅游业已成为最主要的经济收入来源，有的甚至占到国民经济比重的一半以上。我国 2019 年海洋旅游业全年实现增加值 18086 亿元，仅占国民经济比重的 2% 左右，仍有很大的增长潜力可以挖掘。

海洋旅游国际竞争力不足。现阶段我国滨海旅游主要依靠国内市场，国际滨海旅游发展严重不足，难以吸引到高质量市场。西班牙作为著名的海洋旅游强国，每年接待外国游客达 4000 多万人次，超过了其人口总数，2017 年到访西班牙的游客总数高达 8180 万，是当地总人口的近两倍，其旅游外汇收入约占西班牙全部出口收入的 1/3，约占国民生产总值的 1/10。2019 年我国旅游入境人数虽然达到了 14531 万人次，但收入仅为 1313 亿美元，占旅游总收入的 2%，同时我国过夜游客人均花费仅为 642 美元 / 人，远低于亚洲平均值。由此可以看出我国海洋旅游国际竞争力严重不足，远低于国际水平。

海洋旅游产业发展质量亟待提升。我国海洋旅游同质化问题严重，且海洋旅游产品类型趋向单一，仅停留于游泳、沙滩活动及风景观光等简单活动阶段，无法满足不同层次人群的旅游需求。同时，目前我国海洋资源普遍存在污染严重的问题，其中海洋旅游资源污染以历史遗迹污染、自然资源污染及文化资源污染为集中体现，直接或间接影响海洋旅游资源的开发效果。与其他污染相比，海洋旅游资源污染的产生原因相对复杂，与生活污染和生产污染联系密切，区域海洋资源开发过度或管理力度不足则极易引发各种污染问题。

---

① 李瑞，黄慧玲．我国滨海旅游发展现状特征与趋势分析［J］．宁波大学学报（人文科学版），2011，24（6）：88–93，128.

（二）缺乏世界一流海洋旅游目的地

世界级旅游目的影响力不足。热带和亚热带目的地在世界海洋旅游中占主导地位，形成了一批世界级海洋旅游目的地。目前最具市场影响力的世界级海洋旅游目的地主要包括地中海地区、加勒比海地区和东南亚地区，南太平洋地区和南亚地区正在迅速成为世界海洋旅游的新热点。世界的许多滨海旅游目的地都比我国的滨海旅游要开发得早，像新加坡的圣淘沙、民丹，马来西亚的柔佛，泰国的普吉岛、帕塔亚，印度尼西亚的巴厘岛、吉达海滩，菲律宾的科雷吉多岛、薄荷岛，越南的下龙湾等都是世界著名滨海旅游胜地，无论是知名度还是接待外国游客数量、旅游总收入等旅游经济指标，都远超我国的广东、福建、江苏、山东等同类型地区。世界最美的十大海岛排行榜和十大海边旅游景点排行榜上中国海洋旅游目的地均未上榜。中国旅游研究院发布的《全球海岛旅游目的地竞争力排名研究报告》中，排名前 10 中没有中国的群岛。根据全球海岛旅游竞争力评价指标体系，对 152 个非群岛的海岛计算全球海岛旅游竞争力指标得分，中国海岛仅占其中 9 个席位。

世界级旅游目的地形象尚未形成。旅游品牌是地区旅游的个性化表现，它不仅整合了该地区旅游产品的特色、市场影响力、名称、标志等影响因素，还表现出了该地区的旅游整体形象，有助于旅游产品的销售，促进该地区旅游业的发展。我国已经打造出旅游品牌的海洋旅游城市仅有少数，且位于经济发达地区，如海上花园厦门、东方之珠香港。对于处于经济欠发达地区且想要依靠海洋资源来发展的城市，品牌意识的欠缺会对其发展带来极大的阻碍。不同地区有不同的特色，但有些海洋城市只是盲目学习成功经验，缺乏对自我特色的认识，导致其品牌与其他城市别无二致，丢掉了自己的特色。

世界级旅游目的地要素尚不具备。同国外相比，我国海洋旅游产品存在的主要问题是景观品质差，多以海滩、观光、游泳、摩托艇为主，缺少独特性海洋旅游产品和特色。如海洋民俗、出海、离岛度假、海樵、邮轮、游艇等旅游产业发展均相对较少，几乎任何一个景区都可以找到可替代性旅游目的地。在市场表现方面，我国滨海旅游的消费者也几乎全是国内游客，对外国游客吸引力相对较弱。近年来，随着各种包机航班热、廉价航线的开辟，东南亚等地旅游价格越来越便宜导致国内滨海旅游优势逐步下降，国外滨海旅游也分流了相当部分国内游客。

（三）独具魅力的海洋文化未转化为世界级海洋品牌

海洋文化资源内涵尚待挖掘。海洋文化资源是海洋资源的重要组成部分，其是推动海洋旅游高质量发展的重要基础。我国拥有丰富的海洋文化资源，具有天然海洋文化优势，但目前我国对海洋文化内涵挖掘不够，开发程度有限。现在我国的海洋文化资源开发还大部分集中在滨海、沙滩等近海区域，许多海洋文化资源仅仅停留在博物馆、旅游景点、传统节庆文化的开发层面上，海洋文化产品的深度不够，并没有达到超越文化的精神层面，难以对参与者以及选择者形成强烈的品牌定势和意愿[①]。

主题化海洋旅游产品尚待提升。国外海洋旅游目的地均具有较强的主题性，如澳大利亚的凯恩斯围绕大堡礁，以出海、浮潜、深潜、玻璃船底、直升机观光等海洋旅游项目吸引旅游者，黄金海岸以观赏鲸鱼以及冲浪为主题，墨尔本以大洋路为主要特色主题，从而形成差异化的主题海洋旅游目的地，以此满足不同旅游者的需要。同时澳大利亚还根据不同的季节发展不同地域的海洋旅游，如春季以悉尼和布里斯班为主要目的地，夏季以墨尔本为主要目的地，秋冬季以凯恩斯等地为主要目的地。我国海洋旅游目的地虽然在季节方面也形成一定主题，如春季以厦门、舟山等地为主，夏季以青岛、北戴河、大连等地为主，冬季以三亚为主。然而在旅游主题方面却不突出，各地的差异性特色没有在大众心中形成。

海洋文化产业开发不足。海洋文化产业在我国产业经济发展中尚属新生事物。由于缺乏现代科技和创意元素的积极融入，我国海洋文化资源优势尚未得到高效开发利用，沿海各地基本以滨海旅游和低附加值的工艺品为主要开发对象，亟待形成海洋文化新产品、新业态、新模式[②]。同时由于文化和旅游及相关产业的融合度尚浅，没有形成完整的海洋文化产业链和有效延展的价值链，产业集聚度、开放度、外向度、创新力、附加值、综合质量和效益都还有很大

① 唐梦雪，谭春兰.海洋文化资源开发现状与发展对策研究［J］.安徽农业科学，2013，41（13）：6106-6107.

② 张振鹏.海洋文化产业的内涵意义与发展方略［EB/OL］. https://www.sohu.com/a/428729664_712171

的提升空间①。

（四）缺乏世界一流的邮轮母港和游艇基地

按照发达国家的发展经验，通常一个国家或地区人均 GDP 达到 3000 美元，是迈入现代化的标志性指标，具备了邮轮旅游的消费能力。人均 GDP 达到 6000~8000 美元时，邮轮时代到来②。目前，邮轮旅游成为人民休闲度假旅游的主要内容之一。中国大陆人均 GDP 在 2008 年首次超过 3000 美元，2013 年中国大陆人均 GDP 达 6767 美元，其中广东省 9488 美元，珠三角 9 市（深圳、广州、珠海、佛山、中山、东莞、惠州、江门、肇庆）均超过 6000 美元。可以做出判断：中国正在开始跨入邮轮经济时代，广东省尤其是珠三角地区已经进入邮轮经济时代。

邮轮母港的功能仍需不断完善。从严格意义来说，邮轮母港应当是邮轮的综合保障基地，除了应具备邮轮靠泊功能外，还应当具备邮轮维修保养、邮轮物资补给、邮轮公司运营管理、邮轮旅客休闲购物、邮轮产业高度集聚等功能，从而更好地满足邮轮靠泊、满足旅客通关的全方位需要。就此而言，中国邮轮母港的功能完善任重而道远。没有真正意义的本土邮轮。从全国来看，至今没有一艘真正意义上的邮轮注册地在国内，虽然海南本土的三沙南海梦之旅邮轮有限公司、海南海峡航运股份有限公司购置了“海南之梦”“长乐公主”等邮轮，但均为客滚船舶改装而成，相关服务设施等要素不全，与真正意义上的邮轮还有较大差距，且只适合运行三沙等近海海域航线。

邮轮港服务缺乏统一指导标准。对于一国而言，邮轮经济发展重点是邮轮港的建设，无论是硬件配置还是软件服务提供，都应该符合邮轮港口作为国际港的标准。当前，我国沿海城市在邮轮港的服务提供方面缺乏统一的标准指导，每个港口服务流程及提供标准都不一样，因此导致港口服务效率不尽一致，满意度也差异较大，这不利于树立我国邮轮（旅游）母港的整体国际形

---

① 郭瑾 . 我国海洋文化产业内涵意蕴与发展方略［J］. 山东社会科学，2020（4）：177–182.

② 张振鹏 . 海洋文化产业的内涵意义与发展方略［EB/OL］. https://www.sohu.com/a/428729664_712171.

象、有效形成参与国际竞争的整体实力[①]。

缺乏合理有效的法律法规和技术规范。游艇在国际上属于非公约船，国外均未参照公约船进行管理。由于国内缺乏相应的法律法规基础，目前游艇码头的规划、建设和经营以及经营性游艇的管理仍参照商港、商船的管理，尚未跟上游艇产业的发展形势[②]。另外，由于游艇码头在我国属新生事物，游艇码头工程建设从业单位无规范可依照，而政府部门对游艇码头工程质量也无法进行有效评估，导致游艇码头工程质量可能存在较多安全隐患。

（五）缺乏强有力系统配套的现代海洋旅游支撑体系

我国大陆海岸线绵长、岛屿众多、海洋风光多样，然而目前我国海洋旅游资源开发水平受社会经济总体发展水平的限制，仍存在较多问题亟待解决。

管理机制不全。我国海洋旅游管理体制不健全，由于海洋归属权、使用权、管理权的多元化，在管理体制上难以形成统一强力有效的以旅游为主体的主管部门。我国海洋旅游管理机构主要有地方旅游局、风景管理委员会等，缺乏权威性，需与多部门进行协调，导致旅游资源无法统一规划、管理，制约了海洋旅游业的发展。

协调组织体系缺乏。从我国海洋旅游资源配置体系角度来看，不合理的情况相对明显及突出。受总体规划缺失及管理意识薄弱等的影响，资金投入远远不足，海洋旅游资源开发出现严重闲置及浪费的问题，无法形成有效方案，在极大程度上限制海洋旅游资源的创新发展，导致海洋旅游资源严重缺乏协调组织能力。

环境保护体系不足。海洋旅游资源有很多属于不可再生资源，一旦遭到破坏，就无法恢复。在经济利益的驱动下，我国海洋旅游目前采取破坏式的开发，加之保护力度不足，造成了资源和环境的破坏。如在沿海地区，大多数旅游饭店都建在离海边较近的位置，由此带来的垃圾、废物、废水等大量排放到海洋中，威胁到海洋生物的多样性，破坏了海洋的生态环境。

---

① 邮轮母港12年接待量增长60倍，喜中还有哪些隐忧？［EB/OL］. 2018-09-10. https://www.sohu.com/a/252986311_425901.

② 张克坚 . 蓬莱市发展游艇产业的优势及思路［J］. 山西经济管理干部学院学报，2013，21（4）：48-50.

三、新时代中国海洋旅游发展战略

（一）指导思想

“十四五”时期及未来十年，是中国建设海洋强国和旅游强国关键时期，要将海洋旅游发展作为重点优先领域。坚持绿色发展，统筹保护与利用；国内大循环为主，内外双循环发展；从滨海走向海洋，陆海统筹发展；融合创新发展，高质量综合发展；开发时间价值，全年候、全天候开发海洋旅游价值。必要要用新的发展理念，推进海洋旅游的绿色、创新、协调、开放、共享发展。突出健康元素，以“健康牌”促海洋旅游增值；挖掘和注入文化元素，以“文化牌”促海洋旅游出彩。

（二）定位目标

加快推进海南国际旅游消费中心、粤港澳大湾区世界级旅游目的地、长三角（东海）世界旅游目的地、环渤海黄海湾世界级旅游目的地四大世界级海洋旅游目的地，全面打响中国海洋旅游品牌，完善海洋旅游基础设施，提升中国海洋旅游国际竞争力。

1. 推进四大世界级海洋旅游目的地

到 2025 年，海南国际旅游消费中心、粤港澳大湾区世界级旅游目的地、长三角（东海）世界旅游目的地、环渤海黄海湾世界级旅游目的地四大世界级海洋旅游目的地基本建设，海洋旅游产品实现突破性发展，旅游基础设施和服务设施进一步完善，旅游产业质量、效益达到国际先进水平。到 2035 年，海南国际旅游消费中心、粤港澳大湾区世界级旅游目的地、长三角（东海）世界旅游目的地、环渤海黄海湾世界级旅游目的地四大世界级海洋旅游目的地全面建设，高质量的旅游消费供给体系、优越的旅游消费环境体系、完善的质量标准体系和健全的旅游消费政策体系基本形成，成为具有全球影响力的海洋旅游消费中心、世界一流的国际海洋旅游高地。

2. 全面打响中国海洋旅游品牌

习近平总书记提出“推动中国产品向中国品牌转变”，为我国海洋旅游业品牌建设与发展提供了新的靶向思路。基于变局开启、新局导向，如何讲好中国海洋旅游故事，如何提升中国海洋旅游品牌，进而推动海洋旅游业高质量发展，已经成为影响未来我国海洋旅游业高质量发展的关键。一是深挖我国海洋传统文化特色因素。对海洋丝绸之路、海洋民俗文化、海洋饮食文化、海洋宗教文化等诸多特色鲜明的海洋旅游项目进一步开发，对有历史典故的海洋旅游景点进行文化内容挖掘、利用和宣传，在海洋旅游景点中注入特有的社会和文化标识，丰富海洋旅游品牌的文化内涵，向国内外游客讲述我国特色海洋旅游的中国故事，更好地在游客心中“占位”，吸引国内外游客纷至沓来，口口相传。二是多元宣传我国海洋旅游品牌文化。大数据建设背景下，基于海洋文化，利用高新数字技术，更广泛地吸引游客。政府相关部门出台相关导向政策，委托行业协会构建全国性、多样化的海洋旅游大数据服务平台，鼓励海洋旅游企业在采取传统线下宣传的同时，充分运用数字化互联网平台这一抓手，实现对海洋旅游品牌的广泛传播与推广，进而吸纳更多的游客关注特色化旅游项目，最终实现我国海洋旅游品牌“线上＋线下”多元宣传的目标[①]。

（三）发展战略

“十四五”时期及未来，是中国建设海洋强国和海洋旅游强国的关键时期，中国海洋旅游发展坚持五大战略，分别是陆海统筹战略，从滨海走向海洋；蓝海蓝天战略，拓展空间，实现海陆空联动发展；绿色发展战略，统筹保护与利用；融合创新战略，高质量综合发展；文化铸魂战略，深入挖掘中国海洋文化。

1. 陆海统筹战略

党的十九大报告明确提出要“坚持陆海统筹，加快建设海洋强国”。根据党中央和国务院的部署，结合新时代中国特色社会主义建设的需求，各级海洋管理部门改革和完善海洋管理体制机制，积极履行海洋管理职责，在围填海管控、海洋督察、促进海洋经济发展、海洋生态环境保护和海洋防灾减灾等多个方面取得了显著成绩。已经获得国务院批复的《山东半岛蓝色经济区发展规划》《浙江海洋经济发展示范区规划》《广东海洋经济综合试验区发展规划》等规划多次提到，要将全国海洋经济发展试点地区建设成为陆海统筹、协调发展

① 加强海洋旅游品牌建设　讲好中国海洋旅游故事［EB/OL］. https://www.sohu.com/a/433155717_120873510.

的示范区。所谓陆海统筹，就是坚持海洋与陆地统筹协调的发展思路，充分发挥陆地发展对海洋开发的带动作用，构建相互补充、相互配合、能够有效加强海洋与陆地联动的产业体系。由于海洋旅游是重点依托海洋资源的产业形式，随着海洋旅游不断从海滨向海洋的扩展，大力发展海洋旅游首先就是陆地经济带动海洋经济发展的重要体现，大力发展海洋旅游是践行海洋经济开发、陆海统筹发展战略的有效举措。在海洋旅游的发展过程中，坚持陆海统筹的发展思路，通过海洋旅游线和旅游产品的设计，努力建成海岸和海洋旅游产品相互配合、联动发展的海洋旅游产业体系。

2. 蓝海蓝天战略

随着人们生活水平的提高和消费需求升级，邮轮游艇和低空旅游需求规模迅速扩大，邮轮游艇和低空产业得到快速发展，目前正进入到一个“黄金时期”。同时，邮轮游艇和低空产业链长、经济带动性强，发展邮轮游艇和低空产业经济对提升我国现代装备制造业、现代服务业发展具有重要促进作用，是推动制造强国、交通强国建设的重要支撑。近年来我国政府先后编制出台相应规划和规范性文件，如《关于促进我国邮轮经济发展的指导意见》《海南省邮轮产业发展规划》《海南省游艇产业发展规划》《三亚国际邮轮母港发展规划》《三亚国际游艇港规划》《青岛市邮轮产业发展规划》《深圳市人民政府关于印发深圳市加快邮轮游艇产业发展若干措施的通知》《三亚市低空旅游发展专项规划》等。目前我国沿海地区已经初步形成了大连、天津、青岛、上海、宁波—舟山、厦门、广州、深圳、三亚和海口等邮轮始发港，游艇业和低空旅游也在各滨海城市发展起来，已从奢侈化向大众化转变。未来我国以“蓝天、蓝海”双蓝为核心战略，全力推进邮轮游艇和低空旅游发展，建设一批国际邮轮母港、世界一流游艇消费目的地和世界一流低空旅游基地。

3. 绿色发展战略

目前，我国海洋生态环境仍然面临严峻的形势。具体体现为：近岸海洋环境污染呈立体、复合污染新趋势；陆源污染物排入海洋对海洋生态环境的影响严重，个别排污口及河口邻近海域出现“荒漠化”现象；近岸海域营养盐结构失衡；部分大中城市和我国主要经济区域邻近海域、近岸海域污染严重。而大型围填海、过度捕捞与海水养殖和陆源排污等是造成我国海洋生态系统退化、生物多样性丧失、生态环境风险增加的直接原因[①]。与其他海洋产业类型相比，滨海旅游业对优美生态环境的依托表现得最为突出，海洋生态环境的恶化必将对滨海旅游的健康发展造成严重影响。因此，与其他海洋产业相比，大力发展海洋旅游的诉求有助于对海洋生态环境的优化治理形成倒逼机制。不过也应看到，海洋旅游的发展不当也会对海洋生态环境造成冲击，因此，需要努力践行生态旅游的发展理念，充分运用节能环保科技，严格按照海洋功能区划布置旅游项目，旅游项目上马前应做好环评工作，从而使海洋旅游发展成为促进海洋生态环境优化治理的最大力量，努力将海洋旅游活动对生态环境的影响控制在最低限度。

海洋环境是维持生态平衡和海洋旅游业可持续发展的主要条件，发展海洋旅游业必须要有生态经济观点，注意保护海洋的生态系统平衡。海洋旅游业的发展会给环境带来不少问题，如客轮的到来必然会带来大量的垃圾污染，轮船的发动机也会对大气产生污染等。海洋生态旅游的发展对环境保护具有积极的促进作用。从生态旅游的内涵来看，它更强调的是对自然生态环境的保护和循环利用，是一种健康的旅游发展理念和旅游活动。正是由于生态旅游强调旅游过程中的“保护性”和“持续性”，所以与其他旅游活动相比较，只有生态旅游活动才能把旅游过程中对生态环境产生的负面影响降低到最低程度。海洋生态旅游的主要方式是感受、体验、探险、科研和教育等，与其他海洋产业，如传统渔业、捕捞业、近海养殖业和海上油田开发等相比，其对海洋生态环境造成的破坏程度较低。在维持海洋生态环境系统平衡和环境承载力范围内，海洋生态旅游的持续、健康发展，不仅有利于广泛普及海洋环境知识，提高海洋环境保护意识和自觉性，达到旅游与环境相互促进的效果，而且以良性发展的海洋生态旅游业替代部分资源消耗大、环境破坏严重的传统海洋产业，在提高经济效益的同时，对海洋资源环境的可持续利用也可起到积极的推动作用。另外，发展海洋生态旅游业还能够为综合化的海洋环境管理提供必要的资金支持，有利于海洋生态环境的系统化、规范化管理[②]。

2015 年，《国家海洋局海洋生态文明建设实施方案》和《关于全面建立实施海洋生态红线制度的意见》相继出台。截至目前，全国海洋生态红线已基本

① 国家海洋局海洋发展战略所课题组．中国海洋发展报告 2012［M］．北京：海洋出版社，2012.

② 乌兰．海洋生态旅游与环境保护关系研究［J］．山东社会科学，2010（10）：90-92.

完成划定，全国30%的近岸海域和35%的大陆岸线纳入红线管控范围，筑牢了生态环境保护的防线。1982年，《中华人民共和国海洋环境保护法》经由全国人大常委会审议通过，1983年正式实施。1992年，《中华人民共和国领海与毗连区法》历经8个年头，终获通过。1998年，我国又颁布实施了《中华人民共和国专属经济区和大陆架法》，进一步加强了海洋管理和海洋权益维护。进入21世纪，《中华人民共和国海域使用管理法》《中华人民共和国海岛保护法》《中华人民共和国深海海底区域资源勘探开发法》《防治海洋工程项目污染损害海洋环境管理条例》等法律条例陆续出台，填补了我国海洋法制体系的空白。为科学、规范、有序地开展海洋生态文明示范区建设工作，提高海洋生态文明建设水平，推动沿海地区经济社会发展方式转变，2012年国家海洋局在深入调查研究的基础上，编制了《海洋生态文明示范区建设管理暂行办法》和《海洋生态文明示范区建设指标体系（试行）》。提出海洋生态文明示范区建设应当遵循统筹兼顾、科学引领、以人为本、公众参与、先行先试的原则。坚持在开发中保护、保护中开发，坚持规划用海、集约用海、生态用海、科技用海、依法用海，促进海洋资源环境可持续利用和沿海地区科学发展。2013年，国家海洋局公布了首批国家级海洋生态文明建设示范区。2015年6月，国家海洋局印发了《国家海洋局海洋生态文明建设实施方案（2015—2020年）》，规划到2020年，新增40个国家级海洋生态文明建设示范区。

海洋是我们共同的家园，保护海洋的可持续健康发展是我们共同的责任。近几十年来，人类对海洋资源过度利用，海洋污染日趋严重，海洋已经成为一些不负责任的国家的垃圾桶，比如日本福岛的核污染已经开始影响全球。所以只有国际社会同心协力才能够有效地保护我们的海洋资源。我国政府早对此问题有着深刻的担忧并一直努力积极应对，针对海洋污染和去能源战略已经出台了一系列相关的政策法规以实现节约能源和海洋资源的持续利用。依法管理海洋，采取严格的措施，应对资源和环境的严峻挑战是我国一贯坚持的大政方针。科学划定海洋生态红线，严格控制开发强度，不得随意填海造田。更加重要的是，必须加强海洋生态系统建设和保护，严格实施休渔制度，修复海洋生态链条，有条件的区域可以建立保护区。开展蓝色海湾整治行动，严格控制陆源污染物排海总量，尤其禁止滨海旅游休闲娱乐区的污水和生活垃圾直接排入就近海域；对船舶、港口等海上的污染物处理出台管理细则并严格执行。我们的现实情况已经不容乐观，人们对海洋污染的观念还需要深入的教育，对海洋的污染事件还在不时地发生。执法必严，违法必究。干净蔚蓝的海洋是发展海洋旅游的基本条件，只有把政策落在实处才能保证海洋旅游业持续健康发展。

4. 融合创新战略

我国在发展海洋旅游业过程中，要引进开发海洋旅游资源的高新技术，要坚持“科技兴旅游”方针，积极培养和引进人才，并要依托于沿海旅游港口城市、旅游开发区和旅游风景名胜区，使其更加稳妥和快速发展。

地方政府及相关部门以传统海洋旅游为前提条件，予以形式补充及创新，全面有效开发海洋资源，融入持续创新的理念，尤其是滨海城市大力发展沿海旅游项目，通过举办海洋体育赛事等方法，扩大海洋旅游产品的知名度及影响力，如帆船比赛、冲浪比赛及沙滩排球比赛等，并且尽可能地将海边娱乐活动延伸至海上极限活动，在条件较好的滨海景点可适当添加拖伞、香蕉船及摩托艇等海上极限项目，促使近海旅游向远海旅游转变，打造更多的大型邮轮及游艇等休闲项目。同时，将海洋旅游资源开发与海洋生态修复相结合，尝试建设海洋牧场等新型项目，开发海底观光等产品。丰富旅游产品地方政府及相关部门加大对海洋旅游产品开发的重视程度，强调向旅游者提供具有生态特征的旅游产品及旅游服务项目，丰富旅游者的旅游体验，满足现代旅游者对于海洋旅游的需求，突出海洋旅游资源的独特魅力，如海洋特色、地域风情及生态特点等。同时，做好旅游产品创新开发工作，注重海洋旅游产品的内在文化底蕴，兼顾科技特征及本土人文景观，不得脱离市场具体需求及动态变化，持续创新产品类型，从真正意义上做到推陈出新，符合现代化旅游多样化的特点，如通过在特定区域创设特色海洋主题公园等。

革新开发理念。地方政府及相关部门必须及时革新开发管理理念，突出海洋旅游资源开发的合理性及科学性，将生态化意识与旅游服务相结合，大力健全基础设施，加大市场营销力度，利用网络营销、绿色营销、生态营销及公关营销等手段，积极主动推销海洋旅游资源，吸引更多现代旅游者的关注。同时，将旅游者视为革新主体，向旅游者提供更为人性化的旅游服务，充分发挥引导作用，鼓励现代旅游者广泛参与生态旅游活动，促使旅游者切身感受生态旅游产品的魅力。

海洋旅游有效加强了旅游与文化、旅游与科技、旅游与金融等融合，推出了更多特色旅游产业，带动了现代服务业发展水平，随着消费水平的提高，潜水、帆板、水下观光等海洋旅游业蓬勃发展，海洋主题公园、邮轮和游艇也具有广阔前景。海洋科技通过作为海洋旅游的主体对象、作为挖掘海洋文化的手段、作为构成海洋旅游场所、设施的技术手段和海洋旅游衍生消费品的生产要素，海洋旅游新业态的发展促使海洋科技成果产业化进程明显加快，绿色、智能、大数据等高新技术带动海洋旅游业及相关海洋渔业、海洋交通运输业、海洋船舶工业等海洋传统产业加速转型升级，持续推动生物技术、纳米技术、先进材料、能源与海洋工程等技术领域呈现集体跃升与加速融合态势，一大批海洋关键技术成果实现深度开发、继承创新和产业化运用。休闲渔业与游艇邮轮旅游的发展使海洋渔业、海洋船舶工业等传统海洋产业核心竞争力大幅提高。

推进海洋旅游科技创新，优化我国海洋旅游产业结构。旅游业由最初的技术含量极低现已逐渐发展成为较高科技含量的产业。海洋旅游产业的转型升级、海洋旅游生态发展、海洋产业竞争力的提升都离不开海洋旅游科技的创新和应用，海洋旅游科技创新是带动海洋旅游健康发展、提升海洋旅游产业地位的主要力量。随着海洋旅游的迅猛发展，海洋旅游与海洋生态环境保护之间的矛盾、海洋旅游资源潜力与海洋产业发展水平之间的不匹配、海洋旅游产品多样化发展需求问题等诸多发展问题都对海洋旅游科技创新存在诸多诉求。科技创新在推动海洋旅游经济健康发展、高效率整合利用海洋旅游资源，创新高端海洋旅游产品，实现海洋旅游资源循环利用，实现少量的投入物质换取更多的旅游产品和创造更多的旅游经济效益等方面具有重要的主导作用。海洋旅游资源相较于陆地旅游资源更加脆弱，开发难度更大，海洋旅游资源一旦破坏就更加难以恢复，这就要求海洋旅游资源的开发和利用技术更加先进和科学。因此重视科技创新，通过强化海洋科技支撑，转变海洋旅游发展方式，解决海洋旅游发展的诸多问题，将是海洋旅游业未来发展的必然趋势[①]。

5. 文化铸魂战略

海洋文化资源包括海洋历史文化、海洋民间文化、海洋景观文化、海洋节庆文化和海洋经济文化等。在人们享受海洋旅游精神和物质需求时，文化交流是最主要的内容。沿海风俗、风情、饮食民俗、文学艺术贯穿始终，成为海洋

① 秦素贞．我国海洋旅游对海洋经济增长影响的定量研究［D］．中国海洋大学，2015.

旅游业发展的主要因素。分析世界海洋旅游业发达的国家不难发现，这些海洋国家在开发旅游产业的同时，都十分注重文化产业的建设。许多沿海地区，比如亚太各国一些海岛经过开发已经成为世界海洋旅游胜地，创造了巨大的经济价值和社会效益，其重要因素就在于文化的带动作用[①]。因此，我国需要深入挖掘海洋文化，以此来彰显中国特色海洋旅游的魅力。

第二节 新时代中国海洋旅游发展布局

新时代中国海洋旅游发展布局的构建以海岸带为主要载体，调整优化以辽东半岛海域、渤海湾海域、山东半岛海域、苏北海域、长江口及其两翼海域、海峡西部海域、珠江口及其两翼海域、北部湾海域、海南岛海域九区组成的近岸海域，以沿线海洋旅游类景区为关键节点，形成环渤海大湾区、长江三角洲大湾区、粤港澳大湾区、北部湾、海南岛（南海湾区）五大旅游区，同时结合21世纪的海上丝绸之路战略赋予我国海洋旅游发展新的使命，形成“一路”。因此，将我国海洋旅游发展布局概括为“一带、多点、五湾、一路”。

一、一带

“一带”即我国大陆海岸带。我国大陆海岸带（海岸线），北起鸭绿江口，南至北仑河口，全国海岸线总长为18604.3公里。“一带”是一系列区域协调发展战略的承载地和关键区域。我国大陆海岸带地区是新时代统合党的十九大报告中提出的实施海洋强国、贸易强国、制造强国一系列强国战略，以及“一带一路”建设、京津冀协同发展、长江经济带、陆海统筹等一系列区域协调发展战略的承载地和关键区域。“一带”是我国赖以生存发展的重要的居住地和经济资源开发利用强度最大的区域。海岸带是我国经济发展的前沿区域，沿海地区集中了全国半数以上人口、三分之二以上的大城市，同时海岸带在加工制造业、高新技术产业、对外贸易等方面都占据显著优势。“一带”的中枢纽功能通过海陆交通的双向辐射作用，可达世界各个国家和地区。我国海岸带正

① 刘家沂. 发展文化产业 繁荣海洋文化［EB/OL］. 2014-05-19. http://www.ce.cn/culture/gd/201405/19/t20140519_2838956.shtml.

好位于全球面积最大和人口最多的大陆（亚洲）与面积最大和资源最丰富的大洋（太平洋）的交错地带，它的枢纽功能通过海陆交通的双向辐射作用，可达世界各个国家和地区。海岸带作为海洋与陆域之间的纽带，在我国区域经济统筹协调发展战略中，对于促进海洋经济与陆域经济一体化发展起着极端重要的作用。

发挥“一带”海洋生态环境优、大战略叠加、经济等优势，打造中国海洋生态保护与生态文明展示体验带、中国沿海现代综合交通与交旅融合示范带、中国海洋旅游高质量发展示范带、中国海洋城市发展带等。

（一）海洋生态保护与生态文明展示体验带

海岸带是我国经济价值巨大和综合实力较强的区域，同时是受人口增长、城市化进程和经济发展的影响最强烈的区域，其生态环境保护和生态文明建设的意义重大。建立陆海统筹、区域联动的海洋生态环境保护修复机制，加快海岸带综合治理，逐步打造海洋生态保护与生态文明展示体验带。围绕海洋生态文明建设，抢抓制度建设，筑牢海岸带生态环境保护的“四梁八柱”。建立海岸带生态文明协调机制，建立海岸带生态红线制度，进一步强化岸线管控措施。创新建立陆海联动管理机制，海洋、环保、水利、气象等部门联合构建海岸带生态环境保护合作机制，进一步提升海岸带生态环境保护水平。围绕海岸带生态文明建设，创新海岸带管理手段，致力于打造基于生态系统的海岸带综合管理体系。建立海岸带综合管理多部门会商协调机制，强化海岸带环境监测与评价，加快建设海岸带环境在线监测网络，强化岸线立体化监视监测。围绕海岸带生态文明建设，不断深化海岸带综合执法改革，努力打造一支机制顺、素质高、业务精的海岸带生态环境执法队伍。全面深化生态环境保护体制机制改革，加快树立“以海定陆”发展理念。强力推进陆域规划与海岸带规划“多规合一”工作，增强陆域开发和海岸带开发空间、时序的有机统一、无缝衔接。坚持以海岸带环境容量控制开发强度，加快建立实施排污总量控制制度，明确近岸海域水质控制目标，制订陆源入海总量削减方案，倒逼陆上环境综合治理，促进海陆一体化发展和保护。

（二）中国沿海现代综合交通与交旅融合示范带

交通运输是旅游业发展的基础支撑和先决条件，随着我国经济社会的发展和综合交通运输体系的完善，交通旅游已经成为人们提升美好生活质量的新趋势、新时尚。与此同时，国家出台了一系列重大利好政策，进一步推动交通运输与旅游的融合发展。我国沿海地区基于经济优势，交通基础设施也较为完善，立足于“十三五”交通运输发展，展望“十四五”交通运输发展，完善和提升沿海综合交通运输体系，全面推进沿海地区交旅融合，加快构建中国沿海现代综合交通与交旅融合示范带。近年来，我国通过统筹推进沿海地区港口、航道、公路、铁路、机场等重大基础设施建设，沿海地区现代综合交通运输体系构建成效显著。未来需以交通先行支撑引领新一轮沿海发展。一是做好发展海港经济的文章，以“江海联动、错位协同、优势互补、集约高效”为导向，优化运输系统资源配置，扩大港口能力，支撑沿海产业发展，形成沿海地区发展新格局。完善港口集疏运系统，加快构建铁公水、江海河等多式联运体系。二是做好对外开放的文章，提升国际运输能力，建设国家级大通道。推动沿海地区与“一带一路”沿线国家以及日韩等重点贸易国家的互联互通，大力发展江海联运，全面推动远洋干线、近洋干线、内贸干线、洋山快线、长江（内河）支线“五线同步”的发展格局，进一步完善亚欧陆海联运通道。三是加强沿海地区之间的联动发展，强化国家干线铁路、城际铁路、市域（郊）铁路、城市轨道“四网融合”。四是统筹规划建设滨海公路，高起点、高标准打造一批世界一流的滨海旅游带，实现“交通 + 旅游”的有机融合和共赢增值，促进沿海经济带发展，打造中国滨海休闲新名片。

（三）中国海洋旅游高质量发展示范带

依托沿海地区极好的资源优势、区位优势和后发优势，以资源优化配置、打造特色品牌、加强人才培养、完善法律体系为导向，推动新一轮沿海地区海洋旅游高质量发展，打造中国海洋旅游高质量发展示范带。一是促使海陆合作，实现资源优化配置。海陆产业之间应该坚持海陆一体化的原则，构建融合发展模式，打破海洋旅游产业中现有的发展状态和传统发展模式，使其产业结构向更好的方向转变，进而推动海洋旅游产业的结构升级和优化。同时还要重视海洋旅游的内部管理，不断拓展海洋旅游核心产业，加强与其他关联产业的联系，实现综合发展。二是开发海洋资源，打造特色品牌。在深度挖掘海洋资源的基础上，根据当地实际情况，开发具有特色的海洋旅游产品，打造属于我国自己的品牌。一方面，鼓励其他组织参与海洋旅游开发中，设计、推出具有本土文化气息的海洋旅游产品，提升其附加值。另一方面，精心设计旅游线路，重新布局海洋旅游景区的空间，并发展邮轮旅游，有序推进特色旅游圈。在充分利用海洋资源的基础上，实现海洋经济区域均衡发展，提升国际、国内海洋旅游的知名度及影响力。三是加强人才培养，完善法律体系。对于海洋旅游专业人才匮乏的现状，应结合当地特色，对海洋旅游院校提出更高的要求，设立跨学科的旅游专业课程体系，提高旅游专业学生将理论与实践联系起来的能力，用更高的标准要求学生，提高他们的综合素质，为海洋旅游业的发展提供更多懂科学、有想法、能创新的人才，研发科学合理、具有特色、与文化融合度高的海洋旅游创新项目，稳步提升旅游服务质量。同时，还要提高海洋旅游管理效率，加快海洋旅游相关法律的立法进程，完善海洋旅游法律体系。

（四）中国海洋城市发展带

经过改革开放 40 多年的发展，中国沿海地区形成了多个大城市群，如长三角城市群、珠三角城市群、京津冀北城市群，这些城市群所创造的 GDP 占整个中国 GDP 总量的绝大部分。我国需进一步提升各城市群功能，强化其辐射能力，加快推进各沿海城市群之间合作联动，进而构建中国海洋城市发展带。目前我国沿海地区尚处于条块分割的状态，从而导致整体的效益难以发挥作用。因而，在倡导打破行政区划限制的基础上，应对沿海地区产业、功能、基础设施、水资源循环利用和生态环境保护、区域范围内的城乡之间的一体化给予清晰的规划。中国海洋城市发展带应建立省市长联席制度，并就相关问题达成共识。促进沿海经济带的形成符合各方利益，同时，也有利于加快区域经济一体化进程，提高区域整体竞争力；议定合作重大事项，制定促进区域共同发展的地区政策和措施；联合设立协调机构，落实省市长联席会议确定的任务；启动区域发展总体规划和重点专项规划的编制工作，统筹协调区域发展中的城镇体系和基础设施建设、产业布局、资源开发利用、生态环境保护等相关问题；共同构建区域统一市场体系，消除壁垒，扩大相互开放，创造平等有序的竞争环境，推动生产要素的自由流动；首先选择易于突破的领域开展合作，联合开展港口、公路、铁路、海运、机场等交通基础设施建设，逐步构筑联系各地的快速交通通道，真正形成现代化的区域立体交通体系；联合开展区域水资源保护与合理利用、重大生态建设和环境保护项目，积极引导和支持区域内行业及企业间的经贸、技术合作，共同举办一体化论坛、经贸合作洽谈和招商引资等活动；整体协作开发高新技术领域，建设高新技术产业群落和企业网络；一切以民生为主，尽快建立服务型政府。

二、多点

“多点”即我国重点海洋旅游景区。我国国家海洋公园共有 49 家，海洋旅游景区在全国 259 家 5A 级旅游景区中占了 16 家，在 30 家国家级度假区中占 5 家。针对中国海洋旅游发展的核心骨干旅游景区，按照分类指导、分区推进、重点突破的原则，作为重点提升发展的节点。建设和保护基础配套设施，加强规划管理。

专栏 3-1　国家海洋公园名录

首批国家级海洋公园：

1. 广东海陵岛国家级海洋公园（2011 年 5 月 19 日），面积 1927.26 公顷。

2. 广东特呈岛国家级海洋公园（2011 年 5 月 19 日），面积 1893. 20 公顷。

3. 广西钦州茅尾海国家级海洋公园（2011 年 5 月 19 日），面积 3482.70 公顷。

4. 厦门国家级海洋公园（2011 年 5 月 19 日），面积 2487.00 公顷。

5. 江苏连云港海州湾国家级海洋公园（2011 年 5 月 19 日），面积 51455.00 公顷

6. 刘公岛国家级海洋公园（2011 年 5 月 19 日），面积 3828.00 公顷。

7. 日照国家级海洋公园（2011 年 5 月 19 日），面积 27327.00 公顷。

第二批国家级海洋公园：

1. 山东大乳山国家级海洋公园（2012 年），总面积 4838.68 公顷。

2. 山东长岛国家级海洋公园（2012 年），总面积 1126.47 公顷。

3. 江苏小洋口国家级海洋公园（2012年），总面积4700.29公顷。

4. 浙江洞头国家级海洋公园（2012年），总面积31104.09公顷。

5. 福建福瑶列岛国家级海洋公园（2012年），总面积6783公顷。

6. 福建长乐国家级海洋公园（2012年），总面积2444公顷。

7. 福建湄洲岛国家级海洋公园（2012年），总面积6911公顷。

8. 福建城洲岛国家级海洋公园（2012年），总面积225.2公顷。

9. 广东雷州乌石国家级海洋公园（2012年），总面积1671.28公顷。

10. 广西涠洲岛珊瑚礁国家级海洋公园（2012年），总面积2512.92公顷。

11. 江苏海门蛎岈山国家级海洋公园（2012年），总面积1545.91公顷（江苏海门蛎岈山牡蛎礁海洋特别保护区更名）。

12. 浙江渔山列岛国家级海洋公园（2012年）（象山渔山列岛国家级海洋生态特别保护区加挂国家级海洋公园牌子）。

第三批国家级海洋公园：

1. 山东烟台山国家级海洋公园（2014年）。

2. 山东蓬莱国家级海洋公园（2014年）。

3. 山东招远砂质黄金海岸国家级海洋公园（2014年）。

4. 山东青岛西海岸国家级海洋公园（2014年）。

5. 山东威海海西头国家级海洋公园（2014年）。

6. 辽宁盘锦鸳鸯沟国家级海洋公园（2014年）（于2017年2月更名辽河口红海滩国家级海洋公园）。

7. 辽宁绥中碣石国家级海洋公园（2014年）。

8. 辽宁觉华岛国家级海洋公园（2014年）。

9. 辽宁大连长山群岛国家级海洋公园（2014年）。

10. 辽宁大连金石滩国家级海洋公园（2014年）。

11. 广东南澳青澳湾国家级海洋公园（2014年）。

第四批国家级海洋公园：

1. 辽宁团山国家级海洋公园（2014年12月1日）。

2. 福建崇武国家级海洋公园（2014年12月1日）。

3. 浙江嵊泗国家级海洋公园（2014年12月1日）。

第五批国家级海洋公园：

1. 辽宁大连仙浴湾国家级海洋公园（2016 年 8 月）。

2. 大连星海湾国家级海洋公园（2016 年 8 月）。

3. 山东烟台莱山国家级海洋公园（2016 年 8 月）。

4. 青岛胶州湾国家级海洋公园（2016 年 8 月）。

5. 福建平潭综合实验区海坛湾国家级海洋公园（2016 年 8 月）。

6. 广东阳西月亮湾国家级海洋公园（2016 年 8 月）。

7. 红海湾遮浪半岛国家级海洋公园（2016 年 8 月）。

8. 海南万宁老爷海国家级海洋公园（2016 年 8 月）。

9. 昌江棋子湾国家级海洋公园（2016 年 8 月）。

第六批国家级海洋公园：

1. 辽宁凌海大凌河口国家级海洋公园（2017 年 2 月）。

2. 北戴河国家级海洋公园（2017 年 2 月）。

3. 宁波象山花岙岛国家级海洋公园（2017 年 2 月）。

4. 玉环国家级海洋公园（2017 年 2 月）。

5. 辽河口红海滩国家级海洋公园（盘锦鸳鸯沟国家级海洋公园调整范围并将名称更改）（2017 年 2 月）。

6. 锦州大笔架山国家级海洋公园（锦州大笔架山国家级海洋特别保护区调整范围并加挂国家级海洋公园）（2017 年 2 月）。

7. 普陀国家级海洋公园（普陀中街山列岛国家级海洋特别保护区加挂）（2017 年 2 月）。

专栏 3-2　5A 级景区中海洋旅游景区

辽宁：大连市中山区大连老虎滩海洋公园、大连市金州区金石滩国家旅游度假区、盘锦市大洼区红海滩国家风景廊道。

广东：阳江市江城区海陵岛大角湾海上丝路旅游区。

海南：三亚市崖州区南山文化旅游区、三亚市崖州区南山大小洞天旅游区、保亭县呀诺达雨林文化旅游区、陵水县分界洲岛旅游区、保亭县海南槟榔谷黎苗文化旅游区、三亚市海棠区蜈支洲岛旅游区。

福建：厦门市鼓浪屿风景名胜区。

山东：山东威海刘公岛景区、山东烟台龙口南山景区、山东青岛崂山景区、烟台市蓬莱阁旅游区。

浙江：舟山市普陀山风景名胜区。

专栏 3-3 国家级旅游度假区中海洋旅游景区

山东：凤凰岛旅游度假区、海阳旅游度假区、烟台市蓬莱旅游度假区。

福建：福州市鼓岭旅游度假区。

海南：三亚亚龙湾旅游度假区。

三、五湾

“五湾”即环渤海大湾区、长江三角洲大湾区、粤港澳大湾区、北部湾、海南岛（南海湾区），将五个大湾区打造成为世界级旅游湾区。

（一）环渤海大湾区

环渤海大湾区由辽东半岛、渤海湾和山东半岛沿岸及海域组成，主要海洋旅游城市包括天津、唐山、秦皇岛、沧州、大连、丹东、锦州、营口、盘锦、葫芦岛、青岛、东营、烟台、潍坊、威海、日照和滨州。海岸线像一条“金项链”将滨海城市连成一体，形成了一个经济区。在这一区域既有自然景观和人文景观，也有多姿多彩的海洋景观，形成了汇集海光山色的独特旅游景观，具备发展海洋旅游得天独厚的条件。该区域海洋经济发展基础雄厚，海洋科研教育优势突出，是我国北方地区对外开放的重要平台，是我国参与经济全球化的重要区域，是具有全球影响力的先进制造业基地和现代服务业基地、全国科技创新与技术研发基地。环渤海大湾区是北京作为环渤海区域的中心城市，其旅游业的发展遥遥领先于其他城市；而天津作为次中心城市，随着滨海新区及环渤海地区的开发建设，其重要性正在日益显现；青岛、大连、秦皇岛等城市作为次区域中心，滨海旅游发展较快，但城市间由于竞争大于合作弱化了整体竞争力；丹东、营口等城市旅游发展则还停留在较低水平。

（二）长江三角洲大湾区

长江三角洲大湾区由江苏、上海、浙江沿岸及海域组成，包括南通市、连云港市、盐城市、上海市、杭州市、宁波市、温州市、嘉兴市、绍兴市、舟山市和台州市。该区域港口航运体系完善，海洋经济外向型程度高，是“一带一路”建设与长江经济带发展战略的交会区域，也是我国参与经济全球化的重要区域、亚太地区重要的国际门户、具有全球影响力的先进制造业基地和现代服务业基地。《长江三角洲地区区域规划》强调切实推动旅游业发展，要加强淮河生态经济带、大运河文化带建设，发展环太湖生态文化旅游，促进都市圈联动发展。休闲农业、乡村旅游和相关配套服务融合发展，发展精而美的特色乡村经济。联合推动跨界生态文化旅游发展。加强跨界江河湖海、丘陵山地、近海沿岸等自然与人文景观保护开发，在共同保护中开发，在共同开发中保护，形成自然生态优美、文化底蕴深厚、旅游资源充分利用的生活休闲开敞空间。统筹规划建设长江、淮河、大运河和新安江上下游两岸景观，加强环太湖、杭州湾、海洋海岛人文景观协同保护，强化跨界丘陵山地的开发管控和景观协调，加快江南水乡古镇生态文化旅游和皖南国际文化旅游发展，加强浙皖闽赣生态旅游协作，共同打造长三角绿色美丽大花园。

（三）粤港澳大湾区

粤港澳大湾区是由广州、佛山、肇庆、深圳、东莞、惠州、珠海、中山、江门9市和香港、澳门两个特别行政区形成的城市群，滨海旅游作为粤港澳大湾区建成世界级旅游目的地的重要组成部分，拥有众多知名滨海景点。香港以浅水湾、香港海洋公园、维多利亚港等景点为代表，在国际上久负盛名；澳门以妈阁庙、海事博物馆、港务局大楼、航海学校等为代表的海洋文化景区颇有影响力；珠三角九市以珠海长隆海洋王国、深圳华侨城旅游度假区、大小梅沙、深圳锦绣中华、大鹏半岛、巽寮国际滨海旅游度假区等为代表的景区，是国内滨海旅游的热门打卡地。2018年，珠海长隆海洋王国全年接待游客数量首次突破1000万人次，继续上榜亚太地区20大主题公园排行榜。

中共中央、国务院印发《粤港澳大湾区发展规划纲要》。纲要指出，推进大湾区旅游发展，依托大湾区特色优势及香港国际航运中心的地位，构建文化历史、休闲度假、养生保健、邮轮游艇等多元旅游产品体系，丰富粤港澳旅游精品路线，开发高铁“一程多站”旅游产品，建设粤港澳大湾区世界级旅游目的地。优化珠三角地区“144小时过境免签”政策，便利外国人在大湾区旅游观光。支持香港成为国际城市旅游枢纽及“一程多站”示范核心区，建设多元旅游平台。支持澳门建设世界旅游休闲中心，在澳门成立大湾区城市旅游合作联盟，推进粤港澳共享区域旅游资源，构建大湾区旅游品牌，研发具有创意的旅游产品，共同拓展旅游客源市场，推动旅游休闲提质升级。有序推动香港、广州、深圳国际邮轮港建设，进一步增加国际班轮航线，探索研究简化邮轮、游艇及旅客出入境手续。逐步简化及放宽内地邮轮旅客的证件安排，研究探索内地邮轮旅客以过境方式赴港参与全部邮轮航程。推动粤港澳游艇自由行有效实施，加快完善软硬件设施，共同开发高端旅游项目。探索在合适区域建设国际游艇旅游自由港。支持澳门与邻近城市探索发展国际游艇旅游，合作开发跨境旅游产品，发展面向国际的邮轮市场。支持珠三角城市建设国家全域旅游示范区。促进滨海旅游业高品质发展，加快“海洋—海岛—海岸”旅游立体开发，完善滨海旅游基础设施与公共服务体系。探索以旅游等服务业为主体功能的无居民海岛整岛开发方式。建设贯通潮州到湛江并连接港澳的滨海景观公路，推动形成连通港澳的滨海旅游发展轴线，建设一批滨海特色风情小镇。探索开通澳门与邻近城市、岛屿的旅游线路，探索开通香港—深圳—惠州—汕尾海上旅游航线。

（四）北部湾

北部湾包括广西壮族自治区南宁市、北海市、钦州市、防城港市、玉林市、崇左市，广东省湛江市、茂名市、阳江市和海南省海口市、儋州市、东方市、澄迈县、临高县、昌江县。2019 年国家发展改革委印发了《西部陆海新通道总体规划》，北部湾开发是国家“一带一路”的重要战略。北部湾城市群背靠祖国大西南、毗邻粤港澳、面向东南亚，位于全国“两横三纵”城镇化战略格局中沿海纵轴最南端，是我国沿海沿边开放的交会地区，在我国与东盟开放合作的大格局中具有重要战略地位。《北部湾城市群发展规划》指出要大力发展口岸经济和特色文化旅游，共建国际旅游休闲目的地。加快发展休闲度假、生态旅游、边境旅游、民族风情、健康养生、乡村旅游、红色旅游等业态，促进旅游业转型升级，提升城市群国际化旅游服务品质。以建设海南国际旅游岛、北海银滩国家旅游度假区以及海花岛旅游度假区、阳江海陵岛大角湾海上丝路旅游区、湛江“五岛一湾”滨海旅游示范区为重点，推进东兴—芒街、德天—板约等跨境旅游合作区建设，构建大中小城市协作协同的旅游发展格局。深入挖掘骆越、壮族、黎苗、百越、疍家、客家等特色文化资源，强化南宁、北海、崇左、湛江、海口等交通连接，打造环湾特色旅游线路。整合沿海岸线旅游资源及南海岛屿旅游资源，发展精品邮轮游艇线路。推进在重点城市实行针对特定国家和地区的免签、落地签政策。

（五）海南岛（南海湾区）

海南岛（南海湾区）包括海南岛周边及三沙海域，海洋旅游资源总量丰富，其热带海岛特色的自然资源在国内具有唯一性吸引。海南岛在国际自由贸易港口、国际旅游岛、“21世纪海上丝绸之路”等国家战略和三沙设市、推进旅游供给侧结构性改革、首个全域旅游创建省等重大机遇下，南海旅游和海南岛中西部旅游成为新热点。海南岛（南海湾区）近期以中国旅游业改革创新试验区、国际旅游岛建设、全域旅游示范省创建建设为目标，中期以建成世界一流的海岛休闲度假旅游胜地为目标，远期将海南打造成世界一流的国际旅游目的地。

四、一路

“一路”即“21世纪海上丝绸之路”。2013年9月7日，习近平主席在哈萨克斯坦纳扎尔巴耶夫大学发表重要演讲，首次提出了加强政策沟通、道路连通、贸易畅通、货币流通、民心相通，共同建设“丝绸之路经济带”的倡议。2013年10月，习近平总书记访问东盟国家时提出建设21世纪海上丝绸之路的构想，得到了各国积极的响应，同时我国也抓紧规划建设丝绸之路经济带和21世纪海上丝绸之路。共建21世纪海上丝绸之路不仅是当代经贸合作的新机遇，也同时为中国以及沿线各个国家在旅游业的发展上提供了新的契机。“一带一路”倡议是海洋旅游业发展的动力，海洋旅游资源的开发促进“一带一路”的发展，两者政策促发展，发展强政策。海上丝绸之路涉及东部沿海各港口城市，将促进邮轮旅游、海上旅游一跃而上一个大台阶。通过简化签证手续、通关手续，甚至互惠免签，不仅吸引世界三大邮轮公司入驻开辟更多母港和停靠港航线，还将为中国政府和企业投资邮轮港设施、中国企业组建邮轮船队和航线创造一个更加光明的前景。南海海域也能够通过越来越多的中国人上岛旅游而继续宣示主权，掌握更多国际话语权。

第三节 新时代中国海洋旅游发展战略重点

由于区域经济社会发展状况与自然条件的差异，我国所濒临的各个海域具有不同的旅游特点，我们应在国家实现现代化和建设旅游强国目标的指引下，立足于四大海域，以推进海上丝绸之路旅游合作，建设海南自贸港与国际旅游消费中心，建设粤港澳大湾区世界级旅游目的地，高质量建设一批世界海洋旅游城市，打造一批国际海洋旅游目的地和标杆性海洋旅游区，挖掘海洋文化彰显中国特色海洋旅游魅力，加快发展邮轮游艇和低空旅游，强化海洋保护，发展海洋生态旅游等多个方面入手，创新发展思路，构建起新时代中国海洋旅游的发展战略。

一、推进海上丝绸之路旅游合作

“21 世纪海上丝绸之路”建设是我国在面对全球政治、贸易格局不断变化形势下，深入推进对外开放和国际经贸交流与合作而实施的重要战略。海洋旅游作为公认的综合性和区域合作共赢性最强的产业类型之一，其不仅通过促进“民心相通”，为海上丝绸之路整体战略的顺利实施提供基础性民心保障，而且也将因海上丝绸之路“五通”的建设，成为海上丝绸之路战略实施中受益最直接和最大的产业类型。因此需加快推进海上丝绸之路旅游合作，本节主要提出以下几点建议。

1. 加快推进中国—东盟旅游合作

东盟地区作为我国近邻，是这一战略的发源地（2013 年 10 月习近平主席访问东盟国家时首次提出），将在海上丝绸之路战略实施中发挥重要作用。旅游产业是中国和东盟国家重点发展的产业类型，也是目前双方合作基础最好、发展速度最快的领域之一，将在中国—东盟共建海上丝绸之路进程中发挥重要作用，有望成为中国—东盟共建海上丝绸之路的先导产业和重点合作产业。2015 年，中国与东盟地区互访游客总数超过 2300 万人次，东盟已成为中国与周边地区中旅游交流与合作规模最大的区域。但与双方合计高达 20 亿人口的市场规模相比，目前双边旅游交流与合作的规模依然很小，未来的增长潜力巨大。因此，打造更加紧密的中国—东盟旅游产业合作关系，将是海上丝绸之路建设背景下中国—东盟自贸区升级版建设的重要目标之一①。借鉴欧盟等地区域旅游合作的成功经验，海上丝绸之路建设背景下中国—东盟应重点围绕旅游通道便利化、旅游市场营销、旅游产品开发、旅游信息化建设、旅游市场开放等方面进一步拓宽和深化旅游合作内容。

一是推进旅游通道便利化。加强陆路交通对接，积极推动高速公路和高速铁路大动脉建设；扩大航空旅游交通线路规模，中国与东盟国家在航空业方面应尽快合作实施全面“天空开放”战略，合作开辟更多的航线航班，并合作开发廉价旅游航班，促使游客在国与国之间更加经济、快捷旅行；开辟邮轮旅游线路产品，将中国的广州、深圳、厦门、上海、天津等主要邮轮母港城市与新加坡、马来西亚、泰国、印度尼西亚、菲律宾、柬埔寨等国的主要旅游城市通过多主题、多类型的邮轮旅游线路紧密联系起来；提高通关便利化水平，积极推进区域互免签证或落地签政策全覆盖，合作规范边境旅游出入境管理，提高边境通关口岸的工作效率。

二是推进旅游市场营销。随着海上丝绸之路建设的不断推进，中国与东盟之间需要在旅游宣传、客源互送、联合对外营销等市场开发方面加强合作，不断扩大跨境游客规模，深化区域旅游合作。中国—东盟双方定期相互举办旅游文化节、旅游推介会，在不同国家轮流举办中国—东盟旅游博览会，合作拍摄热播电影、电视剧或为其他国家提供热播户外娱乐节目（如《奔跑吧，兄弟》）。扩大客源互送规模，积极鼓励他国旅行社在本国设立分支机构或本国旅行社与国外旅行社通过合资、入股、兼并等方式加强合作；开展联合对外旅游营销，重点针对欧美旅游市场，把中国—东盟旅游区作为一个完整的旅游目的地进行打造，共同塑造国际旅游形象，提高区域整体旅游知名度和美誉度。

三是推进旅游产品开发。合作开发建设旅游景区，目前中国—东盟各国旅游资源开发程度存在较大差异，柬、老、缅等国开发程度较低，旅游景区数量少，开发潜力巨大。中国可利用自身经济实力较为雄厚的优势，加强与这几个国家在旅游资源开发方面的合作，共同开发建设旅游景区，既可推进本国旅游企业走出去战略，又可促进区域旅游资源开发均衡化。合作开发旅游线路产

---

① 李志勇.“海上丝绸之路”背景下中国—东盟旅游合作内容、途径及政策建议［J］.广东海洋大学学报，2017，37（5）：61-67.

品。应在完善现有“新马泰”传统经典旅游线路的基础上，积极整合和发挥双方的旅游资源优势，对区域旅游线路产品进行系统开发规划，推出更多具有特色的，适合不同层次、不同类型旅游者需求的跨境旅游线路。

四是推进旅游信息化建设。合作建设旅游信息发布平台，合作打造区内所有国家在内的多语言旅游信息发布网站和旅游 App，发布内容涵盖各国主要的特色旅游资源、旅游景区景点、接待旅行社、旅游餐饮住宿信息及各国重要的旅游政策、规定等，向世界各地游客方便快捷地传播和推介中国—东盟旅游。合作开展跨国旅游电子商务，依托中国的携程、去哪儿网、同程网等知名旅游电子商务平台，加强与东盟国家旅游电子商务平台或旅游企业的合作，共同建立覆盖中国—东盟旅游区的旅游电子商务平台。

五是推进旅游市场开放。区域内经济发展水平相对较高的国家应取消对本国旅游企业对外投资的有关限制，允许或鼓励本国规模较大、经济实力较为雄厚的旅游企业积极走出去；同时，各国也要消除旅游市场地方保护壁垒，出台相关政策允许或鼓励其他国家旅游投资企业到本国进行旅游投资。合作培育大型旅游跨国企业，将其作为区域内旅游投资的主体，组织各项旅游开发活动，并在政策和资金等方面给予特殊优惠，扶持其做大做强。既可依托其雄厚的投资实力和丰富的旅游开发经验，优化整合区域旅游企业资源，提升区域整体旅游经济发展水平，又可利用其参与国际旅游市场竞争，提升区域国际旅游竞争力[①]。

2. 放大海上丝绸之路旅游推广联盟作用

海上丝绸之路旅游推广联盟在原国家旅游局指导下，由作为“21 世纪海上丝绸之路核心区”的福建省牵头“海丝”沿线的天津、上海、广东、海南等 9 个省份旅游主管部门以及香港、澳门旅游机构联合组建“中国海上丝绸之路旅游推广联盟”。中国海上丝绸之路旅游推广联盟以“10+2”的合作方式共同开拓沿线市场。在 2015 年成立大会上，联盟 12 个成员单位代表共同发布了第一批 5 条串联产品，分别是“丝路风情经典览胜之旅”“海丝遗迹之旅”“人文怀古之旅”“山海文化之旅”和“椰海风情之旅”，这些产品线路将集中向境

① 李志勇.“海上丝绸之路”背景下中国—东盟旅游合作内容、途径及政策建议［J］.广东海洋大学学报，2017，37（5）：61-67.

内外共同宣传推广[①]。

在海上丝绸之路全面建设背景下，我们需充分发挥中国海上丝绸之路旅游推广联盟作用，继续推进与海丝沿线国家和地区旅游交通互通便利化，深化旅游投资合作，构建面向全球的旅游营销平台，统一制作面向国际客源市场，尤其是“海丝”沿线国家的多语种“海丝”旅游宣传广告片、旅游专题片和“海丝”旅游宣传推广手册等；每年组合个性鲜明、一程多站、适销对路的“海丝”国际、国内旅游精品线路；充分发挥天津、青岛、上海、厦门、三亚等国际邮轮母港优势，加强与境外邮轮公司合作，新增连接东亚、西亚、中亚、东南亚等“海丝”沿线国家航线，重点开发“海丝”邮轮旅游度假产品、“海丝”文化、民俗旅游产品等[②]。通过强化项目合作、优化区域互补、提升服务品质、促进协调发展，共同打造“海上丝绸之路”旅游经济带，使之成为号召力强、影响力大、国际化程度高的国际知名旅游目的地。在突出各地特色的同时，注重以优势资源为轴线，将各地自然、人文景点有机串联，组合成个性鲜明、一程多站、适销对路的国际国内旅游精品线路，新增一批连接东亚、西亚、中亚、东南亚等“21 世纪海上丝绸之路”沿线国家的新航线，开发邮轮旅游度假产品、文化民俗旅游产品。在产品推广方面，将结合各地举办的既有旅游活动，邀请“21 世纪海上丝绸之路”沿线国家和城市参加，进一步推进跨区域、跨国界城市之间的交流与合作。在合力网络营销方面，将建立各成员省市旅游网站友情链接，实现旅游网站、微博、微信等网络宣传平台的有效互动。在渠道开发方面，将充分发挥原国家旅游局 21 个驻外办事处对外宣传推广的窗口作用，充分利用中国国际旅游交易会的平台，邀请国际买家及境内外大型旅游批发商到“联盟”成员省市踩线并共同在“21 世纪海上丝绸之路”沿线国家主要城市设立“中国海上丝绸之路联合推广中心”[③]。

3. 加快推进海上丝绸之路沿线区域政府合作

政府是区域旅游合作成功的关键，结合中国与海上丝绸之路沿线国家政府

① https://www.sohu.com/a/14342644_116154.

② https://baike.baidu.com/item/%E6%B5%B7%E4%B8%8A%E4%B8%9D%E7%BB%B8%E4%B9%8B%E8%B7%AF%E6%97%85%E6%B8%B8%E6%8E%A8%E5%B9%BF%E8%81%94%E7%9B%9F/17544439?fr=aladdin.

③ https://www.sohu.com/a/15108210_114770.

层面合作现状，加快推进海上丝绸之路沿线区域政府合作。

一是建立旅游专题对话机制。建立对话与谈判机制是国际上国家政府层面进行合作时最常用的一种方式。在表现形式上，除了双方领导人的不定期互访之外，定期举办的部长以上级别会议是最常见的一种对话形式。因此加快推进中国与海上丝绸之路沿线国家地区单独建立部长级定期旅游对话机制，以排除外部干扰，加快区域旅游一体化建设进展。由国家政府出面，对旅游论坛进行协调整合，建立更高层次的国际旅游合作论坛。可采取各个国家轮流举办的方式，每年固定举办一次，由各国主要的旅游城市承办，每年围绕区域旅游合作的前沿问题和亟待解决的主要问题等拟定论坛主题，通过多方、多层次、多领域的交流与探讨，争取在合作内容、合作方式、政策制定等诸多方面取得新的进展和突破。

二是设立旅游合作与发展协调机构。在建立国家层面的旅游对话机制基础上，中国与海上丝绸之路沿线国家地区还应合作组建旅游合作与发展协调机构，负责落实高层对话机制成果。目前我国与海上丝绸之路沿线国家地区以双边旅游合作为主要任务的协调组织和工作机构尚未建立起来，成为区域旅游一体化建设推进缓慢的重要原因。因此，需共同组建由旅游高级官员构成的旅游合作发展委员会，具体负责双方高层对话机制成果的落实，包括研究区域旅游合作发展方向和重点领域，制定旅游合作年度计划、项目，协调解决旅游合作过程中的相关问题等。

三是共设旅游合作与发展基金。任何持续有效的旅游合作都建立在参与各方都能平等受益的基础之上。但在区域旅游合作过程中，参与各方受益程度往往取决于自身区内地位和经济实力。为提升旅游发展相对落后国家的合作参与积极性，旅游合作过程中要注重提升旅游发展落后国家的旅游经济实力和参与地位，确保他们能够获得同等或者更多收益。这方面可以参考欧盟专门设立结构基金和凝聚基金的做法，共同设立旅游发展基金，以无偿援助或低息贷款的方式，帮助区内旅游产业发展较为落后的国家建设旅游景区和旅游服务设施，培养旅游人才，提升其合作参与能力，保障合作的持续有效推进。

四是共建旅游合作试验区。跨国旅游涉及领域较为广泛和复杂，尤其牵涉到外交、国防、安全、金融等众多涉外敏感领域，合作推进难度较大。中国与各国之间的旅游合作不能急于求成，要采取循序渐进、逐步推进的策略。可先在各方分歧不大的简单问题上达成合作，然后等条件成熟时再解决难度较大的问题。双方可以通过在边境地区共建旅游合作试验区的方法对这些措施的有效性及后果进行试验，通过试验之后，再推广到整个海上丝绸之路旅游区。

五是开展旅游合作专项计划。旅游合作专项计划是指在特定时期内，针对旅游合作的特定领域（如市场营销、客源互送、人才培养、资源保护等方面），由政府部门出面设立并组织实施的各类专项合作计划。这些专项计划往往由政府部门提供资金，设有一定的期限、阶段性目标和定量考核指标，是落实高层对话机制成果的重要载体。中国—东盟可在继续推进实施旅游人才交流培训计划的基础上，共同设立并实施更多的旅游合作专项计划，如在旅游宣传及市场开发方面设立“海上丝绸之路旅游年”“海上丝绸之路中国—东盟客源互送”等专项计划，在高校旅游人才培养方面设立“青年旅游人才交换培养计划”，在资源及产品开发方面设立“海上丝绸之路旅游开发合作计划”，在旅游一体化研究方面设立“中国—东盟旅游交流与合作研究计划”等[①]。

二、海南建设自贸港与国际旅游消费中心

2010 年，海南国际旅游岛建设上升为国家战略。海南国际旅游岛初步定位为我国旅游业改革创新的试验区、世界一流的海岛休闲度假旅游目的地、全国生态文明建设示范区、国际经济合作和文化交流的重要平台、南海资源开发和服务基地、国家热带现代农业基地。2018 年国家发改委发布《海南省建设国际旅游消费中心的实施方案》提出，充分发挥海南的区位和资源优势，对标国际知名旅游目的地，积极培育旅游消费新业态，扩大对外开放，提升旅游服务质量和国际化水平，打造世界知名的国际旅游消费胜地。2020 年中共中央、国务院印发《海南自由贸易港建设总体方案》进一步明确在海南自贸港建设中如何发展旅游产业：坚持生态优先、绿色发展，围绕国际旅游消费中心建设，推动旅游与文化体育、健康医疗、养老养生等深度融合，提升博鳌乐城国际医疗旅游先行区发展水平，支持建设文化旅游产业园，发展特色旅游产业集群，培育旅游新业态、新模式，创建全域旅游示范省。加快三亚向国际邮轮母港发展，支持建设邮轮旅游试验区，吸引国际邮轮注册。设立游艇产业改革发

① 李志勇.“海上丝绸之路”背景下中国—东盟旅游合作内容、途径及政策建议［J］.广东海洋大学学报，2017，37（5）：61-67.

展创新试验区。支持创建国家级旅游度假区和5A级景区。到2020年，基本建成国际旅游岛，国际旅游消费中心建设取得重要进展。将海南打造成我国旅游业改革创新试验区，创建全域旅游示范省。旅游服务设施、经营管理和服务水平与国际通行的旅游服务标准全面接轨；旅游国际知名度、美誉度有较大提高；旅游产业质量和效益全面提升；在旅游综合管理、旅游投融资、旅游业发展引导、旅游公共服务、旅游市场监管等方面取得改革突破。旅游产业转型升级加快，相关产业融合发展进一步深化，旅游消费新业态日益丰富，旅游供给质量、管理效能和服务水平明显提升，免税购物更加便利，旅游消费要素的国际化、标准化、信息化水平显著提高。到2025年，国际旅游消费中心基本建成，建成世界一流的海岛休闲度假旅游胜地。海洋旅游、康养旅游、文体旅游、会展旅游、乡村旅游、森林生态旅游、特色城镇旅游、购物旅游、产业旅游、专项旅游10大旅游产品实现突破性发展；以观光旅游为基础、休闲度假为重点、文体旅游和健康旅游为特色的旅游产业体系基本形成，旅游消费业态更加完善，旅游消费潜力进一步释放，高端旅游消费粗具规模，旅游消费体制机制与国际接轨，旅游消费内容日益多元化、高端化、国际化；旅游基础设施和服务设施进一步完善；海南旅游管理和服务水平全面提升；旅游产业质量、效益达到国际先进水平。到2035年，海南成为具有全球影响力的旅游消费目的地，建成世界一流的国际旅游目的地。高质量的旅游消费供给体系、优越的旅游消费环境体系、完善的质量标准体系和健全的旅游消费政策体系基本形成，成为世界知名的旅游消费中心和世界消费经济发展高地。到21世纪中叶，国际旅游消费中心的知名度和美誉度显著提升，成为全球旅游消费时尚潮流的引领者，世界知名的旅游度假和购物天堂，成为展示中国风范、中国气派、中国形象的亮丽名片。因此，需紧扣海南自由贸易港和国家旅游消费中心建设的战略方针，加快推进海南旅游产业建设，主要从以下几个方面入手。

1. 构筑“两圈、四组团”空间布局

坚持“陆海统筹、生态优先、空间优化、重点引领”布局理念，构筑“两圈、四组团”旅游空间布局。一是优先打造两圈。海澄文一体化综合经济圈包括海口、文昌、澄迈3市县。以推动建设海口国家级新区、打造“21世纪海上丝绸之路”和环南海旅游经济圈的重要战略支点、建设南海资源开发服务基地和海上救援基地、海南国际旅游岛全方位对外开放核心区为目标，以海口市为中心，积极推动“海澄文”经济一体化发展。近期借助琼州海峡经济带和北部湾城市群发展契机，发挥海口便捷交通和综合服务的优势，强化区域旅游合作，将其建成国际旅游岛综合服务中心和重要旅游目的地，大力发展国际性商务旅游和城市休闲旅游，辐射带动文昌、澄迈在旅游装备制造、低碳休闲旅游基地、热带高效休闲农业和休闲度假旅游、航天科技旅游等方面实现突破发展。中远期在“海澄文”区域范围内实现基础设施、旅游服务、生态环保等方面的一体化。大三亚旅游经济圈包括三亚、乐东、陵水、保亭4市县。以建设“21世纪海上丝绸之路”会客厅、创新型旅游特区、世界旅游精品区域、环南海经济圈中心区、南海文明传承创新示范区、海洋经济国际合作示范区为目标，加快推进大三亚旅游经济圈转型升级。近期以三亚市为中心，规划统筹区域旅游土地、岸线、景区资源，带动乐东、陵水、保亭旅游发展，突出滨海度假、黎苗风情度假、雨林风情度假等特色，共同打造海南度假旅游和旅游新业态发展的龙头片区。中远期做好“陆海统筹、山海互动、蓝绿并进”，推进区域内旅游产业发展、基础设施、公共服务和生态环保一体化，放大“大三亚”旅游品牌在区域发展中的影响和价值，致力于将三亚打造成世界级滨海旅游城市。二是着力发展东、西两组团。东部康养旅游组团包括琼海、万宁2市。近期发挥当地特色产业和旅游资源优势，加强两市在健康养生旅游产品开发和旅游线路设计方面的合作，重点发展商务会议旅游、国际医疗旅游、滨海体育旅游、美丽乡村旅游和低空旅游。借助举办博鳌亚洲论坛、中非合作论坛以及兴隆华侨旅游经济区机遇，加强对外交流与合作，打造国际休闲外交旅游目的地。中远期大力深化旅游业与医疗健康产业、热带高效农业、海洋渔业、农产品加工业融合发展，促进产业链上下游延伸。西部山海旅游组团包括儋州、东方、临高、昌江4市县。近期着力建设以海花岛旅游度假区、东坡文化旅游区、昌江棋子湾度假养生区为代表的一批重点旅游项目，形成区域带动。中远期进一步提升旅游项目的国际化水平，打造以奇美西岸、原生态黎乡、历史文化为特色的西部旅游目的地。三是稳步推进中部、三沙两组团。中部雨林旅游组团包括五指山、定安、屯昌、琼中、白沙5市县。近期积极对接海口、三亚，重点发展热带农业旅游、森林生态旅游、民族风情旅游和民族工艺品制造。结合“田”字形高速路建设，将琼中打造成海南中部旅游服务中心。中远期通过示范项目带动、产业创新升级，逐步建成海南旅游新的增长极。三沙海洋旅游组团包括三沙市西沙群岛、中沙群岛、南沙群岛的岛礁及其海域。近期在保护生态环境前提下，扩大三沙旅游范围。加快完善三沙旅游基础设施，高水平开发特色岛礁精品度假旅游，开通三沙邮轮旅游新航线，培育多元化、主题化海洋旅游项目，建设西沙群岛海洋综合旅游区。中远期探索发展中沙群岛海洋观光旅游区、南沙群岛邮轮休闲旅游区，打造一批品牌引领型海岛度假旅游项目，将三沙建设成为“21 世纪海上丝绸之路”海洋旅游合作区和国际热带海洋旅游目的地。

2. 加快推进医疗旅游

海南自由贸易区建设，其产业重点在服务业的创新聚集发展上。海南岛全面落实完善博鳌乐城国际医疗旅游先行区政策，办好和引进博鳌超级医院等一批先进的医疗及医养结合机构，对于先行区医疗机构因临床急需进口少量药品（不含疫苗）的，由海南省人民政府实施进口批准，鼓励高新医疗技术研发，高端医疗装备、新药品的应用，将先行区建成世界一流水平的国际医疗旅游目的地。依托博鳌市作为国际医疗旅游先行区，大力发展国际医疗旅游和高端医疗服务，同时优化对需要进口和关税税率较高的部分医疗器械的关税政策。借助海南岛得天独厚的自然优势，以政策为导向，发展医疗旅游，是未来海南岛旅游业发展的重要板块。搭乘海南岛建设国际旅游消费中心的快车，海南岛发展医疗旅游，以建设亚洲医疗旅游消费目的地为目标，必须做好医疗旅游产品开发，积极做好医疗旅游市场推广营销。

3. 全面拓展入境旅游市场

未来海南岛需要着力发展高端旅游服务行业。如发展环海南岛邮轮航线，开发海南邮轮始发港的邮轮航线产品。同时积极支持外国旅游团乘坐邮轮 15 天入境免签政策，做好邮轮监管免疫模式和机制的优化，实施琼港澳游艇自由行。同时，文件中有关加强“一带一路”国际合作，重点指出：要推动海口、三亚与“一带一路”国家和地区扩大包括第五航权在内的航权安排，提高机场航班保障能力，吸引相关国家和地区航空公司开辟经停海南的航线。另外，海南省公安厅和海南省旅游委联合发布《关于 59 国人员入境旅游免签政策注意事项的通告》，自 2018 年 5 月 1 日起，海南省实施 59 国人员入境免签政策，免签入境停留时间统一延长至 30 天，团队免签放宽为个人免签。海南拥有得天独厚的旅游观光资源，提振海南入境游市场，贴合市场需求规律，也对国内其他目的地拓展入境游市场提供示范和政策参考。按照当前的政策规划，未来海南的入境游市场将随着海南建设全球性自由贸易港的步伐，不断发展壮大。

4. 加快推进会展旅游等特色旅游

《海南自由贸易港建设总体方案》涉及会展旅游，也给产业及行业提供重要指导。文件指出，要支持举办国际商品博览会、国际电影节、中国（海南）国际海洋产业博览会等大型国际博览会、节庆活动，以及文化旅游、国际品牌等适合海南产业特点的展会。通过会展旅游活动，拉动海南服务业创新发展。同时，该《方案》中还明确说明促进海南会展旅游发展的诸多利好政策。如推进游艇入境手续的简化办理，大力发展琼港澳游艇自由行，建设一流的国际旅行卫生保健中心，加强旅游行为信用体系建设等。这些政策及措施的推行，将对海南岛发展国际性会展旅游、会议旅游、奖励旅游等产生有利效用。借助利好政策契机，海南岛重点发展会展旅游、赛事旅游、节庆旅游，以及游艇港服务建设，如全面推进体育与旅游产业融合发展，建立完善的体育旅游产品体系和产业政策体系，建设国家体育旅游示范区。鼓励沙滩运动、水上运动、赛马运动、航空运动、汽车摩托车运动、户外运动等项目发展。探索发展竞猜型体育彩票和大型国际赛事即开彩票。最终有效实现海南自由贸易区旅游经济全岛覆盖、全民参与、产业联动。

5. 加快推进邮轮游艇旅游

鼓励吸引国际邮轮注册，发展国际邮轮和外国游客入境旅游业务。对外国旅游团乘坐邮轮入境实行 15 天免签。研究扩大邮轮航线至更多国家和地区。加快推进三亚向邮轮母港方向发展。支持开通环海南岛和跨国邮轮旅游航线。推动开展海上丝绸之路沿线邮轮旅游合作，在三亚等邮轮港口开展公海游航线试点。与世界著名邮轮公司合作，将海南纳入国际旅游“一程多站”航线。放宽游艇旅游管制，简化入境手续，探索在海南省管辖海域对境外游艇实施游览水域负面清单管理。

6. 加快推进离岛免税购物

《中国（海南）自由贸易试验区总体方案》颁发后不久，2018 年 10 月，国家财政部印发了《支持海南全面深化改革开放有关财税政策的实施方案》。财政部门将进一步完善离岛免税购物政策和离境退税政策，创新监管模式，丰富提货模式，扩展离岛免税购物政策适用对象范围到乘船旅客，实现离岛旅客全覆盖，增设免税店，提高年度免税购物限额。离岛免税购物是海南目前含金量最高、影响最广泛的政策之一，也是游客旅游消费支出的重要部分。离岛免税购物政策，自 2011 年 4 月 20 日实施以来，经历多次调整，购物限额从 5000 元提高到 16000 元，商品品种由 21 类扩大到 38 类，从乘飞机离岛扩大到乘火车离岛，从实体店购买扩大到网购。另外，人民银行批准海南建设自由贸易账户体系。按照“一线便利，二线管理”的原则规范账户收支管理，打造一套适用于海南自贸区（港）的投融资汇兑及相关业务的本外币可兑换账户体系。这些利好政策，都将对海南建设国际旅游消费中心起到助推作用。积极做好离岛免税商品的营销与服务，借助政策优势，力争打造媲美香港的海南岛“旅游 + 购物”模式。

7. 全面推进产业融合

《海南自由贸易港建设总体方案》指出建设海南自由贸易区（港），支持引进国际化的规划、建筑工程、建筑设计、仲裁、会计、知识产权、医疗健康、影视、会展等专业服务机构，推进服务要素集聚。支持海南开展供应链创新与应用试点，对于行业模式和发展内容的创新，中央给予充足的空间和政策支持。目前，该《方案》的政策影响力已经显现：中国旅游集团国内总部已经正式从北京迁入海口，注册资本达 158 亿元。作为旅游行业领域的元老托马斯库克公司落户三亚。京东集团子公司也在三亚注册并正式开展业务。电商巨头阿里巴巴也在海口注册公司。另外，美安康质量认证研发中心（ACC）、普华永道会计师事务所、安永会计师事务所等知名中介服务机构落户海口[①]。

三、建设粤港澳大湾区世界级旅游目的地

粤港澳大湾区是指由广州、佛山、肇庆、深圳、东莞、惠州、珠海、中山、江门 9 市和香港、澳门两个特别行政区形成的城市群，它是我国开放程度最高、经济活力最强的区域之一，在国家发展大局中具有重要战略地位。粤港澳大湾区作为一个自然生态海岸线所形成的湾区，是中国旅游业发展程度较高地区之一，汇聚迪士尼、长隆、欢乐谷等主题乐园类超级旅游 IP，并拥有丰

① 陈芳，吴贤贤，范洪军.海南自由贸易港建设对海南旅游业的利好政策预测——基于《中国（海南）自由贸易试验区总体方案》[J].南方农机，2019，50（9）：170-171.

富的文化遗址、海滨旅游、乡村旅游资源以及优质度假酒店①，同时粤港澳大湾区的海陆空公共交通体系越发完善，城市间的沟通更加紧密，这些都为大湾区旅游发展奠定了基础。2019年中共中央、国务院印发《粤港澳大湾区发展规划纲要》，提出建设粤港澳大湾区世界级旅游目的地，推进粤港澳共享区域旅游资源，构建大湾区旅游品，打造宜居宜业宜游的优质生活圈。

1. 共建人文湾区

塑造湾区人文精神。联合开展跨界重大文化遗产保护，合作举办各类文化遗产展览、展演活动，保护、宣传、利用好湾区内的文物古迹、世界文化遗产和非物质文化遗产，支持弘扬以粤剧、龙舟、武术、醒狮等为代表的岭南文化，彰显独特文化魅力。增强大湾区文化软实力，进一步提升居民文化素养与社会文明程度，共同塑造和丰富湾区人文精神内涵。吸收中华优秀传统文化精华，大力弘扬廉洁修身、勤勉尽责的廉洁文化，形成崇廉尚洁的良好社会氛围，共同维护向善向上的清风正气，构建亲清新型政商关系，推动廉洁化风成俗。

共同推动文化繁荣发展。完善大湾区内公共文化服务体系和文化创意产业体系，培育文化人才，打造文化精品，繁荣文化市场，丰富居民文化生活。推进大湾区新闻出版广播影视产业发展；加强国家音乐产业基地建设，推动音乐产业发展。加强大湾区艺术院团、演艺学校及文博机构交流，支持博物馆合作策展，便利艺术院团在大湾区内跨境演出。支持新建香港故宫文化博物馆、西九文化区戏曲中心等重点文化项目，增强香港中西合璧的城市文化魅力。支持香港通过国际影视展、香港书展和设计营商周等具有国际影响力的活动，汇聚创意人才，巩固创意之都地位。支持深圳引进世界高端创意设计资源，大力发展时尚文化产业。支持香港、澳门、广州、佛山（顺德）弘扬特色饮食文化，共建世界美食之都。共同推进大湾区体育事业和体育产业发展，联合打造一批国际性、区域性品牌赛事。推进马匹运动及相关产业发展，加强香港与内地在马匹、饲草饲料、兽药、生物制品等进出境检验检疫和通关等方面的合作。加强粤港澳青少年交流，支持“粤港澳青年文化之旅”、香港“青年内地交流资助计划”和澳门“千人计划”等重点项目实施，促进大湾区青少年交流合作；

① http://travel.people.com.cn/n1/2019/0222/c41570-30897670.html.

开展青少年研学旅游合作，共建一批研学旅游示范基地。

2. 构筑休闲湾区

推进大湾区旅游发展，依托大湾区特色优势及香港国际航运中心的地位，构建文化历史、休闲度假、养生保健、邮轮游艇等多元旅游产品体系，丰富粤港澳旅游精品线路，开发高铁“一程多站”旅游产品，建设粤港澳大湾区世界级旅游目的地。优化珠三角地区“144 小时过境免签”政策，便利外国人在大湾区旅游观光。支持香港成为国际城市旅游枢纽及“一程多站”示范核心区，建设多元旅游平台。支持澳门建设世界旅游休闲中心，在澳门成立大湾区城市旅游合作联盟，推进粤港澳共享区域旅游资源，构建大湾区旅游品牌，研发具有创意的旅游产品，共同拓展旅游客源市场，推动旅游休闲提质升级。有序推动香港、广州、深圳国际邮轮港建设，进一步增加国际班轮航线，探索研究简化邮轮、游艇及旅客出入境手续。逐步简化及放宽内地邮轮旅客的证件安排，研究探索内地邮轮旅客以过境方式赴港参与全部邮轮航程。推动粤港澳游艇自由行有效实施，加快完善软硬件设施，共同开发高端旅游项目。探索在合适区域建设国际游艇旅游自由港。支持澳门与邻近城市探索发展国际游艇旅游，合作开发跨境旅游产品，发展面向国际的邮轮市场。支持珠三角城市建设国家全域旅游示范区。促进滨海旅游业高品质发展，加快“海洋—海岛—海岸”旅游立体开发，完善滨海旅游基础设施与公共服务体系。探索以旅游等服务业为主体功能的无居民海岛整岛开发方式。建设贯通潮州到湛江并连接港澳的滨海景观公路，推动形成连通港澳的滨海旅游发展轴线，建设一批滨海特色风情小镇。探索开通澳门与邻近城市、岛屿的旅游线路，探索开通香港—深圳—惠州—汕尾海上旅游航线。

3. 塑造健康湾区

密切医疗卫生合作。推动优质医疗卫生资源紧密合作，支持港澳医疗卫生服务提供主体在珠三角九市按规定以独资、合资或合作等方式设置医疗机构，发展区域医疗联合体和区域性医疗中心。支持中山推进生物医疗科技创新。深化中医药领域合作，支持澳门、香港分别发挥中药质量研究国家重点实验室伙伴实验室和香港特别行政区政府中药检测中心优势，与内地科研机构共同建立国际认可的中医药产品质量标准，推进中医药标准化、国际化。支持粤澳合作中医药科技产业园开展中医药产品海外注册公共服务平台建设，发展健康产业，提供优质医疗保健服务，推动中医药海外发展。加强医疗卫生人才联合培养和交流，开展传染病联合会诊，鼓励港澳医务人员到珠三角九市开展学术交流和私人执业医务人员短期执业。研究开展非急重病人跨境陆路转运服务，探索在指定公立医院开展跨境转诊合作试点。完善紧急医疗救援联动机制。推进健康城市、健康村镇建设。

加强食品食用农产品安全合作。完善港澳与内地间的食品原产地可追溯制度，提高大湾区食品安全监管信息化水平。加强粤港澳食品安全合作，提升区域食品安全保障水平，建立健全食品安全信息通报案件查处和食品安全事故应急联动机制，建立食品安全风险交流与信息发布制度。保障内地供港澳食品安全，支持港澳参与广东出口食品农产品质量安全示范区和“信誉农场”建设，高水平打造惠州粤港澳绿色农产品生产供应基地、肇庆（怀集）绿色农副产品集散基地。

4. 构建现代化旅游交通体系

建设世界级机场群。巩固提升香港国际航空枢纽地位，提升广州和深圳机场国际枢纽竞争力，增强澳门、珠海等机场功能。推进香港机场第三跑道建设和澳门机场改扩建，实施广州、深圳等机场改扩建，建设一批支线机场和通用机场。进一步扩大大湾区的境内外航空网络，推动开展多式联运代码共享。发展高增值货运、飞机租赁和航空融资业务等。

畅通对外综合运输通道。加快构建以广州、深圳为枢纽，高速公路、高速铁路和快速铁路等广东出省通道为骨干，连接泛珠三角区域和东盟国家的陆路国际大通道。推进赣州至深圳、广州至汕尾、深圳至茂名、岑溪至罗定等铁路项目建设，推进广州经茂名、湛江至海安铁路和柳州至肇庆铁路等建设，推进湛海高速（G15）和京港澳高速（G4）等国家高速公路交通繁忙路段扩容改造。

构筑大湾区快速交通网络。以连通内地与港澳以及珠江口东西两岸为重点，构建以高速铁路、城际铁路和高等级公路为主体的城际快速交通网络，实现大湾区主要城市间 1 小时通达。推进珠三角主要城市的城市轨道交通项目建设，推进深中通道、虎门二桥过江通道建设。发挥广深港高速铁路、港珠澳大桥作用，创新通关模式。推进莲塘 / 香园围口岸、粤澳新通道（青茂口岸）、横琴口岸（探索澳门莲花口岸搬迁）、广深港高速铁路西九龙站等新口岸项目的规划建设。加强港澳与内地的交通联系，推进城市轨道交通等各种运输方式的有效对接。

提升客运服务水平。推进干线铁路、城际铁路、市域（郊）铁路等引入机场，提升机场集疏运能力。推进大湾区城际客运公交化运营，推广“一票式”联程和“一卡通”服务。加快发展铁水、公铁、空铁、江河海联运和“一单制”联运服务[①]。

四、高质量建设一批世界海洋旅游城市

2017年5月，国家发改委和前国家海洋局发布《全国海洋经济发展“十三五”规划》，规划中提出了建设全球海洋中心城市，打造“21世纪海上丝绸之路”的排头兵和主力军。因此，我国各个滨海旅游城市需抓住全球海洋中心城市建设机遇，大力发展海洋旅游业，全面加快建设海洋旅游名城的步伐，借鉴世界著名海洋休闲度假胜地的经验，创新形成“本土特色＋自然景观＋文化底蕴”的发展模式，构建现代海洋旅游产品结构体系和相对完整的海洋产业运行体系，将在上海、深圳、广州、深圳、厦门、三亚、青岛、大连等建设独有的海洋观光特色高地和海洋特色休闲度假胜地，并打造成海洋旅游名城和国际旅游目的地[②]。

建设海洋旅游名城需要构建以滨海娱乐与观光游、海岛（礁）游、海洋运动与养殖体验游、海港游、远（近）海风光游、海洋环球游等内容为主体的海洋旅游产品体系；建立以高端商务、度假会展、滨海地产、邮轮旅游等为标志的海洋旅游新型优势产业；选择具有区位优势的小区域，建设独具特色的海洋观光特色高地和海洋特色休闲度假胜地。在此基础上科学地延伸海洋旅游的上下链条，形成相对完整的海洋产业运行体系。

建设海洋旅游名城需以深厚的海洋文化与文明为底蕴，实现名城的错位发展，海洋文化是发展海洋旅游的基石。一是推进上海、深圳、广州、深圳、厦门、三亚、青岛、大连等名城一体化连接岸线、海岛、海湾、陆地，形成山城相连、海天一色，人文景观与秀丽自然风光相融，构建不同感官享受的海洋观

---

① http://www.crntt.com/doc/1053/3/7/7/105337722_8.html?coluid=7&kindid=0&docid=105337722&mdate=0218185910.

② 郭先登．建设海洋旅游名城打造国际旅游目的地［N］．青岛日报，2013-07-13（005）．

光特色高地。二是重视小区域海洋休闲度假功能区的规划设计，从基础设施、服务体系、旅游地产结构、配套的产业链、自然环境等要素出发打造小区域海洋休闲度假胜地环境。三是依托人文资源和现代科技手段，加快推进水下主题型博物馆等特色海洋旅游项目建设，形成中国海洋旅游拳头项目。四是以丰富的自然资源＋人文资源为依托，建设以涉海为主题内容的不同规模、不同内容、不同管理层次的国家海洋公园、海洋主题公园、海洋休闲公园、海洋娱乐公园、海洋森林公园等，实现海洋旅游名城的错位发展。五是全面推进青岛港、大连港、天津港、宁波港等港口建设，深入推进有特色的海港游。

建设海洋旅游名城需要充分利用和开拓发展海洋旅游的资源空间，形成多区域、多主体、多市场、多行业联合投资发展海洋旅游的新局面。一是通过联合投资，为国内外游客提供便利的远洋旅游基础设施，建设具有中国特色的大型远洋邮轮，建设有巨大影响力的国家海洋公园。二是通过联合投资发挥海洋旅游名城拥有的海洋产业优势，促使航运产业集群和旅游产业集群越来越密切地交融发展，不断提高大型游客集散中心、大型购物中心、娱乐餐饮、酒店、别墅区等功能集聚、完整开发的层次和水平，形成“旅游地产＋港口＋航运＋邮轮＋购物”的新型海洋旅游商业经营模式。三是综合运用国家已经出台的政策，如把免税政策作为建设海洋旅游名城的撬动力，推动到提升为免税城、自由贸易港等建设中。

1. 上海

主动融入“一带一路”、自贸试验区、长江经济带和长三角一体化国家发展战略，围绕上海是有全球影响力的科技创新、国际经济、金融、贸易、航运中心等特点，以建设全球海洋中心城市为抓手，以深化都市旅游内涵为方向，持续推进城旅一体化发展，塑造都市旅游景观新空间，打造具有全球吸引力的旅游新产品，完善都市旅游产业新体系，深化旅游与相关产业的深度融合，提升旅游公共服务水平、都市旅游服务质量、旅游消费能级和旅游国际竞争力，打造世界级海洋旅游名城。一是加快推进“三圈三带一岛”空间布局建设。全面提升“三圈”旅游休闲度假功能，重点建设滨海临江旅游圈层和滨海水上旅游带。滨海临江旅游圈层利用长江及东海区域，以及近海岛屿和海域资源，整合沿长江和杭州湾北岸岸线资源，开发亲水观光、休闲、度假产品，全面提升滨海度假、水上运动和居住疗养等功能；依托邮轮、游艇、游船和休闲度假区等旅游业态和功能区建设，拓展都市滨海临江休闲度假、生态体验等功能。整合长兴岛特色资源，发展亲水休闲度假项目。滨海水上旅游带加快长江口南岸地区工业转型与地区开发，增加滨海公共空间建设，提升区域的观光、休闲功能。充分利用杭州湾北岸旅游资源优势，引入中高端旅游度假项目，发展滨海型综合旅游度假区。二是加快推进中国邮轮旅游发展实验区（宝山、虹口）建设。推进自贸试验区与邮轮旅游发展实验区“区港联动”，提升邮轮服务功能，完善区域港口基础设施和周边配套服务，推动水岸联动，建设现代邮轮产业集群区，打造国际邮轮旅游基地和滨水休闲旅游空间。对接邮轮旅游发展需要，完善邮轮旅游发展产业链，培育本土邮轮公司和邮轮船队，吸引更多邮轮企业总部和机构集聚上海。探索与沿海邮轮港的合作发展，开辟近海邮轮航线，推动邮轮旅游国内市场发展，建设亚太地区邮轮旅游集散枢纽和世界邮轮旅游中心。三是推进 2 个市级滨海旅游功能区建设。临港滨海旅游休闲区（浦东）突出海洋文化特色，加强区域资源的联动整合，推动极地海洋公园等功能性项目建设，力争建成高品质的生态休闲度假旅游胜地。南上海滨海旅游休闲区（奉贤）合理开发海湾国家森林公园等沿海资源，完善旅游服务与配套，发展以滨海休闲度假为特色的旅游产品，打造滨海休闲度假基地[①]。

2. 深圳建设海洋旅游名城

紧紧围绕中国特色社会主义先行示范区建设和粤港澳大湾区建设，加强海洋城市精神文明建设，注重陆海统筹，整合优势海洋旅游资源，促进产业融合发展，构筑产品多元、特色突出、功能完善的海洋旅游体系，实现深圳海洋旅游的跨越发展，加快建设全球海洋中心城市，打造世界海洋旅游城市。一是优化陆海空间发展格局。推进滨海空间塑造，统筹陆海资源配置，形成“一带、三区、多组团”的海岸带总体布局，即以沿深圳海岸带作为陆海空间耦合的重要发展轴带，根据“东、中、西”三个区域差异化滨海风貌，打造东部生态魅力海洋集聚区、中部科技动力海洋集聚区、西部产业活力海洋集聚区，形成东部山海度假、中部都市生活、西部产业聚集的旅游发展格局，同时划定多个单元组团进行湾区陆海管控。二是推动海洋文化旅游重点区域发展。重点推进大鹏所城特色文化街区、金沙湾国际滨海旅游度假区、西涌片区品质提升、龙岐

① http://www.shanghai.gov.cn/nw22403/20200820/0001-22403_50560.html.

湾海洋文化旅游集聚区、梅沙片区整体改造、国际港口海滨新城、宝安区海洋特色旅游圈、深汕生态滨海新城等建设。三是丰富海洋旅游产品供给。推动邮轮游艇旅游发展，建设大湾区国际游艇旅游自由港，推进太子湾邮轮母港与世界著名邮轮公司合作，开发设计具有地方特色的邮轮旅游产品，推进粤港澳大湾区文化演出团体、演艺项目等在邮轮上展演展销；优化海上休闲旅游项目，优化提升“海上看深圳”项目，开发“海上看湾区”和“大湾区空海游”等观光旅游品牌项目，建设公共游艇码头，积极发展集游艇消费、旅游体验、文化交流、休闲娱乐等功能于一体的海上休闲旅游产品。打造环市沿滨海观光休闲带，重点打造西部观光休闲带和东部观光休闲带。四是培育滨海体育旅游新业态。打造国际滨海体育高地，大力发展帆船帆板、游艇、海岸赛艇、摩托艇、水上滑翔、沙滩运动等休闲项目，举办中国杯帆船赛、世界帆船对抗巡回赛等国际知名水上赛事，建设海洋体育“一中心三基地”［全国水上（海上）国民休闲运动中心、海岸赛艇等水上运动国家队训练基地、海洋体育运动产业基地和海洋体育休闲旅游基地］；规划建设国际金枪鱼交易中心，打造具有世界影响力的集储藏交易、拍卖展示、消费观光于一体的中高端远洋水产品消费平台；推动蛇口、盐田、南澳等传统渔港的升级改造，打造“海韵渔味”滨海旅游休闲特色节点，促进“渔业 + 旅游”产业升级。五是促进科技与海洋旅游的融合。开发海洋科技旅游产品，运用 5G、AR/VR、4K/8K 等前沿技术，研发海洋视听节目、游艺娱乐、节庆活动、生命康体等多种海洋旅游产品，推动盐田区和大鹏新区建设兼顾海洋科考、海洋科技发展、海洋文化保护的海洋科技旅游目的地①。

3. 厦门建设海洋旅游名城

围绕建设海洋强国的战略部署，坚持以创新为驱动力，加快海洋旅游发展示范区建设步伐，全力推动“两港一区”载体建设，继续传承发扬鼓浪屿海洋文化，培育海洋旅游新产品、新业态，推动海洋旅游科技创新发展，打造海洋旅游名城。一是推动“两港一区”载体建设，通过高崎中心渔港、欧厝渔港建设提升和推动欧厝渔港以东形成海洋高新产业聚集园区，形成海洋经济发展的平台载体。抓好高崎渔港升级改造，在保留避风坞和水产品批发功能的基

① http://wtl.sz.gov.cn/hdjlpt/yjzj/answer/7676.

础上，打造成集食、住、游、购为一体的现代化渔业休闲娱乐品牌；以建设厦门国际水产品交易平台为抓手，打造辐射全省乃至全国的水产品交易中心。推动翔安区欧厝对台渔业基地建设，争取升级为国家中心渔港①。二是继承发展鼓浪屿的海洋文化，使其与历史人文的传承相得益彰，展现海洋元素的巨大魅力，形成全社会“保护海洋、开发海洋”的良好氛围。发展鼓浪屿的海洋文化。在鼓浪屿原有海洋文化的基础上锦上添花，突出海的元素，做足海的文章，为鼓浪屿申遗工作添砖加瓦。三是发挥厦门市在现代海洋科技领域的区位优势，整合涉海高校、科研部门和相关企事业单位的资源，打造鼓浪屿·海博物馆，建设博物馆主题区、海洋文创与文化展示区、配套休闲区，集中展示福建厦门的海洋文化，成为集旅游观光、科普教育、文创等多面向功能的文化基地②；推进海洋科技旅游观光工厂项目建设，以厦门蓝湾海洋多糖科技园旅游观光工厂为标杆，积极开展海洋领域工业旅游方面的探索，推动海洋科技与产业公共服务平台建设、推进“产学研”一体化发展加快成果转化。四是推动海洋旅游相关产业融合发展。以海丝文化、船政文化、妈祖文化等，创造一种具有特色、有影响、高效益的海洋文化景区或者文化创意景区。积极开发海上渔村，为游客带来独具特色的体验，开展养殖业的旅游开发，在海上开展海上鱼排活动，组织海上摄影等旅游产品。进一步发展厦门游艇制造业，并促进游艇旅游市场发展③。

4. 青岛建设海洋旅游名城

青岛按照高质量发展的要求，通过精品带动、融合推动、整合拉动，深入挖掘山东旅游产业发展的潜在动能、整合形成旅游产业发展的新动能、创新融合构建旅游产业发展的核心动能，推动一、二、三产业融合，全面打造国际海洋旅游休闲度假目的地，建设成世界海洋旅游名城。一是推动滨海休闲度假酒店集群、海洋旅游集聚区、滨海特色小镇等海洋旅游精品工程建设。推进建设青岛主城区度假酒店集群、西海岸度假酒店集群和鳌山湾度假酒店集群；培育青岛市凤凰岛、琅琊台、灵山湾等海洋旅游聚集区。打造小青岛、竹岔岛等一

---

① http://www.xm.gov.cn/zwgk/xwfbh/xmshyfzj/202004/t20200428_2443259.htm.

② http://www.xmrd.gov.cn/rdlz/dbjygk/dbjy/201703/t20170315_5053655.htm.

③ 唐萍 .“一带一路”背景下厦门海洋文化旅游发展现状及趋势概论［J］. 佳木斯职业学院学报，2019（4）：93-94.

批精品旅游海岛。培育青岛莱西市店埠航空文化小镇、藏马山国防军旅小镇等一批滨海特色小镇。二是推动青岛中国邮轮旅游发展试验区建设。要将青岛建成集国际客运中心，金融商务、商业贸易、休闲度假于一体的“国际邮轮城”，巩固现有日韩主力航线，加快开辟我国台湾、朝鲜及远东地区的邮轮始发航线，逐步开发到香港、东南亚等地的中长途航线；吸引邮轮运营企业开辟以青岛为访问港的入境航线，加强与港口旅游城市合作，积极促成互为母港航线，实现游客互换和资源共享。丰富岸上旅游产品，开发适合邮轮旅客的一日游或短线游产品，增加邮轮入境游吸引力①。三是以旅游产业的“旅游+”引导更多产业“+旅游”，搭建精品旅游发展新平台。积极推动会展经济与旅游融合互动，发展会展旅游。积极引进会展组织品牌机构和领军人才，提升青岛会展服务的专业化、国际化水平。充分释放上合组织青岛峰会的后续影响，发展高端会展经济，建设具有国际影响力的会展旅游目的地。四是重点建设城市精品旅游街区、精品旅游社区，形成各具特色的城市旅游品牌。培育八大关、啤酒博物馆、栈桥等城市亮丽名片，规划建设“万国建筑博览区”，提高青岛啤酒节、国际电影节、国际马拉松等节会赛事的国际化水平，着力打造音乐之岛、影视之都、啤酒之城。其中，要重点提升青岛八大关、邮轮母港城、东方影都、华红湾国际旅游度假区、藏马山国际旅游度假区、青岛红树林度假世界项目，规划建设万国建筑博览区。五是做精服务提升崂山绿茶、青啤等知名度。加强老字号、特色农产品、地理标志商品注册保护力度，提升崂山绿茶、胶东刺参等地理标志产品品牌影响力，提升青岛啤酒等工业旅游购物品牌美誉度②。

5. 三亚建设海洋旅游名城

紧紧围绕建设世界级滨海旅游城市的目标，对照国际标准，聚焦三亚发展的热点和痛点问题，以《三亚市建设世界级滨海旅游城市行动方案》为指导蓝图，全面推进十大行动，包括城市国际化水平提升、旅游产业提升、千亿产业园区建设、“双修”升级版行动、“十镇百村”建设、智慧城市建设、幸福民生行动、人才“海绵城市”建设、强区扩权行动和强基固本行动。一是提升城市

① https://www.baidu.com/link?url=Vq1g36BjavzfJhPuDh97VYVvfCHUaCOHl4m3f9NCGESmgVm_-srMXvpL31X0_eGqD28Ukg1uI7sa5EBqOWLUJwVIXEfaRa1mwpFOZxatLQJ0RS1QZsxfl3m_r5zD0yphv0N8jLrXMfCIlRBxwlZxpa&wd=&eqid=d3c0dc180018104a000000035f967a82.

② http://news.qingdaonews.com/qingdao/2018-11/13/content_20241467.htm.

国际化水平行动。不断提升国际通达性和航空保障能力，持续加密国际航线航班，争取加密和新增更多北欧、西欧、美洲、日韩、东南亚，还有中国港澳台地区的航线；加大国际化旅游环境建设力度，加快建立与国际通行规则相衔接的旅游服务标准体系，推进全域旅游标识标牌的国际化改造；策划和举办重大的具有世界性影响的文化和体育赛事活动，如世界瑜伽交流大会、世界邮轮大会、三亚国际音乐节等；创新城市宣传和旅游的推介方式，走出去也请进来，不断地提升三亚的国际知名度和美誉度；提高贸易自由化、便利化水平，加大国际招商引资力度，引进更多的国际化企业、国际化人才，特别是要吸引旅游行业方面的国际化企业和国际化人才进驻三亚。二是旅游产业提升行动。以大旅游为支柱、以新兴科技产业和热带特色高效农业为支撑，构建“一支柱两支撑”产业格局。重点推动天涯海角、西岛旅游区、热带天堂森林公园创建5A级景区，加快南山“4+2”、亚特兰蒂斯、海昌梦幻不夜城、专业化旅游商品市场建设以及大型海鲜广场等项目建设，大力培育和发展三亚的免税购物、邮轮、游艇、会展、婚庆、低空飞行、健康养生等旅游新业态的发展。加快健康旅游示范基地的建设，积极创建全国体育旅游示范区和国家运动健康城市①。三是加强旅游市场治理管理。千亿产业园区建设将聚焦互联网信息产业、海洋科技产业发展，加快推进海洋科技产业园、遥感产业园和综合物流加工产业园等建设。四是“双修”升级版行动将持续加大生态修复和城市修补力度，加快推进35个棚改项目，打造海绵城市，推进“创文巩卫”和综合管廊建设。“十镇百村”建设将以共享农庄为抓手，建设100个美丽乡村和10个特色产业小镇。五是智慧城市建设行动中，将推进城市信息化基础设施建设，建设“平安城市”，深化政务大数据改革，升级优化旅游App②。

五、打造一批国际海洋旅游目的地和标杆性海洋旅游区

以辽东半岛、渤海湾、山东半岛、苏北海域、长江口及其两翼海域、海峡西部海域、珠江口及其两翼海域、北部湾、海南岛九区为核心，推进海洋旅游业发展，打造一批国际海洋旅游目的地和标杆性海洋旅游区。

---

① http://www.sanya.gov.cn/sanyasite/rwzf/201710/46c809faa4db4cbc96f040ec949a6ec6.shtml.

② http://www.sanya.gov.cn/sanyasite/jrtt/201709/310423cfb7d74af2816232672d56c53a.shtml.

1. 辽东半岛国际海洋旅游目的地建设

辽东半岛以大连港为核心，以营口、丹东、盘锦、锦州、葫芦岛为补充，实施“海上辽宁”发展战略，丰富海洋旅游产品，建设滨海旅游带，推进建设大连东北亚国际航运中心，打造国家海洋旅游目的地。一是充分利用优越的海上资源，开发系列“海”产品，海上观光产品、休闲娱乐产品、康体养生产品、海上文化产品、海上体育产品等。二是加强区域旅游，整合海洋旅游资源。通过对旅游资源进行地域组合，结合行政区划对旅游发展特色进行总结：以海滨风光及近代战争遗迹为主的大连，以海滨风光、古代文化为主的葫芦岛；以海滨风光、古代遗迹为主的营口，以湿地景观为主的盘锦和集江海泉林、人文古迹为一体的丹东。大连经济发达，环境优美、气候宜人，海滨旅游发展成熟，且是近代战争遗迹的爱国教育基地。充分挖 5 个城市的资源特色，形成海滨度假区。三是以大连港为枢纽，营口、丹东港为补充，建设多功能、区域性物流中心；提高海洋船舶制造的自动化水平和产品层次；重点发展海珍品养殖；保障复州湾、金州湾盐业生产基地的持续发展；培植海水利用产业，提高大连市的海水利用程度。

2. 渤海湾国际海洋旅游目的地建设

渤海湾以天津、秦皇岛为核心，以唐山、沧州为补充，确定“翡翠渤海”的形象，遵循文化特色立区、城市旅游架构、顶级时尚引领、快陆支航出洋、区域实质合作、生态涵养保护六大模式，打造国家海洋旅游目的地。一是文化特色立区——该区历史文化积淀之厚重、近代百年文化之典型，更有现代文化之时尚，在区域比较中彰显特色，脱颖而出。二是城市旅游架构——作为中国三大城市群之一，环渤海区域旅游在很大意义上就是城市旅游；紧紧把握这一特点，进行该区域的城市旅游和旅游城市建设，凸显各城市、城市群的特色，加大其差异，实现产品互补和合理布局。三是顶级时尚引领——把握旅游市场发展之脉搏，除传统旅游外，以顶级高端和现代时尚旅游产品为主，最大限度凸显该区域旅游市场的特点，并引领中国旅游的新潮流。四是快陆支航出洋——建设和完善“海陆空一体”的旅游交通网络，注重海洋旅游的发展，建设方便快捷的环渤海周末游圈和国际邮轮旅游专线。五是区域实质合作——从认识、政府、企业和操作 4 个层面，推动和实现 3 个层次的区域合作——“环渤海区域旅游一体化”，环渤海与东北、长三角和中原等临近旅游区的合作，以及与韩、日、俄远东、朝鲜、蒙古国等东北亚国家的合作。六是生态涵养保护——环渤海区域存在严重缺水、众多河流断流、海洋污染、生态承载量等诸多重大环境问题，要求必须高度重视生态环境的涵养、保护与恢复，才能实现旅游的可持续发展。

3. 山东半岛国际海洋旅游目的地建设

山东半岛以青岛为核心，以滨州、潍坊、烟台、威海、日照为补充，深入落实经略海洋战略，大力发展海滨、近海、深海休闲度假旅游，打造青烟威精品海洋旅游发展高地和国际知名的“仙境海岸”滨海旅游目的地。借鉴国际度假旅游目的地发展模式，发挥优质沙滩资源的优势，规划建设滨海休闲度假酒店集群，完善高端度假设施，提升旅游度假区层次，培育海洋旅游聚集区和滨海特色小镇，打造国际著名温带海滨度假连绵带。推进“齐鲁美丽海岛”建设，依托丰富的海岛资源，坚持“一岛一品”特色化开发，打造中国北方最大规模、最高品位的海岛旅游集群。建设青岛中国邮轮旅游发展试验区，威海、日照邮轮访问港和帆船（游艇）基地，开展烟台邮轮无目的地公海游试点。积极培育新产品、新业态，开发游钓型游艇、海洋牧场、海洋运动、海水康疗、海洋食品养生、房车露营地、海洋节会等产品，形成全天候海滨、海洋旅游产品体系。打破冬春淡季旅游瓶颈，培育海水热疗、海水温泉等项目。以烟台葡萄酒文化为主题，整合葡萄种植、葡萄酒庄、葡萄酒小镇等资源，培育世界著名“葡萄酒海岸”[①]。

4. 苏北国际海洋旅游目的地建设

苏北海域以连云港为核心，以盐城市为补充，以港口工业旅游区发展为定位，以项目建设为支撑，以改革创新为驱动，大力推进文旅融合发展，推动苏北国家海洋旅游目的地建设。以海岛旅游、海上旅游为主要特色，建设国际知名的海洋旅游集聚区。将海州湾旅游度假区、前三岛、秦山岛等区域进行联合打造，通过海滨、海岛、海上浮岛等建设，将连云港的沿海旅游由海岸线状分布向海洋面状拓展，打造连云港特有的海洋旅游产品。海州湾片区：通过建设海洋馆、海鲜小镇、滨海度假酒店等项目，将海州湾打造成黄海地区知名的滨海旅游度假区。秦山岛海岛旅游度假区：将秦山岛建设成为小而精的海岛型旅

① https://www.sohu.com/a/274702748_543939.

游度假区，旅游接待设施以新颖、精致、时尚为主，独具特色。浮岛建设：在秦山岛、前三岛等岛屿外围建设浮岛，提供海上别墅、海中餐厅、海中垂钓、海上乐园等海上旅游项目，增加连云港海洋旅游的趣味性。在连岛、海州湾、秦山岛、前三岛之间开通海上交通线路，实现海上交通的公交化，实现连云港内部海洋旅游片区的串联。继续办好国际西游记文化（旅游）节、赣榆徐福文化节、连云港之夏等节庆活动。培育打造具有连云港特色的“紫菜节”，将海洋旅游与休闲渔业相结合，发展以“品尝海鲜”为主题的特色海洋旅游业。以“新鲜靠岸”为主题，通过建设海鲜排档、精致料理等特色商业街，营造“尝海鲜、观海景、采海货”的特色餐饮氛围，打造连云港旅游新名片[①]。

5. 海峡西部国际海洋旅游目的地建设

海峡西部以厦门、福州为核心，以宁德、莆田、泉州、漳州等为补充，以北方老年人过冬或养老的首选地为发展定位，打造国际海洋旅游目的地。丰富海洋旅游产品体系。建设与海滨自然景观资源建设配套的大型旅游项目，不断完善旅游基础设施和产品体系，着力在具有高附加值的海洋旅游产品和服务上培养一批有国际竞争力的品牌。优先发展邮轮、游艇等休闲旅游项目，加快厦门邮轮母港建设，深度挖掘培育邮轮产品，以高端商务、休闲度假、夕阳红、蜜月、青年修学、海洋文化等为主题，推出“高铁+邮轮”“高速+邮轮”和“高铁+小三通”等系列旅游产品。在厦门、漳州、泉州、莆田、福州等地启动建设一批游艇码头，推出一批游艇开发招商项目。加快推进鼓浪屿、湄洲岛、东山岛、平潭岛建设文化休闲度假海岛。创新提升“水乡渔村”品牌，新增一批“水乡渔村”精品示范项目。推进“国家级海洋公园”“国家级海洋生态文明示范区”“全国休闲渔业示范基地”“水乡渔村”等创建A级旅游景区。继续深化无居民海岛旅游项目招商引资，未来无居民海岛旅游可以与邮轮游艇旅游相结合，将条件较好的海岛建成挂靠港，进行深度旅游项目开发。深化闽台海洋旅游合作。加快构建“环海峡旅游圈”，推动闽台旅游深度融合。积极争取国家赋予福建更多先行先试政策，争取两岸机动车辆互通行驶、扩大赴台个人游试点城市、推动金门“二日游”政策延伸至澎湖，拓展到福州至马祖、泉州至金门等先行先试政策。进一步发挥闽台空中直航、海上直航、“小三通”

---

① 连云港市发展改革委，连云港市海洋与渔业局．连云港市“十三五”海洋事业发展规划［EB/OL］. http://www.lyg.gov.cn/zglygzfmhwz/zxgh1/content/6b9328de-d01b-4124-ad00-5b9f087bcaef.html.

海空联运的立体交通优势，提升两岸游客往来便利性。拓宽闽台海上直航旅游线路。加快完善邮轮旅游设施、相关配套产业和服务，做热“环海峡邮轮旅游”航线。推进平潭国际旅游岛建设。支持平潭争取实施国际旅游岛相关政策。平潭已有与厦门大嶝岛相同的台湾商品免税市场，下一步争取与香港相似的全品类购物免税政策，把平潭建设成大陆免税购物天堂。推行国际通行的旅游服务标准，加快推进景区道路、停车场、游客服务中心、厕所等配套基础设施建设。引进一批重点旅游项目和国际、国内知名旅游企业落户平潭，重点打造将军山、石牌洋、南寨山、仙人井、坛南湾等精品旅游景区，推进平潭特色石屋旅游及民宿发展，丰富休闲度假旅游产品，引进系列台湾风味农家菜、小吃[①]。

6. 珠三角国际海洋旅游目的地建设

珠三角依托其南部近海水域、海岸带和近海岛屿组成的“三湾”，借助广东海洋经济综合试验区政策优势，建设环珠江口湾（生活休闲湾）、环大亚湾湾区（生态度假湾）、大广海湾区（运动体验湾）三大滨海旅游功能湾区，将珠三角“三湾”蓝色滨海带打造成世界级滨海旅游目的地。环珠江口湾滨海旅游带，推动广州、深圳、东莞、珠海、中山五市共同编制《环珠江口湾滨海旅游发展总体规划》，重点推进游艇、邮轮联盟合作，东西联动环大亚湾和大广海湾，把环珠江口湾滨海旅游带建设成粤港澳共建优质生活圈的滨海旅游合作区，打造成世界一流滨海休闲幸福湾区。环大亚湾滨海旅游带，推动深圳、惠州两市共同编制《环大亚湾滨海旅游发展总体规划》，推进环大亚湾滨海旅游资源的整体开发，共同开展与香港的滨海旅游合作，建立密切的港深惠滨海旅游联系。重点推进深圳大鹏半岛和惠州稔平半岛特色旅游区发展，推进港深惠海上旅游航线及海岛开发，东西联动环珠江口湾和大红海湾，把环大亚湾滨海旅游带建设成为珠三角东岸黄金旅游带，打造成国际级生态型滨海综合旅游度假胜地。大广海湾滨海旅游带，推动珠海、江门两市共同编制《大广海湾滨海旅游发展总体规划》，整合黄茅海、广海湾、镇海湾和上下川岛等旅游资源。重点推进上下川岛特色旅游区发展，推进珠海平沙、江门银湖湾和海龙湾以及中山游艇基地联盟合作，把大广海湾滨海旅游带建设成为珠三角西岸黄金旅游

① 蔡承彬 . 促进福建海洋旅游发展［N］. 福建日报，2015-09-21（011）.

带，打造成国际级滨海运动休闲度假胜地。

7. 北部湾国际海洋旅游目的地建设

北部湾以北海为核心，以钦州、防城港等为补充，发挥政府的主导作用，建立强有力的推进机制，整合北部湾海洋旅游资源，塑造海洋旅游经典品牌，打造国际海洋旅游目的地。一是构建一廊三区多点两屏障空间格局。依托铁山港—北海—钦州—防城港—东兴交通干线通道，统筹港口建设、产业发展和城镇布局，打造北部湾向海经济走廊。推动钦州和防城港深度融合，加强港口分工协作和交通互联互通，打造临港经济发达、边贸活跃、港产城共荣的钦州湾—防城湾片区；统筹北海主城区、北海工业园、合浦县城发展，打造城区品质升级、产业高端、产城一体的廉州湾片区；推进龙港新区、铁山港（临海）工业区联动发展，打造产业集聚、园区互动、港产城融合的铁山湾片区。完善城镇布局，重点加快建设北海海湾新城、防城港海湾新区、钦州港新城，创新“滨海 + 旅游 + 城镇”“口岸 + 边贸 + 城镇”等特色发展模式，打造一批特色小城镇。共建蓝绿生态屏障，筑牢青山绿水生态防线，形成陆海统筹的生态保护体系。二是加快发展旅游和康养产业。全面提升北钦防旅游休闲基础设施水平，深入开展旅游休闲提质升级行动，大力推广北部湾全域旅游，合力打造旅游康养产业带。积极发展度假旅游、健康旅游、生态旅游，鼓励发展自驾游、邮轮游艇旅游、低空旅游等旅游新业态，把北部湾国际旅游度假区建设成为全国一流、世界知名的区域性国际旅游目的地和集散地。加快发展以养老、医疗、医药、运动、旅游、食品等为重点的北部湾康养产业[①]。

8. 海南岛国际海洋旅游目的地建设

海南岛做强滨海旅游，拓展海洋、海岛旅游发展空间，稳步推进三沙旅游，积极发展邮轮旅游，大力发展帆船、游艇、海钓等海上休闲运动。一是做精做强滨海旅游。整合滨海旅游资源，着力打造一批滨海精品度假项目，培育一批具有国际水平的滨海休闲度假品牌。继续推进海棠湾、亚龙湾、清水湾等热带滨海休闲度假海湾建设，加快三亚亚特兰蒂斯、儋州海花岛、国际旅游岛先行试验区及海洋欢乐世界等一批滨海旅游综合体开发。积极开发无居民海岛旅游和西沙群岛海岛旅游。丰富休闲渔业和沙滩、近海水上运动项目及创意活

① http://news.gxnews.com.cn/staticpages/20191101/newgx5dbb69e6-19003429.shtml.

动类型。探索开通环岛观光巴士，丰富游客体验。二是稳步推进三沙旅游。以西沙邮轮旅游为基础，积极推进海陆空立体旅游方式，做好相关岛屿旅游服务设施建设。强化三沙生态环境保护，发展岛礁观光旅游，逐步构建海洋生态观光、海洋休闲运动、海岛养生度假、海岛蜜月风情四大特色品牌。加快推进三沙国家海洋公园建设。三是大力发展邮轮旅游。加强海南邮轮航线与国内滨海城市、港口的航线对接，大力发展环海南岛邮轮旅游，推动开辟海南与“21世纪海上丝绸之路”沿线国家之间的跨国邮轮航线和“泛南海”邮轮航线。提升海口秀英港邮轮综合配套服务能力，加快建设南海明珠邮轮港，推进三亚邮轮母港二期工程建设。鼓励支持国内大型企业投资建设邮轮港和购买、租用邮轮。支持国内外企业在海南注册邮轮公司，或与海南本地企业组建国际邮轮公司，参与邮轮旅游运营。四是积极发展无目的地海上游。积极开发帆船、游艇及海钓旅游。培育帆船、游艇大众消费市场。逐步开放岸线和水域范围，推动简化游艇审批手续，放宽航行条件，降低准入门槛和游艇登记、航行旅游、停泊、维护的总体成本。在海口、三亚重点发展大型综合性游艇码头，在儋州、琼海、文昌、万宁、澄迈、陵水等地重点建设以滨海度假及旅游为依托的游艇码头。高水平建设秀英港、金沙湾、半山半岛、凤凰岛、红塘湾等 14 个帆船、游艇码头和俱乐部，设计主题化环岛游艇休闲旅游线路。鼓励发展海钓旅游，优化海钓生态和市场环境，建设一批休闲海钓示范基地，推出主题海钓旅游线路，通过定期举办海钓赛事或节庆活动，扩大海南海钓旅游的市场影响。

六、挖掘海洋文化彰显中国特色海洋旅游魅力

海洋文化资源包括海洋历史文化、海洋民间文化、海洋景观文化、海洋节庆文化和海洋经济文化等。在人们享受海洋旅游精神和物质需求时，文化交流是最主要的内容。沿海风俗、风情、饮食民俗、文学艺术贯穿始终，成为海洋旅游业发展的主要因素。分析世界海洋旅游业发达的国家不难发现，这些海洋国家在开发旅游产业的同时，都十分注重文化产业的建设。很多沿海地区能够最终发展成为世界海洋旅游胜地，创造出巨大的经济价值和社会效益，文化带动具有重要作用。因此，我们需要深入挖掘海洋文化，以此来彰显中国特色海洋旅游的魅力。

1. 创建海洋主题宣传品牌

巩固世界海洋日暨全国海洋宣传日这一重要的海洋宣传活动品牌，力求活动层次、活动形式、活动效果再上新台阶，并推动活动在内陆城市开展，不断将海洋意识从沿海向内陆进行传播。以全国大中学生海洋知识竞赛、全国大学生海洋文化创意设计大赛、年度海洋人物评选、年度海洋大事评选、海洋文化长廊建设等为重点，加强活动的创意策划，扩大参加范围，提高媒体参与度，切实在上层次、上水平、扩影响上做文章。结合新形势下公众教育的方式变化，进一步探索与电视、网络、新媒体合作，把海洋主题宣传活动打造成好看、好玩、好参与的海洋意识普及平台，提高活动的市场化水平，逐步形成全国知名的海洋主题宣传品牌。

2. 打造高品质海洋文化节庆活动

依托厦门国际海洋周、青岛国际海洋节、（舟山）中国海洋文化节、中国（象山）开渔节、（福建）海上丝绸之路国际艺术节等各具特色的海洋节庆活动，根据不同受众精心策划、安排不同的主题内容，打造具有鲜明地方特色文化的、有国际影响力的海洋文化活动，丰富沿海群众文化生活，促进地方旅游会展经济发展。此外，依托中国航海日、减灾日、全国科普日、海军成立纪念日等节庆时机，开展广泛深入海洋宣传活动，发动公众在活动中认知海洋、关爱海洋，进而不断提升海洋意识。

3. 积极推出海洋文艺精品

积极推动思想性与艺术性有机统一，有较好社会效益与经济效益的海洋题材原创文艺精品。扶持优秀舞台艺术作品、美术摄影作品、影视作品、文艺类图书、人文社会科学理论文章等，鼓励海洋题材文艺作品参加精神文明建设“五个一工程”等文艺评奖活动。

4. 推进滨海地区公共文化服务设施建设

以涉海部门、沿海地区为重点，推进海洋博物馆及涉海文化馆、科技馆、展览馆等建设，坚持设施建设与运行管理并重。建立带有鲜明地域特色的滨海城市形象识别系统，提高城市海洋文化影响力。发挥互联网优势，开展“中国海洋数字博物馆”建设，运用虚拟现实技术、三维图形图像技术、计算机网络技术、立体显示系统、互动娱乐技术、特种视频技术，对海洋自然、人文等内容进行数字化，并通过网络直播等形式，引发观众互动，增强公众兴趣[①]。

5. 丰富各类具有海洋特色的文化资源

充实滨海地区现有城镇基层社区和农村各类公共文化服务设施的海洋内容，在农家书屋中增添海洋知识图书。鼓励群众参与海洋特色文化活动，为群众提供了解、展示、交流海洋特色文化的资源和平台。

6. 开展海洋文化遗产普查和保护

建立我国海洋历史文化遗产数据库和管理信息系统。开展涉海古籍与文物抢救工作，系统征集、整理、出版海洋文明口述史，实施海洋文化遗产保护工程，对涉海的考古遗存、水下遗址、历史古迹、民居村落等进行系统的调查与保护。积极推动有代表性的海洋文化遗迹申报世界文化遗产。开展海上丝绸之路、明清海防设施和沿海岛屿海洋文化遗产考古调查，加强港口史、造船史、航运史和海洋水利工程史等的研究。深入挖掘和展示我国古代海洋科技、涉海技术发明的历史、科学和艺术价值。加强国家级历史遗迹类的海洋保护区建设与管理，对海洋沉船、水下遗址与遗物等制定切实的保护措施。摸清我国海上丝绸之路相关文化遗产资源的家底，提出保护、展示和利用措施并部署实施。做好涉海重大建设工程中的海洋文物、水下遗址的保护工作，严格项目审批、核准和备案制度。保护重要海洋节庆和海洋民俗，推进涉海非物质文化遗产的保护与传承，并推动保护手段与方式创新。充分利用数字化技术、虚拟现实技术、移动互联网技术等现代信息技术的发展，创新海洋文化遗产的保护、传承、利用、发展的新模式。

7. 大力开发海洋特色的文化产品和服务

合理布局海洋特色文化产业，推动海洋经济发展模式转变。大力推出有较强社会影响力和市场竞争力、带有鲜明海洋特色的文学艺术、音乐舞蹈、戏剧表演、书法绘画、时尚设计、工艺美术、广告创意、动漫游戏等产品、作品。推进海洋特色文化传统工艺技艺与创意设计、现代科技、时代元素相结合。积极推动海洋主题影视业，加强海洋专题电视节目策划制作，将海洋题材电影纳入“中国梦”主题创作生产规划。鼓励演艺娱乐业创新海洋题材，发展集演艺、休闲、观光、餐饮、购物为一体的海洋特色综合娱乐体。大力发展具有鲜

① 中华人民共和国自然资源部. 全民海洋意识宣传教育和文化建设“十三五”规划［EB/OL］. 2016-03-15. https://www.sohu.com/a/433155717_120873510.

明地域特色和海洋风情的海洋生态旅游和海洋文化旅游产品，注重游客参与式和体验式感受。有效提升各类涉海节庆业、会展业的文化品质，推进市场化、专业化、品牌化发展。积极引导海洋特色文化与建筑、景观、体育、餐饮、服装、生活日用品等领域融合发展，培育海洋元素的新型产品和业态。促进文化创意与海洋科技创新深度融合，提高海洋特色文化产品的科技含量和创意水平。立足地方海洋传统文化资源发展海洋特色文化产业，打造具有地方特色的海洋文化产品和知名品牌。

促进海洋特色文化企业发展。着力创造良好市场环境，促进一批有实力、有竞争力的海洋特色文化骨干企业发展，发挥骨干企业在海洋特色文化产品的创意研发、品牌培育、渠道建设、市场推广等方面的龙头作用，打造具有核心竞争力的海洋特色文化品牌。促进特点鲜明、创新能力强的中小微海洋特色文化企业加速发展，支持个体创作者、工作室开发海洋特色文化资源。建立完善海洋特色文化产品销售网络，提高国民的海洋特色文化消费意识。

8. 建设海洋特色文化产业平台

以沿海为主兼顾内陆，加强规划引导和典型示范，规范建设一批海洋特色文化产业平台，支持海洋特色文化企业和重点项目发展。鼓励海洋特色文化企业联合高校、学术机构建立产学协同创新机制，鼓励高等院校和科研院所设立海洋特色文化创意设计和产品研发中心，同时培养海洋特色文化创意产业人才。依托相关地域海洋传统文化资源，重点推进 21 世纪海上丝绸之路海洋特色文化产业带建设。大力发展海洋特色文化乡镇和渔村，建设富有海洋传统文化特点和海洋自然景观的滨海乡镇渔村，保护原始风貌和人文生态，因地制宜发掘海洋特色文化，促进城乡居民就业增收。将推动海洋特色文化产业发展纳入沿海地区海洋经济发展规划，优先保障海洋特色文化产业项目用海需求①。

七、加快发展邮轮游艇和低空旅游，推进“双蓝”战略

随着人们生活水平的提高和消费需求升级，邮轮游艇和低空旅游需求规模迅速扩大，邮轮游艇和低空产业得到快速发展，目前正进入到一个“黄金时期”。同时，邮轮游艇和低空产业链长、经济带动性强，发展邮轮游艇和低空

① http://www.cach.org.cn/tabid/76/InfoID/1844/frtid/41/Default.aspx.

产业经济对提升我国现代装备制造业、现代服务业发展具有重要促进作用，是推动制造强国、交通强国建设的重要支撑。近年来我国政府先后编制出台相应规划和规范性文件，如《关于促进我国邮轮经济发展的指导意见》《海南省邮轮产业发展规划》《海南省游艇产业发展规划》《三亚国际邮轮母港发展规划》《三亚国际游艇港规划》《青岛市邮轮产业发展规划》《深圳市人民政府关于印发深圳市加快邮轮游艇产业发展若干措施的通知》《三亚市低空旅游发展专项规划》等。目前我国沿海地区已经初步形成了大连、天津、青岛、上海、宁波—舟山、厦门、广州、深圳、三亚和海口等邮轮始发港，游艇业和低空旅游也在各滨海城市发展起来，已从奢侈化向大众化转变。未来我国以“蓝天、蓝海”双蓝为核心战略，全力推进邮轮游艇和低空旅游发展，建设一批国际邮轮母港、世界一流游艇消费目的地和世界一流低空旅游基地。

1. 加快发展邮轮旅游

深化“交通运输 + 旅游”等融合发展，积极培育发展邮轮设计建造、邮轮运营、邮轮旅游、配套服务等新兴产业，全面推进邮轮产业链发展。

积极培育邮轮市场，丰富邮轮旅游产品。一是大力发展邮轮入境游，支持开辟多点挂靠航线，加快入境旅游产品规划、开发，进一步规范旅游市场，提升境内外岸上旅游品质，加强与长江等内河及沿海邮轮市场的衔接，拓宽邮轮境外市场营销渠道，吸引外国游客来华乘坐邮轮。二是继续发展邮轮出境游，丰富和延伸东北亚航线，开拓俄罗斯远东等新市场；积极培育东南亚等航线，扩大辐射范围；鼓励开辟洲际、极地及环球邮轮航线。三是结合国内沿海旅游资源，支持邮轮公司设计开发内涵丰富、主题鲜明的入境邮轮航线和邮轮目的地产品。四是深入研究公海游航线发展模式及配套制度。五是邮轮市场各相关企业要发挥市场主体作用，加大邮轮旅游宣传力度，建设竞争有序的市场，互为依托、互相促进，共同打造世界邮轮市场品牌。

拓展提升港口服务能力。一是按照《全国沿海邮轮港口布局规划方案》有序推进新建邮轮码头设施建设，加快推进上海吴淞口、广州南沙、厦门、三亚等邮轮码头新建及改扩建等项目建设，加快东北亚等区域性邮轮港口建设，完善港口综合服务功能，2030 年前形成以 2~3 个邮轮母港为引领、邮轮始发港为主体、访问港为补充的邮轮港口布局。二是拓展邮轮港口服务功能，加强港城融合，提升配套购物、餐饮、娱乐、休闲、船员休息等服务能力，促进旅游消费，打造以港口为中心，生态友好的邮轮旅游发展实验区，为旅客及消费者提供良好的旅游、休闲生活环境。三是优化完善集疏运系统，推动上海、天津、广州、三亚等邮轮码头与铁路、公路、民航等运输方式的有效衔接，提升邮轮码头至国内旅游景点的通行能力和效率，提高与城市交通、机场、高铁车站、旅游集散中心等重要交通枢纽和站点的接驳能力，构建便捷高效的邮轮港口配套交通网络，为旅客提供快速进出城市的运输服务。

进一步优化口岸环境和功能。推进国际贸易“单一窗口”建设，运用信息化手段，简化邮轮船舶、船员联检手续，提升邮轮旅客及物资口岸通关服务能力。加快推动邮轮口岸旅客自助通道建设，提高通关效率。逐步扩大外国旅游团乘坐邮轮入境15天免签政策实施范围，吸引更多外国人乘坐邮轮入境旅游。

提升邮轮运输旅游服务水平。完善邮轮运输旅游服务标准，建立邮轮运输、港口、旅游等服务标准，逐步与国际服务标准接轨，切实提升旅客服务质量水平。研究建立邮轮船票管理制度，规范邮轮运输合同范本和船票样式，明确邮轮运输合同各方权利义务和责任。支持扩大邮轮船票销售渠道，研究推动旅行社包船模式向多样化船票销售模式发展。提升邮轮信息化、智能化水平，鼓励邮轮等相关企业构建集航线、票务、旅游、咨询等服务于一体的邮轮综合信息网络[①]。

2. 加快发展游艇旅游

目前我国的游艇产业发展仍存在深层次问题，涉及发展定位、政策规划、行业监管、金融支持等多个环节。未来需从全产业链角度考虑，先期谋划布局，并适度发展相关环节业务，从而促进游艇市场快速发展。

注重政府引导，着眼全局抓好规划。加强对游艇产业发展的宏观引导，使社会各界树立正确的游艇消费观念，营造发展游艇运动休闲经济的良好氛围。国家有关主管部门需做好顶层设计，尽快制订符合国内游艇产业实际的发展规划，以城市的整体规划为基础，突破地域的局限来进行游艇产业的布局，要着眼全局，将城市的旅游布局、产业布局、功能布局等纳入统筹考虑。

完善产业链，加快产业集群发展。一是培育游艇设计业，提升游艇设计研发能力，创立自主品牌，逐步实现由目前贴牌生产和引进技术为主向自主研

① https://www.sohu.com/a/257045287_816084.

发、自有品牌转变。二是提升游艇制造业，重点发展游艇原材料工业、游艇制造业和游艇配件业三大产业。三是发展游艇俱乐部和游艇文化产业，以游艇消费带动旅游发展，把游艇消费服务作为游艇经济发展的突破点和现代服务业的重要增长点。四是引申关联产业，发展以游艇销售、展示、体验为主要内容的会展业，鼓励和支持相关的水上器材、体育用品制造及销售行业的发展，在零配件生产条件不成熟的情况下，可先支持有实力、有经验的企业建设游艇零配件销售配送中心，作为游艇零配件常年展示、销售、配送中心。

通过对外合作、建设行业标准等方式，全面提升游艇建造技术水平。在对外合作方面，加强对外合资合作，适时开展并购。加强与国外游艇（尤其是豪华游艇）设计、建造和配套企业的沟通，研究论证在国内组建豪华游艇合资生产企业的可行性，关注国外游艇设计、配套企业发展动态，争取发改委相关资金支持，择机开展对国外豪华游艇设计机构、配套企业的并购，形成游艇尤其是豪华游艇的设计、建造能力。在行业标准方面，参与标准规范建设，争取国家政策支持，密切关注国家游艇产业相关政策的制定，积极参与国内游艇建造、检验相关标准的制定，争取行业话语权，并积极争取推动我国游艇产业发展的相关政策支持。

支持游艇公共码头等基础设施建设，促进国内游艇消费发展。码头泊位是游艇消费市场最重要的基础设施，只有建好码头泊位，才能真正形成互联互通的游艇线路网络。结合部分造船企业老旧厂区搬迁与转型发展需要，充分利用造船企业的优质港湾水域及码头岸线等稀缺资源，积极争取国家和地方政府的支持，尝试通过 PPP、BOT 等形式参与游艇公共码头建设，将部分老厂区打造成为集游艇亲水旅游、休闲娱乐、科普教育功能于一体的游艇综合体项目。

支持建设发展国内以租赁和二手交易为主的游艇消费市场。一方面，租赁将成为我国推动游艇大众消费的重要方式，而游艇租赁业务在我国尚处于法律的灰色地带。随着未来我国游艇租赁相关法律法规的完善，我国游艇租赁前景可期，可以依托租赁公司、投资公司等单位，探索游艇租赁业务，争取未来国家对于游艇租赁试点政策的支持。另一方面，从游艇数据库建设角度切入，推动二手游艇交易发展。目前国内游艇产业发展处于起步阶段，游艇数量少，是我国游艇数据库建设的重要窗口期，建议相关机构与行业主管部门沟通，积极争取政府部门的支持，牵头开展国内游艇数据库建设，并在此基础上开展二手游艇交易[①]。

3. 加快发展低空旅游

目前我国沿海地区已密集布局了低空项目，但整体低空旅游的发展存在缺乏顶层设计、软硬件配套不足等问题，未来我国需以建设全国低空旅游示范为目标，优化低空旅游发展环境，丰富低空旅游产品类型，加大低空飞行旅游政策支持，开发水上飞机、直升机等通用航空观光休闲项目，创新开发空中婚礼游、热带海岛休闲游、海岸线观光游、火山口和原始森林探秘游、伞降和滑翔极限运动游、低空飞行表演游等低空旅游产品，积极建设低空飞行基地、低空飞行小镇等项目，从而将三亚、青岛、上海、深圳、厦门等滨海城市建成全国低空旅游发展示范区。

加快推进顶层设计。低空旅游市场的持续快速健康发展需要政策层面的引领和助推。目前我国沿海地区不仅没有低空旅游发展规划，在鼓励低空旅游发展的规划文件中也缺乏具体发展的顶层设计。虽然在各地旅游规划中将低空飞行作为大力开发的专项旅游之一，鼓励航空旅游与婚庆游等业态融合，开发多种新产品。但是具体措施并不明确。因此需要制定通用航空产业发展规划或专项低空旅游发展规划，出台鼓励政策，设计多样化发展路径，细化具体执行措施，促进相关行业和部门联动，实现低空旅游健康发展。

推进区域产业部门联动。低空旅游发展应以通用航空产业部门推动的发展模式为主，如果仅着眼于低空旅游，其发展可能受限。以通用航空产业推动的发展模式，可以较好地发挥通航产业的带动作用，促进通用航空旅游的整体发展。可以统筹考虑将低空飞行用于农业、会展、商务等，创新商业模式，扩大低空飞行的服务范围以降低运营成本。也可促进建成与景区、酒店、旅行社、航空企业等部门的合作，从专业的渠道获得客源，产生稳定收入。我国沿海地区在发展通航旅游方面具有良好的产业基础、空间布局和区位条件，休闲生态旅游、会展和通用航空均是其高端服务业和高端制造业的发展重点，因为我国各大滨海旅游城市的发展目标具有相似性，它们发展低空旅游可以考虑加强彼此战略合作，协同发展。

培育消费市场。目前我国低空旅游尚属于高端消费，低空旅游市场存在消

① 谢予，杨洋．中国游艇产业发展问题与对策［J］．世界海运，2019，42（10）：12–15.

费认知浅、消费意识弱、参与程度低等问题，低空旅游消费观念尚未真正形成。长期来看，消费市场的培育成为低空旅游发展的关键。低空旅游市场的从业者首先要找准目标市场，分析目标市场的消费行为，针对需求提供多层次产品。需要注意的是越高端的游客，越需要个性化、定制化的产品，因此开展低空旅游的企业要善于利用“宜家效应”，即设计产品时重点考虑游客的参与度和体验度，如提供半成品给游客，让游客自行组合形成完整旅游线路或旅游产品，这样能大大提高游客的体验值和满意度。其次要通过多途径的宣传工作消除目标顾客对于低空旅游冒险性的误解和安全性的担心，正确引导低空旅游消费。

建立安全风险防范体系。低空旅游的安全问题是决定低空旅游项目成败的决定性因素。技术层面而言，从全球范围内来看，通用航空经过几十年的发展，技术已经相当成熟，操作性能也非常稳定，事故率与公共航空事故率基本持平。低空旅游的安全问题主要来自监管层面。例如，通用飞行器品种复杂，体积小，与不明飞行物容易混淆，对它们的探测、识别和防御存在困难。又如，低空空域使用随意性大，飞行时间不确定，监管存在困难。以上监管方面的问题可以通过采用先进技术，开发先进的监管系统，制定科学的符合通用航空特点的监管措施，加强对从业者和参与人员的教育和培训，提高安全防范意识，建立风险防范体系和预警机制加以解决。

培养低空旅游专门人才。通航产业或低空旅游项目人才严重缺乏成为当前和今后低空旅游发展的重要制约因素。从产业的角度而言，发展低空旅游不仅需要更多的飞机、零部件和其他相关技术，还需要高素质的飞行员、教练员、工程师、空管和地勤服务等人才，以及项目规划、实施和管理等人才。这些人才专业技能的高低，对于确保低空旅游活动安全和项目质量至关重要，将直接影响旅游者对低空旅游项目的满意度评价和旅游目的地形象评价。考虑到通航和低空飞行的专业性强、培训周期长等问题，人才培养可以采取引进、派出、智力支持和自主培养相结合的方式，建立低空旅游人才教育和培训基地，或支持国际国内知名院校与海南院校合作办学，实现专业人才培养的常态化[①]。

① 毕素梅，盖玉洁.海南低空旅游新业态发展研究［J］.中国商论，2018（21）：115-118.

八、强化海洋保护，发展海洋生态旅游

海洋所独有的旅游资源环境，决定了海洋生态旅游不可替代的产业地位，也是海洋生态旅游有别于陆地生态旅游的特色所在。海洋生态旅游是海洋资源环境循环利用的一种重要方式，伴随其蓬勃发展，环境保护的重要性日益彰显，并贯穿于整个发展过程。如何在保护中实现产业发展，在发展中注重环境效益，既是海洋生态旅游开发过程中必须面对和解决的问题，也是海洋生态旅游所应达到的理想发展状态①。近年来，我国海洋生态保护和修复工作持续推进。2016 年，我国全面建立海洋生态红线制度，当年年底完成全国沿海 11 个省（区、市）海洋生态红线的划定方案审查工作，初步将沿海各省 30% 以上的管理海域和 35% 的大陆自然岸线纳入红线范围。2018 年的政府工作报告明确提出，要加强重点流域海域水污染防治，严控填海造地。而在同年 3 月的国家机构改革方案中，国家海洋局的海洋环境保护职责整合进入生态环境部，目的也是为加强海洋生态环境的保护。未来我国还需强化海洋保护，通过有效地实施行政、经济、技术与教育等手段，全面推进海洋生态旅游，从而实现海洋经济社会的协调发展。

1. 加强海洋生态文明建设

一是完善海洋空间管理制度。修订海洋生态文明建设实施方案，出台海洋主体功能区配套政策，开展新一轮海洋功能区划和海岛保护规划修编的前期研究工作，研究制定海域空间用途管制办法，探索建立海洋资源环境承载能力监测预警长效机制。二是实施最严格的围填海管控。取消区域建设用海、养殖用海规划制度，已批准的，停止执行。强化围填海年度计划指标硬约束，原则上不再审批一般性填海项目，年度计划指标主要用于保障党中央、国务院批准同意的重大建设项目、公共基础设施、公益事业和国防建设 4 类用海，且不再分省下达。实施围填海“空间”限批和“用途”限批，加强围填海的事中事后监管。三是强化海域管理和海岸线保护。制定海域使用权转让等管理办法。施行《海域使用金征收标准调整方案》，开展海域价格监测、海域资源资产化管理试点。沿海省（区、市）要制订自然岸线保护年度计划，将自然岸线保有率纳

① 乌兰．海洋生态旅游与环境保护关系研究［J］．山东社会科学，2010（10）：90–92.

入地方政府考核指标，不达标的省（区、市）一律不得新申请用海。四是加强海岛保护与管理。在浙江、广东开展无居民海岛使用权市场化出让试点，建立开发利用后评估制度。发布首批海岛保护名录。创建“和美海岛”，开展海岛生态和发展水平评价、海岛物种登记、领海基点岛礁修复试点，加强海岛岸线保护。五是打好海洋污染防治攻坚战。在渤海等重点海域率先建立排污总量控制制度。建立“湾长制”配套制度和标准。实施近岸海域水质考核制度，实行海洋石油勘探开发海上排污许可制度，研究建立海洋环境污染强制责任保险制度。编制实施海洋垃圾（微塑料）防治国家行动计划。六是加大生态保护修复力度。发布实施《海洋生态红线监督管理办法》。围绕生态保护和权益维护，新划定一批海洋保护区，持续开展海洋保护区专项检查。制定海洋生态保护补偿办法及技术标准，建立海洋生态环境损害赔偿制度。

2. 综合运用行政手段，落实海洋环境管理

第一，从实施旅游规划环境影响评价制度入手，采取更为严格的环境保护和管理对策。环境影响评价制度始于旅游规划的编制阶段，主要是对旅游开发、经营和消费活动可能引起的环境影响进行科学分析、预测和评价，从而落实环境承载力和环境容量管理，为旅游景区和旅游项目的保护性开发提供科学决策的依据，并对实施环境管理提出标准和具体要求。对与海洋生态旅游相关的一些项目，如设立旅游观光区、开发相关旅游资源、划分自然保护区域、防治污染和生态建设方案等，都必须建立起环境影响评价制度。第二，在对海洋旅游资源环境全面普查的基础上，实际调查和评估海域、海滨和海岛的环境容量，从而明确旅游开发区和旅游项目的环境目标要求，选择确定合理的旅游开发模式，保证海洋生态旅游中环境质量的高品位和原生态特点。第三，制定更为具体、可操作性更强的海洋生态旅游开发管理法规和政策，加强环境行政管理，健全海洋环境管理体系。明确环境目标与责任，监督检查海洋环境保护规划的执行情况和实施效率，坚决制止那些高投入、高污染、高消费项目的开发和建设，严格控制海洋生态旅游活动的强度、规模和范围。

3. 强化技术管理手段，改善海洋生态环境

首先，海洋生态旅游战略管理的科学决策，离不开现代高新技术手段的运用，包括遥感技术、地理信息系统、虚拟技术以及信息网络技术等。如利用遥感技术服务于海洋生态旅游环境保护，可以对大面积的海洋生态旅游资源进行普查，对海洋环境状况进行周期性监测等，以便及时了解海洋资源环境的退化、污染和被破坏情况，进而采取相应的防止和保护措施。地理信息系统在海洋生态旅游的发展中也有广泛的应用前景，可以存储、查询、显示各种海洋生态旅游资源信息，并能为海洋生态旅游管理、决策、规划等提供可靠的数据信息支持。其次，在海域、海滨、海岛的生态化管理中，一些环保技术的应用也是必不可少的。如利用生态技术治理生态旅游造成的某些污染问题。采用污水处理技术，在景区隐蔽处建立小型污水处理系统和中水净化处理与循环利用系统；对固体废弃物则采用回收利用技术，根据废弃物种类不同分别采用一级资源化技术和二级资源化技术；采用新型生态环保材料进行景区景点和基本设施建设；在绿色能源利用方面，充分开发利用旅游区的太阳能和潮汐能资源；等等。再次，海洋生态旅游的环境保护技术具有广阔的发展空间。虽然现代高新技术在海洋生态旅游及其环境管理中正在发挥着越来越重要的作用，但是，从总体上看，目前我国海洋生态旅游的科技投入仍然很少，高新技术介入程度不高。最后，旅游管理信息化水平也有待提高，旅游环境保护技术的研究和应用还处于初级阶段。为此，要加大海洋生态旅游科技投入，对景区景点适用性环境保护、能源节约、信息化灾害防治、自动化和智能化管理等技术，要加大攻关和推广力度，依靠高新技术实现海洋生态旅游与环境保护的协调发展。

4. 运用经济手段促进旅游景区环境保护

经济手段是实现海洋生态旅游与环境保护双赢的有效管理手段。第一，变革海洋生态旅游经营机制，充分调动海洋生态旅游开发主体的环保积极性和主动性。通过划定专门海区（岛）生态旅游区控制游客人数，并采取海洋生态旅游产品的“绿色价格”策略调整景区景点旅游规模，在保证一定经济效益的前提下，使海洋生态旅游区的环境保护得以落实。第二，按照政府及有关区域海洋规划，应尽快将海洋生态旅游规划纳入当地国民经济和社会发展年度计划，地方财政在年度计划中相应地增加海洋生态旅游环保投资安排。同时，在现有国有资产经营体制下，各级税务部门将征收的相关旅游经营所得税按照一定比例返还给职能管理部门，专项用于海洋生态环境的保护。积极探索建立海洋生态环境补偿机制，合理收取环境保证金和自然环境恢复保护费，坚持实行“谁投资，谁建设，谁管理，谁受益，谁保护”的管理原则，依法实施、合理使用。第三，要加快变革与海洋生态旅游发展相适应的环境保护投资机制，确保海洋生态旅游发展中环境保护资金的落实和投入。在市场机制作用下，应采取多种方式拓宽引资渠道，鼓励社会各类投资主体加入，引进利用各种资金，积极争取世界银行、世界自然基金会、全球环境基金会等国际组织对海洋生态旅游发展的资助，形成众多投资主体参与的多元化投资体系，保证海洋生态旅游环境保护与基础设施的建设投资。

5. 重视海洋生态环境教育手段

加强海洋生态旅游环境保护知识的宣传，在全社会广泛开展海洋资源环境重要性与不可再生性的宣传，提高人们的海洋环境保护意识。向游客、旅游开发与从业人员，以及旅游区附近居民宣传海洋生态旅游环境保护的知识和相关法规，提高他们在旅游活动和日常生活中自觉维护环境、节约资源的自觉性。同时，注重生态伦理教育，教育人们在海洋生态旅游活动中遵守生态道德，倡导生态文明，自觉履行生态环境保护义务，特别是提高人们对海洋生态系统良性循环发展的认识。在海洋旅游景区日常管理中，要刻意营造“生态性”，从景观设计、设施布局，乃至标识引导牌的设立与解说词的选择等各个环节加强宣传教育，让游客意识到自己的每一个行为都会给景区带来影响，杜绝乱扔垃圾、破坏环境、浪费资源等“非生态”的消费行为。另外，要寓教于游，在旅游项目的规划与设计中，要融入海洋生态教育内容，通过旅游者的广泛参与，达到获取海洋生态环境保护知识的目的，从而自觉地融入海洋环境保护的实践中[①]。

① 乌兰．海洋生态旅游与环境保护关系研究［J］．山东社会科学，2010（10）：90-92.

第四章 中国滨海城市旅游发展模式案例

滨海城市是开展滨海旅游活动的重要载体，建设海洋旅游目的地的重要基地和依托。滨海旅游城市是我国改革开放的前沿，经济条件优越、旅游开发起步早、开发相对成熟，是我国海洋旅游业的发达地区和核心地带，在旅游业发展初期沿海各省市就将滨海旅游确定为旅游业的主导产业，如今滨海旅游已成为我国沿海地区旅游产业的主体和引擎①。我国滨海旅游城市依托其丰富的海洋资源、厚重的历史文化、宜人的生态环境，形成独特的黄金组合、文化气质和城市卖点，从而推动滨海旅游业快速发展，如今这些滨海旅游城市已经发展成为了我国最火爆、最受欢迎的旅游目的地，也成了我国沿海地区的旅游集散地和旅游中心枢纽，探索形成了不同的海洋旅游发展模式。

第一节 厦门市海洋旅游发展案例

厦门别称鹭岛，是福建省副省级市、国家经济特区，东南沿海重要的中心城市、港口、我国著名的滨海旅游城市，素有“国际花园城市”之美誉，也是我国海洋旅游吸引力强、发展好的典型城市。

① 刘佳．中国滨海旅游功能分区及其空间布局研究［D］．中国海洋大学，2010.

一、厦门市的海洋城市特征

厦门市是海岛型城市，与台湾隔海相望，由厦门本岛、离岛鼓浪屿、西岸海沧半岛、北岸集美半岛、东岸翔安半岛、大嶝岛、小嶝岛、内陆同安、九龙江等组成，陆地面积1699.39平方公里，海域面积390多平方公里，全岛海岸线约为234公里，港湾深水岸线31.7公里。岛屿星罗棋布，群山四周环抱，港阔水深，终年不冻，是优越的海峡性天然良港。海洋之美自然天成，湾、港、山、海、城、景有机相连，东海域、西海域、同安湾海域和大小嶝海域环抱各组团城区。由于厦门海堤修建，将厦门岛与陆地连接变成半岛，形成了“海在城中，城在海中”的山海交融城市格局，有“海上花园”美誉。夏无酷暑，冬无严寒，终年绿树掩映，繁花争艳，旖旎的亚热带风光、绮丽多姿的山色水景与历代建筑精华相映成趣，大自然的诸种神秀和闽南侨乡民俗文化的风情交融，造成了厦门独特的美丽和温馨。厦门港是中国沿海主要港口，由东渡、海沧、翔安、招银、后石、石码、古雷、东山、云霄和诏安10个港区组成，形成“环两湾辖十区”格局。

厦门市亚热带海洋气候宜人、城市美丽干净、“颜值很高”，素有“国际花园城市”之美誉。2013年、2014年、2016年厦门分别获得中国宜居城市第5名、第4名、第5名，年平均气温在21℃左右，无寒冬，无酷暑，宜居宜养。2019年，厦门全市生态环境质量保持全国前列，生态文明指数在全国地级及以上城市名列第一。拥有公园150个，人均公园绿地面积15.6平方米，绿化覆盖率超过50%，污水集中处理率达96%以上，生活垃圾无害化处理率达100%。海洋生物丰富，包括有活化石美称的厦门文昌鱼、国家一级保护动物中华白海豚以及中国鲎、红树、白鹭等海洋珍稀物种在内的近2000种海洋生物。

厦门有史以来就是中国东南沿海对外贸易的重要口岸，是历史上海上丝绸之路的重要起点和五口通商口岸之一，是21世纪海上丝绸之路支点城市和海峡交流门户。早在新石器时代，就有古人渔猎足迹，因相传远古时曾为白鹭栖息地而有“鹭岛”之称。最早行政建制始于宋代，属泉州府同安县辖下，明洪武二十年为防御倭寇筑城，名“厦门”。清乾隆至嘉庆年间的经济鼎盛时期，港口贸易仅海关税银就占全省一半以上。是著名侨乡，拥有众多归侨、侨眷和厦门籍侨胞，港、澳、台同胞，是著名的侨乡和台胞的主要祖籍地，生活着回、满、壮、畲、苗及高山等 20 多个少数民族，通行方言为闽南语。厦门多元文化融合，文化底蕴深厚，荟萃古今中外文化，人文景观丰富，民俗风情别具一格。保留着以南音、闽南建筑、闽南民俗为代表的文化遗产，以及鼓浪屿近代建筑、嘉庚建筑等中外文化交流结晶。2017 年，鼓浪屿成功入选世界文化遗产名录，是中西合璧的国际社区，打造文化遗产保护利用典范、社区社会治理典范、文化旅游融合典范。拥有市级以上非物质文化遗产代表性项目 64 项，其中世界级人类口头与非物质文化遗产 1 项（南音）、国家级 11 项、省级 28 项；全市文物保护单位 225 处（共 261 个点），全国重点文物保护单位 7 处（34 个点），省级文物保护单位 70 处（76 个点）；经福建省文物局登记备案博物馆、纪念馆 12 家，公共文化馆 7 家，公共图书馆 10 家。

二、厦门的海洋城市气质与魅力

厦门市是一个充满独特魅力的海洋旅游城市，整体展现出“海上花园、心灵港湾、醉美厦门”的旅游总体形象，城市独特魅力可以概括为“东情西韵、中西合璧”。金砖峰会厦门城市形象宣传片《we are 厦门》主题音乐《厦门亲像一首歌》，将厦门的高颜值和高素质城市特质表现得淋漓尽致，用音乐让全世界听见厦门，一起感受到厦门面朝大海、春暖花开的诗意和闲散安逸的宁静生活。

世界文化遗产鼓浪屿是中西文化交融的典范，也是著名音乐岛，给厦门注入了独特的城市气质。清新美丽的“文艺范”，是厦门最具魅力的海洋城市文化气质，城市到处弥漫着文艺和浪漫的海洋气息，让游客能静静体会厦门市慢生活的优雅惬意。取得了国际花园城市、联合国人居奖、全国文明城市等 50 多项国内外誉称号。金砖厦门会晤期间，习近平总书记赞誉厦门是“高素质的创新创业之城”“高颜值的生态花园之城”，也得到国内外嘉宾、媒体高度评价，实现了城市知名度和美誉度的大飞跃。

厦门港、湾、岛、岸、滩、文等形成海洋旅游完美黄金组合，由以鼓浪屿—万石山国家级风景名胜区为主体的厦门本岛旅游中心城区、东部环岛路—五缘湾—大嶝岛—同安湾—杏林湾—马銮湾等蓝色旅游休闲带、天竺山—越尾山—莲花山—北辰山—大帽山—香山等绿色生态旅游带，以海沧区及周边海域等为主的康体健身、休闲度假旅游片区，以及以翔安区为主的战地观光和对台贸易旅游片区、以集美区同安区为主的侨乡文教与生态休闲旅游片区等共同组成。鼓浪屿既有独特的侨乡风情，又有美味的闽南特色小吃，各式建筑更是让鼓浪屿别具一格。鼓浪屿汇集了菽庄花园、日光岩、皓月园等景点，还有很多风格各异的老建筑。曾厝垵被誉为“全国最文艺村落”，五街十八巷中，遍布了各式各样美食水果。厦门环岛路沿海而建，又名五色路，蓝色的大海、金色的沙滩、绿色的草地、红色的跑道、灰色的公路，串联胡里山炮台、椰风寨、国际会展中心、五缘湾等景点。充分利用海滨、海湾、海岛、海洋、文化等资源优势，形成丰富的海上游乐、海岛探幽、海滩休闲、水上运动、海岸观光等海洋旅游产品和海洋旅游线，构建包括环东、西海湾及厦门湾在内的海上旅游圈。

鼓浪屿是厦门城市魅力的集中代表和重要象征，鼓浪屿风景名胜区获得国家5A级旅游景区、全国重点文物保护单位、中国最美五大城区等荣誉。2017年7月8日，“鼓浪屿：国际历史社区”被列入《世界遗产名录》。鼓浪屿原名“圆沙洲”，别名“圆洲仔”，南宋时期名“五龙屿”，明朝改称“鼓浪屿”。代表景点有：日光岩、菽庄花园、皓月园、毓园、鼓浪石、鼓浪屿钢琴博物馆、郑成功纪念馆、海底世界、天然海滨浴场、海天堂构等。鼓浪屿代表了厦门“东情西韵、中西合璧”的城市气质，代表了厦门美丽、优雅、休闲的城市性格。

厦门城市性格气质的另一个典型代表是著名爱国华侨领袖陈嘉庚先生，他是我国著名爱国华侨领袖、企业家、教育家、慈善家、社会活动家。1913年，陈嘉庚先生回家乡集美先后创办了集美小学、集美中学、师范、水产、航海、商科、农林等校（统称集美学校）和厦门大学，形成由学前教育至小学初中高中、从本科教育到硕士博士教育的人才培养体系。如此规模宏大、体系完整的“学村”，全国独一无二。1949年，陈嘉庚先生应毛泽东主席的邀请回国参加政协筹备会，曾任中国人民政治协商会议全国委员会副主席、中华全国归国华侨联合会主席。陈嘉庚先生一生为辛亥革命、民族教育、抗日战争、解放战争、新中国建设做出卓越贡献，被毛泽东主席称誉为“华侨旗帜、民族光辉”。陈嘉庚先生从中华文化精髓中提炼出“诚毅”作为集美学村各校的共同校训，一生爱国、一生创业、一生兴学，形成了独特而又丰富的嘉庚精神。集美学村的建筑融中西风格于一炉，体现了典型的闽南侨乡的建筑风格，人们称其为

“嘉庚风格”。2016 年集美学村入选“首批中国 20 世纪建筑遗产”名录，成为厦门标志性建筑风格[①]。

三、厦门海洋旅游发展历程成就

改革开放 40 年，厦门从一个落后的东南小镇蜕变为高素质的创新创业城市，从一个封闭的海防前哨蜕变为国际化的沿海开放城市，从一个普通的海边小岛蜕变为高颜值的生态花园城市，从一个偏居一隅之地蜕变为现代化的重要中心城市，从一个一穷二白之地蜕变为共享发展的安居乐业城市、国际知名的海洋旅游城市。厦门经济特区建设所取得的成就正是中国改革开放 40 年所走过历程的一个缩影[②]。

中华人民共和国成立后至改革开放前，厦门海滨旅游业开始有所发展，成立华侨服务社接待了许多归国华侨，受对台海防与“文化大革命”的影响，海滨旅游开发缓慢。厦门市真正意义上的海滨旅游发展，是在改革开放以后，大致可分为 3 个阶段：以创汇为导向的初始阶段（1978—1991 年）、以市场为导向的快速发展阶段（1992—2002 年）、以高端产品为导向的优化提升阶段（2003 年至今）。“海西经济区”战略实施、海峡两岸“大三通时代”的到来，进一步推动了厦门市海滨旅游全面发展。“海峡旅游博览会”的举办，国际邮轮码头的建成运营、香山国际游艇俱乐部的动工、厦门—金门—台湾出境旅游的启动推动着厦门海滨旅游朝着更高阶段迈进。在一代代厦门特区建设者的努力下，厦门滨海旅游业获得飞速发展，鼓浪屿、中山路、沙坡尾等诸多景点早已成为厦门旅游金名片。1982 年 1 月，厦门机场破土动工，暂名为厦门机场或厦门高崎机场，随着厦门机场的建设，基础交通设施逐步跟上，厦门的旅游业者也在开辟新景点的路上奔波。1984 年年初，厦门市旅游局将开放胡里山炮台为旅游景点建议向市委、市政府做了汇报，并获得支持，随即与驻军进行商谈，很快就得到福州军区的批示。至此这处保存有中国最完整的清代炮台、城堡、兵营及中国乃至世界之最的克虏伯大炮的景点，就此揭开军事禁区的神秘面纱，走进百姓生活中。厦门的旅游景点如雨后春笋般涌现，形成了厦门二十景等诸多名景点。1995 年，市政府确定了要把厦门市建设成为社会

---

① 关琰珠，钟前线 . 构建城市品牌提升厦门国际影响力［J］. 厦门科技，2020（3）：1–7.

② 张绍勇 . 改革开放四十年厦门经济和社会发展综述［J］. 厦门特区党校学报，2018（6）：6–12.

主义现代化国际性港口风景城市的战略目标，并把旅游业作为厦门“九五”期间和跨世纪发展的重点产业，确立了旅游业在厦门市经济发展中的重要地位。继1999年、2000年突破百亿元大关后，2001年厦门旅游总收入达158.09亿元人民币，比2000年同期上升13.82%，旅游业成为厦门市国民经济增长的重要支柱产业之一。1999年，厦门市成为首批中国优秀城市，旅游业快速蓬勃发展。2009年，出台《国务院关于支持福建省加快建设海峡西岸经济区的若干意见》，厦门旅游产业发展进入新起点，国家旅游局将海峡西岸旅游区列为全国优先规划建设的重点旅游区，出台了《海峡西岸旅游产业发展的若干意见》。2010年，厦门市大力发展旅游产业，建设了许多旅游重点项目，休闲旅游、乡村旅游、邮轮旅游、会展旅游等新兴旅游项目兴起，促成意大利“浪漫号”邮轮开通两岸航线，实现了国际邮轮在厦门挂靠并促进了对台旅游合作。2014年，又评选出厦门新二十四名景，成为一张张亮丽的城市名片。2015年，国家关于《推动共建丝绸之路经济带和“21世纪海上丝绸之路”的愿景与行动》中将福建定位为“21世纪海上丝绸之路”核心区，厦门则被列为“21世纪海上丝绸之路”战略支点城市。厦门旅游业发展又面临新的历史契机，加快厦门旅游业的国际化步伐，进一步提升厦门国际旅游城市的名片。2017年，金砖国家领导人第九次会晤在福建厦门举行，对厦门整体发展形成了极大推动和全面提升。2016—2019年，厦门全年接待国内外游客分别为6770.16万人次、7830.52万人次、8900.32万人次、10012.87万人次，同比增长率分别为12.2%、15.7%、13.7%、12.5%；旅游总收入分别为968.26亿元、1168.52亿元、1402.12亿元、1655.90亿元，同比增长率分别为16.3%、20.7%、20.0%、18.1%。如今厦门海滨已经形成了一批较为知名的旅游品牌，在市场上也有着较强的吸引力。例如，鼓浪屿在厦门市已成为海洋的主要代表，鼓浪屿和湄洲岛、东山岛以及海坛岛已成为福建海岛的几大旅游品牌。沿着海岸，存在众多旅游景点，随着“一带一路”的发展，海上丝绸之路也成为被广泛关注的旅游品牌。厦门在沿海开发了众多海滨浴场，如港仔后、长乐下沙、平潭龙王头、东山金銮湾等开发较为成熟①。

① 唐萍.“一带一路”背景下厦门海洋文化旅游发展现状及趋势概论［J］. 佳木斯职业学院学报，2019（4）：93-94.

四、厦门海洋旅游发展经验启示

厦门能成为最富魅力的海洋旅游城市，有很多宝贵经验。

一是发挥对台的独特优势，深化拓展对台交流，培育海峡旅游。推广厦金旅游便利化办证政策，打造“来厦门、游金门”厦金旅游品牌，联合金门投放厦金游宣传广告。鼓励大陆各赴台赴金游组团旅行社组织游客经厦门口岸赴金门旅游。充分发挥闽西南五市在台北、高雄设立的“清新福建·山海闽西南”旅游形象店平台作用，举办了多场线上或线下文化旅游宣传推广活动，联合开展宣传营销。推动职业技能资格采认，举办“台湾导游来厦换证执业培训班”，推动金门导游来厦换证执业。做实两岸产业交流合作平台，充分发挥厦门对台交流合作区位优势，持续推进提升海峡两岸（厦门）文化产业博览交易会、海峡旅游博览会、海峡两岸图书交易会等重点对台文化旅游交流合作品牌展会活动，加强对台图书和版权交易、文化创意和旅游开发等领域的交流合作实效。深化两岸舞台艺术交流合作，持续打造厦金文化艺术节庆活动品牌。举办 2020 海峡两岸民间艺术节，以闽南文化为桥梁，推动厦台共同打造“闽南文化圈”。开展“闽南传统艺术种子培训”冬令营，持续推动两岸高甲、歌仔、南音等闽南戏曲合作交流①。

二是加强生态环境保护、整体提升城市品质，发展全域旅游。厦门旅游的吸引力不仅是鼓浪屿等景区的吸引力，更是城市整体的品质和吸引力。厦门先后荣获联合国人居奖、国际花园城市、国家森林城市、中国人居环境奖、国家环境保护模范城市、“中国十大自主创新城市”“中国十大低碳城市”、全国十大宜居城市、国家生态市、海洋生态文明示范区、最具创新力国际会展城市和国家旅游休闲示范城市等城市荣誉，赢得创建全国文明城市“五连冠”。厦门市经过几十年艰苦努力，践行“绿水青山就是金山银山”，精心营造和呵护山清、水绿、城美、天蓝的城市生态大环境，绿色低碳城市建设全国领先，在全国率先确立海绵城市建设管理标准体系，地下综合管廊绩效评价全国第一，从一个普通的海边小岛蜕变为高颜值的生态花园城市。城市建设实现美观与功能统一，充分利用实施“美丽厦门”规划、“莫兰蒂”灾后恢复重建、“金砖会

① http://wlj.xm.gov.cn/zfxxgk/fdzdgknr/jhgb/202005/t20200518_2447745.htm.

晤”在厦举办等时机，更新建筑立面外观，提高园林美化水平，推进夜景照明工程，全面提升城市品位。推进殿前、街道、屋顶改造，打造航线下一道亮丽风景线；推进中山路“修旧如旧”，在城市“美颜”中留住历史和乡愁；推进环岛黄金海岸建设，展示城市最美妙的身材和颜值，从观音山到厦门大学，绵延近20公里长的环岛黄金海岸线，沿线的建筑、沙滩、景点在夏日和灯光下产生了美妙的交集，共同营造了独具厦门味道的醉美海岸夜景。按照提升本岛与拓展海湾相结合、城市转型与经济转型相结合、农村工业化与城市化相结合、凸显城市特色与保护海湾生态相结合的战略思路，厦门以跨岛发展战略为核心，拉开城市框架，推进产城融合，集美新城、海沧新城初步形成集聚态势，环东海域东部新城、翔安南部新城、马銮湾新城建设取得重要进展，拓展形成了“一岛一带多中心”空间格局；“岛内外一体化”“厦漳泉龙同城化”大力推进。同时，持续推进旅游与农业融合创新发展，先后打造了同安顶村、五峰村、军营村、白交祠村、造水村等多个特色乡村旅游亮点。推进旅游与体育的融合，引进“马拉松”“铁人三项”“沙滩排球”“摩托艇”“风筝节”等金牌赛事，推进旅游与汽车产业融合，不断开发自驾旅游线路，开发房车基地，自驾旅游成为旅游休闲新兴模式。

三是大力发展会展旅游，厦门市旅游会展业创出品牌，全面提升厦门城市口碑和吸引力。厦门大力发展会展业，持续推动建设“中国会展典范城市”和“国际会展名城”，被中国会展经济研究会评为“中国最具竞争力会展城市”，荣登“世界会展城市实力排行榜”第54位，在国内排名第10。除“投洽会”和“台交会”等金牌展会外，厦门石材展、工博会、文博会、茶博会、体博会、医博会等专业展览稳步发展，厦门会展城市的综合影响、规模和效益逐步扩大，品牌展会的培育初见成效。成功成为全国二线城市中数一数二的会展城市，厦门会展每年能带动300多亿元经济效益，会展旅游即成为厦门经济发展新引擎、厦门展现城市形象的重要窗口。会展旅游业为厦门带来庞大的人流、物流、信息流和资金流，拉动投资贸易、推动产业发展。厦门已举办20届的中国国际投资贸易洽谈会，已成为国际双向投资的重要平台，有着“投资风向标”之称；厦门“国际海洋周”已成为原国家海洋局、福建省主动融入“一带一路”战略的重要活动之一[①]。

四是加快建设成为国际化港口都市，大力发展邮轮经济。按照“船、港、城”一体化的要求，新建航站楼、母港配套设施及后方商业配套，打造成为国内最大的集休闲、购物、度假、居住、办公为一体的新型综合体。设计开发“高铁 + 邮轮”“高速 + 邮轮”等系列旅游产品，拓展吸引“飞机 + 邮轮”模式的包船业务，引导国际邮轮公司在厦门设立区域总部或分支机构，常态化运营以厦门为母港的邮轮航线，培育和发展本土邮轮，打造邮轮产业链，推进无目的地邮轮旅游（公海游）试点。在发展两岸邮轮航线基础上兼顾日韩、东南亚邮轮产品，推进厦门和东盟邮轮母港互为母港的邮轮航线，拓展临港旅游商业，推动东渡国际邮轮母港成为海峡邮轮经济圈的核心港口，拓展厦门至“海丝”主要节点城市的邮轮精品航线，逐步构建东南亚、台港澳邮轮旅游圈。打造集邮轮靠泊服务、邮轮补给、邮轮租赁、海上旅游客运、免税品经营和保税仓储等为一体的邮轮母港产业链。

五是加快融入“一带一路”，加快建设“21 世纪海上丝绸之路”战略支点城市。厦门紧紧围绕国家战略，立足于深化两岸交流合作，全力推进自贸试验区建设，积极融入“一带一路”建设，使厦门的“桥梁”“窗口”作用进一步凸显。高标准、高质量、高水平完成《中国（福建）自由贸易试验区总体方案》中涉及厦门的 68 项任务和 214 项自主创新的试验任务，商务部评定 12 项“最佳实践案例”中厦门片区有 2 项，福建省自贸办评估通报 285 项创新举措中厦门片区有 134 项，其中 49 项属全国首创。设立全国首支地方政府主导的“海丝”投资基金，设计“海丝”精品旅游线路，打造“海丝”旅游枢纽城市。2015 年厦门市人民政府出台的《关于深化旅游业改革发展的实施意见》，提出厦门将主动、积极融入国家“一带一路”战略的建设发展，规划开展厦门与“21 世纪海上丝绸之路”战略有关节点城市的邮轮旅游精品航线，已开通了与“21 世纪海上丝绸之路”沿线国家和地区的邮轮游精品航线，如有厦门至越南的胡志明市、厦门至菲律宾的马尼拉市、厦门至新加坡等邮轮游精品航线。还发挥厦门航空作为与“一带一路”沿线国家和地区的航空枢纽中心，逐渐完善航空网络优势，联合与“一带一路”沿线国家和地区，搭建直通、直达

① http://www.xinhuanet.com/local/2017-08/07/c_1121445275.htm.

的便利航空枢纽中心。对符合政策要求的“一带一路”沿线国家和地区的海外游客在72小时过境提供免签政策，形成以“海丝”为品牌的旅游线路，推动构建“一带一路”沿线国家地区旅游“朋友圈”、邮轮旅游圈等，促进厦门升级打造为“海丝”旅游枢纽城市①。

第二节　三亚市海洋旅游发展模式案例

三亚市古称崖州，地处海南岛最南端，是海南省管辖地级城市，三亚是中国唯一一座同时兼具热带雨林和热带海洋风光的国际知名海洋旅游城市，被称为“东方夏威夷”，是最典型的海洋旅游城市。三亚位于世界海洋旅游最为发达的大洋之间海域，是中国发展最为成熟和最具典型代表性的国际性热带滨海旅游城市，是中国海洋旅游的标杆和典范。改革开放40多年，三亚从边陲小镇成长为知名的滨海旅游城市，是中国40多年改革开放的生动写照，也是中国海洋旅游发展的典型缩影。

一、三亚市的海洋城市特征

三亚海洋旅游资源得天独厚，是典型海洋城市，具备成为世界级海洋旅游目的地的先天条件。海域宽广，类型丰富，共拥有旅游资源分类系统的全部8个主类，21个亚类，61个基本类型，393个资源单体，海岸线长258.649公里，大小海湾共19个，可开发岛屿39个，生长了80多种珊瑚礁群、上百种海洋生物，是最能代表我国海洋旅游资源水平的富集地。海洋旅游等级高、品质一流，共有五级海洋旅游资源10个，四级海洋旅游资源13个，三级以上海洋旅游资源占总体旅游资源的13.48%，打造海洋旅游新型业态的潜力巨大。海洋资源布局小集中大分散，有利于产品与线路的多种组合。气候宜人，生态良好，与国内外著名滨海城市的比较优势明显，是一个完全可与巴厘岛、马尔代夫、夏威夷相媲美的滨海旅游目的地。三亚海疆文化底蕴深厚，拥有海疆文化、疍家文化、天涯海角文化、漂泊文化、流放文化等多种原生性海洋文化，

① 黄国灿．“一带一路”战略下厦门旅游业创新发展研究［J］．厦门科技，2017（4）：17-19.

以及海洋饮食文化、海洋军事文化等多种海洋后兴文化，有条件成为国家海洋文化交流平台和对外窗口①。

三亚市地处海南岛最南端，三亚境内海岸线258.649公里的滨海区域（包括港湾、沙滩、河流入海口等）及周边地区，海域面积3500平方公里。三亚市山、海、河自然美景集于一城，形成了“山海相连，指状生长，一城三湾，三脊五镇”的空间布局。三亚三面环山，北有抱坡岭，东有大会岭、虎豹岭和高岭，南有南边岭，形成环抱之势，山岭绵延起伏、层次分明。山脉延伸将市区分成若干青山围成的空间，形成各具特色的空间景观环境。海上回望，群山如绿色屏障辉映出三亚市的妩媚多姿。山头也提供了眺望大海、河湾和城市景观的制高点。南临大海，境内海岸线长258.65公里，具有湾长、沙白、滩宽、水蓝、石奇、气清、沿岸植被青绿等特点。有大小港湾19个，主要海湾有三亚湾、海棠湾、亚龙湾、崖州湾、大东海湾、月亮湾等。有大小岛屿40个，主要岛屿10个。大东海、小东海、三亚湾处于市区，东、西二岛仿佛是面向南海的大门，为宽阔海面增加了层次感，海雾飘过，两岛掩隐其中，平添几分神秘。东、西两条河穿过市区，交叉南汇于南边海，北汇于中岛端，自然岸线曲折多变，上游水网纵横交错。

三亚海洋旅游黄金组合由亚龙湾、大东海、三亚湾、蜈支洲岛、西岛、分界洲岛、南山寺、大小洞天、天涯海角、西岛渔村、南边渔村、鹿回头、南海观音、海鲜等组成。以亚龙湾、大东海、三亚湾等为载体的三亚的海湾和滨海沙滩，是冬泳避寒胜地和度假休闲者潜海观光、海水浴、阳光浴的理想之地。蜈支洲岛、西岛、分界洲岛是潜水爱好者的天堂，西岛渔村、南边渔村、后海村等渔村共筑了三亚炊烟渔火，其中西岛渔村被农业部评选为“中国最美渔村”。鲨鱼翅、海参、石斑鱼被誉为“崖州三珍”“三亚三绝”。此外，三亚还拥有多处人文古迹景区，如南山寺、大小洞天、天涯海角、鹿回头山顶公园等。有条件建成世界著名的国际热带海滨风景旅游精品城市，建设成为旅游度假胜地、天涯文化源地、国家“一带一路”重要战略支点和南海后勤保障基地之一，以及中国生态文明建设的示范基地和宜居城市。

三亚市位于北纬18°，是海南岛最南边的沿海地区，属于热带海洋季风性

---

① 三亚海湾打造国际滨海度假旅游目的地［EB/OL］. http://citynews.toptour.cn/html/2014/03/20140317165638.shtml.

气候，年平均气温 25.4℃，气温最高为 7 月，平均气温 28.4℃；气温最低为 1 月，平均气温 21℃。全年日照时间达到 2563 小时，年平均降水量 1279 毫米，四季如夏，鲜花常开。所辖海域生物资源丰富，有鱼类 1064 种，虾类 350 种，蟹类 325 种，软体动物 700 种，其中经济价值较高的有 402 种，鲨鱼翅、海参、石斑鱼被誉为“崖州三珍”。岛上工业污染小，天青海蓝，空气质量优质。地处中国唯一的热带滨海旅游带核心区，海洋生态环境质量全国领先，空气质量全国沿海最优，近岸海域海水清洁，海洋生物多样性丰富。三亚海域也是我国大陆岸礁型珊瑚礁发育最好的区域，是我国红树林分布较广的区域，在维持海洋生物多样性方面发挥着重要的作用。依托独特的热带海洋性气候和海水、沙滩、珊瑚、礁石、岛屿、海湾，整合温泉、森林、田园、海疆文化和热带民族风情，发挥复合型资源的组合优势，以国际化水准推动海洋旅游产品的丰富与升级，以目的地体系为支撑，培育三亚热带海洋旅游品牌，构建环境优美、宜居快乐、活动丰富、设施完善、服务优质的世界级热带海洋旅游目的地。

三亚的海洋旅游格局，立足三亚，加强周边区域合作，辐射南海，以滨海带为支撑，以海洋、海岛、海洋文化为海洋旅游核心，以海空、海底为补充，构建三亚海洋旅游横向、纵向结合的立体化空间布局，加快推动三亚海洋旅游从滨海到海洋，从近海到远海，从海面到海空、海底的空间拓展。按照“立足三亚，开发南中国海洋旅游”的思路，整体构建“一心服务、一带支撑、五组团集聚、三区域联动、三空间拓展”的空间战略发展格局。一心服务：海洋旅游中心城市（中心城区）；一带支撑：滨海旅游带；五组团集聚：海棠湾—蜈支洲岛海洋旅游组团、亚龙湾—大东海海洋旅游组团、红塘湾—南山海洋旅游组团、崖州湾—东锣西鼓岛海洋旅游组团、海上观光游憩组团；三区域联动：腹地、滨海、海洋；三空间拓展：低空、海平面、海底[①]。

二、三亚的海洋城市气质与魅力

三亚市“美丽三亚、浪漫天涯”旅游形象，凸显三亚热带海岛的美丽、天涯的诱惑，形成了美在天涯的浪漫吸引力。正如张也《美丽三亚、浪漫天涯》

① 三亚市城市总体规划（2008—2020）[EB/OL]. http://www.hainan.gov.cn/hainan/0101/201101/eefb67635464415bb552243162879a25.shtml.

歌中所唱："三亚在哪里，她在海之南；三亚在哪里，她在我心里；海角有多远，就在我眼前；这里是永远的热带天堂。"三亚拥有浓烈的浪漫爱情基因，是滨海爱情旅游胜地。天涯海角是三亚城市名片，成为代表浪漫爱情的符号。来自世界各地的成千上万的情侣在这里拍摄婚纱照、举行婚礼，以"天涯海角"为主题的爱情歌曲非常多，如《请到天涯海角来》《天涯海角》《天涯海角珍重》《我在天涯海角等你》《陪你到天涯海角》《美丽三亚浪漫天涯》等。三亚市还倾力打造了椰梦长廊、情人岛、玫瑰风情小镇、亚特兰蒂斯等特色旅游项目，举办了天涯海角国际婚庆节、三亚国际音乐节、海南岛国际电影节等活动，努力让游客全方位置身于浪漫氛围之中。

目前三亚有 3 个 5A 级景区、8 个 4A 级景区，三亚湾的天涯海角、南山、大小洞天，海棠湾区域的蜈支洲岛，后海村皇后湾，亚龙湾区域的热带天堂森林公园，大东海区域的鹿回头等，不仅仅是滨海景区，更有多层次地展示滨海旅游与热带森林，与佛教文化、与海洋人文相结合的特色。亚龙湾国家旅游度假区的海水全年都可以游泳，被称为"天下第一湾"；天涯海角风景区已成为三亚的一个标志和品牌；鹿回头公园面朝大海，周围群山环绕；大小洞天已有 800 年历史，是道教文化特色景区，以海景、山景和石景而闻名；亚龙湾热带天堂森林公园按照国家森林公园的要求开发建设，可以感受热带雨林风情，也能俯瞰整个亚龙湾的美景；蜈支洲岛周围有着多样性的热带海洋生物，就像一个巨大的热带海洋生态系统，是一个安静和多彩的度假天堂；大东海是人们享受海水浴和日光浴的理想场所；三亚湾"椰梦长廊"长达 20 公里的沙滩和步道沿着海湾延伸，椰子树形成一片森林，与三亚市区融为一体。这些充满热带滨海风情又各具特色的旅游资源散落在三亚周围的滨海地带，共同构成了三亚独特的滨海风情。

三亚作为我国最知名的滨海旅游城市，拥有大量的高星级酒店，是我国国际高端酒店数量最为密集的地区。从 1996 年中国首家滨海度假酒店落户亚龙湾，到 2003 年，世界小姐总决赛首次在三亚举办，众多国际品牌酒店管理集团纷纷落户三亚；从 2006 年到 2011 年，三亚市五星及五星级标准酒店由 12 家增加到 39 家，增加了 225%；四星及四星级标准酒店增加了 27.59%，三星及三星级标准酒店负增长 9.37%。到 2016 年，三亚共有 17 家国际酒店管理集团旗下 35 个国际品牌的 47 家高端酒店，成为中国酒店国际化水平最高的城市之一。

三亚的美丽海洋城市魅力，来源于天生丽质的全域美丽环境。三亚市山海相连，注重强化对山、海等重大公共资源以及山海之间各类生态廊道、河流廊道、景观道路廊道等的保护与管控，形成山、海、河、田园、各类绿化廊道等生态景观要素与城乡建设用地有机融合的总体格局。形成“一城三湾、三脊五镇”海洋城市格局。一城是三亚中心城区；三湾是大三亚湾、海棠湾、崖州湾；三脊是依托联系腹地山区交通干线所形成的天涯片区（原天涯镇）经育才片区（原育才镇）至乐东一线，中心城区经高峰片区（原高峰乡）至保亭、五指山一线，吉阳区沿海榆中线至保亭线。五镇是指崖州区（原崖城镇）、天涯片区（原天涯镇）、育才片区（原育才镇）、高峰片区（原高峰乡）、海棠区（原海棠湾镇）。城市拥有许多标志性景观地区，如南山文化旅游区、天涯海角景区、鹿回头景区、椰子洲湿地公园片区等。大三亚湾东段大东海至三亚湾一带属于城市型海湾，是文化、体育休闲主题鲜明的旅游度假海湾。亚龙湾已经成为著名的国家旅游度假区，海棠湾的“国家海岸”品牌也驰名中外，逐渐成为世界级的集滨海度假、休闲娱乐、疗养休闲为一体的综合型旅游度假区。崖州湾文化主题特色鲜明，中心渔港、游船游艇母港、邮轮港“三港合一”。形成了以大三亚湾为中心，东西带动两翼的“一心两翼，带状组团”全域旅游布局结构。一心：南山至鹿回头之间的大三亚湾地区是滨海地区中心、海南南部区域旅游服务中心。两翼：东翼为亚龙湾至海棠湾一带，以旅游度假为主题；西翼为崖州湾至乐东一带，突出历史文化主题和面向南海的服务保障功能。滨海地带是城市旅游服务基地和旅游度假的“不夜城”，鹿回头是环境优美的观光旅游度假区，大东海是设施完善、活动丰富的城市旅游度假区。海坡片区是功能完善、环境优美的主题性旅游度假片区，滨海体育赛事承载地之一。恢复河道，改善生态景观环境，进一步完善各类旅游配套服务设施，加强会议会展功能，推进肖旗港游艇基地建设。吉阳组团为亚龙湾旅游度假区提供配套服务。迎宾路中段组团：以度假居住及旅游服务功能为主，严格管控生态廊道、保护自然环境，发展特色商业、休闲度假等功能。中部平原高效农业及乡村文化旅游区，中部丘陵台地热作经济区及特色旅游区，北部山地生态产业及山地旅游区。三亚市要形成“山海相连”“显山露水”，“山、海、河、城”相互交融的绿化格局，形成点、线、面结合，山水环境与绿廊绿轴交融的“一湾两带、山林围绕、绿廊相连”的绿地系统结构。一湾两带：三亚湾滨海绿化及三亚西河、东河沿线的绿化带。山林环绕：城区周边鹿回头岭—南边岭—凤凰岭（狗岭）—抱坡岭—牛少坡—荔枝岭—高岭—马岭一线的山体林地绿化，构成城区外围的绿色屏障。

三、三亚海洋旅游发展历程成就

改革开放 40 多年来，三亚市从名不见经传的小渔村迈向国际滨海旅游名城，是中国改革开放成就和旅游业快速发展的典型缩影。三亚经历了“天涯海洋建设—度假区开发—全域化旅游提升”的发展跨越，从一个南海边陲的普通小渔村蜕变为风情万种的国际性滨海旅游城市，从“天涯海角”的孤悬之地“蝶变”为南海上一颗晶莹璀璨的明珠。旅游业成为三亚的龙头产业、支柱产业和优势产业，三亚逐步向中国首选、亚洲一流、世界著名的国际热带滨海旅游城市迈进。

1987 年，海南筹备建省办特区、三亚升级市，三亚发展被定位为“把三亚建设成为国际热带滨海旅游城市”，国务院正式批准三亚升格为地级市，成为改革开放的前沿城市。而在 1987 年，三亚市生产总值仅为 2.35 亿元，人均生产总值 882 元，地方一般公共预算收入 0.18 亿元，第一产业占产业半壁江山，旅游接待人数仅为 13.99 万人次。1987 年 11 月，三亚开始有大东海旅游中心、海南鹿回头宾馆、三亚国际大酒店、金陵度假村、三亚湾大酒店等几家旅游饭店，由此开启三亚的“旅游时代”。1988 年 8 月，三亚亚龙湾、天涯海角、三亚湾、大小东海、鹿回头、落笔洞、大小洞天 7 个风景区列入海南首批重点风景名胜区名单。三亚市自设立之初，城市定位随即酝酿、研讨，所形成的“国际性热带滨海旅游城市”的定位，于 1989 年由三亚市第一届党代会报告正式提出。1990 年 5 月，凤凰机场开工建设。4 年后的 7 月 1 日，总投资达 14.7 亿元的机场正式通航。从此，改写了三亚的航空史。如果没有一个现代化的机场，进入三亚的游客将大打折扣，建设国际性旅游城市，也无从谈起。有了机场，才能方便各地游客快捷进入三亚。而凤凰机场的投入建设，强有力地推动了三亚旅游产品走向商业化，旅游业走向国际化的步伐，为三亚旅游业的发展提供了一个关键的契机。1992 年 10 月 4 日，国务院批准建立三亚亚龙湾国家旅游度假区。1992 年，三亚市首家四星级旅游饭店南中国大酒店开业。1994年，国务院批准三亚为对外开放航空口岸，凤凰机场建成通航。1995年8月31日，首架国际商务包机由美国马克市飞抵三亚，拉开三亚国际商务包机飞行序幕。同年11月19日，三亚第一条国际航线——三亚至新加坡航线正式开通，昔日渔村与世界接轨，打开空中门户。三亚旅游真正起航，可以说是从1993年亚龙湾开发打出名气，1996年亚龙湾中国第一家五星级度假酒店——凯莱度假酒店正式开业，拉开了中国高端度假酒店建设的帷幕，亚龙湾实现向休闲度假湾区的转型。凯莱度假酒店首次将自然环境与室内融合打造，突破了传统思维，迎合了休闲度假游市场，有力推动了三亚旅游消费升级。1996年1月，“96中国度假休闲游开幕式”在亚龙湾中心广场举行，成为三亚旅游发展的新里程碑，标志着三亚旅游开启1.0版本时代。而后，三亚逐渐成为国际品牌酒店抢滩中国市场的排头兵，喜来登、万豪、希尔顿等酒店先后进驻亚龙湾，形成海南最早一批高端品牌酒店群，高端品牌酒店集群大大提升了三亚的度假旅游条件，加快了三亚旅游发展。1995年，三亚旅游接待过夜游客首次突破百万人次；1996年，这一数字增长至118万人次，同比增长14.6%。自1998年开始，三亚集中发力，围绕创建优秀旅游城市，发起了一场声势浩大的创优活动。其中，最为引人注目的是盘活三亚湾路，由政府强力牵头，激活被称为亚洲第一的“椰梦长廊”。先后举行了1996中国度假休闲游、2009中国生态旅游年、2013中国海洋旅游年的启动仪式等，引领中国旅游业发展的风向标。2010年，海南建设国际旅游岛上升为国家战略，三亚旅游业迎来黄金发展期。随着免税店、高尔夫、邮轮游艇、低空飞行等旅游项目的落地生根，三亚旅游产品变得更加丰富多样，旅游产业不断发展壮大。之后，三亚建成国内首个国际邮轮专用码头，推动“离岛免税、航权开放、26国免签、空域开放”等优惠政策落地，打造全球最大单体免税店；创新“四位一体”治旅模式，成立我国首支旅游警察支队……免税购物、邮轮、游艇、会展、婚庆、低空飞行、健康养生等旅游新业态孕育而生，海南旅游产业逐步驶上发展快车道。2019年4月，继迪拜、巴哈马之后世界上第三个亚特兰蒂斯项目——三亚·亚特兰蒂斯在海棠湾正式营业，成为汇聚了度假酒店、娱乐、餐饮、购物、演艺、国际会展及特色海洋文化体验等丰富业态的旅游度假综合体，被称为三亚旅游的3.0版本，旅游新格局再次实现跨越式发展。随着多年来三亚旅游的不断发展，在国内外酒店、旅游集团带动下，旅游湾区逐渐从亚龙湾发展至大东海、三亚湾、海棠湾等各大湾区，旅游新业态也实现由单一的滨海旅游，逐渐发展成为“蓝绿”资源互补的山、海、空旅游，传统观光旅游模式逐渐转变成互动式、体验式的旅游模式，国际航空网络日益完善，入境游市场实现较快增长。旅游新格局不断打开，为国内外游客提供更优的服务、更美的环境、更好的产品，三亚酒店逐渐成为一张亮丽名片，发展成为国内外知名品牌酒店最齐全、酒店盈利能力最强的城市之一。三亚共有旅游饭店 254 家，五星级饭店逾 60 家，国际品牌酒店管理集团 17 家、国际品牌 35 个，在建或计划新建60余家[①]。三亚市已建成海棠湾国家服务业试验基地，邮轮旅游正在起步，游艇产业处于全国领先水平，产业基础设施较为完善。滨海旅游产品结构进一步优化，高端旅游产品日趋丰富，邮轮、游艇、低空旅游等新兴业态发展方兴未艾。海棠湾以国家海岸为概念定位，已形成以独特景观和游购为特色的高端滨海旅游度假区。蜈支洲岛旅游区、西瑁洲岛海洋文化旅游区融合原始、动感、时尚，以度假、海上运动、潜水为主，是三亚较为成熟的海岛旅游区。亚龙湾国家旅游度假区拥有众多国际一流水准的星级酒店、度假村、别墅、滨海公园、海滨浴场，是海南乃至全国最具影响力的会议会展、海底观光、文化娱乐产业中心。大小东海、南山、三亚湾等也通过突出展示独特的生态资源、景观魅力和文化风情，成为具有广泛影响力的海洋旅游景区。

在海南建设国际旅游消费中心的背景下，三亚推进建设国际旅游消费中心先行区，积极推动旅游业高端化、国际化转型升级，在拓展国际航线、建设文旅重点项目、创新供给高端旅游产品等方面发力，打造业态丰富、品牌集聚、特色鲜明、环境舒适的国际旅游消费中心。新建设了亚特兰蒂斯、海昌梦幻不夜城等重大项目，西岛、博后、中廖等明星旅游村崛起，邮轮游艇等新业态展现活力，年游客接待量突破 2300 万人次，三亚旅游推进新一轮升级。中央商务区、崖州湾科技城、中科院深海所等园区机构创生发展，创新发展总部经济、现代服务业等新兴产业，深刻改变了三亚的产业格局、推进旅游高质量发展。

2016—2019 年三亚全年接待国内外过夜游客分别为 1651.58 万人次、1830.97 万人次、2242.57 万人次、2396.33 万人次，同比增长率分别为 10.4%、10.9%、11.3%、10.0%；旅游总收入分别为 322.4 亿元、406.17 亿元、514.73

① 三亚：小渔村迈向国际滨海旅游之城［EB/OL］. https://sanya.focus.cn/zixun/39a1f63a1e44eecc.html.

亿元、633.19 亿元，同比增长率分别为 23.4%、26%、17%、15.6%。2019 年，三亚接待过夜游客人数 2396.33 万人次，比上年增长 10.0%。其中，过夜国内游客 2305.70 万人次，增长 9.4%；过夜入境游客 90.63 万人次，增长 26.6%。全年旅游总收入 633.19 亿元，比上年增长 15.6%，其中国内旅游收入 577.17 亿元，增长 13.3%；旅游外汇收入 81075 万美元，增长 39.3%。旅游饭店平均开房率为 71.81%，比上年提高 0.36 个百分点。全市列入统计的旅游宾馆（酒店）252 家，其中，五星级酒店 14 家，四星级酒店 17 家，三星级酒店 6 家[①]。拥有客房 58874 间，比上年减少 226 间；拥有床位 97019 张，比上年减少 381 张。全市共有 A 级及以上景区 14 处，其中，5A 级景区 3 处，4A 级景区 6 处。三亚凤凰国际机场旅客吞吐量超过 2000 万人次，而 20 世纪 90 年代初才是几十万人次。

四、三亚海洋旅游发展经验启示

一是突出核心优势特色，坚持建设国际一流热带滨海旅游城市。三亚始终坚持热带滨海旅游城市的发展定位。1988 年，三亚市城市性质就被定位为“重点发展旅游业和高新技术产业的热带滨海风景旅游城市”。1994 年，三亚又将城市性质修编为“国际性热带海滨风景旅游城市，海南南部地区中心城市”。1999 年，将城市性质定位为“国际性热带海滨风景旅游城市”，确定了走专业化旅游城市发展道路。2007 年，三亚提出了建设“亚洲一流，世界知名的国际性热带滨海旅游城市”发展定位。三亚确立“一市两都三中心”的发展目标，即要把三亚建设成为国际性热带滨海旅游城市，健康之都、休闲之都，会展中心、购物中心、时尚中心。在制定三亚市旅游国际化启动方案时，三亚选取 26 个指标，以坎昆、帕塔亚、檀香山、巴塞罗那 4 座城市为参照系，对三亚旅游国际化发展水平进行综合评估。不断彰显海洋旅游特色优势，大力培育发展免税购物、邮轮游艇、低空飞行等旅游新业态、新产品。2006 年三亚建成了中国第一座可停靠 8 万吨级邮轮的专用码头，可一次性接待 3000 多名国内外游客出入境，1 个 8 万吨级、2 个 15 万吨级泊位，2 个 22.5 万吨泊位正在建设中，定位为“亚洲最大邮轮母港”。目前已开通三沙、越南、香港邮轮旅

① 2019 年三亚统计公报［EB/OL］. https://m.askci.com/news/hongguan/20200303/2241441157567.shtml.

游航线，邮轮停靠涉及世界排名前三邮轮公司美国嘉年华邮轮、皇家加勒比国际邮轮和新加坡丽星邮轮公司，以及日本、荷兰、德国、法国和葡萄牙等国的邮轮公司。目前三亚市登记注册的游艇企业有 121 家，活跃的游艇服务企业至少有 48 家，三亚市已经建成的泊位数量共计 973 个，占海南省近 80%，拥有的游艇共计约 423 艘，游艇从业人员 4271 人。2018 年春节黄金周期间，鸿洲国际游艇码头、半山半岛帆船港码头、星华游艇码头三家游艇码头共接待出海人数 2.59 万人次，参加游艇旅游的游客占三亚游客总数比例约为 2.67%。三亚到目前为止共有 42 家海上运动俱乐部，主要经营潜水、摩托艇和快艇，另有以亚龙湾和三亚湾为中心，旅游产品和项目有潜水、海底漫步、海底摩托、香蕉船、滑水、皮划艇、拉伞、浮台海钓、船钓、排钓、沙滩排球、“沙疗”和拖曳伞等海底、海上、沙滩、海空 4 大类 20 余个项目[①]。探索海底旅游，打造海洋旅游特色产品业态。三亚大力开发建设海底旅游设施。三亚开发了“寰岛蛟龙”潜水器海底观光项目，该项目在世界和国内均属首创，通过精心设计与精细化智能管理，不仅潜水器能提供以深潜体验为主题的高端婚庆、商务、拍摄、纪念日等活动服务，而且水面保障母船可提供海上观光、潜水器收放操作观看、海上休闲娱乐等服务，将给游客带来尊贵享受和富有科技感、价值感、独特感的海洋体验，成了国内首个高端海底旅游项目。以海底酒店为切入点，探寻海底旅游设施建设途径。借鉴迪拜海底酒店经验，建设一座集住宿、餐饮、娱乐、保健、观光等功能于一体的海底酒店——亚特兰蒂斯酒店。海洋文化是该酒店的一大特色，注有 1.35 万吨天然海水的大使环礁湖，拥有逾 280 种淡水和海水动物。酒店建有“失落的空间”水族馆，游客可观赏到鲨鱼、鳐鱼、水母、倒吊鱼、海鳝和巨骨舌鱼等逾 280 种生物，还可在潜水项目中与异域海洋生物共舞。此外，酒店还打造了水世界，占地 20 万平方米，是全年开放的水上乐园，设有数十条顶级滑道、极速漂流、嬉水童趣乐园等。该酒店设有 21 家寰球美食餐厅，涵盖了欧陆自助、中式自助、日式料理等国际美食，游客可在海南感受世界美食文化[②]。

二是借力世界小姐大赛打造美丽浪漫的城市品牌。2003 年，三亚借力第 53 届世界小姐大赛开启世界之门，搭建三亚与世界沟通的桥梁与纽带，打造

① 康慧．三亚海洋旅游产业化分析［J］．旅游纵览（下半月），2018（18）：91，93.

② 三亚亚特兰蒂斯［EB/OL］. https://www.meipian.cn/2coh51oo.

“美丽三亚、浪漫天涯”城市品牌，带火了“美丽经济”。2003 年三亚申办世界小姐大赛，海外媒体把 2003 年称为“中国第一个选美年”。当年“非典”疫情过后，三亚抓住举办过世界小姐大赛的有利契机，向世界宣传三亚“健康”“美丽”“生态”的品牌，并成功举办新丝路模特大赛、天涯国际婚庆节、亚洲职业高尔夫三亚公开赛、香港—三亚国际帆船赛、国际铁人三项赛、第 26 届世界潜水联合大会等一系列旅游活动和体育比赛，三亚出现了万人空巷的场面[①]。世界小姐大赛于1951年创立，第一届世界小姐在英国斯特兰德学苑舞厅举行，初称“节日比基尼竞赛”，后由英国新闻界将其冠名为“世界小姐”（Miss World）。已先后在 20 多个国家成功举办了近 70 届，是最具有世界影响力的年度时尚文化盛典。

三是文旅融合科技赋能三亚旅游创新发展。创新文化和旅游融合方式，注重文化创新，依托三亚海洋文化、黎族文化等区域特色文化，打造文化创意产品；注重文化再造，开发文化氛围浓郁的祈福婚礼、海滨婚礼等婚庆旅游产品，引领婚庆文化新潮流；注重文化融合，把海洋旅游、清爽度假、绿色旅游、三亚民俗风情与婚庆旅游产品相结合，提炼出富有文化色彩的“带着婚纱去旅行”“爱她，就带她到三亚”的浪漫口号，诠释三亚情怀[②]。把三亚作为一个现代文化交相辉映的大舞台、大平台，用最新的理念、技术和模式，创新推进文旅融合，探索一条新的文旅融合发展之路，国际化、时尚化、生活化、现代化、商业化推进建设新型国际文化艺术旅游之都。与其他地方依托历史文化、民俗文化等文化资源发展文化旅游不同，三亚市的文化和旅游融合发展，不仅是在发展旅游中注入文化内涵和发展文化旅游，通过弘扬本土文化，引进休闲文化，创造旅游文化，创造了充分体现对美好生活、健康生活、绿色生活、快乐生活、浪漫生活等的美好追求的旅游文化，引领现代旅游生活新方式和旅游文化新时尚。例如，把海洋浪漫旅游、清爽度假旅游、绿色生态旅游、民俗风情旅游等与三亚婚庆旅游产品有机融合，突出“美丽三亚、浪漫天涯”旅游主题形象，强化“带着婚纱去旅行”价值，强化“爱她，就带她到三

---

① 借“赛”开启世界之门 三亚与世界小姐大赛的美丽情缘［EB/OL］. http://www.hinews.cn/news/system/2018/12/17/031586086.shtml.

② 三亚：创新全域旅游发展新模式［EB/OL］. http://finance.people.com.cn/n1/2019/0909/c1004-31343422.html.

亚”的浪漫的三亚情怀，引领婚庆文化新潮流。又如，依托三亚海洋文化、黎族文化等区域特色文化，创新打造以海螺彩等为代表的文化创意产品。开发的海螺彩工艺已经不是简单的工艺展示，而是被赋予海洋文化元素，成为海洋旅游时尚的符号之一。依托黎族传统文化遗产，创作了大力神 IP 形象，打造了一系列黎族特色演艺节目。帆船亲子课堂、VR 体验帐篷等嘉年华活动巧妙融合创造新奇体验。充分发挥“文化 +”“旅游 +”的综合带动功能，有意识地把崖州古城、凤凰岛、南山、天涯海角、鹿回头、南海观音等景区打造成三亚独具特色的文化符号，将历史文化、海洋文化、岛屿文化、民俗文化、红色文化等融入各种文创产品中，让三亚全域的每个角落都有文化味儿。三亚是我国唯一的热带滨海旅游城市，被称为“东方夏威夷”，早在一万年前，先民就在三亚大地上创造出灿烂的史前文明——“落笔洞文化”。具有底蕴深厚的传统文化，现代旅游又创造了熠熠生辉的现代文明，开启了优秀传统文化与现代文明新的时空“对话”。通过旅游，传承和弘扬三亚的优秀传统文化，提升城市的文明形象。三亚港，在宋代就成为“海上丝绸之路”的中转站，有“海上丝绸之路”“香瓷古道”之称。文旅融合，形成了浪漫的爱情文化，成为世人心目中的爱情圣地，携程旅行口碑榜上，三亚就与迪拜、巴厘岛等共同入选十佳蜜月旅行地。随着冬季过冬人群不断增长，形成了候鸟文化。在文旅融合中注重科技赋能，创造震撼独特体验。注重积极发挥高端科技的体验价值倍增功能，利用新科技、新模式创新打造新娘子军、三亚千古情、亚特兰蒂斯 C 秀等一批文旅融合新产品，成功引爆了文旅市场。实景影画《红色娘子军》通过“VR”、“AR”、多媒体视觉等多媒体科技手段，呈现最佳观赏效果。三亚千古情景区展现了当地丰富的历史与本土文化特色，率先走出一条“主题公园 + 旅游演艺”的景区发展新模式。复星旅游文化集团打造的大型原创驻场秀《C 秀》在三亚 · 亚特兰蒂斯海豚湾剧场上演。整场演出融入了水中芭蕾、花式跳水、空中艺术、杂技等多种表演形式，带来了全新的体验，成为海南首个采用海陆空 3D 立体水舞台剧场剧目。海昌梦幻不夜城是无门票开放式主题园区，构建夜晚的欢乐海洋。海上摩天轮“三亚之眼”让游客领略海棠湾“夜晚盛况”。蒂铂豪华海底餐厅，欣赏水下美人鱼表演，感受到海底宫殿。“海上游三亚”夜航经济、海昌梦幻不夜城等综合体项目落地，丰富的夜间消费和文旅融合发展新业态促进游客旅游方式逐渐从观光游向立体化深度体验游转变。文旅融合科技赋能打造著名文化 IP 和旅游 IP，激活传统文化让悠久历史文化焕发新生，让“活”文化进入普通百姓的日常生活，成为游客喜欢的旅游产品。搭建三亚旅游官方网站（政务网、资讯网）和（英、日、韩、俄）外文网站，利用“互联网 +”现代服务模式，整合三亚旅游社交媒体及新媒体功能，发布三亚美图美文和人文地理介绍，通过新浪微博、微信、放心游 App 等渠道方式为广大游客提供食、住、行、游、购、娱等全方位旅游服务。在三亚营造穿越时空的文化之旅，全面展示三亚独特的旅游生活美学和时尚[①]。

四是国际化引领三亚海洋旅游发展。三亚市从五个层面系统推进旅游国际化：产品国际化、旅游投资国际化、经营国际化、旅游消费国际化、消费环境国际化。编制实施《三亚强化国际旅游城市特色工作方案》和《三亚市建设世界级滨海旅游城市行动方案》，聚焦城市国际化水平提升。2017 年建立三亚国际化旅游发展监测体系，2018 年进行 2.0 版升级。大力吸引国际旅游品牌和新业态项目，举办国际化活动。吸引喜来登、万豪、凯宾斯基、香格里拉、英国汤姆斯库克旅游集团、地中海俱乐部等国际知名旅游集团在三亚投资设立分公司。建设了三亚亚特兰蒂斯、海昌梦幻不夜城、凤凰岛邮轮母港、鲸世界、hello Kitty 主题乐园、大悦城综合体、三亚海上运动体育特色小镇等重大项目，成为旅游新高地，形成千亿级的文旅产业集群。举办 2018 年央视春晚三亚分会场、首届海南岛国际电影节、第 68 届世界小姐总决赛、第 22 届天涯海角国际婚庆节、三亚国际音乐节、Hobie16 帆船邀请赛、世界女子九球锦标赛、三亚财经国际论坛、FE 国际汽联电动方程式、世界大学生电子竞技联赛全球总决赛、2018 年澜湄国家旅游城市论坛、ISY 国际电音节、三亚全球婚礼蜜月岛屿论坛、三亚儿童友好型旅游城市发展论坛、三亚国际 MICE 采购大会等活动。构建“大媒体、大平台、大渠道”国际旅游营销体系，大力开展全球旅游营销。持续加大与 BBC、凤凰欧洲台、脸书等境内外媒体平台的合作力度，参加第 52 届柏林国际旅游展（ITB）、莫斯科国际旅交会（ITM）、阿拉木图国际旅游展（KITF）等；赴奥地利、丹麦、叶卡捷琳堡等地开展促销活动；举办柏林、莫斯科、台湾等专场旅游推介会。组织俄罗斯、泰国、菲律宾、澳大利亚、哈萨克斯坦等国旅游集团到三亚考察；与英国托马斯库克旅游集团、

① 三亚：建设国际旅游消费中心引领区，创建国家全域旅游示范区［EB/OL］. https://www.jiemian.com/article/3526665.html.

中旅总社及韩国哈拿多乐旅游集团、欧洲途易集团等就航线开拓、产品打包等展开深度合作。开展“一站式整合营销活动”，设立国际三亚旅游推广中心，有效推动了三亚入境旅游的大渠道对接和大网点布局。与 BBC、CNBC、美通社等合作构建起海外新媒体平台。三亚官方 Facebook 平台粉丝数在全国旅游单位中位列第 13 名，入选 Smart Travel“2018 最佳度假目的地”。加密国际航线航班，扩大国际航线覆盖率。新开三亚—伦敦等航线，加密三亚—金边航线，累计运行国际或地区航线达 40 条，国际航线覆盖主要客源国和地区，“4 小时、8 小时、12 小时”航程国际市场圈渐趋成形。推进“大航线密布”，制定国际旅游营销“作战图”，航线开到哪儿营销做到哪儿。加密三亚至台中、俄罗斯新西伯利亚、韩国首尔等航线，新开中国台湾高雄、日本大阪等航线；推进开通三亚至德国法兰克福等城市、法国巴黎、美国洛杉矶、马来西亚吉隆坡等境外航线；将印度德里—广州—三亚中转航线改为直飞航线，开通三亚至阿联酋、挪威等北欧国家航线。探索在国内枢纽机场设立“海南入境游客免签中转服务区”，为来三亚的 59 国免签游客提供国内中转方便，打造“一程多站”的联程旅游产品[①]。大力支持国内外航空公司增开和加密国际航线，实施“航空 + 旅游”联合营销新模式。大力推进国际旅游服务环境建设，提升旅游基础设施的国际化水平，加强国际语言环境建设。开展旅游行业“全民学外语”工程，营造三亚国际化语言氛围。加速构建外语公共服务网络，依托“12345”市民服务热线，开发利用一体的多语种服务系统，设立触摸式中英双语信息导航系统和电话服务热线；开通公交车中英文报站系统；在车站、机场、码头、餐馆、旅游信息咨询中心等游客相对集中的场所印发多语种志愿者援助信息卡，为国际游客提供语言沟通援助。增设外币兑换点和移动电话卡销售点，重点涉旅场所实现 Visa、Master 等国际银行卡刷卡支付全覆盖。瞄准国际标准提高水平，加快推进以“旅游厕所革命”和旅游标识标牌国际化改造为代表的公共服务水平提升工程，着力完善港口机场、景区景点、道路交通、公共场所等区域的外文标识，建设与国际接轨的城市图文解说体系，实现外国游客无阻碍出游。借助人工智能等先进技术打造语言无障碍国际化城市。打造国际化旅游人才“海绵城市”，推进国际旅游岛人才创业基地项目，与高等院校

① 三亚 2019 年将全方位推进入境旅游市场开发［EB/OL］. http://sanya.tianya.cn/lvyounews/2019/01/28/3895416.shtml.

合作，采取“国际标准、校企合作、知行合一”的方式，培养旅游高端人才。加强旅游行业培训，内容覆盖商务礼仪、技能培训、市场调研、旅游标准建设等诸多方面，被培训单位包括酒店、餐饮、购物等涉旅企业。开展“全民学英语”工程，定期开展三亚市党政机关和企事业单位工作人员实用英语培训班，开展“全域旅游英语角示范点”系列活动，营造三亚国际化语言氛围①。

五是旅游供给侧改革推进旅游创新发展。立足传统阳光海岸休闲度假优势，满足消费需求的多样化发展，重点发展邮轮、会展、康养、文体、婚庆、低空、亲子等旅游新业态产品，发展集休闲度假、购物娱乐、主题公园等为一体的一站式旅游综合体，不断创新旅游产品和业态。举办“我和宝贝游三亚”2018年三亚亲子旅游产品交易会，发布《三亚亲子度假白皮书》，大力推进亲子旅游发展。编制实施《三亚市会展业发展中期规划（2017—2025）》《三亚市关于促进会展业发展的实施意见》及《三亚市会展业扶持专项资金管理办法》，积极举办会展活动，大力发展会议会展旅游。举办三亚婚庆旅游专场推介会，全面推介三亚特色婚庆旅游资源，大力推进婚庆旅游发展。加快推动海棠湾体育特色小镇、万科滨海体育小镇等项目，引入启迪冰雪集团建设冰雪运动中心办好精品赛事活动，举办海南（三亚）国际马拉松赛、2017—2018赛季克利伯环球帆船赛（三亚站）、2018（第六届）司南杯大帆船赛等多项文体赛事活动，大力发展文体旅游。加快三亚邮轮母港功能性开发与拓展，争取设立“中国邮轮旅游发展实验区”和“邮轮海上无目的地旅游航线的经营活动实验区”。建设三亚市中医院、三亚国际友好中医疗养院、海棠国际养生社区、国寿健康公园等发展医疗康养旅游。采取“公司＋合作社＋农户＋科技＋生产标准化”经营模式和“五统一分”的管理模式，创新推进农旅融合②。创新旅游业态产品开发机制，全力推进“旅游+”创新发展。在传统“旅游＋房地产”基础上，积极推动旅游与医疗、文化、商贸、商务、海洋、农业、体育等产业融合发展，出台《“金融＋旅游”助力三亚国际旅游消费中心建设实施意见》的“金旅十三条”措施，推动金融和旅游产业融合。举办大

① 关于三亚市创建国家全域旅游示范区工作情况的报告［EB/OL］. http://rd.sanya.gov.cn/rdsite/zxbd/201805/c96cecf9d6234625968ef8c61805d98e.shtml.

② 石培华，马晨辉，翟燕霞，陆明明，申军波，张毓利. 供给侧改革推进全域旅游发展的三亚样本［N］. 中国旅游报，2019-08-29（A03）.

三亚旅游产品创新设计大赛，以“深玩大三亚，旅游更精彩”为主题，针对国内外不同客源市场，围绕不同主题组织旅行商创新旅游线路，以大众创新方式推动旅游供给侧结构性改革。

六是探索创新全域旅游综合治理模式。首创构建“1+3+3”依法治旅的三亚模式，2015 年 10 月，三亚成立了全国首支旅游警察队伍——三亚市公安局旅游警察支队。2016 年，三亚首创性提出了以“旅游质监局”+“旅游巡回法庭、工商局旅游分局和旅游警察”为代表的“1+3”全域旅游综合治理模式。2019 年，三亚基于消费升级和优质旅游发展要求，在“1+3”基础上再“+3”：“旅游法庭”+依托三亚市城郊人民检察院成立的“旅游消费检察部”+“三亚旅游律师服务中心”，注重切实保护旅游消费者和旅游企业的合法权益，由此构建了“1+3+3”全域旅游综合治理新模式。同时，完善了线上线下相结合的全域旅游市场治理管理机制体制，形成以市民游客服务中心、“12301”与“12345”两条服务热线和旅游警察、三亚市旅游纠纷人民调解委员会 4 个旅游专项行政部门为代表的旅游长效监管机制，为游客提供智慧旅游服务和消费诚信保障。首创构建“124”旅游长效监管机制。“1”就是建立市民游客服务中心，这是管旅治旅的指挥中心、服务游客的平台；“2”就是 12301 和 12345 两条服务热线电话；“4”就是旅游警察、旅游人民调解委员会、旅游巡回法庭和涉旅的行政执法部门。游客中心是旅游治理一站式高效监管“指挥棒”，是集旅游咨询、投诉、应急指挥与综合分析功能为一体的调度指挥中心。旅游警察还依托 12301 旅游投诉热线，将其他涉旅部门的指挥功能纳入其中，避免了投诉平台过多、游客记号困难及平台相互推诿现象，实现一号通功能。实行旅游市场网格化监管，还利用被赋予的地方立法权，完善三亚全域旅游发展的法规、政策和标准体系支撑，推进建立适应“多规合一”、旅游城市管理以及其他重点领域监管要求的综合行政执法体制，构建科学完备的综合配套体制和机制。

七是改革旅游行业协会创新构建旅游治理新模式。构建“旅游行业协会联合会+专业协会+品保协会”的社会治理新模式，形成“一部文件做保障”“一套体系为依托”“一股合力为支撑”的旅游治理新模式。首创性地成立了我国首个旅游行业协会联合会和首个市级旅游品质保障委员会，以更好地解决旅游协会综合统筹的问题。相关行业的社会组织自愿结成联合性、支持性、枢纽型社会团体法人。成立联合会可在加强统筹协调同时大力推进旅游行业协会的专业化细分，专业协会领域划分之细、数量规模之大在全国地级城市中首屈一指。16个旅游行业专业协会和5个专业机构，有效弥补了三亚旅游专业协会数量不足、行业和领域覆盖面不广、深度不够的问题，有效回应了广大旅游企业对迫切希望建立专业性旅游行业协会组织的诉求。探索弥补全域旅游现代治理体系中的行业协会治理短板，很好地解决了我国旅游行业协会改革创新面临的瓶颈问题[①]。厘清了政府和协会的关系、协会和市场的关系、不同层级专业协会之间的关系；解决了人从哪来、钱从哪来、事怎么办的问题。更好理顺政府与协会、企业等社会主体的关系，而且能够更加有效地组织旅游行业各类市场主体，进一步增强旅游行业自我组织、自我发展、自我约束、自我创新的能力，从而把旅游管理体制机制改革推向纵深，政府与协会相互“赋能”。

八是内外兼修提升三亚旅游外在“颜值”与内在“品质”。加强生态环境保护建设、社会文明环境优化，是全域旅游发展的重要基础支撑，是全域旅游的外在“颜值”和内在“品质”，需要内外兼修实现“处处是旅游环境、人人是旅游形象”。推进全域生态资源保护和全域环境整治是全域旅游发展的重要支撑。三亚市是我国首个“双修”（生态修复、城市修补）试点城市，也是首个“双城”（城市综合管廊、海绵城市）试点地级市，三亚全域旅游发展正是建立在此基础之上。2015年6月，三亚市被住建部列为全国首个“双修”综合试点城市，2016年4月，三亚市又被列入第二批中央资金支持海绵城市建设试点城市。2016年全国“双修”现场会在三亚召开，三亚成为全国“双修”试点成功范例。2017年3月，住房城乡建设部印发《关于加强生态修复城市修补工作的指导意见》，城市生态修复工作向全国范围推广。这是一场试图“脱胎换骨”的城市改革试验，也是全域旅游示范区创建发展的要旨所在。“双修”“双城”引领，城市空间、设施、景观、道路、服务、氛围融入旅游功能，打造兼具城市功能和旅游吸引力的城市标志物系统，实现城市功能旅游化、城市公园景区化、交通设施旅游化、社会资源旅游化。编制实施了《三亚市海绵城市建设总体规划》《三亚市综合管廊专项规划》等规划，“双修”和“双城”试点建设，为三亚全域旅游示范区发展全面提升了生态环境的“颜值”。生态

① 石培华，郑新立，黄萍，刘森，陆明明，翟燕霞. 旅游行业协会改革与全域旅游治理创新的三亚样本［N］. 中国旅游报，2019-08-26（008）.

修复是以再生态的理念，采取系统思维，将山、水、林、田、湖、城作为一个有机生命体，修复城市中被破坏的自然环境和地形地貌，改善生态环境。城市修补是更新织补的理念，修补城市设施、空间环境、景观风貌、提升城市特色和活力。三亚市的“双城”“双修”建设不是城市外在的形象工程，而是城市内在品质的营造修补、走向综合的系统梳理，是城市发展由量的扩展转入质的提升，通过抓双修双城建设优化城市公共产品供给品质。创建全国卫生城市和全国文明城市，加强文明旅游引导，营造良好社会环境。按照以人为中心发展优质旅游的理念，连续举办“发现三亚最美旅游人”主题推选活动，从旅游一线员工中推选 100 名优秀“最美旅游人”，在全市服务行业中树立“诚实守信、热情友善、文明礼貌、专业有素”优质服务新风尚，全社会树立起“三亚最美的风景是人”新理念。

九是创新全域旅游公共服务体系建设、创新发展三亚总部经济。依托交通枢纽区域、城市休闲商区、各大度假湾区、主要旅游景区、旅游点，建设四个层级的全域旅游散客综合服务体系，既有游客集散功能，又包括旅游吸引功能、窗口展示功能和综合服务功能，成为城市中一个个具有旅游吸引功能的特色景区、全息型展示窗口、消费型休闲商区、集散型交通区，成为“游客必到、市民常到”的“三亚客厅”。为营造优质的国际旅游服务环境，三亚市借助人工智能等先进技术手段，采用企业投资建设、政府购买服务模式，从标识牌体系建设、服务网点建设、多语种翻译服务和多语种信息化系统等方面推进语言无障碍国际化城市建设。制定实施了《三亚市促进总部经济发展暂行办法》《中国（海南）自由贸易试验区三亚总部经济及中央商务启动区控制性详细规划》，以建设成为国际化的总部经济及中央商务集聚区来引领发展。中信集团、平安集团、中船重工、中粮集团、华润集团、中交集团等 20 余家著名企业将在三亚总部经济及中央商务区建设总部大厦，还有 45 家意向总部或区域总部、板块总部将落户三亚。亚特兰蒂斯、海昌梦幻不夜城、凤凰岛邮轮母港、Hello Kitty 主题乐园、大悦城综合体、三亚海上运动体育特色小镇等一批重大项目，将成为三亚旅游发展的新高地，并形成千亿级的文旅产业集群[①]。

十是大力推进大三亚旅游经济圈发展。按照海南自贸区、海南自由贸易港

① 三亚：创新全域旅游发展新模式［EB/OL］. http://m.people.cn/n4/2019/0909/c1428-13172336.html.

和国际旅游消费中心建设目标要求，积极推动“大三亚”旅游经济圈的全域旅游发展。三亚市联合周边的陵水黎族自治县、保亭黎族苗族自治县、乐东黎族自治县拟定了《“大三亚”旅游经济圈联席会议及工作协调机制》，明确联席会议的工作规则、主要职责和协调机制。联席会议召集人为各市县分管发展改革工作的副市长（县长），各市县宣传、发展改革、财政、文旅等部门为联席会议成员单位。联席会议下设“大三亚”旅游经济圈 7 个一体化专项工作小组和“大三亚”旅游经济圈市县推进领导小组，形成了纵横交错、无缝对接的工作推进机制，有助于实现“大三亚”旅游经济圈内设施互通、产业互补、监督互助、政策互动的整体部署，有效推动了“大三亚”旅游经济圈的全域一体化发展，有力地推动了“大三亚”地区打造海南经济增长极。“大三亚旅游经济圈”包括三亚、陵水、乐东、保亭等市县，地处世界级养生度假天堂黄金线北纬 18° 以南，自然条件得天独厚，是全国唯一的热带滨海地区，是全省旅游资源最优质、最密集的区域。占全省土地面积的 19.71%，区域内各市县地域相连、文化同源、民俗相近、人缘相亲、往来频繁，一体化发展具备良好的地理和人文基础。自三亚于 1999 年率先提出构建三亚旅游圈，到省第七次党代会明确提出支持三亚建设国际化热带滨海旅游精品城市，加快推进“大三亚”旅游经济圈建设，前后历时 20 多年，经历了从市县自发状态、到区域协调发展理念上升到省级层面，再到省委重大决策部署、省政府务实举措三个阶段。大三亚旅游经济圈开发日渐加快，差异化发展态势初现，“大三亚”旅游总收入占全省超过 50%[①]。

第三节　深圳市海洋旅游发展模式案例

深圳旅游在滨海资源、气候环境、自贸经济、科技创新方面形成了强劲的发展优势，深圳是国内一线城市中滨海旅游资源优势最为突出的城市之一，是典型海洋城市。深圳是我国最早成立的经济特区之一，也是我国四大一线城市之一，是目前发展势头最好、影响力最大的国家特区新区。自 1979 年撤县设

① 省政协《加快推进“大三亚”旅游经济圈建设调研报告》提出 把“大三亚”打造成世界顶级旅游目的地［EB/OL］. http://www.hainan.gov.cn/hainan/65290/201801/046eae3a4bc24277829eb06c05a2ebaf.shtml.

市成立经济特区；1980 年 8 月 26 日，深圳经济特区宣告成立；到 2019 年深圳被正式批复打造“中国特色社会主义先行示范区”。近 40 年来，深圳从一个南方小渔村成长为“中国创新之都”，一直处于改革开放发展的最前沿。深圳经济特区大胆创新所取得的辉煌成就和伟大实践，为探索中国特色社会主义道路做出了重要贡献，成为我国改革开放取得伟大成就的一个精彩缩影。在改革创新、文化创新、科技创新等方面取得显著的成就，打造成“创新之都”，建设“文化强市”，成就“中国硅谷”。深圳的成长见证了中国的改革开放历程，探索出了旅游发展“深圳模式”。

一、深圳市的海洋城市特征

深圳市是中国南部滨海城市，位于北回归线以南，东经 113°43′~114°38′，北纬 22°24′~22°52′。地处广东南部，珠江三角洲东岸，与香港一水之隔，东临大亚湾和大鹏湾，西濒珠江口和伶仃洋，南隔深圳河与香港相连，北部与东莞、惠州接壤。深圳坐拥 1145 平方公里海域面积、260 公里海岸线、51 个岛屿，区位优势独一无二，海洋资源得天独厚。深圳被定位为全球海洋中心城市之一。2017 年 5 月出炉的《全国海洋经济发展“十三五”规划》明确提出，推进深圳、上海等城市建设全球海洋中心城市。深圳市将建设全球海洋中心城市列为城市四大战略定位之一，并纳入最新版本深圳城市总体规划。

深圳属亚热带海洋气候，具有浓郁的现代滨海城市特色，常年阳光普照、繁花似锦。同时，深圳有着延伸 260 公里的海岸线，海域风光十分秀丽。在深圳东部长达 150 多公里的海岸线上，分布着大大小小的沙滩有 23 处之多。其中西涌是深圳最大的海滩，也是全国最优美八大海滩之一；东涌是深圳最蓝海水的海滩，曾被世界地理杂志评为中国最美十大海岸线之一；杨梅坑被称为深圳最美的溪谷。东部滨海地区优越的自然环境和深厚的人文沉淀，为深圳的旅游发展留下了一个可以精彩发挥的空间，也让深圳人走向蓝色梦想的路途不再遥远。海域风光十分秀丽。丰富的旅游度假资源，如红树林海滨公园（观潮、赏鸟、游林），金色海岸游船（感受大海的宽阔，盐田港的壮美，明斯克航母的雄伟），大小梅沙（大鹏湾畔苍山碧海之间，领略深圳滨海风景），海洋世界（互动性极强的海洋主题公园），大鹏半岛（中国最美八大海岸之一），深圳最美的海滩之一吉钓沙，赤湾左炮台（鸦片战争遗迹，珠江入海的壮阔景色）。深圳是一座拥有海洋历史地标和海洋基因的城市，2013 年，由深圳晚报社与深圳市盐田区委宣传部（文体局）、深圳市海洋局共同主办的“深圳十大海洋文化历史地标评选”活动，以“海洋性，历史感，能见度，影响力”等多种因素作为评选标准，经过多轮评议，最终评选出深圳“十大海洋地标”，展示了深圳的海洋历史遗存。深圳“十大海洋地标”为：大鹏新城、盐田中英街、赤湾天后庙、南头古城、沙井江氏大宗祠蚝壳屋、赤湾左炮台、大鹿湾海域界碑、南山大铲岛、鲨鱼涌古港、内伶仃岛。这十大海洋文化历史地标是海洋文明的历史在深圳沿海具有标志意义的存在物，具有物质和非物质文化的双重属性。个别“地标”或延伸到香港地区，如“伶仃洋”，还有“中英街”。深圳围绕建设国际滨海旅游城市的目标，打造“创意深圳、时尚之都”旅游品牌。

深圳市有典型海洋旅游城市空间形态，呈现“一带两极多组团”国际滨海旅游发展格局。“一带”是指依托全市近 260 公里长的海岸线资源、港湾发展条件，所形成的国际湾区休闲旅游经济发展带。主要包括东西两大岸线和五大湾区：西线是西部 100 公里都市海岸线（空港湾、前海湾、深圳湾），为滨海都市休闲旅游资源富集带；东线是东部 160 公里生态海岸线（大鹏湾、大亚湾），为滨海生态度假旅游资源富集带。“两极”分别是指：蛇口半岛—自贸区邮轮游艇旅游增长极，以区内可停泊世界最大邮轮的 22 万吨级的蛇口太子湾邮轮码头为依托，结合自贸区建设和深圳城市发展，所形成的深圳国际都市滨海旅游增长极；大鹏半岛—世界级滨海生态旅游度假增长极，以大鹏半岛优质滨海资源及历史人文资源为依托，构建的多层次滨海旅游度假新格局，打造成集文化、旅游、生态为一体的世界级滨海生态旅游度假区和国际特色户外旅游目的地。“多组团”是指以滨海特色及核心资源、项目为依托，构建丰富多元、规模集聚的滨海旅游产品体系，为构建国际湾区提供支撑。西线有大空港会展商务组团、宝中都市滨海岸线休闲组团、前海商务休闲组团、赤湾国际文化休闲组团、太子湾邮轮母港组团、海上世界都市文化休闲组团、后海都市滨海时尚购物组团。东线有盐田港湾人文休闲度假组团、梅沙海岸休闲度假组团、下沙国际滨海度假组团、南澳滨海渔农文化组团、西涌国际海洋组团、大亚湾滨海休闲组团、坝光生物谷主题度假组团[①]。

大鹏湾的西面和南面分别为香港的吉澳和西贡半岛，而北面和东面则被深圳的盐田区、大鹏新区所包围，宽阔的海域面积、绵延的海岸线以及丰富的资源，使得大鹏湾被誉为中国南方最佳的天然港湾。坐落于大鹏湾畔的盐田区和大鹏新区是深圳市传统的旅游度假胜地。深圳湾—前海湾有条件打造城市新中心和世界级湾区 CBD，深圳湾、前海湾地处粤港澳大湾区入海口，和东部“旅游海”相比，西部更多是“都市海”，海岸线资源位于城市核心区域。深圳西部拥有丰富海岸线资源，深圳湾一侧近海、亲海、滨海的休闲空间已基本成形。前海也规划了“三区两带”格局，海岸景观体系是前海景观最重要的组成部分，滨海休闲带成为连通前海三大片区的生活休闲区，从南至北将分别建设海港公园、休闲海岸公园、演艺公园。演艺公园紧邻前海金融中心，在三大主题公园中演艺公园面积最大、功能最多，以高密度的城市聚会和庆祝活动为公园特色。深圳湾、前海湾的滨海休闲空间背后，则是汇聚了腾讯、华润、百度等知名企业的高密度服务业集聚区和总部经济功能区，形成一条超万亿元创新产业带。将以沿深圳湾海岸线重点片区开发建设为载体，打造一条滨海总部经济带，建设粤港澳大湾区城市群“新地标”，打造世界级的深圳湾 CBD[②]。

二、深圳的海洋城市气质与魅力

深圳拥有海洋基因，是一座朝气蓬勃的城市，其“精彩深圳、欢乐之都”的旅游形象，更加凸显了这个年轻现代化城市、国际花园城市的无限魅力。谈到深圳，总离不开改革开放，深圳旅游业的发展，也正是由于改革开放后城市的发展，带动形成了强大旅游吸引力的魅力。深圳市的城市气质和性格是“改革”“创新”“精彩”“时尚”“自在”“写意”等。对入境游客而言，则是“The Window of China”的城市形象气质。在“一带一路”合作和粤港澳大湾区战略背景下，深圳仍是内地与香港、澳门旅游合作桥头堡和深度核心区。

《中共中央国务院关于支持深圳建设中国特色社会主义先行示范区的意见》

① 深圳市旅游业发展“十三五”规划［EB/OL］. http://wtl.sz.gov.cn/xxgk/ghjh/fzgh/content/post_4538505.html.

② 打造全球海洋中心城市，深圳如何发挥“湾区”优势?［EB/OL］. http://m.people.cn/n4/2018/0528/c1300-11052763.html.

（以下简称意见）指出，支持深圳加快建设全球海洋中心城市，按程序组建海洋大学和国家深海科考中心，探索设立国际海洋开发银行。从 2016 年国家海洋局批复深圳为首个海洋综合管理示范区，到 2017 年《全国海洋经济发展“十三五”规划》提出“推进深圳建设全球海洋中心城市”，再到《意见》指出“支持深圳加快建设全球海洋中心城市”，在“海洋强国”战略背景下，国家不断赋予深圳新的使命。深圳市编制的第四版城市总体规划，最大特点是海陆统筹打造全球海洋中心城市。深圳将以打造世界级绿色活力海岸带为引领，加快实施海岸带保护利用规划，加强“城海互动”，打破人为“城海隔离”，建设“城在海边、城海交融”高品质滨海城市。深圳新版城市规划设计突出海洋主题，以海洋环保规划实施为抓手，持续开展湿地、红树林等生态修复整治，推进大鹏新区、深圳湾华侨城国家级海洋公园及深圳湾自然保护区申报，加快形成水清、沙白、湾美的海洋生态环境。

深圳具有独特的海洋文化和历史文化特色，明朝深圳蛇口赤湾是出使南洋的重要港口，是海上丝路重要驿站和开放通商之地，拥有深厚的历史底蕴。蛇口是招商局全资开发的中国第一个外向型经济开发区，是深圳改革开放的典型代表。晋代以来，香港、澳门、珠海、中山、东莞等地长期隶属南头古城管辖，这里是深圳城市史的源头，也是深港文化之根。2017 年来，包含天后宫、左炮台、右炮台、宋少帝陵、南头古城等文物古迹景点的“南头赤湾丝路历史文化古迹”还被评为“广东十大海上丝绸之路文化地理坐标”。鹏城古村，历经 600 多年的历史，是全国保存完整的明清海防卫所，大鹏古城全称“大鹏守御千户所城”，置于明洪武十四年（1381），洪武二十七年筑城，是明代为了抗击倭寇而设立的，深圳今又名“鹏城”也是源于此。太子湾邮轮母港的 8 条国际航线，成为深圳通连香港、走向世界的“海上门户”，可在海上观赏大南山、SCT 码头、前海湾、内伶仃岛等。

创新是深圳独特城市文化气质和魅力，是深圳的根和魂，2020 年 10 月 11 日，中共中央办公厅、国务院办公厅印发《深圳建设中国特色社会主义先行示范区综合改革试点实施方案（2020—2025 年）》，指出“40 年来，深圳敢闯敢试、敢为人先、埋头苦干，创造了发展史上的奇迹，成为全国改革开放的一面旗帜”。2020 年 10 月 14 日，习近平总书记在深圳经济特区建立 40 周年庆祝大会上指出：“深圳广大干部群众披荆斩棘、埋头苦干，用 40 年时间走过了国外一些国际化大都市上百年走完的历程。这是中国人民创造的世界发展史上的一个奇迹。”深圳曾经是个小渔村，经过短短 40 年的发展，深圳从一个边陲农业县奇迹般地成长为一座创新之城。作为“特区 + 自贸区 + 大湾区 + 先行示范区”四区叠加的深圳，创造了世界历史上工业化、信息化、城市化、现代化的奇迹。深圳是中国改革开放成功的缩影，1980 年设立深圳特区率先推进市场化，打开中国经济面向世界的第一扇窗口。深圳从全球产业链的低端向全球产业链的高端发展，创造世界城市史的重要奇迹，深圳被誉为“创新之城”“硬件天堂”“创客之都”。在粤港澳大湾区和中国特色社会主义先行示范区“双区驱动”下，朝着竞争力、创新力、影响力卓著的全球标杆城市的目标大步迈进。从 1.97 亿元到 26927.09 亿元，GDP 增长 13000 多倍；从最高楼仅有 3 层，到超过 100 米以上摩天大楼近 1000 栋；从创办第一家股份制中外合资企业，到登记商事主体近 320 万户，稳居全国大中城市首位；从贫穷落后的小渔村到先进制造业占比超过 71%。40 年间，从中国改革开放的“探路者”，到新时代的“示范区”，深圳书写了世界城市发展史上罕有的奇迹，在这里改革创新大潮不断喷涌[①]。

深圳文化旅游蓬勃发展，同样离不开创新创意。深圳是“设计之都”“钢琴之城”“创客之城”“全球全民阅读典范城市”，是对深圳文化气质最大的彰显，深圳歌剧院、深圳改革开放展览馆、深圳创意设计馆、中国国家博物馆·深圳馆、深圳科学技术馆、深圳海洋博物馆、深圳自然博物馆、深圳美术馆新馆、深圳创新创意设计学院、深圳音乐学院等共同谱写着深圳对文化建设的梦想与追求。深圳是中国主题公园的创新发源之城，是旅游科技的创新之城。

三、深圳海洋旅游发展历程成就

改革开放 40 年，深圳从落后的边陲小渔村一跃成为具全球影响力的国际化大都市，其旅游业更走出了一条颇具特色的引领之路。深圳旅游产业快速发展，得益于毗邻香港的区位优势和经济特区的政策优势，伴随着改革开放的发展进程而蓬勃发展，就其产业发展动力而言，深圳旅游业经历了从政策驱动、

① 从改革开放“探路者”到新时代“示范区”——深圳特区 40 年巨变折射中国道路优越性［EB/OL］. https://www.sohu.com/a/414748411_267106.

经济驱动、市场驱动到创新驱动的过程。近年来深圳旅游产业不仅规模巨大，而且在主题公园、入境旅游等诸多方面引领全国旅游业发展。深圳旅游产业发展始终与城市定位和功能演化紧密相关，深圳旅游业发展从 20 世纪 80 年代初的特区游、到深圳市内一地深度游、再到深圳一区全域旅游，旅游产业已经成为推动城市经济发展的新引擎，大致可以划分为三个阶段①。

1979 年，经济特区成立以前，深圳市没有旅游点，深圳所属只有一个外事接待站和设在深圳、由广东省中国旅行社领导的深圳华侨城旅行社以及直属国际旅行社广州分社领导的深圳国际旅行社。深圳镇内只有 7 间旅店和几家饮食店，主要为内地游客服务。到 1982 年年底，深圳市建立并接待游客的旅游景点有五个，即西丽湖度假村、小梅沙海滨度假营、笔架山银湖旅游中心、深圳水库、石岩湖温泉休憩区。1979 年 10 月至 1981 年年底共接待国内游客约 20 万人次，1982 年一年就接待 25 万人次，到 1983 年，宾馆、旅店、招待所已经发展到 130 多家，增加 18 倍，市内餐饮店发展到 130 多家，每天可接待 6000 多人住宿、上万人就餐。1983 年，广之旅率先开办“特区游”，成为国内旅游的“先锋”。依托自然山水滨海资源，深圳发展起了“五湖四海”（五湖指西丽湖、石岩湖、香蜜湖、东湖、银湖，四海指大小梅沙、蛇口、大亚湾、深圳湾），主要作为香港的后花园，吸引港澳游客来访，并满足一部分深圳居民日常休闲需求。随着深圳工业化的深入和城市的扩大，新兴城市居民日常休闲需求日益增长，国际社会和香港居民都急切地想了解中国内地的发展，深圳文旅产业有了“窗口”意义。深圳充分利用毗邻港澳，有设备进出口便利等优势，陆续建起了在当时中国游乐设施较为先进的深圳湾游乐场（1984 年开业）和香蜜湖中国娱乐城（1985 年开业），引领了全国游乐园发展的浪潮；另外，锦绣中华·中国民俗文化村、世界之窗、深圳欢乐谷等主题公园相继崛起，发展成为深圳独具特色的地标，也开创了我国主题乐园的先河②。这一时期深圳旅游初具产业化特征，主动或被动地迎合时代需求，在当时全国资源依托型城市旅游之外，开辟了一条主题公园的发展之路和独特模式。深圳旅游发

① 保继刚．依托先行示范区功能定位深圳文旅发展迈向新阶段［N］．中国旅游报，2019-08-28（003）．

② 深圳特区 40 年：旅游创新一路领航［EB/OL］．http://www.ctnews.com.cn/news/content/2020-09/08/content_84739.html.

展成功的一个重要原因是，深圳是一座打造出来的“新城”，旅游发展完全是遵照市场规律，旅游产品的打造更适合市场。深圳成为当之无愧的国内主题公园缔造之城，华侨城主题公园群从这里诞生，也从这里走向全国。早期，为满足来往的港澳同胞、华侨和外国商务客人的旅游需求，华侨城打造了“锦绣中华主题公园”，将中国风光绮丽的 82 个景点浓缩其中；针对国内客人，华侨城又用同样的做法打造了“世界之窗主题公园”，把 100 多个世界著名的文化景观和建筑奇迹呈现出来①。20 世纪 90 年代，康辉旅行社组织深港澳珠江口巡游活动，首次探索启动深圳滨海旅游。2002 年深圳提出“退二进三”城市发展策略，深圳滨海旅游加快发展，滨海大道、S359、S360 以及盐坝高速陆续建成，大梅沙—小梅沙—玫瑰海岸度假片区、下沙—观音山—葵涌度假片区、南澳度假片区、东冲—西冲度假片区、杨梅坑度假地、较场尾—金海湾度假片区、欢乐海岸、前海片区等旅游地也随着道路的发展而建立起来。2004 年深圳发布了《深圳市海洋功能区划》，全市划定海洋功能区 134 个，其中渔业资源利用区 24 个，旅游区 18 个，海洋保护区 2 个，由此深圳滨海旅游快速发展起来。2012 年大鹏新区建立，明确定位于发展“世界级滨海生态旅游度假区”，加快了深圳滨海旅游的开发进程②。2013 年大鹏新区 5 个五星级酒店同时开工，“中国杯”“大鹏杯”帆船赛吸引了 35 个国家和地区的超过 200 支船队，大鹏新区“航海之都”的美誉扬帆起航。首届深圳大鹏新年马拉松赛，1500 名选手乐跑庆新年。2014 年，大鹏新区下沙片区以 54 亿元的成交价成功拍出，致力于打造成国际生态旅游区的标杆；国际户外嘉年华成为新区“新兴户外胜地”的旅游名片，连续三年每年新增旅游人数均超过 100 万人次③。步入 21 世纪以来，随着深圳城市转型升级，海洋旅游快速发展。实施“东进战略”，建设大湾区旅游中心城市。欢乐谷以深圳为策源，布局全国各个区域中心城市，华强方特集团的方特系列主题公园在全国二、三线城市布局将近 30 个乐园，深圳旅游产业外向型发展再次引领全国。随着 2016 年蛇口邮轮母港开港和广深港高铁、港珠澳大桥的开通，粤港澳大湾区已经进入“1 小时旅游圈”，邮轮经济成为深圳的新名片。深圳旅游业比较发达的区域是大鹏新区和盐田区，

① 深圳旅游 40 年，“大鹏”觉醒之路［EB/OL］. http://www.pinchain.com/article/230052.
② 刘杰武，李贵才 . 深圳都市型海洋旅游的发展及策略［N］. 中国旅游报，2013-04-03（011）.
③ https://www.sohu.com/a/15109735_148974.

大鹏新区定位为世界级滨海生态旅游度假区，被列入国家级旅游业改革创新先行区创建名单。太子湾邮轮母港开辟日本、新加坡等 5 条国际新航线和中国台湾航线，邮轮游客突破18.9万人次，接待游客量跃居全国第四，“海上看深圳”游船旅游项目正式运营[①]。深圳旅游产业地位不断上升。通过对比2007—2019年旅游总收入，从 511.12 亿元到 1369.47 亿元，翻了 2 倍多。2018 年，在中国最佳旅游目的地城市排行中，深圳排名第四。由最初“主题公园之都”开始转型，进一步突出“都市风情”“主题公园”“滨海休闲”“高尔夫之都”四大旅游特色，构建完整的旅游产业体系，涵盖主题公园、自然生态、滨海度假、都市风情、购物美食、人文历史等多种类型。同时，依托深圳文化创意产业优势和打造国际创客中心的发展战略，推进“旅游 + 文化”创意，提升“创意之都”的国际影响力[②]。

截至 2019 年，深圳的旅行社共有 1007 家，不少旅行社已经从深圳走向全国，成为中国旅游行业的领头企业。已建成各类景区景点 117 处，涵盖主题公园、自然生态、滨海度假、都市风情、购物美食、人文历史等多种类型。在人文旅游景区方面，深圳是我国主题公园的重要发源地，现有锦绣中华、世界之窗等 4 个大型主题公园，此外还有弘法寺、中英街、客家民居、天后宫、大鹏所城等历史文化景区。经过多年的旅游发展，深圳已经建成 3A 级及以上景区 14 处，其中 5A 级景区 2 处，分别为华侨城旅游度假区和观澜湖旅游休闲度假区，4A 级景区 7 处，3A 级景区 5 处，大部分高等级景区均为近年创建。此外，深圳智慧擦亮深圳旅游品牌，依靠敢闯敢试的改革创举，深圳旅游发展走出了一条多元聚合的发展道路。旅游景区规划建设充分依靠街道和城市肌理，倡导“在花园中建城市”的理念。深圳充分发挥文化的强大功能，实现文化和旅游的巧妙融合，借助文化民俗活动、节日节庆，营造国际标准、深圳特色的节庆活动。如锦绣中华的“龙凤舞中华”、世界之窗的“创世纪”、欢乐谷的“欢乐水世界”等。《2019 全球主题公园及景点报告》中显示，国内主题乐园三巨头为华侨城、华强方特、长隆集团，其中两家都从深圳起步。当下国内免税概念大热，深圳是最早的购物天堂。从 20 世纪 80 年代初开始，位于深圳盐田区

① 吴晓慧 . 借鉴深圳经验推进赣州旅游产业提质发展［N］. 赣南日报，2019-03-10（003）.

② 深圳市旅游业发展“十三五”规划［EB/OL］. http://wtl.sz.gov.cn/xxgk/ghjh/fzgh/content/post_4538505.html.

沙头角街道与香港特别行政区北区交界处的“中英街”因毗邻香港的特殊地理位置和免税店物美价廉的优势，吸引来自全国各地的游客，而这里还是最早“一国两制”的“试验田”。世纪假日作为最早从事国际入境旅游接待的旅行社，见证了深圳出入境游的发展变化。20世纪90年代改革开放伊始，港澳台同胞、海外侨胞开始来深圳探亲和旅游，世纪假日开始承接相关入境游业务。在2003年之后的10年间，入境业务得到大幅度增长。2010年，随着亚航开通了第一条飞往中国的航线深圳—吉隆坡，东南亚目的地海岛游开始呈现大幅度增长局面。

深圳是我国主题公园的创新发明之城。1985年8月，经国务院批准，深圳沙河华侨工业区划出4.8平方公里建设深圳特区华侨城。此后十年间，锦绣中华·中国民俗文化村、世界之窗、深圳欢乐谷等主题公园相继崛起，发展成为深圳独具特色的地标，也开创了我国主题乐园的先河。1989年锦绣中华微缩主题公园开放时，提出“一步迈进历史，一日畅游中华”的理念，希望世界各地的游客都能在此了解中国。公园正式开放的第一年游客接待量超过300万人次，这在旅游界引起热烈反响，也引发了全国主题公园的建设热潮。世界主题乐园权威研究机构美国主题娱乐协会发布2019年全球主题公园集团排行榜，华侨城集团位列第三，继续领跑亚洲。而同样扎根深圳、以主题乐园蜚声国际的，还有排名第五的华强方特集团。华强方特集团坚持文化科技旅游融合战略，打造文化科技主题公园，推出以特种电影、动漫产品、主题演艺等为主的文化内容产品及服务，形成从主题乐园创意、研发、建设，到市场运营全产业链运营模式。该集团旗下的方特主题乐园虽未在深圳布局，却秉承着深圳创新发展的基因。华强方特集团先后打造方特经典、美丽中国、特色文化和动漫四个系列、十多个主题乐园品牌，在国内建成运营主题乐园近30个。腾讯、华为、中兴、比亚迪等在国际舞台上知名度大增，也为这座城市旅游发展赋予了更多想象空间。大批慕名而来的参观者，参观科技名企也成为一种特色旅游产品。此外，深圳还是重要游客源输出地。携程大数据《40年七大改变深圳人的旅游方式》中显示，改革开放后，旅游开始进入消费者的视野，而深圳人一直走在国内最前沿，成了最早一批自由行游客。深圳人的脚步在2019年遍布全球80多个国家，1000多个目的地。2019年预订定制游的深圳人数量增长达到了155%。纵览40年发展史，深圳不仅缔造出经济腾飞的传奇，其文化发展也同样精彩。深圳是设计之都，文创产业增加值占 GDP 超 10%，深圳文化产业博览会成为中国文化产业第一展……40 年来，深圳的文化与旅游相伴相生，为我国文旅产业发展提供了先进经验与生动示范。

1983 年，原为豪华客轮的“明华轮”退役后坐滩蛇口，经过修整，成为改革开放初期深圳的重要旅游景点。1984 年，邓小平同志来到广东，在蛇口工业区视察时亲手为“明华轮”题写“海上世界”，这客轮便被赋予了时代标签，也引领了深圳滨海旅游的发端。时至今日，海上世界仍是深圳的旅游地标，它的周遭已从滩涂变为集游乐、购物、餐饮为一体的城市旅游综合体。距离海上世界直线距离不到 2 公里的海边，便是新崛起的蛇口太子湾邮轮母港。2016 年 11 月，太子湾邮轮母港正式开港，引领深圳走入滨海旅游新时代。集“海、陆、空、铁”于一体的现代化国际邮轮母港已与 11 个邮轮品牌合作，迎来 16 艘不同类型的国际邮轮靠泊。在深圳市文化广电旅游体育局的推动下，招商蛇口集团也开启了“邮轮 +”的跨界征程，借力整合 OTA 及其他旅行社代理等资源，创新“邮轮 +”销售新模式，推动“从深圳出发看世界”旅游宣传活动从深圳走向珠三角，扩大深圳旅游在全国的影响力。2017 年 9 月，由招商蛇口主导的“海上看深圳”项目暨深圳滨海游船旅游项目开始运营，开启了深圳海上豪华观景游船旅游的新篇章①。同时，蛇口太子湾邮轮母港积极探索创新“主题活动 + 游船观光”的新模式，丰富游客的体验内容。中国首艘综合性高端湾区游船“大湾区一号”正式首航。加快构建以深圳为中心的大湾区海上休闲旅游度假产品体系，推进深圳邮轮旅游发展，打造高端邮轮旅游生态圈，助力深圳建设成中国特色社会主义先行示范区、全球海洋中心城市、粤港澳大湾区核心引擎和交通强国城市，以打造大湾区宜居宜业宜游的优质生活圈。改革开放初期深圳只有 7 家旅馆，资料记载 1980 年深圳旅游产值仅仅 510 万元，经过 40 年的发展，2019 年深圳全市旅游业的总收入达到 1715 亿元，接近 33000 倍的增长。

四、深圳海洋旅游发展经验启示

深圳的旅游业离不开改革开放，深圳的创新精神使得旅游业蓬勃发展，先

① 深圳特区 40 年：旅游创新一路领航［EB/OL］. http://www.ctnews.com.cn/news/content/2020-09/08/content_84739.html.

后涌现出华侨城集团、华强方特集团等一批我国旅游业发展的领航企业，成为主题公园缔造之城、文化引领创新之城、宜居宜游之城。作为后发型城市的深圳，其自身旅游资源初期并不丰富，但深圳结合新城全面建设，将口岸交通带来的巨大人流转化为旅游客流，优先发展面向港澳台的入境旅游，推动了旅游业从无到有的发展。此后深圳面对资源缺乏困境，创新旅游消费新业态，打造系列主题公园，推动深圳旅游由小到大跨越发展，并成为引领国内旅游业态创新的标杆地。面对互联网经济新时代，深圳立足创新优势，旅游发展再起步，结合智慧旅游探索深圳旅游发展升级版，深圳走出一条“流量转化、创意引领、智慧服务、市场主导”的新区新城旅游发展新模式。

一是客源驱动：供需互动发展，客源驱动旅游资源合理配置。深圳本身的科技经济巨大发展前景缔造其经济的辉煌成果。深圳的崛起为旅游业创造了绝佳的机遇。深圳旅游能迅速崛起旅游业借助了深圳高速发展的经济，迎来了产业发展的新热潮。大湾区是我国经济发展最好、消费潜力最为雄厚的地区，粤港澳三省市的超亿元级的巨大旅游消费市场，是深圳旅游发展的根基。深圳旅游发展就是早期围绕港澳入境旅游市场，此后围绕大湾区旅游消费中坚市场，近期及未来面向全国乃至亚太、全球旅游市场。深圳旅游发展模式的最大特点是立足旅游需求，围绕需求创新供给，从而推动供给与需求的互动发展循环。此外，深圳旅游发展成功还来自于其对于旅游市场和旅游消费需求的准确把握。深圳开发伊始，就围绕香港巨大的休闲市场，大力发展港澳一日游，推动了深圳旅游的起步发展。此后，围绕大湾区的巨大旅游市场需求，创新打造了欢乐谷、方特等主题公园，推动了深圳旅游大发展。近年来深圳结合旅游消费新需求和创新资源优势，提出了“度假综合体”“邮轮旅游”“产业旅游”等新业态。系列创新提升了游客的体验水平，提高了游客对该旅游目的地的再访问的行为意愿，这是用优势的旅游资源服务及设施供给创造了新的旅游需求。

二是开放驱动：深推改革开放，内生政策优势驱动旅游稳步发展。深圳旅游产业的成功发展离不开改革开放的政策发展机遇，改革开放为深圳带来重要的旅游发展红利，改革开放为深圳带来了巨大的旅游消费市场。深圳紧邻港澳，天然具有吸引港澳、东南亚入境游客的优势，在发展初步阶段，深圳的特区政策为深圳带来了巨大的港澳、东南亚华人旅游市场，推动了深圳旅游的起步发展。作为改革开放的先行区和示范地，改革开放使得深圳成为“中国发展典范”，吸引国内外游客的来访。诸多国内外游客之所以来到深圳，一览中国改革开放的风貌，去寻找中国发展奇迹的密码是其中重要的原因。中国40多年的改革开放改变的不只是深圳这个以前的落后渔村，而游客主要是从深圳的发展历程中去感受中国经济发展和时代变迁的历程。此外，改革开放为深圳带来了诸多旅游发展政策机遇。改革开放伊始，深圳获得了众多改革发展政策红利，特别是外部资本的引进、管理技术的引入、港澳自由通行等相关政策，为深圳旅游提供了绝佳的发展政策红利。例如，中国第一批旅游合资企业——“华侨城”，其建立既解决了发展中的资金问题，又引进了国外的先进管理经验和主题公园建设技术，创新引领了近年来中国主题公园建设的热潮。围绕深圳成功发展经验，新区新城的未来发展旅游产业要立足改革开放，紧抓新区政策机遇，全力发挥内生政策的优势，驱动旅游产业健康发展。

三是创新驱动：创新主题“IP”打造，典范旅游项目汇聚旅游吸引力。深圳在发展旅游伊始就充分发挥了创新能动性，发展了以我国第一代第一个主题公园“锦绣中华”、我国首个现代化连锁主题公园“欢乐谷”、我国最多的城市连锁主题公园“华强方特欢乐世界”、我国首个主题观光农场“青青世界”、我国首个互联网文化主题公园“卡尔虚拟现实主题公园”等为代表的系列主题公园。主题公园成为深圳旅游资源吸引力的最佳代表。博采众长的人造景观，将多元化的主题带入了深圳的旅游发展模式中，也与深圳这个城市开放创新、多元价值观、包容并蓄城市发展逻辑相符合。再加上科学的运营管理和新技术的投入使用，使得深圳主题公园呈现出百花齐放的发展状态。诸多新区新城旅游发展起步阶段，其旅游资源也较为稀缺，应积极学习深圳在主题“IP”打造上的成功经验，创新发展引领，打造旅游“IP”，形成典范型旅游景区项目引领汇聚发展，突破先天劣势。

四是城旅融合：秉持全域一体发展，推动整合目的地综合吸引力。深圳旅游业的发展逐渐渗透进各行各业，融入深圳整体城市发展中。深圳旅游发展成功就是城旅全域一体化发展，城市发展中旅游虽不是主导需求，但在城市规划中深圳高度重视旅游产业发展需求，布局完善的基础服务设施和休闲游憩设施，为旅游提供高品质的旅游服务环境。全域一体美化发展的城市更成为深圳最美的风景线和最具吸引力的旅游产品。未来新区新城旅游发展应积极学习深造城旅一体化发展的经验，发扬全域旅游发展观念，寻求旅游和城市休闲生活的和谐一致性发展机遇，利用城市既有的生活设施，进行旅游服务化功能的完善，让旅游嵌入城市发展之中，打造宜居宜游的美丽新城。

五是深港融合：加快粤港澳文旅融合，促进深圳全域旅游发展。深圳旅游快速发展的一个重要动力是充分利用深港融合发展，深港文化创意论坛、深港设计双年展、深圳国际工业设计大展等活动的举办，加快粤港澳的文旅融合；伴随着蛇口邮轮母港开港，邮轮经济成为深圳新的城市名片，广深港高铁和港珠澳大桥的开通，为深圳邮轮经济发展带来机遇和优势。中共中央、国务院印发的《粤港澳大湾区发展规划纲要》提到，“有序推动香港、广州、深圳国际邮轮港建设”“大力发展海洋经济，构建现代海洋产业体系”“构建大湾区旅游品牌，研发具有创意的旅游产品，共同拓展旅游客源市场，推动旅游休闲提质升级”。2019 年 8 月，中共中央、国务院发布《关于支持深圳建设中国特色社会主义先行示范区的意见》，明确提出深圳要发展更具竞争力的文化产业和旅游业。深圳充分发挥主观能动性，旅游发展并不是依靠优势的天然的旅游资源，而是如城市本身创造奇迹一样，努力打造“主题公园之都”，建设“中国邮轮旅游发展实验区”。利用“创意深圳，时尚之都”的深厚基础，形成特色旅游产业集群，打造创意的栖息地、艺术家的乐土、文化创意旅游新高地。

六是改革开放推动城市建设，形成强大旅游吸引力和魅力，为海洋旅游发展打下坚实基础。深圳是中国改革开放建立的第一个经济特区，1979 年，广东省委提出希望中央能根据广东紧靠港澳、华侨众多的特点，给予特殊政策，在深圳、珠海、汕头建立出口加工区。1980 年，第五届全国人大常务委员会第十五次会议批准设置经济特区，并通过《广东省经济特区暂行条例》，深圳经济特区在中国正式诞生。此后深圳在中国高新技术产业、金融服务、外贸出口、海洋运输、创意文化等占有重要地位，在中国的制度创新、扩大开放等肩负着试验和示范的重要使命。经过 40 多年的发展，深圳 GDP 从 1979 年的 1.97 亿元上升到 2019 年 26927.09 亿元，仅次于北京、上海，已与曾经差距无比巨大的香港相当。深圳是全国领先的创新型城市，对外形成巨大魅力，令游客神往。深圳国家级高科技企业有 1.12 万家，还有近 19 万家不同类型、不同规模的科技企业。全年高科技产业增加值 7359 亿元，占 GDP32%。在高科技产业的每个行业，包括细分行业，深圳都涌现了一批领军企业，有些还成为著名的世界级企业，如华为、腾讯、比亚迪、大疆、研祥等。2019 年深圳市专利申请量、授权量、授权量增速、PCT 国际专利申请量等核心指标居全国第一，其中 PCT 国际专利申请量达 17459 件，约占全国申请总量的 30.74%，连续 16 年居全国大中城市第一名。战略性新兴产业增加值占 GDP 比重接近 40%，新一代信息技术产业、数字经济产业增加值分别为 5086.15 亿元和 1596.59 亿元，增长 6.6% 和 18%，产业规模更是居全国大中城市首位。深圳进入世界 500 强的 7 家企业中民营企业占 6 家，北京 500 强民营企业仅 3 家，上海没有民营企业上榜世界 500 强。深圳上市民营企业数量更是连续多年全国领先。如今深圳已建起“基础研究 + 技术攻关 + 成果产业化 + 科技金融 + 人才支撑”的全过程创新生态链。

七是建设国际滨海旅游城市，打造以滨海优先、城海互动的滨海旅游发展新格局。深圳建设贯通东西岸的环海绿道系统，构建世界级绿色活力海岸带，各段各具特色。西湾机场段突出空港物流 + 滨海休闲特色、海洋新城松岗沙井段突出海洋新兴产业 + 会展经济特色、坝光段突出国际生物谷特色、龙岐湾段突出历史人文展示 + 海上休闲特色、桔钓沙段突出海洋综合保障 + 海上运动 + 科普教育基地特色、东西涌段突出滨海旅游度假 + 高端国际会展 + 生态科普教育特色、鹅公湾南澳段突出滨海人文小镇 + 海洋科普教育、下沙沙鱼涌段突出多元滨海人文旅游度假区特色、溪涌—大小梅沙段突出滨海旅游 + 海上运动 + 旅游口岸特色、盐田港沙头角段突出科技创新 + 滨海特色小镇 + 港口服务、沿深圳河段突出滨水休闲 + 深港科技合作创新区特色、深圳湾段突出总部服务 + 文化湾区 + 旅游休闲、蛇口段突出国际高端旅游 + 科技服务、前海新中心段突出现代服务 + 公共服务中心特色。

八是发挥大湾区核心引擎作用，全面建设中国邮轮旅游发展实验区，打造邮轮母港，发展游艇旅游，加强平台建设和交流合作。深圳地处珠江三角洲前沿，是连接香港和中国内地的纽带和桥梁。香港和深圳山水相连、亲如兄弟，过去 40 年港、深两地联系紧密、合作无间，在政府以及商界、贸易、物流、专业服务、青年交流等方面建立了全面合作关系。2017 年，习近平总书记亲自谋划、亲自部署、亲自推动粤港澳大湾区建设，为深港发展带来了重大历史机遇。深圳作为大湾区的核心引擎城市，全面加快推进前海深港现代服务业合作区、河套地区、沙头角等重大平台开发建设，推动莲塘 / 香园围口岸按期开通，继续加强深、港两地在科技创新、现代服务业、香港青年创新创业等领域的务实合作，携手香港为建设富有活力和国际竞争力的一流湾区和世界级城市群做出新的更大贡献。以国家实施“一带一路”倡议为契机，借助自贸区平台，将太子湾邮轮母港建设成中国邮轮旅游发展实验区。编制深圳邮轮旅游总体规划，争取实施更加优化简便的邮轮通关，邮轮航线审批，邮轮货物保税、免税退税，邮轮船供物资审批等政策。支持招商局集团以太子湾邮轮母港为支点，参与投资邮轮旅游产业链，开辟以东盟为重点的21世纪海上丝绸之路沿线区域邮轮旅游线路，形成面向世界、联结港澳、辐射内地的多层次旅游网络，建设深圳标准、中国特色的邮轮旅游发展实验区。发挥毗邻香港的作用优势，推进深港澳游艇自由行政策。创新深圳游艇管理服务理念，在口岸通关、监管查验、游艇码头设置、深港游艇和驾驶员牌证互认、游艇航行区域及临时口岸等方面推进创新，争取中央有关部门和香港、澳门特区政府的支持，率先在前海蛇口片区实现深港澳游艇自由行。推动出台深港澳游艇自由行实施办法，形成面向港澳及珠三角的游艇休闲旅游线路网络，培育华南最大的游艇交易及大众消费市场①。

第四节　烟台市海洋旅游发展模式案例

烟台别名港城、登州、东莱、芝罘，是山东省地级市之一，也是国务院批复确定的中国山东半岛的中心城市，环渤海地区重要的港口城市，是国家历史文化名城，曾获评“中国最具幸福感城市”“最美丽城市”，有“人间仙境”之美誉，是中国海洋城市的典型案例。

一、烟台市的海洋城市特征

烟台市地处山东半岛中部，位于东经119°34′~121°57′，北纬36°16′~38°23′。东连威海，西接潍坊，西南与青岛毗邻，北濒渤海、黄海，与大连隔海相望，与日本、韩国邻近，是环渤海地区重要的港口城市、东北亚国际经济圈的核心地带，是中国沿海南北大通道的重要枢纽和贯通日韩至欧洲新

① 深圳市旅游业发展“十三五”规划［EB/OL］. http://wtl.sz.gov.cn/xxgk/ghjh/fzgh/content/post_4538505.html.

欧亚大陆桥的重要节点。烟台也是我国北方著名的旅游避暑和休闲度假胜地，是东部沿海最早开埠的滨海城市之一，是蓝色经济区中的特色核心旅游城市之一，是山东打造国际滨海旅游目的地的重点城市、国家重点滨海旅游目的地。

烟台海岸线漫长，岛屿众多，海岸线曲长702.5公里长206.62公里[①]，占全省的22.5%，沿海岛屿众多，海岛曲长206.62公里（数字来源于烟台市人民政府官网），岛屿面积68.57平方公里，海滨海岛资源数量多、种类全、质量高。名胜古迹丰富多彩：如有"人间仙境"美誉的蓬莱阁旅游景区，以海市蜃楼著称；有"北方第一海滩"之称的金沙滩海滨公园；素有"海上仙山"之称的长山列岛景区，其中长山列岛国家地质公园是全国唯一的国家级海岛地质公园；传说秦始皇东巡曾三次登临的芝罘岛，三面环海，南面连陆，是我国最大、世界最典型的陆连岛；国家风景名胜区昆嵛山国家森林公园为道教全真派发祥地，境内山势雄伟秀拔，古树名木繁多，名胜古迹星罗棋布。作为我国首批14个沿海开放城市和山东半岛中心城市和环渤海地区重要的港口城市，烟台市东与韩国、日本、朝鲜隔海相望，是华北及山东的重要出海通道，也是东北亚经济圈的重要节点，具有沟通环渤海和长三角两大经济圈和面向日、韩扩大开放的区位优势。烟台市旅游资源十分丰富、类型多样、品位高、组合绝佳，有大量世界级特色旅游资源，文化底蕴深厚，有条件建成世界文化旅游名城。生态环境优良，避暑气候优势突出，有条件建成康养胜地。

海洋旅游是烟台核心优势，烟台是山东"仙境海岸"核心区。烟台拥有海域面积约260万公顷，海岸线总长1038.14公里，占山东全省三分之一，沙滩海岛资源丰富，拥有大小230个海岛。海岛、海湾、温泉、海滩的数量和质量在全国首屈一指。形成海、岛、滩、湾、山、港、城、仙、村、泉、崖等完美组合的滨海旅游资源，并拥有独特的仙道文化、传奇的海洋文化和厚重的历史文化，拥有世界级滨海旅游资源绝佳组合，有条件建成世界独一无二的仙境海岸。

烟台历史悠久，是中国古代早期文化发祥地之一，拥有距今7000年的白石文化、5000多年的大汶口文化、4000多年的龙山文化、2500~4000多年的夏商周时期崇拜太阳的东夷人文化，以登莱古城为代表的古代城邦文化，秦

① 数字来源于烟台市人民政府官网。

皇汉武的东巡文化。烟台大陆文化与海洋文化交相辉映，形成独特的地域文化——山海文化，先后衍生出绿色仙道文化、蓝色海洋文化、紫色葡萄酒文化、红色革命文化、历史开埠文化、海洋渔业文化、鲁菜美食文化、书法武术文化、特色民俗文化、黄金钟表工业文化等文化形态，是极富魅力的世界文化名城。

烟台依山傍海，气候宜人，生态环境优良，冬无严寒，夏无酷暑，全年平均气温 12℃，是理想的滨海生态旅游度假胜地，被誉为人间仙境。温泉、沙滩、海岛、酒堡、山岳、湖泊、田园、城镇、乡村、文化等康养旅游资源及载体丰富多彩，有条件建成集休闲度假、养生养老、户外运动、旅游观光、养神禅修于一体的世界级康养胜地。

烟台濒临黄海、渤海，属暖温带大陆性季风气候，受海洋调节作用明显，具有温度适中、空气湿润的特点。四季分明，气候宜人，冬无严寒，夏无酷暑，形成了“爽夏”和“暖冬”的舒爽海岸。烟台四季温度、湿度和风速等气候条件均适宜，四季旅游综合价值高，适合大力发展旅游业，打造成为全年候综合型旅游目的地。烟台迎日出、观蓝天、看夕阳、赏月色、望星空优势突出，适宜全天候旅游。

烟台集岛、湾、滩、泉、礁、崖于一身，而且海岛、海湾、温泉、海滩的数量和质量在全国都是首屈一指的，可以说是天下海滨美景，在此尽可饱览。海市蜃楼、海磁、平流雾等瑰丽的气象景观又给烟台的海滨、海岛、海湾增加了神秘魅力，使烟台海滨不是仙境，更胜仙境。拥有丰富的海洋人文资源。八仙过海的美丽传说家喻户晓，秦皇汉武东巡留下了许多动人故事，海上丝绸之路文化、妈祖文化、开埠文化、东夷文化、齐文化等中华民族悠久历史长河中的瑰宝熠熠生辉，使烟台的海不仅美得迷人，又美得深刻，是烟台的魅力之魂。烟台拥有丰富的海产品，烟台盛产鲍鱼、海参、对虾、扇贝等 70 多种海珍品，烟台苹果、莱阳梨、大樱桃等使烟台成为著名“水果之乡”。还拥有世界闻名的葡萄酒海岸，张裕葡萄酒驰名中外，是久负盛名的黄金之都。这些丰富的物产资源使烟台的千里海岸线成为名副其实的黄金海岸线。烟台是近代山东第一个对外开放的口岸，英国、美国、日本、德国等 17 个国家先后在烟台设立领事馆、洋学堂、洋行、医院等。历史已掀开崭新的一页，这些见证了烟台开埠历史的建筑现在已经成为烟台一道别有风韵的风景线，使烟台的美中西皆蓄，风情无限[①]。

烟台形成了“两核突破、一带引领、一廊贯穿、三区拓展”的“2113”山海城港湾联动的全域旅游空间发展格局。形成“激活城、突破岛、整合岸、放大湾、联动山、外扩海、辐射村”的全域旅游发展路径，打造烟台旅游发展的“点、线、面、网、链”于一体的全域旅游空间产业体系。两核：烟台中心城区都市旅游核、蓬长文化生态旅游核。一带：烟台仙境海岸黄金旅游带。一廊：烟台“之”字形乡村旅游走廊。三区：福寿文化旅游聚集区（龙口莱州招远）、滨海运动旅游聚集区（海阳莱阳旅游区）、田园乡村旅游聚集区（栖霞及周边区域）[②]。

二、烟台的海洋城市气质与魅力

烟台是世人向往的人间仙境，是世界独一无二的仙境海岸。除了“仙境”这个传统基因，烟台还有另一个独有的城市特质，那就是“鲜美”，鲜美无处不在。烟台是鲁菜之乡，鲁菜以鲜美为魂；烟台是水果之乡，苹果、梨、大樱桃等名扬海内外，处处飘溢着水果的鲜美芬芳；烟台是葡萄酒之都，世界七大葡萄酒海岸，处处浸润着鲜美醉人的酒香；烟台是海鲜之都，有最大最好的海洋渔场，是最鲜美的海上牧场；烟台是避暑之都，碧海蓝天、青山绿水，四季鲜美的空气和环境；烟台是黄金之都和富饶之乡，享受富裕健康的鲜美生活；烟台是仙道之乡，神仙般的生活，鲜美成人间天上。烟台的魅力，以仙为魂，以鲜为灵，以美为形，有仙境海岸的烟波浩渺，有人间瑶台的鲜美醉人，天地共美，仙人同鲜，堪称世界最鲜美的城市。简而言之，鲜美烟台可概括为八个鲜美，即鲜美鲁菜、鲜美海鲜、鲜美水果、鲜美美酒、鲜美空气、鲜美山海、鲜美文化、鲜美生活，八仙过海、八鲜生活。

“仙境海岸，鲜美烟台。”烟台处于神奇的北纬37°，烟台是山海相融的滨海城市，更是最鲜美的旅游胜地。这里拥有仙境海岸，仙风道骨。近230个岛屿和7个天然海湾，1038公里的黄金海岸线将山海紧紧相连，令人向往。八仙漂洋过海的故事令人神往。秦皇汉武曾不辞跋涉东巡至此，望海中仙山祈

---

① 烟台市蓝色旅游规划。

② 烟台市全域旅游发展总体规划（简本）（2018—2025）[EB/OL]. http://whlyj.yantai.gov.cn/art/2019/3/18/art_31260_2328337.html.

求长生。全真道教文化发源于此，博大精深。这里气候宜人，空气新鲜。2017年烟台市区“蓝天白云”天数达到360天，空气质量优良率达到80%。这里鲜果遍地，仙酒飘香。烟台是中国食品名城，是闻名全国的水果之乡。其中，烟台苹果以131.95亿元的品牌价值，连续九年蝉联中国果业第一品牌，烟台葡萄酒以905.06亿元的品牌价值，成为中国葡萄酒第一区域品牌。这里海鲜生猛，鲁菜鲜美。烟台盛产海参、对虾、鲍鱼、海肠、螃蟹等众多海产品，近海渔业生物品种200多个，有捕捞价值的达100余种。这里生态优良，鲜花绚丽。

烟台也是中国古代早期文化发祥地之一，是人类最早繁衍生息的地区之一。距今7000年前，在烟台以海上捕捞和农业生产相结合为主要谋生手段的白石人，创造了灿烂的史前文化；距今2500~4000年前的夏商周时期，烟台沿海是东夷族人活动的主要地区。公元前221年，秦始皇统一中国后曾三次东巡，在烟台留下了丰硕的文化。公元前219年第一次东巡，视察东部海疆，寻找长生不老之药；次年第二次东巡，登上芝罘岛，刻石勒碑，颂扬自己的文治武功，碑文中有“时在中春，阳和方起，皇帝东游，巡登之罘，临照于海”等文字；公元前210年第三次东巡，在徐福引领下射杀大鱼，并留“始皇道”“两观刻石”“射鱼台”“养马岛”等著名遗迹。之后，汉武帝也多次抵临芝罘，声势浩大的一次是公元前94年，登芝罘，浮大海，“山呼万岁”。由于长期受倭寇的侵扰，明清政府实行“禁海”政策。明洪武九年（1376），明朝政府在登州建蓬莱水城，又称备倭城，是中国最完整的古代军港。1398年，为防止倭寇侵扰，在烟台设奇山守御所，在芝罘设烽火台，又称“狼烟台”，烟台由此得名。1858年6月，清政府被迫与英法等国签订不平等的《天津条约》，开辟登州等全国10处通商口岸。1861年5月，清政府批准改定烟台为通商口岸，同年8月22日烟台正式对外开埠，并设立东海关，这是近代以来山东第一个对外开放口岸。之后，英、法、美等17个国家陆续在烟台设领事馆。1894年7月25日甲午战争爆发，次年1月20日日军在荣城登陆。1937年7月7日“卢沟桥事变”抗日战争全面爆发，次年日军从青岛进入烟台。

三、烟台海洋旅游发展历程成就

烟台已成为我国具有较大影响力的重要旅游城市，旅游业已成为烟台支柱产业，旅游目的地体系建设粗具雏形，烟台全域旅游发展政策机制得到强化，为全域旅游示范区创建奠定坚实基础。经过改革开放 40 多年发展，烟台已发展成为我国重要旅游城市和知名滨海旅游城市。旅游业已成为烟台市的支柱型产业。2017 年烟台接待游客 7157.35 万人次，旅游消费总额 961.45 亿元，占全市国内生产总值的 12.7%，相当于全市服务业增加值的 30.0%，旅游业在国民经济中的作用日益凸显。烟台共有国家（省）级旅游度假区 10 处，占全省总量的 22.2%，其中国家级旅游度假区 2 处，省级旅游度假区 8 处。烟台 A 级景区数量在全国处于领先位置，截至 2017 年，烟台共有 A 级旅游景区 85 家，占全省 9.6%，其中 5A 级旅游景区 2 家，占全省 30.0%。

烟台的文化历史本质上是一部海洋文明进化史。从中国史前海洋文明的重要发源地，到海上丝绸之路的起航地，到中国近代民族工商业的发源地，再到中国改革开放的最前沿。烟台这座城市的发展先是因港口贸易而兴，再作为通商口岸推动工业经济创新发展，最终立足于工业从海上贸易口岸再出发，推动中国经济全球化[①]。

烟台海洋经济发展经历了三个阶段：一是从早期发祥到改革开放前，以近海捕鱼和航海业为主的单一海洋经济。二是改革开放以后，以远洋捕捞、近海养殖和海产品深加工等为主的全面开发的海洋经济。特别是 1991 年烟台市委、市政府提出建设“海上烟台”，并做出《关于振兴水产事业奋力开发海上烟台的决定》，极大地促进了海洋经济的发展。三是 2009 年 4 月时任总书记的胡锦涛同志在山东考察时指出：“要大力发展海洋经济，科学开发海洋资源，培育海洋优势产业，打造山东半岛蓝色经济区。”根据这一指示，山东省编制了《山东半岛蓝色经济区发展规划》，2011 年国务院批准了这个规划，这是中国第一个以海洋经济为主题的区域发展战略。烟台作为制造业基地和港口城市、区域性金融贸易服务中心、重要旅游度假胜地纳入规划，为烟台蓝色文化深入发展开启了更加广阔的空间。

自 1995 年以来，烟台旅游收入增长迅速，旅游业对 CDP 的贡献日益凸显。2007 年烟台市接待入境旅游人数为 30.71 万人次，入境旅游收入为 22900 万美元，接待国内旅游人数为 1988.67 万人次，国内旅游收入为 183.84 亿元，位居

① 逐海洋文化而来，纵览明日烟台最美模样［EB/OL］. http://ytsk.jiaodong.net/system/2020/09/14/014090791.shtml.

山东省第二。到2010年，烟台市的旅游总收入已达到331.2亿元，同比增长21.2%，占GDP（4358.46亿元）的7.60%，相当于服务业增加值（1457048亿元）的22.72%。到2012年，烟台市实现旅游总收入进一步增加至475.51亿元，比上年增长17.9%，全年接待国内外游客4502.99万人次，同比增长14.9%。2019年烟台接待国内外游客达8689.45万人次，实现旅游总收入1148.5亿元。作为第三产业的龙头产业，旅游业的关联带动作用日益显现，不仅体现在直接为交通运输、商品贸易、宾馆餐饮、景区景点带来客源和市场，同时还有效地推动着工农林业、城市建设、文化体育、海洋环保等行业的发展，进而促进金融、保险、信息、房地产等现代服务业的快速发展。从烟台市的海外客源市场来看，韩国、日本在烟台海外客源市场中不仅占有相当的市场份额，而且较为稳定。国内客源市场呈现出相对稳定增长的态势，这为烟台市滨海旅游业的发展提供了有利条件。

“山海仙境·魅力烟台”是烟台市对国内市场及海外市场的旅游形象宣传口号。通过宣传推介作用，该旅游形象已在全国乃至海外市场产生了较大的影响，对烟台的旅游休闲产业发展起到了积极的推动作用。经济社会形势的发展为烟台旅游业的发展带来了新机遇，目前，烟台滨海旅游业的发展正面临向更高层次、更广阔领域发展的挑战。进一步推动旅游产业的增长、转型、升级，是时代发展的客观要求，也是经济社会发展对烟台提出的新挑战①。

烟台旅游发展面临历史新机遇，进入新的发展黄金期。国家系列重大发展战略极大提升了烟台地位，拓展了烟台市旅游业发展空间。“一带一路”倡议的推进全面提升彰显烟台地位和拓展旅游发展空间。烟台是海上丝绸之路重要的起点，是“21世纪海上丝绸之路”重要节点城市，是中日韩交流合作的桥头堡，是中国沿海南北大通道的重要枢纽和贯通日韩至欧洲新欧亚大陆桥的重要节点，有利于整合国际资源构建世界文旅名城。国家推进海洋强国战略，为凸显烟台海洋旅游优势、建设仙境海岸带来新机遇，彰显旅游中心城市地位。此外，乡村振兴战略、转换新旧动能、美丽中国、健康中国等战略都进一步凸显旅游优势，为烟台旅游发展带来新机遇和拓展新空间。新的交通格局变化带来新机遇，德龙烟铁路、桃威铁路、青烟威荣城际铁路、环渤海潍坊至烟台高

① 林小莉，孙志毅.烟台滨海旅游业发展的SWOT分析［J］.人力资源管理，2013（11）：221–222.

速铁路等建设，国际航线和国际邮轮线路开拓，沿海高速、高速公路网建设等，烟台将迎来高铁高速时代。快行漫游的市域内部交通网建设为全域旅游构建交通网络支撑。大众旅游时代旅游消费升级带来新机遇。休闲度假、避暑康养、海洋旅游、文化体验旅游、亲子研学旅游、会议奖励旅游、户外运动旅游等成为新的旅游消费热点，消费新趋势凸显烟台旅游新优势。新旧动能转换，为旅游业发展带来新机遇。烟台进入快速推进新型城镇化的新阶段，为旅游发展提供强劲城镇依托。烟台农业和新农村的整体发展，为乡村旅游发展提供全面机遇。葡萄酒产业、黄金产业等特色产业发展，为旅游丰富新载体。高度重视旅游业发展带来新机遇，国家及山东省对旅游业发展的高度重视，为烟台全域旅游全面优化体制机制与政策环境提供了契机。全域旅游已成为国家发展战略，国家出台了系列加快旅游业发展的意见和政策，山东省委、省政府也出台了系列规划和行动方案。

四、烟台海洋旅游发展经验启示

一是充分发挥蓬莱、长岛的龙头引领作用。依托蓬莱、长岛打造八仙文化和海洋海岛生态旅游的核心，凸显仙境海岸文化旅游品牌，推出海上游、海岛游、历史文化游、葡萄酒游，一核突破，辐射全域，实现蓬莱长岛一体化发展。积极发挥“仙境海岸”目的地品牌桥头堡作用，以海上黄金旅游线为龙头，依托绵延数十公里旅游功能海岸线、百里生态谷、18 公里葡萄长廊，秦皇汉武寻仙、海市蜃楼奇观、八仙过海美丽传说等优势，彰显“人间仙境”的形象魅力，做大烟台旅游龙头。不断拓展做大做强蓬莱旅游品牌，构建“一核、两带、三区”发展格局。“一核”——北部滨海旅游核心片区。“两带”，一是仙境海岸体验带。依托 78 公里优质海岸线，以蓬莱阁、八仙过海 · 三仙山 5A 级旅游景区为龙头，做强历史文化展示、主题乐园体验、旅游娱乐休闲三大板块。二是古登州文化展示带。深入挖掘画河作为蓬莱母亲河的文化内涵，依托水城及蓬莱阁、戚继光故里等国家文保单位和 3 个历史文化街区，丰富完善新兴旅游业态，重塑蓬莱古城风韵，再现登州古市繁荣。“三区”，一是西海岸文化旅游区。集聚陆、海、滩、岛、湾资源优势，打造岛屿观光、游艇娱乐、文化休闲等大型文化旅游产业聚集区。二是丘山养生旅游度假区。依托丘山山谷葡萄基地及酒庄、9 个美丽乡村、全国最大的渤海马繁育基地，占地5万亩的烟台生态农业龙头企业和圣公司，通过轨道车、骑行道、观光马车等交通工具，整合张裕葡萄酒国际酒庄群，构建集国际酒庄文化体验、乡村旅游服务、滨水生态度假、道教休闲养生、生态农业观光于一体的丘山山谷葡萄酒养生休闲体验区，做大庄园共享度假新经济。三是艾山康体休闲区。依托艾山国家森林公园、全国自驾车营地，发展户外运动、星空露营，开发温泉滑雪北方淡季旅游产品，引导民俗文化村建设，建设全国体育活动基地和发展户外运动、星空露营等为主的艾山康体休闲区，积极整合神仙文化、港口文化、海洋文化、精武文化、州府文化和葡萄酒文化，形成南山北海资源互补、文旅融合的新格局。长岛以“海上仙山，长山列岛”为品牌引领，打造成为全国海洋生态文明高地、仙境海岸旅游核心名片，“经略海洋”新的增长极，大力建设国家海洋公园。积极申报世界遗产、世界遗址公园等世界级品牌，实施三圈打造工程。内圈：打造“海上仙山，长山列岛”国家5A级景区。依托环岛慢行道系统，彰显“穿越海上仙山”独特魅力。依托海边栈道、彩虹慢道、山间慢道以及登山栈道等，沿线配套游览休憩、运动休闲、文化体验等差异化、主体化服务功能区15处，观景平台16处，充分运用移动云计算、物联网等新技术，通过设置手机App、智能卡、电子验证、智能导游、景观浏览、信息发布等电子服务体系，主动显示导航、导游、导览和导购等信息，增强海岛智能化服务体验。中间：坚持集约开发与生态开发相结合，在大力实施“山、水、林、海、岸、城”系统保育修复的基础上打造专业化旅游城镇群。外圈：构建乡村群落和度假湾区组团式发展。开辟神仙居所，做好湾区度假设施配套。开展千户渔家乐文化提升工程。积极发展黑山岛百年海草房、北长山岛“家之味”渔宿等1000余个渔家乐业户，开发王沟村渔家风情园、南城壹号院等独具特色的原生态旅游产品，举办“海鲜节”“环岛马拉松”“海钓节”等文体活动，搭建高水平的海岛休闲娱乐活动新平台。打造高端特色度假产品集群。开发低空游、海上游、岸线游、岛上游和垂钓、研学、慢游等旅游新业态，启动庙岛妈祖文化园、海岛小镇、航空小镇、“渔家风情园”高端民宿。

二是突出海洋特色，整合打造“仙境海岸”黄金旅游带。统筹烟台近千公里海岸线上的海岛、海湾、沙滩、温泉、历史文化、民俗民间文化等资源，优先突破长岛至昆嵛山的黄金旅游线，加快突破“莱州—招远—龙口”和“莱阳—海阳”滨海两翼，形成“一线引领，两翼齐飞”的滨海旅游发展格局。烟台“仙境海岸”黄金旅游带三层拓展：以烟台市滨海旅游带为基准和纽带，向外拓展海域空间，向内联动内陆城镇乡村，将烟台旅游发展空间分为向外拓展、自身提升、向内联动、层层推进，形成海陆统筹的全域化发展格局，整体打造两条海上、两条陆上综合性旅游廊道，形成烟台市全域化旅游发展框架格局。第一层：外拓海域空间。重点推动长岛、养马岛、崆峒岛、芝罘岛等海岛多元化开发，向外拓展形成海域空间，开发海岛特色民宿、海岛观光、海岛度假、海岛养生、海岛美食、海上垂钓、海上运动、海底探险、低空飞行、邮轮游艇、海洋牧场等多元化业态体系，形成以海岛为核心，辐射周边的立体化海洋旅游产品体系空间格局。（1）打造跨境旅游廊道。加强与韩国国际邮轮合作，建设芝罘湾港区国际邮轮港，加快建成烟台到日韩等地的海上旅游廊道。借助中韩铁路轮渡项目，加强与韩国旅行服务中介的联系和对接，增强登山旅游产品、高尔夫旅游产品、康养旅游产品的推介宣传，努力提振韩国旅游市场。争取开通赴港澳台、东南亚等地的邮轮航线。（2）打造跨区域旅游廊道。在近海海域，支持蓬长航线老旧船舶加快更新改造向客货分流方向发展，积极引导客运船舶向旅游化、舒适化方向发展，形成以蓬莱客运港为依托，以长岛港为中心的长岛港—庙岛码头，长岛港—大、小黑山岛，长岛港—宝塔礁—大黑山岛，长岛港—砣矶岛—大钦岛航线等组成的海上交通线和以长岛港为依托的近海岛屿海上观光游览线，形成串联各景区、连接各海岛的近海海上旅游线路。加快芝罘崆峒岛游艇码头、莱山区渔人码头、牟平区养马岛游艇码头、蓬莱世嘉游艇码头、长岛南北长山游艇码头、龙口东海游艇码头和莱州黄金海岸度假区旅游码头等建设，开通近海旅游航线。在渤海黄海海域，借助烟台到大连的海上黄金水道，开辟烟台至天津、秦皇岛、营口、旅顺等港口的旅游航线，形成环渤海海上旅游线路。探讨与上海国际邮轮母港的合作，形成上海经连云港、日照、青岛到烟台海上旅游航线。第二层：整合海岸空间。依托滨海沿线旅游资源，积极整合海港、海湾、湿地、沙滩、基岩、林地、风景旅游区、城乡协调发展区、城镇发展备用地、港口用地、港口预留地、农业生产地区、盐田、养殖用地、村镇等，形成海陆统筹的联动发展格局。提升海阳滨海休闲运动、蓬莱葡萄酒海岸两个国家级旅游度假区发展质量，推进莱州省级生态旅游度假区、开发区省级旅游度假区、莱山省级旅游度假区、养马岛省级旅游度假区、莱阳丁字湾省级旅游度假区等沿海省级旅游度假区加快建设休闲度假核心区，打造世界知名的休闲度假旅游集群。加强海港码头建设。牟平港区逐步取消散杂货功能，发展旅游客运；蓬莱西港区主要发展对长岛的陆岛交通运输和旅游运输，逐步取消滚装运输；长岛港区主要发展陆岛交通运输和旅游客运；芝罘湾港区加快建设客滚中心和国际客运中心，形成新的客运滚装聚集区；启动芝罘湾城市化改造，加快航运服务中心建设，发展邮轮和海上旅游产业，将芝罘湾打造成面向东北亚的邮轮母港。完善滨海旅游基础设施。第三层：联动内陆空间。通过生态景观廊道、旅游交通廊道等载体，串联烟台市的河流及水库等水域资源、山地资源、特色乡村资源，实现烟台市旅游发展从烟台滨海一线向内地辐射的发展态势。重点打造整合烟台的水库、河流、山地、乡村等旅游资源及载体，形成由沿海向内地发展的重点旅游区。加快建设滨海西路，形成东接昆嵛山西连蓬莱的旅游大通道。按照集公路通道、旅游服务、产业带动、景观打造于一体的公路服务体系，全面提升打造环海岸带的陆上旅游网。

三是突出乡村特色，打造乡村旅游走廊。根据烟台下辖各个县级市的乡村特色，充分整合各县级市特色乡村旅游资源点，形成由蓬莱北部、龙口、招远、莱州等区域组成的古今乡村风情走廊，由蓬莱南部、栖霞、莱阳、海阳北部等区域组成的果香田园度假走廊，莱阳南部乡镇、海阳、烟台市郊等区域组成的红火乡村动感走廊，及以渔家乐特色旅游业态长岛生态旅游度假岛等功能区块共同组成的“之”字形乡村旅游走廊，打造乡村旅游新样板。西段：乡村风情走廊。主要串联蓬莱北部、龙口、招远和莱州。这一区域既保留了东莱古城、蓬莱水城、解宋营村、西河阳村、朱旺村等一批古镇古村，又发展建设了龙口南山村、招远九曲蒋家村、欧家夼村等一批美丽新农村，展现胶东乡村古今变迁和特色风情。中段：果香田园度假走廊。主要串联蓬莱南部、栖霞、莱阳、海阳北部。集合了蓬莱东南部葡萄种植区、苹果之都栖霞、梨乡莱阳等代表性的果园田园，畅享烟台乡村田园风光和绿色生态度假的区域。东段：红火乡村动感走廊。主要串联莱阳南部乡镇、海阳、烟台市郊。这一区域融合了以红色地雷战地、大秧歌之乡为代表的红色文化，以丁字湾、旅游度假区为代表的新城新村，以山、海为代表的自然风景，是能够展现烟台勃勃生机和动感发展的新兴区域。一点：长岛生态旅游度假岛。渔家乐是烟台乡村旅游特色和王牌，是全市乡村旅游发展的一个重心的优势，积极优化完善长岛渔家乐旅游产品体系，加强渔村改造，提升旅游服务质量，实现由海岛风景观光向渔岛休闲度假的转变，打造中国北方生态旅游度假岛①。

四是形成各具特色的旅游片区。打造福寿文化旅游聚集区、滨海运动旅游聚集区、田园乡村旅游聚集区三个独具特色旅游区，形成全域布局、主题特色鲜明的旅游聚集区。（1）福寿文化旅游聚集区（龙口莱州招远旅游区）。整合龙口市、莱州市、招远市的滨海、温泉、山地、生态、黄金、乡村等优势资源，突出龙口“福如东海、寿比南山”及南山国际长寿文化节品牌、莱州“中国长寿之乡”及书法武术品牌、招远“中国金都”及温泉康养品牌等知名品牌，打造康养旅游区。龙口市积极整合南山、东海、滨海旅游度假区“三区”旅游资源，做大高端休闲养生旅游品牌，打造一流康养旅游目的地。持续举办、不断创新南山国际长寿文化节、中国老年文化艺术节、全国老年人体育健身项目创新交流大会、全国老年大学协会艺术展演等，不断提升完善南山养生谷的南山老年大学、南山阳光艺术团、南山休闲疗养中心、南山养生谷医院，以及“福寿南山度假综合体”等项目。莱州市：形成旅游胜地（祭海文化旅游胜地、户外运动旅游胜地、国内乡村旅游首选目的地、亲子研学旅行胜地、养生养老度假旅游胜地、最美四季旅游胜地）的强力支撑，把整个区域建设成为集祭海、运动、休闲、度假、健康、养老、自驾、研学等多种功能于一体，全天候和全年候的山东省首选、国内知名的旅游目的地。突出莱州的滨海旅游品牌、长寿健康品牌、书法武术品牌、自驾旅游品牌、特色乡村旅游品牌，实现“大山、秀水、大旅游”与“大区、小点、特色村”的理念构想，向西形成“海与城”、向东形成“山与村”的全域旅游发展框架，进一步突出莱州作为烟台滨海旅游西部门户作用。招远市围绕打造中国一流的黄金文化主题旅游目的地，实施“金、泉、山、海、古村落”整体开发战略，进一步丰富提升“中国金都——黄金之旅”“三区多点”大旅游格局内容。依托招远的黄金、皮草、粉丝、有机果品等资源，将招远旅游与烟台其他县市串点成线，形成对外主打精品线路。策划系列节庆活动。形成系列专项旅游产品，做大做强招远的购物旅游品牌。（2）滨海运动旅游聚集区（海阳莱阳旅游区）。整合海阳市、莱阳市滨海旅游资源，发挥海阳国家级旅游度假区、莱阳丁字湾省级旅游度假

① 烟台市全域旅游发展总体规划（简本）（2018—2025）［EB/OL］. http://whlyj.yantai.gov.cn/art/2019/3/18/art_42207_2847145.html.

优势，放大海阳国家体育旅游示范基地、国家沙滩体育健身基地效应，打造滨海运动旅游区。海阳市丰富滨海休闲度假、沙滩体育运动、山岳生态养生、红色历史教育、民俗文化体验五大旅游板块，全力打造国际滨海旅游休闲度假城市。打造生态、滨海、康疗、运动、历史文化、宗教文化于一体的养老养生旅游产业区。莱阳市打造丁字湾滨海新区、莱阳白垩纪国家地质公园“科普文旅小镇”项目，加强莱阳梨品质提升和打造莱阳梨品牌。（3）田园乡村旅游聚集区（栖霞及周边区域）。发挥栖霞市及周边区域苹果之乡、山林生态、农耕文化、乡村古镇、温泉康养等资源优势，打造田园风光、乡土风情旅游区。打造乡村旅游、宗教旅游、古镇旅游、历史文化旅游等产品，打造“甜美栖霞·道教圣地”的旅游品牌和旅游发展高地。

第五节 青岛市海洋旅游发展模式案例

青岛，别称岛城、琴岛、胶澳，是国务院批复确定的全国首批沿海开放城市、中国沿海重要中心城市和滨海度假旅游城市，是国际性港口城市，是中国发展海洋旅游的典型特色城市。

一、青岛市的海洋城市特征

青岛地处中国华东地区、山东半岛东南、东濒黄海，位于中日韩自贸区的前沿地带，是山东省经济中心、国家重要的现代海洋产业发展先行区、东北亚国际航运枢纽、海上体育运动基地，“一带一路”新亚欧大陆桥经济走廊主要节点城市和海上合作战略支点。

青岛市拥有丰富的海洋资源，海湾、沙滩、海岛、城市风貌、温泉、湿地、山岳、宗教文化、海洋文化等旅游资源品级较高，是典型的滨海旅游城市。海域面积约 1.22 万平方公里，其中领海基线以内海域面积 8405 平方公里；海岸线（含所属海岛岸线）总长为 816.98 公里，其中大陆岸线 710.9 公里，大陆岸线占山东省岸线的 1/4。海岸线曲折，岬湾相间。青岛海域共有 69 个海岛，大部分面积较小，距陆地较近，具有团组分布特点，且多为基岩岛，适宜建设旅游码头。海岛渔村风情独特，四周岛礁发育，海参、扇贝和盘鲍的生长条件良好，渔业资源丰富，适合开展休闲渔业、陆岛观光等旅游活动。目前已有小青岛、田横岛、灵山岛、斋堂岛、竹岔岛等多个海岛被辟为海上旅游区。

青岛“山、海、岛、城”相融，滨海观光旅游资源极为丰厚。山脉、平原、洼地等陆地景观风貌沿曲折海岸线布设，海蚀崖、海蚀柱等海蚀微地貌十分发育，沙滩、港湾、岬角交错分布，如石老人海蚀柱形神兼备，八仙墩海蚀崖景观壮丽，崂山壮丽雄伟；海洋人文景观兼备港口和海洋特色、历史文脉鲜明、中西文化兼容，如以青岛湾和汇泉湾陆域为典型的、充满浓郁近代欧洲文化色彩的欧式建筑集中区，以现代国际流行风格的建筑群、雕塑打造视觉吸引力的东部新区，还包括胶东特色的民俗文化景观、港口景观、名人故居等。自然和人文景观的完美结合与协调相融，构筑了青岛海洋风景的骨架。

青岛具有典型的温带海洋性季风气候，为度假、疗养、居住提供了相同纬度区域所不能比拟的自然基础。石老人国家级旅游度假区集观光、度假、节庆、会展、体育、博览于一体，薛家岛省级度假旅游区拥有东部生态山林度假村，中部金沙滩、西部高品位银沙滩度假村，以及在唐岛湾即将建设的水上公园、海上运动基地和游艇俱乐部等度假旅游资源。在胶南新城区滨海建有灵山湾和琅琊台滨海度假旅游区，前者以灵山湾海岸国家森林公园为度假旅游主体，后者依托龙湾海滨沙滩和历史文化基础，重点体现秦汉文化和渔村风格[①]。

二、青岛的海洋城市气质与魅力

“山海文化，人文兼备”是青岛这座海洋城市的独特气质与魅力。青岛是2008北京奥运会和第13届残奥会帆船比赛举办城市，被誉为中国帆船之都、亚洲最佳航海城、世界啤酒之城、联合国“电影之都”，也是国际海洋科研教育中心。“山海文化”培养了青岛独特的地域文化观念和文化气质，建筑、电影、啤酒三大特色文化符号彰显了青岛独特的文化气质和城市味道。

青岛海洋旅游的黄金组合和海洋旅游格局，由“一带一轴，三湾三山”支撑，依托青岛市东岸、西岸、北岸，打通海上旅游联线，构筑三足鼎立的海湾型旅游中心格局。由金沙滩、栈桥、崂山、青岛海昌极地海洋公园、八大关、奥帆中心、崂山风景区、青岛啤酒城、小青岛等组成。青岛拥有金沙滩、银沙

① 张广海，刘佳. 青岛海洋旅游资源开发整合研究［J］. 中国海洋大学学报（社会科学版），2006（1）：17-20.

滩、第一海水浴场、第二海水浴场、第三海水浴场等众多沙滩，金沙滩是我国沙质最细、面积最大、风景最美的沙滩之一，号称“亚洲第一滩”，金沙滩海滨休闲、娱乐、餐饮、运动、咨询服务等各项旅游功能应有尽有，更是沙滩足球和沙滩排球运动的最佳场所。青岛海域内海岛渔村风情独特，四周岛礁发育，海参、扇贝和盘鲍的生长条件良好，渔业资源丰富，目前已发展了休闲渔业、陆岛观光等旅游活动。

青岛的滨海旅游度假带，以胶州湾群、灵山湾群、鳌山湾群为支撑，以凤凰岛、石老人国家级旅游度假区、田横岛、琅琊台、灵山湾、大沽河省级旅游度假区、国际邮轮港、青岛湾老城区、历史文化记忆片区、浮山湾—太平湾—汇泉湾旅游带、世园都市生态新区、沙子口海滨、崂山湾“国际生态健康城”、鳌山湾生态新城、鳌山湾未来城、田横岛旅游度假区、红岛“文化旅游海岸”、胶州华红湾国际旅游度假区等支撑，是集疗养度假、养生度假、滨海度假、体验度假等系列休闲度假旅游产品为一体的滨海旅游带。海岛重点是田横岛、大公岛、竹岔岛、灵山岛、斋堂岛等，适宜开发海岛休闲度假、渔村民俗、环岛观光、生态休闲、地质科普、野营垂钓等产品。滨海山主要有崂山山系、大小珠山山系、大泽山山系三大山系。青岛是国际海洋科研教育中心，驻有中国海洋大学、山东大学（青岛）、北京航空航天大学青岛校区等，青岛的异域建筑种类繁多，被称作“万国建筑博览会”，八大关建筑群荣膺“中国最美城区”称号。

青岛在传承齐鲁文化精髓的基础上，积极吸纳现代文化和外来文化精华，形成中西合璧、多元交会、开放创新的文化特色。其具有源远流长的崂山文化、容纳百川的海洋文化等。众多的文化名人驻足此地，李白、顾炎武、蒲松龄等在青岛各处留下的华美诗文，成为城市的精神亮点。红瓦绿树、碧海蓝天、点点帆影和金色的沙滩构成青岛极具特色的地标。青岛的鲁迅故居、康有为墓地等使人感到浓浓的温情，由人凭吊缅怀。小巷纵横，风情万种。中山路、劈柴院、德式教堂、天主教堂等，充满浓浓的名城风韵。这些具有历史传承的老街古巷总是令游客心醉神迷、徜徉其中，每个人都会有不同的惊喜。

青岛是中国最早感受世界电影魅力的城市，1900 年青岛亨利亲王饭店开辟了一个专门放映外国电影的地方，如今每年有近 200 部影视剧在青岛取景拍摄，从青岛还走出了唐国强、倪萍、黄晓明、黄渤等 100 多位知名演员。青岛啤酒是青岛的专属味道，编织了酒香与城市的世纪记忆，从街头塑料袋散啤的日常，到啤酒节啤酒大篷里的豪饮，俨然成了青岛的“标配”。青岛打造新地标建筑五月的风和独具地方特色的海洋节、啤酒节，特色节日集中展示了青岛城市风貌和汇集八方宾客的大好时机，也满足了游客不同层次的文化需求。

青岛人居环境、产业基础以及美丽的城市环境是其独具特色的魅力。中国城市竞争力研究会公布的调查结果显示，青岛以95.08分位居“2012年中国最具幸福感城市排行榜”榜首；2012年上半年青岛市区空气质量优良率达到95.1%，成为全国绿化模范城市和国家生态园林试点城市，并相继获得联合国和国家人居环境范例奖、中国人居环境奖、全国文明城市等荣誉称号。2012年，青岛被评为中国最宜居城市排名第一，成为最适宜人类创业、居住的城市之一①。

三、青岛海洋旅游发展历程成就

中华人民共和国成立以后，我国的疗养事业得到了快速发展。为了使中央领导更好地休养身体、恢复健康或召开特别会议，由中央有关部委投资，在全国自然风景优美、气候适宜的景区、城市、海滨等地，修建了一批以接待中央首长为主要目的的国宾馆和疗养院。青岛得天独厚的避暑气候条件和良好的海滨度假设施，成为中央领导人经常光顾的疗养胜地。至20世纪50年代末期，青岛各类疗养院一度达到60余所。70年代末期，青岛掀起了第二轮疗养院建设高潮，先后建设了国家储备局青岛疗养院、水电部青岛疗养院、新华社青岛休养所、经贸部青岛疗养院、化工部青岛疗养院、邮电部青岛疗养院、青岛粮食职工温泉疗养院、齐鲁石化总公司青岛疗养院、解放军第二炮兵青岛疗养院等。改革开放以后，青岛滨海旅游获得了新的发展动力，海滨旅游接待设施供不应求的矛盾日益突出。随着市场化改革的逐步深入，中央提出“国家、部门、地方、集体和个人一起上”的方针，外资和社会资金开始大量介入海滨旅游接待投资建设。1986年，中外合资海天大酒店动工，一大批社会旅馆也纷纷新建、扩建或改造，极大地缓解了接待设施不足的状况。1991年，山东三联集团公司投资8000万元开发田横岛，揭开了青岛海岛旅游市场化开发的序

① 陈正涛，戴俊杰，闫群. 论青岛城市品牌及其旅游特性［J］. 边疆经济与文化，2013(3)：44-46.

幕。1992 年，全市旅游行业批准引进外资项目 35 个，合同引进外资额近亿美元。来自体制外的社会投资已成为这一时期青岛海滨旅游发展的重要推动力量。在市场化改革日益深入的背景下，许多疗养院、培训中心也在探索市场化转型的发展道路，逐步向社会化方向转轨。

海滨旅游度假区开发建设也成为这一时期青岛海滨旅游发展的亮点。1984 年，以石老人和薛家岛度假区为代表的海滨度假区建设开始起步。1992 年，石老人度假区被国务院设立为首批 12 个国家级旅游度假区之一，至今累计投资达 80 多亿元。度假区旅游基础设施基本完善，海滨度假别墅群“弄海园”、石老人海水浴场综合改造、国际啤酒城、会展中心大酒店、青岛高尔夫俱乐部等一批大项目陆续建成开业。薛家岛、田横岛、琅琊台、仰口等一批省级海滨旅游度假区建设也在稳步推进中。海滨旅游度假区开发不仅极大地推动了青岛现代化海滨旅游设施建设的步伐，提升并丰富了海滨旅游产品的品质和吸引力，而且进一步优化拓展了青岛海滨旅游产品的空间布局，形成了核心城区和城郊度假区相互呼应的空间结构。

进入 21 世纪，青岛又在积极谋划新一轮海滨旅游转型提升，由原先较为单一的大众海滨观光向海滨度假、特色节事、商务会议、休闲娱乐、第二居所等复合驱动型海滨旅游城市转变。青岛作为北方区域经济中心、区域金融中心和区域物流中心辐射带动作用的发挥，为青岛带来了庞大的商务客流；青岛国际啤酒节已成为亚洲最大的啤酒盛会，每年吸引来数百万游客；青岛奥帆赛基地、青岛极地海洋世界等一批重大旅游项目极大地丰富了青岛海滨旅游产品结构；青岛邮轮旅游也正在显现出其巨大的发展潜力。青岛海滨旅游转型提升的努力在五星级酒店季节性开房率上得到了明显体现①。

经过多年开发，海洋旅游已经成为青岛旅游的主体。旅游经济是青岛市三大特色经济之中主要的一项，对于调整产业结构、扩大内需、增加就业、加强精神文明建设都具有重要意义。2019 年全年接待游客总人数 1.09 亿人次，增长 9%；实现旅游总收入 1955.9 亿元，增长 13%。年末，拥有 A 级旅游景区 110 处，其中 5A 级旅游景区 1 处，4A 级旅游景区 26 处，3A 级旅游景区 67 处，拥有星级酒店 98 个，其中五星级酒店 9 个、四星级酒店 24 个、三星级酒

① 刘俊，马风华.近代以来青岛海滨旅游发展历程研究［J］.北京第二外国语学院学报，2011，33（3）：37-42.

店62个；拥有旅行社575个，其中经营出境旅游业务旅行社60个，经营入境和国内旅游业务旅行社515个。

四、青岛海洋旅游发展经验启示

一是依托疗养院，大力发展滨海养生度假。青岛20世纪70年代建设的疗养院，大多布局在市区东部即今香港中路城乡接合部的滨海地带，形成了一个新的旅游度假功能组团，拓展了青岛海滨度假设施空间。近年来，青岛逐渐把健康养生旅游作为旅游业的重要一翼，作为旅游经济的新亮点，搭建科技、产业支撑，众多疗养、康养旅游项目落于青岛。2017年，崂山湾国际生态健康城获批成为全国首批健康旅游示范基地，形成医疗、健康科技以及康养旅游三大百亿级产业集群，打造“国际尖端诊疗健康枢纽、全球前沿健康产业创新中心、东北亚高端健康旅游目的地”。同年青岛国际医疗旅游先行区项目正式签约，其围绕生命全周期形成国际医疗服务、健康管理、康复、养生（老）等服务的完整医疗产业链。此后还开启了即墨森林康养小镇、平度七色山温泉花园小镇、平度中华儒商文化产业园、胶州山洲森林田原综合体等项目建设。

二是提升青岛国际海洋节、青岛国际帆船周等大型节会活动的国际化水平和影响力。整合资源、拓展板块、丰富内涵，聚集海洋文化、科研、体育、产业等高端要素，强化整体策划、开展招商和宣传促销，着力打造海洋主题品牌节会。挖掘、整理海洋美食文化，进行菜品创新，形成青岛海洋美食地方标准菜系。举办烹饪大赛和美食节活动，开展技能培训，培育、评选和推广特色海洋美食。积极引导和发展青岛特色的海洋旅游商品和纪念品，努力提高海洋旅游的购物消费比例和综合效益①。

三是构建旅游交通码头和游艇基地体系。促进海上旅游企业的集约化、规模化发展，规范航行、停泊、租赁等海上旅游业务，鼓励发展观光、娱乐、餐饮、婚庆、游钓等大众型海上游乐项目。以青岛旅游集团为主体，推进海岸线资源整合、码头建设和功能提升、航线开辟和运营，形成海上交通集散网络，建设具有国际知名游艇目的地和亚洲一流、国际知名的帆船等水上运动基地。打造休闲海钓产业基地、省级海洋和内陆休闲垂钓示范基地，举办和承办省市

① 青岛市旅游发展委员会．青岛市全域旅游规划纲要［EB/OL］. http://www.qingdao.gov.cn/n172/n24624151/n24627795/n24627809/n24627823/181128162150462344.html.

级游钓比赛活动。布局海洋休闲体育运动基地，大力发展帆船帆板、游艇、摩托艇、水上滑翔、沙滩运动等休闲项目。以邮轮母港城、奥帆中心和优美的城市旅游环境为依托，坚持国际化与本土化、多元化与精品化相结合，深度开发修学、城市风情、宗教文化、运动休闲、康体理疗、社区体验、美食、购物和商务会展等旅游产品。扩大口岸开放，完善邮轮接待条件，提高综合服务水平。积极加入国际性邮轮联盟组织，大力培育和拓展邮轮市场，逐步确立青岛在山东半岛、环渤海经济圈、北方内地和面向东北亚的邮轮客源集散中心地位，扎实推进“中国北方邮轮中心”和“东北亚区域性邮轮母港”建设[①]。

第六节　上海市海洋旅游发展模式案例

上海，简称“沪”或“申”，被誉为“东方的巴黎”“魔都”“不夜城”“东方明珠”等，上海是一个拥有海洋品格的城市，具有对外开放的海洋文化，是海洋旅游发展的典型案例。

一、上海市的海洋城市特征

上海位于长江三角洲地区，地处中国东部、长江入海口、东临东中国海，北、西与江苏、浙江两省相接，介于东经120°52′~122°12′，北纬30°40′~31°53′。战国时，上海是春申君的封邑，故别称申。晋朝时，因渔民创造捕鱼工具“扈”，江流入海处称“渎”，因此松江下游一带称为“扈渎”，后又改“沪”，故上海简称“沪”。上海是中华人民共和国省级行政区、直辖市、国家中心城市、超大城市，中国国际经济、金融、贸易、航运、科技创新中心，国家物流枢纽。上海是长江三角洲冲积平原的一部分，平均高度为海拔2.19米左右。西部有天马山、薛山、凤凰山等残丘，海域上有大金山、小金山、浮山（乌龟山）、佘山岛、小洋山岛等岩岛。在上海北面的长江入海处，有崇明岛、长兴岛、横沙岛3个岛屿。崇明岛为中国第三大岛，由长江挟带下来的泥沙冲积而成，面积为1041.21平方公里。

① 青岛市海洋旅游发展纲要（2013—2016年）[EB/OL]. http://www.qingdao.gov.cn/n172/n68422/n1527/n28888872/130528145510556510.html.

江海一体，是上海被自然赋予的独特地貌特征。从远古时期到西周年间，上海的许多区域还在海平面以下，形成陆地的过程较为缓慢。直到明清时期，上海才逐渐凭借港口优势发展起来。因此上海也被称为一座“由海而生，因海而兴”的城市。千年历史看北京，百年历史看上海。从往昔江南小渔村到今日之国际化大都市，海洋文化所孕育而出的城市气息和时代精神已经与这片土地血肉相连。

上海的海洋民俗生生不息。渔盐文化、围垦文化、移民文化……时至今日，虽然早年的劳动生产方式已不复存在，但海洋所遗留下来的文化精神却未曾消逝。比如，在上海市奉贤区柘林镇，国家级非物质文化遗产“奉贤胡桥滚灯”正是早年海洋文化传承至今的一个最佳注脚。从前生活在海边的人们需要修筑海堤，在运送原料的途中逐渐有人开始用泥筐比赛、嬉戏，不但提高了劳动生产效率，还演变为今日的胡桥滚灯，走进了单位学校，编入了课本教材，成了群众广泛普及并喜闻乐见的文体项目之一。

海洋文化在上海的城市中演变，逐渐发展成为个性鲜明的“海派”文化。同“京派”的传统正宗相比，海派文化是“叛逆”的中西结合产物，它不但继承了吴越文化的敏感和细腻，而且对异质文化体现出了一种宽容的姿态[①]。

依托临海地理位置，上海是世界国际会客厅，具有世界影响力的社会主义现代化国际大都市。作为国际经济、金融、贸易、航运、科技创新中心，上海现有 5 万多家外资企业；上海口岸货物贸易进出口总额居世界城市首位；上海港国际标准集装箱吞吐量世界第一，航空旅客吞吐量超过 1 亿人次，居世界第四；国际零售商集聚度全球城市排名第二，90% 的国际知名高端品牌已进驻[②]。国际展览、国际赛事、国际艺术节、国际论坛等国际交流活动，“国际范”无处不在。

二、上海的海洋城市气质与魅力

上海市的城市气质与魅力被概括为“海纳百川、追求卓越、开明睿智、大

---

① 上海：在历史与现实中体味海洋文化［EB/OL］. http://culture.ifeng.com/gundong/detail_2013_12/04/31768722_0.shtml.

② “上海魅力”打造高品质有温度宜居城市［EB/OL］. http://www.jl.chinanews.com/gnyw/2019-04-24/70100.html.

气谦和”。海纳百川，是上海历史与现实最鲜明的特征；追求卓越，是上海突出的城市品格；开明睿智，是上海传统文化资源；大气谦和，是上海现代化的基石。

海纳百川是上海独特的文化气质，东西方文化交融，历史上经历的沧桑、中华人民共和国成立和改革开放以来沉淀的新辉煌，共同熔铸了上海海洋城市的独特风采，五光十色的世界文化汇集，也将各种文化碰撞交融而形成的上海文化带向世界。从外滩万国建筑群，到浦东东方明珠，一座城市的地标建筑通常也被称为一座城市的名片、摩天大楼“上海中心”崛起、国家会展中心、上海迪士尼乐园、世界博览会等新地标不断涌现，增添城市魅力气质。

上海的城市建筑风格，也是“海纳百川”的真实写照。浦江两岸，欧洲古典式、文艺复兴式、中西合璧式等不同样式的建筑群落随处可见。纵使寻常巷陌，亦随处可寻西方诸国的文化元素。这些文化符号汇聚在这里不但没有混杂突兀之感，反而呈现出一种音律般的和谐美妙。“海纳百川、追求卓越、开明睿智、大气谦和。”这是长期引领上海改革开放和持续发展的城市精神，这种精神吸引着全国各地乃至世界各国的行业精英来此汇聚扎根，进一步丰富了上海的城市文化内涵。2010 年世博会在上海的成功举办，将上海的城市精神展现到了极致。

上海历史记录有海防忠烈，光耀千秋。同中国其余海疆诸城相比，上海的历史虽不算久远，但其自繁荣那天起就饱经战火硝烟的洗礼。1842 年，英国侵略军进攻上海，江南提督陈化成壮烈殉国，成为第一次鸦片战争《中英南京条约》签订前夕的最后抵抗；1860 年，太平军三打上海，活捉“常胜军”副领队法尔思德，然而久攻未遂，被后世史学家评为太平天国后期再难崛起的标志性事件；1937 年 8 月，中国军队在上海发动淞沪会战，奋起抵抗日本侵略者长达 3 个月之久，开辟了中国战场南方新战线，粉碎了日本“三个月灭亡中国”的美梦。晚清和民国时期，崇明岛经常驻有为数众多的守军以拱卫上海。金山，自明朝以来就和天津、威海、镇海并称中国海疆“四大名卫”，抗击倭寇的英雄事迹在当地广为流传。1937 年 11 月，在淞沪抗战进行到关键阶段的时候，正是日军利用涨潮和大雾在杭州湾一带突然登陆占领金山，对正面的淞沪战场构成了合围态势，迫使淞沪抗战终结。斗转星移，今日上海海疆之上虽然鲜见往昔之斑驳弹痕和战场遗迹，但中华儿女保家卫国、不畏顽敌、英勇抗争的忠烈精神却浩然长存[①]。上海是中国共产党的诞生地，是中国改革开放最前沿，上海中心大厦是中国第一、世界第二的高楼，是世界级的地标建筑和上海城市的新名片，也是改革开放最重要的象征之一，这也是上海的另一魅力之所在。

上海也是中国的金融中心，有上海证券交易所、期货交易所、中国金融交易所、上海钻石交易所、黄金交易所、金融衍生品交易所、银行间债券市场、中国外汇交易中心、中国资金拆借市场、国家黄金储备运营中心、国家外汇储备运营中心、上海清算所（中国人民银行清算总中心）、中国人民银行上海总部（央行征信系统中心、支票节流数据处理中心）、中国四大银行（农行、中行、工行、建行）上海总部、各大外资银行大中华总部、中国反洗钱资金监控中心、上海银行间同业拆放利率、中国保险交易所等不同种类的金融单位。上海金融法院获批成立，原油期货成功上市，中国人寿上海总部、建信金融科技等总部型功能性机构落户，人民币跨境使用范围也进一步拓展。

上海汇聚各类旅游资源，如上海迪士尼、外滩、东方明珠等国内外知名景区景点。上海迪士尼度假区位于上海浦东新区，是中国大陆首个迪士尼度假区，单单这个就可以吸引很多人来上海，在这里可以亲身体验到许多个“第一”：全球最大的迪士尼城堡、首个以海岛为主题的园区、最长的迪士尼花车巡游路线等。外滩是具上海城市象征意义的景点，位于黄浦江畔，南起十六铺码头，北至外白渡桥，全长大概 1.5 公里，一排风格迥异的异国建筑错落有致地敬布在黄浦江畔，与令人陶醉的浦江夜景一起成为外滩的精华之处。这里曾经是英国的租界，正是因为这样，这里才拥有了不同时期不同国家建筑风格的建筑大楼，形成了一道亮丽的风景线，感受历史的上海。江对岸便是东方明珠、环球金融中心等摩天大楼，夜晚霓虹灯初上，更可感受到“不夜城”的韵味和浪漫。东方明珠屹立在上海浦东陆家嘴，是上海的标志性建筑。

上海是拥有全国老字号品牌数量最多的城市，上海的“时光博物馆”记录了上海的另一种魅力。比如果盘里堆满了大白兔奶糖、永久自行车驮着光明牌冰棍箱、三五牌座钟摆在了五斗橱上等，一件件熟悉的老物件儿，诉说着上海的历史。上海是中国民族工业的重要发祥地，“上海制造”曾占据全国半壁江山。截至目前，上海的“中华老字号”和“上海老字号”共计 220 多个。

---

① 上海：在历史与现实中体味海洋文化［EB/OL］. http://culture.ifeng.com/gundong/detail_2013_12/04/31768722_0.shtml.

“老上海”也是一种城市气质。如上海中国唱片厂、上海音像公司的流行音乐卡带，《长恨歌》《繁花》等诉说上海故事的小说，上海美术电影制片厂出品的动画片等，都是上海的魅力所在。如今，上海在这一领域依旧再续辉煌，上海国际电影电视节、中国上海国际艺术节闪耀世界，上芭的《天鹅湖》、上昆的《临川四梦》同时开启欧洲巡演，收获了世界观众对上海、对中国文化的全新认知。

三、上海海洋旅游发展历程成就

上海作为我国改革开放的先行者，在旅游领域改革开放大潮中建树颇丰。2017 年，上海旅游总收入达到 4485 亿元，比 2008 年的 2096 亿元增长了一倍之多，世界旅游和旅行者协会（WTTC）在其发布的“城市旅游及影响”报告中称 2017 年上海旅游 GDP 全球第一。

1979 年，上海接待入境游客 25.1 万人次，创汇 5384.67 万美元。20 世纪 70 年代末 80 年代初，上海旅游刚刚起步，旅游接待设施奇缺，造成了许多现今难以想象的窘迫。上海过去是“十里洋场”，留下了锦江饭店、衡山宾馆等 7 家酒店建筑，但面对潮水般涌来的旅游团队，宾馆不敷所用，甚至有时会因为酒店的客房有大有小而产生团费争议。为此，上海决定建设第一家客房面积统一的旅游宾馆。1983 年 8 月 23 日，上海宾馆开业。不久，宾馆迎来了美国水仙花大型旅行团，第一部大巴开到了上海宾馆，最后一部大巴才刚刚离开黄浦江边码头。接待如此规模的旅行团，让上海宾馆在国人视野中出尽了风头。

上海在改革开放的大旗下，创造了多个“第一”，其中就有我国第一家国际品牌管理的酒店——华亭喜来登宾馆。作为我国第一个“自建外管”的豪华酒店，华亭喜来登不仅通过现代化管理培养了上百个酒店职业经理人，还第一次提出了饭店要讲求“经济效益”的理念。当时，饭店基本属于接待型事业单位，这个理念的提出是石破天惊的事。时任华亭喜来登宾馆董事长赵仁荣回忆，喜来登 10 年管理合同期内上交的利税达 1 亿多元，这足以说明当年上海市领导的开放胸襟和正确决策①。

为了解决人才荒，上海在奉贤海滨办起了中国大地上第一所旅游高等院

---

① 多位亲历者为你讲述上海旅游 40 年［EB/OL］. https://m.sohu.com/a/279200398_99949129.

校——上海旅游专科学校，在 1979 年招收了第一批大学生，被业界称为“黄埔一期”。为了满足全国各地的人才培养渴求，上海旅专还办起了“师资班”，这也是中国旅游教育历史上的“第一次”[①]。

旅游基础建设突飞猛进，上海旅游人的思想观念和旅游实践也同步创新。1987 年，国旅“两步利改税”，这是旅行社从接待型事业单位向市场化经营的现代企业转变的分水岭，旅游的发展推动了金融业的改革开放。

旅游是经济产业，同时又是具有公益属性的民生事业。上海不断发展旅游公共服务。旅游集散中心就是作为 1998 年上海市政府的十大“实事工程”之一诞生的。当时，上海到郊区的道路坎坷不平，且缺乏游客可以坐的大巴。因此，以散客为对象的集散中心应运而生，开通第一年就接待游客 26.97 万人次，第二年猛增至 180.63 万人次，2007 年达到 701 万人次，以年均 20% 的速度增长。集散中心是“旅游 + 交通”的积极探索，解决了家门到景区大门的距离痛点。如今，上海旅游集散中心成为上海市民本地旅游和赴长三角旅游的枢纽中心。2010 年上海世博会是世界级节事活动。观博人数达 7300 多万人次，近三分之一是旅行社组织的团队游。从前期申博到办博，184 个日日夜夜，无数上海旅游人付出辛劳与汗水，也创造了许多“新发明”，世博会团队票的订、买、检票机制就是其中之一。

进入新时期后，上海都市旅游迈上了新台阶，随着迪士尼、海昌海洋公园、深坑酒店等相继开业，黄浦滨江 45 公里空间全线贯通，浦江滨水旅游成为世界级亮丽名片，上海都市旅游进入了景城一体的全域旅游新时代。在进博会举办前夕，上海新建和改建的 20 个旅游咨询服务中心全新亮相，服务功能从过去单一宣传功能升级到综合服务功能，且实现了智能化，机器人走进了服务中心[②]。

旅游产业目前已经发展成为上海经济的龙头产业之一，其发展不仅符合现代都市经济发展的低碳化思路，也具有很强的区域联动作用，避免了和长三角地区经济体的竞争，反而可以共赢互通。2019 年全年接待国际旅游入境者 897.23 万人次，比上年增长 0.4%，接待国内旅游者 36140.51 万人次，增长 6.4%。全年入境旅游外汇收入 83.76 亿美元，增长 13.6%；国内旅游收入

---

① 上海滩的老旅游——上海旅游业改革开放 40 年回眸［EB/OL］. https://m.sohu.com/a/279638783_698307.

② 多位亲历者为你讲述上海旅游 40 年［EB/OL］. https://m.sohu.com/a/279200398_99949129.

4789.30 亿元，增长 7.0%。全年实现旅游产业增加值 2309.43 亿元，比上年增长 7.6%。全年上海港接待国际邮轮靠泊 259 艘次。

“十三五”期间，滨海旅游业拉动消费成效明显，邮轮产业积极对接市场，吸引国际邮轮停靠，2015 年，到港邮轮与旅客发送量分别为 341 艘次和 82.12 万人次，成为全球第八大邮轮港。2016 年全年上海港接待邮轮靠泊 509 艘次，其中，以上海为母港的邮轮 482 艘次。邮轮旅客吞吐量 289.38 万人次，比上年增长 76.2%。2017 年全年上海港接待邮轮靠泊 512 艘次。其中，以上海为母港的邮轮 482 艘次。邮轮旅客吞吐量 297.29 万人次，比上年增长 2.7%。2018 年全年上海港接待国际邮轮靠泊 406 艘次。其中，以上海为母港的邮轮 378 艘次。邮轮旅客吞吐量 275.29 万人次，比上年下降 7.4%。邮轮母港旅客吞吐量占比 97.7%。2019 年全年上海港接待国际邮轮靠泊 259 艘次。其中，以上海为母港的邮轮 226 艘次。邮轮旅客吞吐量 189.35 万人次，比上年下降 31.2%。邮轮母港旅客吞吐量占 95.6%。

上海在朝着多元化、高端化和国际化的格局发展，新的城市功能定位是服务型国际化大都市。旅游业作为生态产业得到进一步发展后，会使上海旅游产业的功能定位、业态特征、组织结构和发展模式面临深刻的变革。首先，旅游业会走向成熟和高端化，带动城市景观兴起，带动城市基础设施配套完善，带动相关服务业繁荣和精细化。其次，旅游业及其相关产业构成一个完整的产业链，产业链的完善会带动相关各界更大程度地介入，包括外资和外商的介入。与其他产业进行融合，在融合中提高旅游业的可持续发展能力，并形成以旅游休闲业为核心，与广大市民的休闲活动交织相融的综合性现代服务业，提升旅游业在上海产业规划中的重要性。最后，上海旅游业具有滨海旅游和都市旅游的双重特征，这种独特形态必然会处处折射世界旅游胜地的影响，使上海旅游业既保持国内旅游的本土特色，也吸纳国际旅游区的优点与创意。

四、上海海洋旅游发展经验启示

一是对接服务国家战略。落实国家“一带一路”战略，积极参与国家在海洋经济、生态环境保护、防灾减灾、海洋科技、海洋管理和海洋文化等领域的互利合作，开展上海参与“21 世纪海上丝绸之路”建设研究。积极融入“长江经济带”建设，深化与长江流域各省市合作，共同建设沿江综合立体交通走廊，提升上海国际枢纽港对长江流域的服务能力，积极发展江海联运、江海直达、海铁联运等运输方式，推动长江经济带加快发展。对接国家“拓展蓝色经济空间”等战略部署，申请国家海洋经济创新发展示范城市、国家海洋经济发展示范区，推动海洋经济创新转型发展[①]。

二是做大做强邮轮游艇旅游。长江口南岸产业带，支持宝山、虹口等邮轮母港建设，加快发展邮轮产业，对接国际旅游市场规划和通行标准，优化口岸政策环境。加快邮轮游艇经济发展，组建本土邮轮公司，打造邮轮产业链，进一步提升上海邮轮产业的国际地位和竞争力，支持邮轮游艇出入境管理等政策试点，建设中国邮轮旅游发展实验区（宝山、虹口）。推进自贸试验区与邮轮旅游发展实验区“区港联动”，提升邮轮服务功能，完善区域港口基础设施和周边配套服务，推动水岸联动，建设现代邮轮产业集群区，打造国际邮轮旅游基地和滨水休闲旅游空间[②]。

三是推进崇明世界级生态岛建设。崇明位于长江入海口，是世界上最大的河口冲积岛和中国第三大岛，占上海陆域面积近五分之一，是上海重要的生态屏障，对长三角、长江流域乃至全国的生态环境和生态安全具有重要的意义。2005 年发布的《崇明三岛总体规划（崇明县区域总体规划）2005—2020 年》，明确了崇明现代化综合生态岛的总体定位；2010 年发布的《崇明生态岛建设纲要（2010—2020 年）》，至今已完成两轮三年行动计划。2016 年，经国务院批准，崇明撤县设区，同年上海市政府印发《崇明世界级生态岛发展“十三五”规划》，规划明确指出崇明作为最为珍贵、不可替代、面向未来的生态战略空间，是上海重要的生态屏障和 21 世纪实现更高水平、更高质量绿色发展的重要示范基地，是长三角城市群和长江经济带生态环境大保护的标杆和典范，未来要努力建成具有国内外引领示范效应、社会力量多方位共同参与等开放性特征，具备生态环境和谐优美、资源集约节约利用、经济社会协调可持续发展等综合性特点的世界级生态岛[③]。

---

① 上海市人民政府办公厅.上海市海洋“十三五”规划［EB/OL］. http://www.shanghai.gov.cn/nw2/nw2314/nw2319/nw22396/nw22403/u26aw54847.html.

② 上海市人民政府办公厅.上海市旅游业改革发展“十三五”规划［EB/OL］. http://www.shanghai.gov.cn/nw2/nw2314/nw2319/nw22396/nw22403/u26aw50560.html.

③ 上海市人民政府.崇明世界级生态岛发展“十三五”规划［EB/OL］. http://www.shanghai.gov.cn/nw2/nw2314/nw2319/nw22396/nw22403/u26aw50776.html.

第七节　北海市海洋旅游发展模式案例

北海不仅是中国著名的滨海旅游城市，拥有24公里纯美海岸线，集聚了涠洲岛、北海银滩、山口红树林等众多稀缺滨海旅游资源，还是古代海上丝绸之路始发港、中国南珠之乡，有2000多年建制史，“珠还合浦”的成语传颂了千年，也是中国西部唯一同时拥有深水海港、全天候机场、高速铁路和高速公路的首批沿海开放城市、首批国家全域旅游示范区创建城市，处在我国滨海旅游的地标区、优势区以及产业创新的先试区。北海别名“珠城”，被誉为“中国迈阿密”。

一、北海市的海洋城市特征

北海，地处广西壮族自治区南端，北部湾东北岸。三面环海，背靠大西南、毗邻粤港澳、南望海南岛、面向东南亚，是西南地区走向世界的重要出海通道和门户，是沟通中国与东盟各国的“桥头堡”。北海是我国最早的对外通商口岸和海上“丝绸之路”起点之一，历史上是云、贵、川、桂、湘、鄂等省与海外贸易的主要商品集散地之一。西北距首府南宁206公里，东距广东湛江198公里，东南距海南海口市147海里。“北海”一名来自其海城区地角镇的同名渔村“北海村”，由于此地最早开发人群都是疍家渔民，他们长年集中居住在靠近避风港的村落，该避风港面向北面海域，因此得名“北海村”。“朝沧梧而夕北海”，北海的名字很早就有了，北海地名的形成，定位于清康熙元年（1662），清政府设“北海镇标”作为“北海”地名的称谓。北海是古代“海上丝绸之路”的重要始发港，是国家历史文化名城、广西北部湾经济区的重要组成城市。地处华南经济圈、西南经济圈和东盟经济圈的接合部，处于泛北部湾经济合作区域接合部的中心位置，是中国西部地区唯一列入全国首批14个进一步对外开放的沿海城市。

北海拥有丰富海洋资源，是中国“四大渔场”之一。北海的海鲜特产主要有海参、鲍鱼、鱼翅、对虾、龙虾、海马、带子、沙虫、石斑、青蟹、石鲛、鱿鱼、墨鱼、大蚝等及各种贝类。北海产的海参以花刺参为主，主要产地在涠洲岛。刺参营养丰富，海蛇毒可治坐骨神经痛、风湿症等病。工艺品特产主要是南珠、贝雕、牛角雕、编织工艺品。北海产的珍珠称南珠，素以凝重结实、硕大圆润、晶莹夺目、光泽持久而驰名中外，有“西珠不如东珠，东珠不如南珠”的声誉。

北海银滩被誉为天下第一滩，以“滩长平、沙细白、水温净、浪柔软、无鲨鱼”等特点而出名。银滩均由高品位的石英砂堆积而成，在阳光的照射下，洁白、细腻的沙滩会泛出银光。银滩西起侨港镇渔港，东至大冠沙，由西区、东区和海域沙滩区组成，东西绵延约 24 公里，海滩宽度在 30~3000 米，陆地面积 12 平方公里，总面积约为 38 平方公里，面积超过大连、烟台、青岛、厦门和北戴河海滨浴场沙滩的总和，而平均坡度仅为 0.05。涠洲岛是一座能与海南岛媲美的康养旅游岛屿。它北临广西北海市，东望雷州半岛，东南与斜阳岛毗邻，南与海南岛隔海相望，西面面向越南。涠洲岛总面积 24.74 平方公里，岛的最高海拔 79 米。岛内景区包括鳄鱼山景区、滴水丹屏景区、石螺口景区、天主教堂景区和五彩滩景区等。山口红树林国家级自然保护区，位于北海合浦县境内。湿地面积 8000 公顷，保护类型为海洋和海岸生态系统，主要保护对象为红树林生态系统。北海的老街骑楼，沉淀出百年海洋文化，始建于 1883 年。沿街全是中西合璧骑楼式建筑，线条流畅、工艺精美，遍布英、法、德领事馆旧址，还有德国森宝洋行旧址和天主教堂女修院旧址，及药堂、酒肆、茶坊等。这里见证了北海曾经的繁华，被誉为鲜活的“近现代建筑年鉴”。临街的骑楼，既是道路向两侧的扩展，又是铺面向外部的延伸。其他特色娱乐丰富多彩，如侨港镇，是著名的糖水小吃街。侨港镇是当年联合国安置难民的示范点，离北海银滩一箭之遥。这里大部分的居民都有越南背景，浓郁的越南风情和海滩渔港形成了小镇独特的魅力。

北海具有“一极驱动、一心辐射、两带引领、百点引爆、三圈协作”的海洋旅游格局。一是做强一岛、打造引擎，“一岛”即涠洲岛旅游区，范围包括涠洲岛、斜阳岛以及附近海域，建设国际知名的休闲度假海岛，建成“一湾”（火山海岛风情湾）、“四区”（运动海岛休闲区、热带海岛民宿区、低碳海岛示范区、门户海岛服务区）、“一海”（海洋休闲运动区）旅游发展大格局。二是突破一湾、打造中心。“一心”指廉州湾旅游服务中心，包括廉州湾及其沿海区域（包括银海区南万、冠头岭，海城区，廉州镇、党江镇、沙岗镇）。廉州湾是北海市的“城市客厅”，是北部湾国际邮轮母港和海上旅游集散枢纽、现代服务业集聚区和蓝色经济创新发展区，应成为北海全域旅游发展的吸引中心、服务中心、集散中心。遵循“由陆向海、塑造港湾，城市西进、打造中心”的空间策略，强化海陆联系，在与老城区良好衔接基础上，城区滨海一线向北沿廉州湾拓展，完善现代服务功能，加快构筑“环湾集聚、两翼带动、港城支撑”的发展框架，增强国际竞争力和辐射带动力。同时，以24公里纯美海岸线为核心，拓展整合全市岸线，建设南部全域旅游示范带，打造北部湾国家海岸品牌。北海银滩有条件创建国家一流滨海休闲旅游度假区。竹林盐场打造竹林滨海康养旅游区，白龙珍珠打造滨海渔家休闲旅游区，山口湿地打造国家生态旅游示范区，开发南流江海丝风情旅游示范带，廉州湾港打造海丝古港文化旅游区，合浦古郡打造汉韵古城休闲旅游区，星岛湖畔打造湖泊温泉养生度假区，客家山水打造曲樟民俗生态旅游区。同时，还可以打造世界顶级滨海旅游目的地为统领，以“一带一路”战略、中国—东盟自贸区为平台，以加速推进北部湾“一湾双轴、一核两极”城市群建设为契机，突出北海作为北部湾母港型旅游中心城市地位，舞起滨海旅游的龙头，积极推动广西北部湾旅游圈、环北部湾旅游圈和泛北部湾跨国旅游圈的全方位、多层次、体系化的区域全面开放合作大格局，打破壁垒，推动构建北部湾无障碍旅游区。加强沿海城市合作，协作共建空海旅游开放大格局。以北海福成机场、北海客运港为依托，面向东盟及21世纪海上丝绸之路沿线国家，建设空海开放通道。争取开通北海至主要城市的正常国际航班以及到马尼拉、万象、巴厘岛、吴哥窟的旅游包机航线；简化通关手续，建设北部湾海上国际旅游航线；以合浦、徐闻、广州、泉州等海丝港口城市为依托，建设古代海上丝路历史文化旅游线，以及中国海岸线邮轮旅游线（大连—青岛—连云港—上海—福州—厦门—湛江—北海）。

北海旅游资源分布广泛，覆盖北海全域，类型多样。从《旅游资源分类、调查与评价》看，涵盖八大主类旅游资源，兼具自然与人文；涵盖国家级的风景区、湿地公园、地质公园、自然保护区、森林公园多种类型资源，品质优良；景区景点多元，拥有各类旅游景区（点）62处，其中国家旅游度假区1个，自治区旅游度假区2个；4A级旅游景区10处，3A级旅游景区16处；国家级自然保护区1处，国家地质公园1处，国家湿地公园1处，涠洲岛珊瑚礁国家级海洋公园 1 处，省级森林公园 1 处；全国休闲农业与乡村旅游示范点 1 处，广西休闲农业与乡村旅游示范点 6 处，自治区工农业旅游示范点 6 处，广西星级乡村旅游区 9 处；广西三星级汽车旅游营地 6 处；南珠文化、客家文化、丝路文化、疍家文化、诗词文化、曲艺文化、民俗文化极具特色与优势，遗址遗迹、特色村镇、乡村遗产与建筑景观众多，具有很强开发潜力。北海市地势总体是北高南低，境内东北、西北为丘陵，南部沿海为台地和平原，西部、北部为基岩隆起区，地势自北向南倾斜，海岸地貌分布于大陆区、涠洲岛、斜阳岛沿岸，独特的地貌构成孕育了北海“山、湖、江、海”多样化的山水景观。以涠洲岛、银滩为代表的海滨海岛景观资源，规模大、品位高，具备国际竞争力和影响力。以星岛湖、南流江为代表的水体景观资源，生态镶嵌式结构拼块复杂多样，拥有各具特色、丰富多彩的水体景观。

二、北海的海洋城市气质与魅力

北海拥有“海水、海滩、海岛、海鲜、海珍、海底珊瑚、海洋动物、海上森林、海上航线、海洋文化”十大海洋旅游特色，集“海、滩、岛、湖、山、林”于一体，以滨海自然风光和以南珠文化为代表的人文景观兼备。其中，北海银滩以“滩长平、沙细白、水温净、浪柔软、无鲨鱼”的特点，被誉为“天下第一滩”；涠洲岛是中国最年轻的火山岛，2005 年被《中国国家地理》评为中国最美的十大海岛第二名。2017 年入选第 15 届中国—东盟博览会中国“魅力之城”，荣获第七轮自治区文明城市，环广西公路自行车世界巡回赛北海赛段比赛精彩、安全、圆满，展现了亮丽的景观风貌，“十二五”时期，北海累计接待游客 7902.3 万人次、旅游总收入 738.9 亿元。金海湾红树林、园博园成功创建国家 4A 级景区，北海入选首批国家全域旅游示范区创建城市，荣获“最美中国旅游目的地城市”称号。北海为国家历史文化名城，开放历史悠久，文化底蕴深厚。海上丝绸之路在中国的主要港口有泉州、宁波、广州、湛江、蓬莱登州和北海合浦等。合浦自汉武帝立郡以来，都是郡、州、县的治所所在地，同时也是古代“海上丝绸之路”的重要始发港之一。海上丝绸之路南海航线以合浦为中心，从长安（今西安）出发入长江进洞庭湖，入湘江、进漓江，经灵渠、桂江、浔江，进北流江，入南流江，经合浦港出海，前往东南亚国家，在历史上起着重要的作用，体现了“先有珠、后有丝、再有路”的古代海上丝绸之路最早始发港之一说法。拥有海丝文化两大核心符号的北海无疑是广西落实国家赋予的打造“一带一路”有机衔接的重要门户的战略支点，也将成为打造国际滨海旅游名城的又一王牌。

北海市的海洋城市气质和魅力，可以概括为“一城一心一港”。“一城”：区域性国际海洋旅游名城。核心吸引力、目的地个性、综合性配套、国际化品牌是国际化发展的重要路径。以国际化水准推动旅游产品的丰富与升级，培育海洋度假、体育运动、邮轮游艇、养生养老、低空旅游、节庆活动等产业，构建海洋旅游产业聚集区，实现产业集中和资本聚集，延长服务链、产业链和经济链，形成国际化的旅游消费拉动力、旅游市场影响力和旅游产业带动力，打造环境优美、宜居宜业、设施完善、服务优质的区域性国际滨海旅游名城。“一心”：北部湾国际旅游集散中心。北海既是旅游目的地，又是游客集散地。作为西部唯一的海陆空城市，北海要以旅游服务总部基地为支撑，通过交通集散带动旅游集散，以旅游带动商贸、物流等产业互动发展，重点培育前沿时尚消费体验的休闲消费业态，打造设施完善、要素齐全、服务优质的北部湾旅游服务中心，在更宽领域、更深层次上打造面向东盟、辐射“三南”、陆海统筹的北部湾门户枢纽中心。“一港”：海上丝路风情重要枢纽港。作为广西打造“一带一路”有机衔接的重要门户的战略支点和突破口，北海要以“丝路古港”创建国家5A级景区为抓手，整合北海老城、廉州古城以及南流江沿线代表性文化遗产资源，通过特色化品牌建设、特色化城市改造、特色化产品开发、特色化服务提升、特色化设施配套，将北海打造成为一座风景美丽、风情浓郁、风物富饶、风尚引领、风貌独特的海上丝路风情重要枢纽港，支撑广西建成“21世纪海上丝绸之路”新门户、新枢纽。耕海牧渔的滨州北部沿海居民自古就有祭海的传统，每逢二月初二，当地渔民、盐民都要赶赴脊岭岛龙王庙参加祭海活动，祈愿风调雨顺。近年来，北海在继承传统的基础上，进一步丰富发扬了“科学用海、善待海洋，感恩大海、回报大海”的现代海洋文化理念。随着爱海、护海意识增强，祭海文化节逐渐成为诠释北海海洋文化的一张蔚蓝名片。

北海旅游资源涵盖八大类，拥有“海之风情、林之神奇、湖之灵动”，和“古老的珍珠城、壮观的古墓群、神秘的海上丝路”，涵盖了海滩海岛、生态山水、历史文化、民俗风情等多种旅游资源类型。北海市拥有的旅游资源主类、亚类、基本类型各有 8 项、25 项、57 项，分别占所有类型的 100%、80.65%、36.77%。

北海文化底蕴深厚，历史文物遗存数量众多。物质文化遗产方面，全市现有文物保护单位 102 处，其中全国重点文物保护单位 7 处，自治区级文物保护单位 6 处，还有已登记调查的文化遗存 300 多处，特别是合浦古汉墓群、海上丝绸之路遗址及白龙珍珠城旧址，充分体现了北海悠久而辉煌的历史。且北海处于山之口、地之角、海之门，纳百川而成海，含总江而为浦，是古代“海上丝绸之路”的始发港，古今文化、中西文化在这里融合，山地文化与海洋文化、中原文化与岭南文化、客家文化和疍家文化在这里交会，使北海的文化兼收并蓄、内涵深厚。尤其是珍珠古城和以“珠还合浦”为代表的“南珠”文化、大浪古港和合浦汉墓为代表的“海丝”文化以及百年老街和近代西洋建筑为代表的“西洋”文化，具有鲜明的海洋文化特征。北海地方戏和民间说唱独具特色。北海民间传说《珠还合浦》已列入广西第一批非物质文化遗产保护名录，民间歌舞《耍花楼》，人生礼俗《疍家婚礼》，民间音乐《咸水歌》《东海歌》《西海歌》，民间曲艺《老杨公》《公馆木鱼》等已列入北海市第一批非物质文化遗产保护名录。

三、北海海洋旅游发展历程成就

1984 年，北海成为中国 14 个沿海开放城市之一。同年北海市旅游公司成立，这也是北海市旅游管理局前身。同年，国务院、中央军委在《关于修建北海福成民用机场的批复》中，同意在北海修建民用飞机场。1987 年，北海机场建成通航。20 世纪 90 年代初，国内兴起首轮旅游开发热。1990 年春天，北海市启动银滩景区建设，先后投资数亿元开发银滩。伴随着“大北海”开发热潮，北海从一个落后的海滨小城变成了粗具规模的旅游城市。《北海概况》里记载北海 1983 年的情况：工农业总产值 20898 万元，财政收入 1322 万元。全市人口 166761 人，其中城市人口约 11 万人。城市建成区面积仅 9.3 平方公里。全市有自动电话交换机一台，装机容量 2000 门。全市工商业的人数 4000 多人。20 世纪 80 年代，北海只有华侨宾馆、北海宾馆福利大酒店、泗海宾馆等寥寥几家酒店。到 1993 年，全年共接待境内游客近 200 万人，旅游业不断发展壮大，成为全市国民经济新增长点和支柱产业及第三产业的龙头。1999 年，北海与其他 53 个城市成为第一批“中国优秀旅游城市”，此后北海又开发了一批以涠洲岛、冠头岭和山口红树林为主的旅游产品，旅游产业规模不断扩大。之后，北海加紧推进高星级度假酒店项目建设，金昌开元名都大酒店、冠岭项目一期工程、佛教文化园一期工程、银一号国际会议中心、洲海景酒店相继建成并投入使用。2003 年 5 月 1 日，北海将国家王牌景区银公园、海滩公园免费向市民和游客开放。如今，北海旅游已形成了以银滩为中心，洲岛和星岛湖为两翼，海底世界、海洋之窗、北海老街等多个旅游点“众星拱月”的发展格局。并在尝试走与历史文化结合的道路，形成旅游与文化互促、互补、互兴的格局，同时完成从观光型旅游业向度假休闲型旅游业的转变。2013 年 9 月，北海市委、市政府出台一系列文件，对北海旅游产业的跨越发展做出总体部署。

北海市以涠洲岛的开放开发为突破，以银滩黄金旅游带、廉州湾休闲旅游带、跨国海空旅游航线为支撑，以北海老城、星岛湖、红树林为牵引，外围配以若干乡村旅游区为衬托的空间布局形式，形成各旅游功能区主题突出、相互补充、网络连接，适应各层次客源需求，打造以海滨度假、康复疗养、观光、运动、娱乐体验、购物美食为主要功能的国际滨海旅游目的地。2018 年北海市旅游接待入境旅游人数 16.06 万人次，增长 10.5%；国际旅游（外汇）收入 7202.71 万美元，增长 18.5%；国内旅游总收入 499.67 亿元，增长 37.1%。滨海度假、海岛探秘、避寒养生、会议展览、美食购物等已成为北海主体旅游产品，多元化的旅游产品体系已初步形成，初步建成北部湾国际旅游度假区核心城市，广西主要旅游集散地和知名滨海旅游休闲胜地。

四、北海海洋旅游发展经验启示

一是突出核心海洋休闲度假旅游产品，彰显海洋城市特色。大力发展海岛度假、滨海度假、海上邮轮、避寒养生、海洋运动及海丝风情旅游产品。海岛度假旅游产品：以涠洲岛为基地，打造海上娱乐天堂、火山型海岛体验游。以保护海洋生态旅游资源为前提，深入开发多样化的海岛体验度假旅游产品，开发深海潜水、浮潜、香蕉船、摩托艇、拖曳伞等参与性强的水上娱乐项目，建设度假酒店，充分满足游客的多元化需求。借鉴美国加利福尼亚和迈阿密开发银发旅游产品的经验，发挥北海阳光充足、避寒养生的气候优势，将北海打造成为“退休者的养老天堂”，开创银发市场游客的第二生活空间，引入滨海社区、生态村、花园社区等避寒养生地产项目，配备完善的养生养老服务设施，建设“第二住宅”。以重振海上丝绸之路战略的逐步开展为契机，依托合浦始发港、海洋丝绸之路文化内涵等资源，对海丝路文化遗址进行保护性开发，围绕海丝路主题建设文化遗址公园、主题旅游小镇。浓缩海上丝绸之路沿线中外各民族风情，再现古代海丝路的繁华。推出《碧海丝路》主题实景演出，以活动吸引游客市场[①]。

二是突出海洋文化，着力融入“一带一路”提升海洋城市价值。主动融入海上丝绸之路文化旅游带建设，积极推进形成泛北部湾城市群旅游产业互动，着力打造中国—东盟海上旅游中心，争取将北海列入试行对境外游客 72 小时过境免签政策城市，大幅提升北海作为有机衔接西南中南、海丝路沿线城市及东盟各国的桥梁纽带地位和作用。对内，立足高品位海滨海岛景观资源、优良自然生态环境、丰富的水体景观资源、稀缺生物景观资源、独特遗址景观、浓郁的海洋文化以及作为古代和近代开放口岸的历史文化底蕴，推动旅游业向精细和高端发展，促进业态多元化。重塑丝绸之路国际港口文化城，按照《北海历史文化名城保护规划（2008—2025）》《北海历史文化名城保护规划实施行动计划（2016—2020）》的要求，对以历史城区为核心的游客集中区域进行“乱象整治、文化彰显”提升。以北海文化产业园、“三诺”智慧生活创想体验基地、北海老城、近代中西文化系列陈列馆、南珠宫、北海贝雕文化艺术博览馆、中国（北海）工艺美术创意产业园、海北海国际文化综合体等项目作为载体，推动文化科技、影视动漫、新闻出版、文化博览、工艺美术与创意设计、演艺娱乐、海洋文化等产业要素的集聚发展。利用历史街区、历史建筑发展主题会馆、文化驿站、影剧院、特色书店、演艺吧等文化休闲娱乐业态，扶持引导老字号店铺创新，创新设计南珠文化主题旅游商品。

三是海洋旅游引领，统筹推进北海市全域旅游。以“舞起滨海旅游发展的龙头、打造国际滨海旅游名城”为目标，以创建国家全域旅游示范区为平台，以涠洲岛百亿级项目、银滩百亿级项目、合浦县旅游百亿级项目、广西旅发集团百亿级项目、北海邮轮母港百亿级项目五大百亿项目为抓手，加快旅游供给

① 北海市人民政府办公室. 北海市旅游业发展“十三五”规划［EB/OL］. http://www.beihai.gov.cn/zwgk/jcxxgk/zfwj/szfbgswj/201706/t20170605_1594955.html

侧改革和体制机制创新，着力构建全空间优化、全资源整合、全要素提升、全产业融合、全服务覆盖、全方位突破的发展新模式，推进“城市旅游化、全域景区化、生活休闲化、发展生态化、设施体验化”，使现代旅游业发展成为富裕北海的支柱产业、美丽北海的绿色产业、宜居北海的生态产业和幸福北海的惠民产业。以“海城一体”为依托，引入开放花园城市建设理念，创建“国家生态园林城市”，并进一步申报“联合国人居环境奖”，建设一座国际典范的天然园林之城。推进拆围透绿，引导消费模式转型。鼓励城市景区以低票、通票联票、特殊折扣等方式带动封闭式观光景区向开放式休闲景区转型，引入精品导游、旅游演艺等特色服务拉动旅游消费，构建开放式花园城市。打造视觉廊道，恢复城市生态肌理。重点打造北海大道、金海岸大道、银滩大道等10条主要城市视觉廊道和“三江七渠”滨水城市景观廊道。加强立体绿化，建设国际花园城市。以重点路段、重要地区为重点，推广墙体绿化、屋顶绿化、围栏绿化、桥体桥栏桥柱绿化、河道绿化、立体花坛。围绕“高端化、集群化、国际化”，大力发展以购物休闲、美食休闲、文化休闲为主要内容的城市休闲业态，做大城市休闲街区、城市旅游综合体两大休闲载体，推进休闲产品向城市集聚，建设国际知名旅游休闲型城市。重点提升传统旅游业态，做强做大一批专业旅游商品市场，争取设立免税购物商场，大力建设精品酒店和城市客栈；创新引入新型休闲业态，发展旅游自由购物新业态，建立国际旅游自由购物区，融入度假旅游要素；做强做活“旅游夜经济”，培育提升一批精品演艺活动项目，积极引入国内外品牌文化演艺项目，建设市民广场、休闲公园、音乐码头，激活夜市、演艺吧、茶吧，打造北海不夜城。

第八节　天津市海洋旅游发展模式案例

天津简称“津”，别称津沽、津门，是中华人民共和国省级行政区、直辖市、国家中心城市、超大城市，是中国北方最大的港口城市，国家物流枢纽，改革开放先行区，首批沿海开放城市，是中蒙俄经济走廊主要节点、海上丝绸之路的战略支点、“一带一路”交会点、亚欧大陆桥最近的东部起点，位于海河五大支流南运河、子牙河、大清河、永定河、北运河的汇合处和入海口，素有“河海要冲”之称。

一、天津市的海洋城市特征

天津地处环渤海中心，海岸线153公里，海域面积3000平方公里。天津水产资源丰富，各种水产动物共有150多种，潮间带有丰富的贝类资源，天津的渔场有莱州湾、滦河口、辽东湾渔场，主要是对虾、小黄鱼、鱿鱼、鲫鱼、黄姑鱼、鲳鱼等的产卵和繁殖地。古黄河曾三次改道，在天津附近入海，3000年前在宁河区附近入海，西汉时期在黄骅县附近入海，北宋时在天津南郊入海。金朝时黄河南移，夺淮入海，天津海岸线固定。天津地区在商周时期即有人类居住，但作为城市则形成较晚。隋朝大运河的开通，使位于运河北部、兼有河海运输之便的天津地位日渐重要，运河与“五河尾闾”（今海河）在市区三岔河口交汇，天津便以“三会海口”名于史册。唐朝中叶以后，天津成为南方粮、绸北运的水陆码头。隋朝，修建京杭大运河后，在南运河和北运河的交汇处（今金刚桥三岔河口），史称三会海口，是天津最早的发祥地。清末时期，天津作为直隶总督的驻地，也成为李鸿章和袁世凯兴办洋务和发展北洋势力的主要基地。

天津传承着以“海韵盐魂”为主线的海洋渔盐文化。中国是世界海盐生产的第一大国，天津是中国海盐生产的发祥地之一。商周时期就出现了早期渔盐之业，五代后唐同光三年（925），幽州节度使赵德钧置芦台场，天津开始大规模盐业开发，是中国有史记载的最早的海盐盐场。先民利用此地为海积平原、蒸发量高、适宜晒制海盐的特点，改进制盐工艺，由“煎”改“晒”，大大推动了盐业发展。由于盐质优良，长芦盐数百年间被作为“贡盐”。1914年，中国近代化学工业奠基者范旭东创办久大精盐厂，生产出中国人自己制造的让普通国人都吃得起的精盐，结束了中国人几千年来食用粗盐的历史。海盐生产历史长达千年，有着丰厚文化底蕴，形成了一套完善的生产工艺。“晒盐技艺（长芦制盐技艺）”已成为天津市非物质文化遗产。

天津的海洋军事也是其城市特征，“中国近代史南看虎门，北看大沽”。1840年第一次鸦片战争爆发前，大沽口就因其畿辅京都的独特地理位置为西方列强所觊觎。明代大沽口开始设防，清代成为“海门要塞”，而后建起一道又一道海防工事和炮台群，史称大沽口炮台。大沽口销烟比林则徐虎门销烟早

7个月。1988年，大沽口炮台遗址被国务院正式确定为全国重点文物保护单位、爱国主义教育基地。

天津的海洋祈福历史悠久。滨海新区枕河傍海，得盐渔之利、舟楫之便，自汉代起就有了漕运。河流入海口为水陆要冲，仅在十余公里的海岸线上就有大沽口、北塘口两个天然河流入海口，成为中国北方历史上独特的河海漕运中心。沿海地区的居民以漕运和渔猎为生，出于对平安的渴望，派生出对妈祖、海神、盐母等海洋文化的民间信仰和崇拜。盐母三公庙、大沽海神庙、潮音寺、妈祖文化园等，皆是滨海新区海洋祈福文化的缩影。天津有着悠久的民俗历史与传统。明代及清初实行海禁，不许民间有船只出海捕鱼。渔民只能练习脚踩高跷，来增加徒步涉水捕鱼的深度，扩大捕捞范围。后来人们注入表演，加入服饰、舞蹈等设计，形成“北塘丰登乐会高跷”。清朝光绪年间，一项集民间音乐、舞蹈、武术为一体的综合性地方传统民俗艺术“汉沽飞镲”诞生。用于出海作业及庆渔业丰收、捕捞归来等活动的汉沽飞镲在2008年入选第二批国家非物质文化遗产名录。中华人民共和国成立至今，群众自发组织的飞镲队多次参与全国性汇演及比赛，在继承传统的基础上，不断赋予汉沽飞镲新的时代色彩。几百年来，评剧、版画、河头落子、大港剪纸、大沽龙灯等一系列优秀的民俗文化被不断挖掘，迸发出四季如春的生机与活力，凸显出一派百花齐放的繁荣景象[①]。

天津市形成了海洋城市特色鲜明的城市格局，形成了“双城双港、相向拓展、一轴两带、南北生态”发展布局，旅游业形成了“一带、三区、九组团”的空间规划布局。以滨海新区为重点，展现港口城市特色，成为最具天津形象的对外窗口。大力发展休闲购物、邮轮游艇旅游、通用航空旅游、房车露营旅游、商务会展等新兴业态。完善“城市休闲游、滨海休闲游、现代工业游、历史文化游、渔乡体验游、海上观光游、森林野趣游”等专项旅游产品；针对周边客源市场重点推出海鲜美食游、滨海休闲游和海洋文化游等产品。依托国家海洋博物馆、妈祖经贸文化园等，打造海洋文化旅游产品；依托航母主题公园、大沽口炮台、大沽船坞遗址等发展国防教育旅游产品；依托东疆湾沙滩、方特欢乐世界、海魔方、龙达生态园等发展休闲娱乐旅游产品；依

---

① 到天津滨海新区，来一场穿越古今的海洋文化之旅！［EB/OL］. http://www.bhwh.gov.cn/home/content/detail/id/11033.html.

托大飞机、直升机，船舶、游艇以及进口房车、通用飞机等优势，形成旅游装备产业集聚，支撑天津打造国际旅游装备产业基地目标。推进中国邮轮旅游发展实验区、东疆游艇基地、航母主题公园二期、中澳游艇城等项目建设，规划东疆二岛旅游功能布局，重点开发海上游艇、通用航空轻型飞机、直升机、水上飞机旅游项目。围绕海上旅游，做好休闲购物、滨海度假、主题娱乐、滨海运动等配套功能，打造邮轮游艇海上旅游组团。此外，以七里海古海岸与湿地资源为依托，在全面保护七里海湿地环境的基础上，突出古、野、绿、水、文的特点，以生态休闲功能为核心，配合蓟运河和潮白河滨水景观带发展，重点建设中国光年城国际文化旅游度假区、七里海牡蛎礁博物馆、齐心庄园等休闲旅游项目，打造以生态旅游为核心的旅游集群。以“海陆双向辐射”为发展模式，构建以邮轮母港旅游区和旅游装备产业基地为两大核心驱动，集聚邮轮游艇产业、旅游装备产业、滨海旅游度假产业、滨海娱乐产业、海洋文化休闲产业、海洋科技体验产业、国际会议会展产业、休闲购物产业的滨海旅游产业集聚区。依托雄厚的装备制造业基础，以中国旅游产业博览会等为平台，催生旅游装备全链条产业。依托国际邮轮母港，配套发展各种物品加工制造、物流配送、维修养护、人才供给；依托游艇产业，发展进口销售、码头建设、制造维修、游艇服务、俱乐部活动等；发挥航空航天及大飞机制造优势，发展通用航空产业，带动通用飞机进口销售维修、托管服务、驾驶培训、运营基地建设等低空产业链的形成。同时，发挥港口优势，成为进口房车集散地和国产房车制造基地。通过旅游装备发展，创新旅游新方式，推出旅游装备展示、销售和体验新产品。在邮轮母港现有基础上，整合资源，完善功能，创建我国最具特色的国际邮轮母港旅游区。依托邮轮母港，借鉴国际邮轮母港发展经验，创造“空海联运、港陆联动”交通模式；通过成立邮轮旅游公司，开辟热点航线，建立邮轮旅游销售中心，积极拓展邮轮旅游市场。邮轮母港作为始发地和旅游目的地，以邮轮旅游为核心，丰富国际购物、滨海娱乐、特色餐饮等业态，提供丰富滨海特色旅游产品；不断完善旅游服务功能，打造中国北方国际邮轮旅游中心和东疆旅游聚集区。

二、天津的海洋城市气质与魅力

天津是一座具有地标性的海洋城市，具有鲜明的海洋旅游城市气质和魅力。在海盐文化和海运文化上具有突出地位，明清时期天津海疆制盐技术已经比较成熟，民国时期产盐质量已成为全国最佳。元朝因京杭大运河一度淤塞，开辟了从南方到天津的北洋新航线，天津成为中国北方海洋漕运的发祥地，如今天津港年吞吐量世界第四。滨海航母主题公园是我国标志性的航母主题乐园，也是天津首个年收入突破亿元的单一景区、地标性海洋旅游景区。天津投资对最具历史文化价值的景区——大沽口“威”字炮台遗址进行修缮，并新建博物馆。国家海洋博物馆是我国首座国家级、综合性、公益性的海洋博物馆，成为海洋文化又一新地标。建成全国海洋意识教育基地，将全国性海洋文化、教育、科普活动优先安排在国家海洋博物馆举行，凸显了天津市在全国海洋事业发展中的地位①。

天津滨海旅游和海洋文化形象不断凸显，以滨海旅游区和东疆港区为核心，依托国家海洋博物馆、滨海航母主题公园、妈祖经贸文化园等打造国家海洋文化展示区；以极地海洋世界、东疆湾沙滩、北塘古镇、大沽口炮台遗址、大沽船坞遗址、中心渔港等为载体打造海洋文化旅游产品。推进邮轮母港旅游区、游艇俱乐部等高端旅游业及交通、餐饮、购物、休闲娱乐等配套服务设施建设，提升天津海洋旅游的知名度和承载力，成为一个具有天津浓郁特色的海洋旅游城市。

历经 600 多年发展，造就了天津中西合璧、古今兼容的独特海洋城市风貌，形成了独特的海河都会味道。天津市的城市气质和魅力，被概括为“天天乐道，津津有味”旅游形象口号，具体包括“四乐天津，五味津门”等内涵。“四乐天津”为曲艺相声逗乐、生态环境享乐、异国建筑游乐、乡土民情欢乐。“五味津门”为津派文化韵味、北国水都趣味、国门港城海味、国际都会洋味、特色餐饮美味。

天津自古因漕运而兴起，唐朝中叶以后成为南方粮、绸北运的水陆码头；金朝在直沽设“直沽寨”；元朝设“海津镇”，是军事重镇和漕粮转运中心；明永乐二年（1404）正式筑城，是中国古代唯一有确切建城时间记录的城市；清咸丰十年（1860）天津被辟为通商口岸后，西方列强纷纷在此设立租界，天津成为中国北方开放的前沿和近代中国洋务运动的基地。天津港是世界港口

① 海洋强市计划率先“落子”天津［EB/OL］. http://www.gov.cn/xinwen/2015-03/09/content_2830917.html.

十强之一，是中国北方唯一的2亿吨大港，陆域占地面积80平方公里，航道为10万吨级和15万吨级，其中15万吨级的航道正在建设中。天津港由海港和河港双港组成，是中国最大的人工港。天津拥有港口、油气、渔业、滩涂等多种海洋资源，已形成海洋渔业、海洋油气业、海洋盐业、海洋化工业、海洋生物医药业、海水利用业、海洋交通运输业、滨海旅游业、海洋工程装备制造业等门类相对齐全的海洋产业体系。天津南港工业区、临港经济区、天津港主体港区、塘沽海洋高新技术开发区、中新生态城五大海洋产业集聚区域初步建成，产业集聚效应进一步体现。

天津作为海上合作战略支点，是国际邮轮出入境口岸。天津港同世界上180多个国家和地区的600多个港口有贸易往来。随着邮轮游艇等高端滨海旅游业蓬勃发展，天津已经成为我国北方最大的国际邮轮出入境口岸，中西合璧的特色凸显[①]。天津的海洋科技创新能力显著，也是城市的另一特质。天津市塘沽海洋高新技术产业开发区作为全国唯一的国家级海洋高新技术开发区，被列为8个国家海洋高技术产业基地试点城市之一，重点发展海洋高端装备制造、海水利用、深海战略资源勘探开发和海洋高技术服务、海洋医药和生物制品等产业，海洋自主创新能力不断提高。拥有国家级和省部级海洋科研院所27家，国家级和省部级重点实验室54个，国家级工程（技术）研究中心33个，科技产业化基地24个，国家级和市级企业技术开发中心449个，博士后流动站、工作站229个。海洋工程、海水淡化、海洋环境监测、海洋油气开采、海上平台等技术都处于领先地位。天津打造以“山、河、海”为主、地方民情为辅的特色旅游[②]。以滨海新区为中心，周边拥有京津冀城市群和十多座百万人口以上的大型城市群。与韩国和日本隔海相望，处于快速崛起的亚太经济圈。

三、天津海洋旅游发展历程成就

2005年天津滨海主题公园建成，形成以航母主题公园为主力园区，以中心渔港、三河岛和东疆湾为边缘的发展格局。此后天津全力推进5A级景区创

① 孙瑞杰，羊志洪，刘佳，赵鹏.天津市海洋经济融入“一带一路”建设的战略思考［J］.海洋经济，2016，6（2）：34-39.

② 王莹.天津海洋新兴产业竞争力分析与产业链设计［D］.天津理工大学，2013.

建。2006年，依托世界第四大港天津港，滨海新区被纳入国家发展战略，成为国家重点支持开发开放的国家级新区。2014年，《天津海洋经济科学发展示范区规划》获批，天津成为继山东、浙江、广东、福建后，又一全国海洋经济发展试点地区。“十五”期间重点进行了海河综合开发改造、市中心都市观光区、滨海旅游区、西青民俗旅游区及蓟州山野名胜旅游区开发建设，打造了“渤海明珠、近代缩影”旅游形象。“十一五”期间，天津海洋旅游重点建设极地海洋世界、国际邮轮母港、方特欢乐世界、天山海世界、米立方等旅游项目。邮轮接待量从2010年的40艘次增加至2015年的96艘次，接待量从2010年的9.5万人次增至2015年的近50万人次，2013年成立中国邮轮旅游发展实验区，制定了《中国邮轮旅游发展实验区建设三年行动方案》，成功举办了四届中国邮轮产业发展大会，开通滨海新区低空飞行旅游线路。2016年以来，天津先后制定发布了《天津市国民经济和社会发展第十三个五年规划纲要》《天津市海洋经济和海洋事业发展“十三五”规划》《天津市建设海洋强市行动计划（2016—2020年）》。《天津市促进旅游业发展两年行动计划（2019—2020年）》提出，“加大海洋旅游开发，合理规划利用人工、自然海岸线，丰富东疆湾沙滩景区等亲海旅游项目。2018年天津市接待入境旅游者198.31万人次，其中外国人175.98万人次，入境旅游外汇收入11.1亿美元。接待国内游客2.27亿人次，比上年增长9.1%；国内旅游收入3840.89亿元，增长16.7%。天津市居民出国旅游89.75万人次，增长85.1%。2018年年末全市共有星级宾馆82家，A级及以上景区104个。构建沿海蓝色旅游走廊、海河都市观光带、中新天津生态城全域旅游示范区‘一廊一带一区’旅游空间布局，进一步做大‘海洋文章’，打造海洋旅游文化新地标[①]”。2019年5月1日，天津国家海洋博物馆首次开业，迎来天津海洋旅游发展新契机。

四、天津海洋旅游发展经验启示

一是大力发展邮轮游艇产业。天津不断巩固北方国际邮轮旅游中心地位，服务京津冀、辐射环渤海、面向中国北方，深入拓展邮轮旅游市场空间和提高

① 滨海新区着力打造海洋旅游文化新地标［EB/OL］. https://new.qq.com/omn/20200606/20200606A0G9EF00.html.

渗透率，增加邮轮旅游航线，不断完善邮轮旅游产品体系及邮轮母港配套服务功能，延伸邮轮旅游产业链，建立健全工作机制，不断提高管理和服务水平。增强天津邮轮旅游在国际上的知名度，强化在中国尤其是北方邮轮旅游市场的综合竞争能力。不断推进游艇产业发展，2013 年天津制定实施《天津市邮轮游艇产业发展“十二五”规划纲要》，出台《天津市游艇管理暂行办法》等规章政策，在免除强制引航、放宽游艇登记限制、放松短期入境游艇检验和登记限制等方面实现突破。天津从事游艇行业的企业超过 280 家，包括游艇修造、游艇销售、游艇俱乐部、游艇进出口等环节。游艇产业中重要环节也均在天津开始起步，游艇码头建设初见成效，已建成一批码头泊位，目前天津已经有几十家企业从事游艇俱乐部业务[①]。发挥国际邮轮母港优势，引进国际知名邮轮公司设立区域总部，培育壮大本土邮轮公司，拓展 21 世纪海上丝绸之路沿线市场。扩大邮轮增值服务，丰富邮轮旅游产品，逐步形成以邮轮经营为中心，邮轮旅游、商业休闲和文化娱乐为主业，相关金融、贸易、研发、培训、创意、会展等服务业为延伸的现代邮轮产业体系，打造中国北方国际邮轮旅游中心。依托中心渔港、东疆和海河中心商务区段，加强游艇泊位、码头、豪华游艇俱乐部等基础设施建设，重点推进中澳游艇城建设，加快推动游艇产业发展[②]。

二是打造航母战斗群旅游产品，彰显海洋旅游品牌。天津建设特色鲜明的海洋主题公园，推进航母主题公园、鲤鱼门海鲜美食街等基础设施建设。同时，开发“航母主题公园—大沽口炮台—北洋水师遗址”军事文化游、“国家海洋博物馆—中心渔港—北塘古镇”海洋历史文化游、“东疆湾沙滩—东疆港区邮轮母港—游艇俱乐部”高端特色旅游等一批精品线路。还将引入退役驱逐舰、护卫舰等配套舰艇，形成完整的航母战斗群旅游产品，开发海洋工业游、海上渔业游等其他新型海洋旅游产品。在海洋旅游配套服务设施上，推进游艇码头建设，配套建设游艇俱乐部以及游艇驾驶、保养维护等服务设施。推进东疆港区邮轮母港陆上配套和综合服务设施建设。新建一批星级酒店、特色餐饮酒店和配套商业设施，提高旅游接待能力和旅游服务水平。此外还将以国家海

① http://www.iic21.com/21sczl/index.php?m=Home&c=Articles&a=showart&artid=317275.

② 生态城挖掘海岸资源　打造京津冀海洋旅游目的地［EB/OL］. https://tj.focus.cn/zixun/4114a3f7803b3f69.html.

洋博物馆为依托，建设海洋文化产业集聚区域[①]。

三是突出产业特色、发展海洋装备产业。持续推进召开邮轮产业发展大会，组织国际国内邮轮公司、邮轮港口城市与旅游目的地的相关旅游企业等参与大会，举办行业政策论坛、行业领导者论坛、邮轮管理与发展论坛，搭建市场、政策、管理、服务交流平台，促进邮轮旅游发展。持续召开中国旅游产业博览会，坚持“旅游产业的盛会、合作共赢的舞台”主题，推进旅游装备制造业发展。国家赋予天津“一基地三区”功能定位，作为全国海洋经济发展试点地区、海洋经济创新发展示范城市、海洋经济发展示范区，天津海洋装备产业在高端集聚、各类要素融汇对接、新动能培育壮大等方面具有广阔发展空间[②]。

四是整体塑造天津滨海旅游品牌。以中新天津生态城为依托，深度挖掘和开发滨海旅游资源，打造滨海旅游产业集聚区，开发特色旅游项目，优化滨海旅游产品结构，加快塑造天津滨海旅游品牌，壮大产业整体规模，使天津市海洋旅游发展走在全国前列[③]。重点建设国家海洋博物馆，加大宣传力度，将国家海洋博物馆打造成国内外知名的海洋文化展示交流平台以及新时期天津的文化地标和城市名片，基本实现成为集收藏保护、展示教育、科学研究、交流传播、旅游观光等功能于一体的国家爱国主义教育基地的建设目标。建设航母海上军事文化体验区工程（天津滨海新区航母主题公园）。以基辅号航母为核心，构建“航母编队”，拓展航母北岛海军训练基地和南岛娱乐休闲区，打造集航母舰队观光、军事活动体验、军事拓展训练、大型实景演出、海岛娱乐休闲等功能为一体的品质独特的世界级航母海上军事文化体验区。构建出“海、陆、空”立体化旅游大格局，实现“食、住、行、游、购、娱”六要素的联动发展。完善“滨海休闲游、现代工业游、历史文化游、渔乡体验游、新区观光游”等专项旅游产品，重点推进亿利生态旅游岛、海河口游艇旅游区、妈祖文化经贸园、东疆湾沙滩景区等旅游项目的建设与完善，打造特色滨海休闲旅游区。完善宾馆、饭店、停车场等基础设施，提高旅行社、景区等的咨询服务和

---

① http://district.ce.cn/newarea/roll/201312/24/t20131224_1985521.shtml.

② http://district.ce.cn/newarea/roll/202008/10/t20200810_35489620.shtml.

③ 本市建设海洋强市行动计划的政策解读［EB/OL］. http://www.tj.gov.cn/zwgk/szfgb/qk/2017/6_3382/202005/t20200520_2476298.html.

团队服务质量，开辟旅游专线，大力提升滨海旅游配套服务能力。

五是持续推进环渤海、东北亚、“一带一路”旅游合作。依托港口优势，推进港口合作，实施航线串联，联合北方十省市与东北亚城市建立合作关系，共推国际游线，加强东北亚区域邮轮旅游合作。借助“中蒙俄经济走廊”“海上丝绸之路国际旅游港”，以邮轮度假为突破，带动出入境旅游及滨海旅游跨越式发展，使旅游成为互联互通的先行者、经济发展新引擎、多元融合的软纽带。深化与“一带一路”沿线国家、蒙俄、欧洲、北美、中国港澳台、东南亚等地区旅游交流与合作。推进互免签证，陆上完善边境旅游通道，实施区域旅游签证便利化，以俄罗斯、蒙古国等为重点，简化边防边检、旅游签证等手续，适时推进免签政策的实施；海上进一步改善旅游口岸和港口通关设施条件，加快邮轮过境游客通关便利化政策的实施，拓展邮轮入境旅游市场，将天津邮轮母港打造成为国际旅游港口。推进旅游直通、带动入境，海上依托邮轮母港，针对海丝主要国家和城市节点，增加邮轮航线；空中完善日韩、东南亚方向的航线网络，争取开通至欧美方向的航线航班，增加国际航线航班数量，带动入境旅游、商务旅游发展。推进离境退税、购物突破，发挥机场和邮轮母港离境口岸的作用，增加外国游客“退税商店”，扩大离境退税范围，促进入境旅游经济的发展；购物过程中增加国际购物商品种类、带动国际休闲购物的发展。

第九节　江门市海洋旅游发展模式案例

江门别称“五邑”，位于广东省中南部，珠江西岸。因地处西江与其支流蓬江的汇合处，江南的烟墩山和江北的蓬莱山对峙如门，故名“江门”。市辖蓬江、江海、新会 3 个辖区，以及台山、开平、恩平、鹤山 4 个县级市，是我国著名侨乡。全市总面积 9505 平方公里，占广东省陆地总面积的 5.3%，珠江三角洲的 1/4，全市总人口 454.4 万。是珠江三角洲西部门户城市之一。其独具特色的海洋文化，悠久的历史和深厚的文化底蕴，是研究海洋旅游发展的典型案例。

一、江门市的海洋城市特征

江门被誉为“中国第一侨乡”，拥有中国首个华侨文化世界遗产项目、广东省首个世界文化遗产——“开平碉楼与村落”，拥有一项世界记忆遗产——“侨批档案”（五邑银信），是联合国世界旅游组织第 9 个旅游可持续发展中国观测点。江门作为海上丝绸之路的重要节点城市，成功入选国家海丝申遗预备名录。众多世界级旅游资源为江门打造世界知名、国内一流的国际特色旅游目的地奠定了基础。

江门市位于广东省中南部、珠江三角洲西翼，是珠江三角洲西部的门户城市之一，也是粤港澳大湾区重要节点城市。江门市拥有丰富的海岛、港湾、滩涂、旅游、渔业、海洋能等资源，组合优势十分明显。领海基线以内海域面积 2886 平方公里；大陆海岸线 414.8 公里，约占全省的 1/10；海岛岸线 400 公里，约占全省的 1/7；共有海岛 561 个，数量位居全省第二，其中，大于 500 平方米的海岛 130 个，海岛总面积 249.9 平方公里；水深小于 5 米的浅海滩涂面积约 140 平方公里，具有优质的土地后备资源，发展空间较广；广海湾、银洲湖和川岛等海域具备建设深水良港的条件，黄茅海是西江黄金水道的出海通道。全市沿海区域可供旅游开发利用的优质沙滩 20 多处，约 64 公里。海洋生物资源丰富，是多种经济鱼、虾、蟹、贝、藻类的繁育场①。江门市除了拥有广阔丰富的海洋资源，还有碉楼、温泉、生态三大品牌资源。江门市 3000 多座碉楼星罗棋布于广阔的乡间，碉楼与村落错落有致，建筑与田园交相辉映。其中，开平碉楼与村落作为华侨文化的杰出代表，现存 1833 座，2007 年列入世界文化遗产名录，被誉为“令人震撼的建筑艺术长廊”“世界最美的乡村”，具有极高的文化和旅游价值。江门地热资源分布广、流量大、水质好、环境美，古兜温泉、富丽湾温泉、康桥温泉、颐和温泉、喜运来温泉、金山温泉、锦江温泉、帝都温泉、山泉湾温泉、温泉乐园、恒大泉都 11 大温泉遐迩闻名，其中恩平市有全国唯一的地热国家地质公园和六大温泉，日流总量达 21000 立方米，浴区可同时接待 21500 人，是广东省地热资源最丰富、日接待游客能力最强的地区之一。江门是国家园林城市、国家森林城市，滨江临海，山环水

① 粤智联 . 聚焦海洋经济发展新引擎——2013 年第二期广东智库论坛综述［J］. 新经济，2017（7）：44-45.

绕，生态保护完好，有圭峰山森林公园、北峰山森林公园2个国家级森林公园和潜龙湾森林公园、河排森林公园、大雁山森林公园3个省级森林公园，有古兜山自然保护区、上川岛猕猴自然保护区、七星坑自然保护区、大襟岛中华白海豚自然保护区4个省级自然保护区，是珠三角地区最大的一片绿洲。新会小鸟天堂独木成林，因巴金《鸟的天堂》闻名全国。

江门作为中国第一侨乡，有"中国第一侨乡"的美誉，是著名的"中国侨都"。分布在世界107个国家和地区的海外华侨多达400多万（其中海外华侨华人有250万人，港澳台同胞有153万人），约占全国海外同胞的十分之一，前美国驻华大使骆家辉、美国首位华裔女议员赵美心、加拿大首位华裔总督伍冰枝、澳门特首崔世安，港澳一线明星梁朝伟、刘德华、甄子丹、谭咏麟、曾志伟等祖籍都是江门。江门先后与美国河滨市、美莎市、密尔布瑞市，澳大利亚阿拉腊市4个海外城市缔结为友好城市，发展友好交流对象城市有十多个，遍布7个国家和地区，从江门的建筑、饮食、服饰、风俗习惯，随处可见中西交融、侨乡文化的痕迹，使得江门的旅游资源具有浓厚的中西合璧的侨乡文化特色。江门的海洋产业发展强劲，发展势头良好。

江门各市（区）旅游资源各具特色，全域化分布。新会区以小鸟天堂、圭峰山国家森林公园、梁启超故居、宋元崖门古战场等为代表的旅游资源价值极高；蓬江区以华侨华人博物馆、江门华侨历史文化街区、陈白沙纪念馆、陈垣故居等名人故居、宗祠等为代表的历史文化积淀深厚；江海区以陈少白故居、外海五大祠、茶庵公园等为代表的旅游景区（点）极具特色；台山市旅游资源类型最为丰富，以川山群岛、台山海丝考古遗址公园、海口埠南粤古驿道文化、康桥温泉、富丽湾温泉、神灶温泉，以及梅家大院、斗山镇等骑楼、碉楼类为代表的旅游资源极为丰富；开平市则拥有以世界文化遗产"开平碉楼与村落"为代表的中西合璧文化，以赤坎古镇为主体的古镇文化旅游项目正在崛起；恩平市作为"地热国家地质公园"，拥有以佳源帝都温泉、锦江温泉等为代表的温泉资源；鹤山市以古劳水乡、梁赞故居等人文资源为主，市区及周边形成围绕大雁山的生态休闲资源集聚区。

江门旅游资源类型丰富、品级较高、互补性强，资源禀赋评分位居广东省第二。按照《旅游资源分类、调查与评价》（GB/T 18972—2017）国家标准统计，江门市代表性旅游资源（含资源组合）205个，涵盖国家标准中的全部8

个主类，19 个亚类。江门目前拥有国家 4A 级旅游景区 10 家、3A 级景区 3 家、2A 级景区 1 家、国家级森林公园 2 家、1 处地热国家地质公园。拥有广东第一个世界文化遗产“开平碉楼与村落”、广东第一大岛“台山上（下）川岛”、全国唯一地热国家地质公园“恩平地热国家地质公园”，丰富多元的旅游资源组合使江门有条件建成复合型的国际特色旅游目的地。

二、江门的海洋城市气质与魅力

江门作为广东省唯一一个入选“中国国际特色旅游目的地”的创建城市，是一座极具国际吸引力和品牌影响力的国际性城市。江门在世界上拥有广泛的华侨影响力，其中祖籍江门的海外华侨、华人、港澳台同胞近 400 万人，遍布世界 107 个国家和地区，有“海内海外两江门”之称。中西合璧的华侨文化、通江达海的交通区位、文化底蕴深厚的岭南文化，以“开平碉楼与村落”为代表的世界文化遗产，以“陈白沙”为代表的岭南心学大家，以中国电影的开拓者“黎伟民”、中国第一位电影皇后“胡蝶”等为代表的电影人物，以“刘德华”“周润发”“梁朝伟”等为代表的国际巨星，以“蔡李佛拳”“咏春拳”为代表的武术享誉海内外，使游客能够通过江门了解世界建筑和文化，也使江门成为国外游客了解中国华侨文化、岭南文化、电影文化、武术文化等文化类型的重要地区。江门市拥有丰富的海岛、港湾、滩涂等资源。大陆海岸线 420 公里，约占全省的 1/10；海岛岸线 400 公里，约占全省的 1/7；共有海岛 561 个，数量位居全省第二，海岛总面积 249.9 平方公里。此外，江门处于我国传统西洋航线之上，众多文化遗存成为江门海上丝绸之路文化的历史见证。其中方济各·沙勿略墓园—大洲湾遗址已成功入选我国 2018 年世界文化遗产申报推荐项目“海上丝绸之路：中国史迹”首批申遗遗产点名单。

江门具有中国第一侨乡中西合璧的独特气质，江门是无数海外华人的梦里老家，是中国连通世界的“侨乡”，是中国东西方文化交融最彰显的城市。“侨乡”又谐音“桥乡”，意味江门不仅是中国侨乡还起着东西方文化交流之桥的作用，连通世界荟萃东西方之精彩，“侨乡江门”是江门城市的首要底色。“珠联壁合”既反映了江门兼容并包的城市特性，又隐喻江门旅游珍珠串联、含珠待放，此外还体现了江门的城市地理属性，反映出江门是组成珠三角的重要城市[①]。华侨华人是东西方文化交流的见证者和传播者，开平碉楼更是东西方建筑艺术的完美结合，江门作为第一侨乡无一处不体现着东西文化的珠联璧合；江门通江达海、山林隐逸、林籁泉韵、田园阡陌，集“山、海、林、江、泉、村”为一体；江门拥有亚热带原始次生林七星坑、中国温泉之乡恩平、广东最迷人的海岛度假区川岛，此外还有着广东唯一的世界文化遗产开平碉楼与村落，宋元古战场崖山，是自然风光与人文风情的珠联璧合的最佳体现地；江门自古人杰地灵，有心学大师陈白沙、维新改革家梁启超、爱国科学家冯如等大家，还有红线女、刘德华、周润发等娱乐明星，是思想大家与文艺明星珠联璧合的故乡；背靠珠三角，作为珠西交通枢纽的江门，自古就是粤西和珠西珠联璧合的联动地。江门可以概括为八个“珠联璧合”：东西方文化珠联璧合、山海林泉珠联璧合、自然与人文珠联璧合、历史与时尚珠联璧合、思想大家与娱乐明星珠联璧合、粤西与珠西珠联璧合、美丽乡村与特色城市珠联璧合、城市内在文化性格与外在城市风貌的珠联璧合。

处于美丽富饶的珠三角，充满创新活力的大湾区西岸，江门是江海相汇、山海相融、风景迷人的滨海城市，更是最融东西魅力、汇世界精彩的旅游胜地。这里侨胞云集，东西交融。江门旧称五邑，拥有港澳台同胞及海外华人、华侨 400 多万人，约占全国华人华侨总数的十分之一。开平碉楼更是广府文化和欧美文化交融的最佳体现，是穿越中国，收藏世界的见证。这里风景旖旎，是魅力海岸。江门拥有大小海岛 561 个，银湖湾、广海湾等多个天然海湾，420 公里的魅力海岸线将山海紧紧相连，令人向往。这里温泉遍布，是度假天堂。江门地热资源分布广、流量大、水质好、环境美，古兜温泉、锦江温泉、佳源帝都温泉等温泉闻名遐迩，其中恩平有全国唯一国家地热地质公园和六大温泉集群，是中国温泉之乡。西控江口，南守大海，东临群山，北达广府。江门东西交融，珠联璧合。江门旅游，荟萃世界精华！

三、江门海洋旅游发展历程成就

江门滨海旅游开发起步较早，川岛是广东最早发展滨海旅游的地方，1984 年开发旅游，1992 年成为广东省滨海旅游开发试验区。依托丰富的滨海旅游

---

① 江门市国际特色旅游目的地全域旅游发展规划（2019—2030）（征求意见稿）[EB/OL]. http://www.jiangmen.gov.cn/newzwgk/ghjh/content/post_1771279.html.

资源和靠近珠三角客源市场的特点，以及休闲旅游方式的兴起，江门滨海旅游发展迅速[①]。2017—2019年，江门全年接待国内外游客分别为5724.37万人次、6493.10万人次、7674万人次，同比增长率分别为13.74%、13.43%、18.2%；旅游总收入分别为492.53亿元、587.48亿元、690.52亿元，同比增长率分别为20.1%、19.3%、17.5%。其中，滨海景区仍是江门人气最旺的旅游景点。江门先后获得“中国优秀旅游城市”“中国温泉之乡”“2011年度中国旅游竞争力百强城市”等称号，拥有1处世界文化遗产、1项世界记忆遗产、8处国家4A级旅游景区、2座国家森林公园、2处国家重点文物保护单位、1处地热国家地质公园，开平和台山被评为全省县域旅游综合竞争力十强县市。江门市已初步树立了碉楼、温泉、海岛、生态四大旅游品牌形象。开平碉楼与村落是广东省首处、亦是唯一世界文化遗产，其集防卫、居住于一体，多建于20世纪二三十年代，是华侨和乡村民众主动接受国外先进文化的见证，这些多层塔楼式乡土建筑，已成为江门旅游最广为人知的代表。古兜控股成为中国温泉概念第一股。

为贯彻广东省建设海洋经济强省的部署，江门积极谋划广东（江门）大广海湾经济区建设，2013年12月31日，《广东江门大广海湾经济区发展总体规划（2013—2030）》经省政府常务会议审议通过，规划面积达3240平方公里，是全省面积最大的省级新区，并被赋予“全省海洋经济发展的新引擎、珠三角实现大跨越发展的新增长极、珠三角辐射粤西和大西南的枢纽型节点、珠江西岸粤港澳合作重大平台、传承华侨文化的生态宜居湾区”五大定位。2016年3月，《国务院关于泛珠三角区域合作的指导意见》提出“支持广东与澳门共建江门大广海湾经济区”，标志着大广海湾上升为国家级战略平台。打造滨海旅游业，全市旅游收入已经突破500亿元，连续五年增长超过20%。海岛、碉楼、温泉三大旅游品牌进一步打响，引进赤坎古镇项目、地中海俱乐部等重大旅游项目[②]。加快推动江门与“21世纪海上丝绸之路”沿线国家和地区的文旅合作，打造“海上丝绸之路”的国际滨海旅游休闲节点。加强与广州、厦门、海口、三亚、上海等“海上丝绸之路经济带”沿线城市的旅游合作力度，面向海外联合营销，打造海上丝绸之路精品旅游线路。加大与厦门鼓浪屿、澳门历

① 白露．江门滨海旅游产业发展研究［J］．当代旅游（高尔夫旅行），2017（11）：20–21.

② 刘毅．江门市沿海经济带现状及重点发展方向［J］．广东经济，2017（7）：6–9.

史街区等国内世界文化遗产地的联合营销力度，以开平碉楼与村落世界文化遗产、川岛海上丝绸之路遗迹等为核心，共建海洋文化旅游精品线路。强化与丝绸之路沿线目的地合作，特别是与新加坡、新山、槟城、马尼拉、吉隆坡、泗水、雅加达等华人华侨集聚城市。联合推出“下南洋”旅游精品线路，推出针对研学旅游、婚庆婚恋旅游、海洋旅游、商务旅游、探亲旅游等专项市场的旅游精品线路。加强与国际世界遗产地的合作，如联合果阿的教堂和修道院、澳门历史街区、印度尼西亚巴厘岛文化景观、葡萄牙亚速尔群岛英雄港中心区、佛得角老城等世界文化遗产地共同推出“麦哲伦、郑和”发现世界环球旅游精品线路。

江门2018年实现旅游收入587.48亿元，同比增长19.28%，接待旅游者数量达到6493.10万人次，同比增长13.43%，其中，接待过夜游客达到2722.72万人次，同比增长20.53%，旅游业增加值占全市GDP比重9.1%。其中，国际游客677.2万人次，增长12.27 %；国内游客5896万人次，增长15.13 %。旅行社组织境内游62.6万人次，增长3.4%；组织出境游16.63万人次，增长2.34%。江门市旅游客源地逐渐从传统的珠三角地区向湖南、湖北、四川、重庆以及京津、长三角和东北地区扩展，海外市场也从港澳台地区延伸到日本、韩国、美国、加拿大、俄罗斯等国家和地区。旅游业已成为江门增长最快、最有活力的战略性支柱产业和引领第三产业发展的综合性产业之一。

四、江门海洋旅游发展经验启示

江门建设国际特色旅游目的地，需要坚持“全球视野、国际眼光、中国标准、江门特色”进行高点定位，依托碉楼与村落世界文化遗产、“侨批档案”世界记忆遗产等高等级旅游资源，走一条符合江门自身实际的做透“侨”、放大“海”、传承“文”、做亮“城”、激活“人”、提升“泉（水）”、用好“山（林）”、突破“村（镇）”、融好“业”、美化“路”、保育“生”、优化“服”、改革“治”的全域化发展之路，做特“中国侨乡国际特色旅游目的地”、争创全国首个“华侨文化保护传承创新体验区”；立足江门生态环境及交通区位优势，打响“粤港澳优质休闲生活第一湾区”（“粤港澳第一休闲康养湾区”）品牌，加快树立和巩固“大湾区西翼旅游交通枢纽城市”的发展定位。

一是做透“侨”。打好中国第一侨乡品牌，用好开平碉楼与村落世界遗产打造国家5A级景区，建设引爆赤坎古镇，整合五邑华侨华人博物馆与周边景区，重点推进五邑华侨华人博物馆升级改造工作，建设国家一级华侨华人博物馆，策划华侨文化主题演艺活动，策划和放大华侨大会和嘉年华节事效应，打造华侨文化创业园（基地），推出一批体验侨乡特色的民宿，打造华侨研学旅游基地，建设一批华侨康养基地，打造处处充满侨文化氛围的特色旅游城市等工程。打造“岭南文化旅游名城”为总体发展定位，突出“侨乡文化窗口”形象。

二是放大“海”。突出海洋城市特色，向海发展，以大广海湾等为载体，突出滨海旅游城市特色，整合打造大湾区休闲旅游第一湾。彰显海岛特色，打造好上下川岛，创建国家级旅游度假区，打造大湾区旅游度假第一岛。突出海上丝绸之路申报世界遗产、崖门文化等特色，凸显江门海丝旅游城市、海洋文化地标城市。培育海洋旅游新业态，打造大湾区游艇旅游示范区（基地）、打造特色海岸、海洋文化旅游节（生猛海鲜旅游节等）、打造山盟海誓婚恋旅游基地（浪琴湾婚纱摄影基地）、推出海上游江门游艇线路，积极申请纳入省“游艇自由行”试点城市、打造沿海风景廊道、打造川岛海岛风情小镇等。

三是传承“文”、激活“人”。突出文化特色，争创全国第一个“侨乡文化生态保护实验区”（华侨文化），争创世界文化遗产（海上丝绸之路遗迹），突出江门美食文化特色，突出白沙文化、冯如故里—航空文化、崖山文化、舞蹈文化、武术文化等，做足名人文化文章，完善提升梁启超故居、陈白沙纪念馆（陈献章）、陈垣故居、陈少白故居、航空产业基地（冯如）、五邑华侨华人博物馆（五邑华侨华人）、新会劳动大学（周恩来视察过的地方）、戴爱莲故居、司徒美堂故居、李铁夫美术馆、红线女纪念馆（粤剧），以及周文雍、陈铁军等名人。以陈白沙、梁启超为代表，以“岭南心学第一山”彰显江门文化地位。

四是彰显“泉（水）”。江门全面提升温泉旅游，整体打造“温泉之都”品牌，恩平整合温泉群打造国家级旅游度假区和康养旅游基地，将古兜温泉打造为温泉小镇和一站式度假综合体，加快推进恩平佳源帝都温泉旅游项目建设，加快恩平泉林黄金小镇项目建设，加快鹤山古劳水乡文旅项目建设进程，完善提升寻皇旅游区和凤凰峡原生态旅游区漂流等项目，持续打造“中国温泉生态养生度假首选地”。

五是做亮“城”、带动“乡”，全域化推进。立足江门资源特点和优势，打造“侨都文化城”“湾区滨海城”“海丝新名城”“岭南儒风城”“五邑美食城”“湾区枢纽城”“江海不夜城”“研学会奖城”“康养度假城”等特色旅游城市。打造“三区并进、一圈引领、五带支撑、五廊联动、多点突破”的江门全域化发展空间格局，形成江门全域旅游发展的点、线、面、网、链相结合的空间体系。三区并进：都市核心区、大广海湾区、生态发展区。一圈引领：台开恩世遗文化旅游圈。五带支撑：蓝色滨海旅游产业带、五邑文化休闲旅游带、特色温泉旅游发展带、绿色山地生态旅游带、城旅产业融合发展带。五廊联动：沿海风景走廊、文化名人走廊、山海风景廊道、历史文化走廊、产业融合廊道。多点突破：五邑华侨华人博物馆升级改造项目、招商引资新濠国际电竞项目，开平赤坎古镇华侨文化展示旅游项目、台山下川岛顺峰集团高端旅游项目、鹤山古劳水乡文旅项目、恩平佳源帝都温泉旅游项目、台山盘皇岛国际旅游度假区项目、台山北陡月亮湾滨海旅游项目等大型旅游项目实现快速突破[①]。

① 江门市国际特色旅游目的地全域旅游发展规划（2019—2030）（征求意见稿）[EB/OL]. http://www.jiangmen.gov.cn/newzwgk/ghjh/content/post_1771279.html.

第五章 中国海洋旅游新业态发展模式

中国海洋旅游的快速发展，还体现在邮轮、游艇、海洋主题公园、海上运动等各类海洋旅游新业态快速发展和创新突破，海岛度假、邮轮旅游、海洋运动旅游、海洋文化旅游等新型旅游产品正引领当前及未来旅游市场需求，我国海洋旅游产业链也将更加成熟。研究海洋旅游发展的中国模式，也需要分别对这些海洋旅游新业态进行梳理。

第一节　中国邮轮旅游发展

邮轮旅游是一种涉及面广、产业链长、带动性强的海洋旅游新业态，中国正在成为全球邮轮旅游增长最快、规模最大的市场，发展潜力巨大，根据交通运输部等制定的关于促进我国邮轮经济发展的若干意见，到 2035 年我国邮轮年运输量预计达到 1400 万人次。①

一、中国邮轮旅游基本概述

邮轮旅游以邮轮母港为依托，以航线和邮轮访问港为运行支撑，以海陆结合式的旅游产品和高品位服务作为其收益的主要来源。传统的国际旅游，游客

① 我国邮轮旅客运输量连续 10 年保持 40% 以上增长［EB/OL］.http://www.xinhuanet.com/fortune/2018-09/27/c_1123493112.htm.

总是拎着行李从一个景点赶到另一个景点奔波。而邮轮是一个“移动着的度假村”，可以将行李放在邮轮客房里，到达目的地港口后轻松下船观光。邮轮旅游的海上活动通常包括船上休闲娱乐、文化活动、健身食宿等内容。邮轮在航线上设置若干停靠港口供游客登岸游览，靠泊港口城市后，游客和船员可依照自己喜好选择登岸游览，或参加邮轮或者岸上旅游运营商提供的包价旅行团。对于岸上旅游景点而言，邮轮是运送乘客的一种交通工具，岸上旅游目的地向邮轮乘客提供的服务与向一般游客提供的服务相同，包括观光、餐饮、购物、游客集疏运等。邮轮旅游产品是满足旅游者在旅游活动过程中精神、文化、生活需求的物质实体和非物质形态的服务的各种要素的组合，它由邮轮公司提供，以邮轮为载体，并且以邮轮本身和邮轮线路为典型和传统的市场表现形式①。目前，我国邮轮旅游主要的航线有中日韩航线、港台航线和东南亚航线，邮轮主要有歌诗达邮轮、皇家加勒比邮轮、公主邮轮和天海、渤海轮渡等邮轮公司的邮轮。

（一）邮轮

邮轮（Cruise Ship）原是指海洋上定线、定期航行的大型客运轮船（Shipping-liner），早期还负责运载两地间的邮件，因为“邮”字与邮政事业有关，于是被称为邮轮。邮轮的原意是指海洋上定线、定期航行的大型客运轮船，而随着邮轮旅游的不断发展，邮轮的概念范畴也在不断扩大，内河湖泊的游船、游艇也归入了邮轮旅游的范畴。一般海上的称为“邮轮”，江河中航行的客轮称为“邮轮”，小型客轮则称为“游船”。随着航空技术和旅游业的发展，原本意义上作为客运或邮政运输的邮轮渐渐退出历史，取而代之的是定位完全不同的豪华邮轮，其配备有齐全的生活、娱乐、休闲与度假等各类设施。

邮轮是一种“漂浮的酒店”，是漂浮在海上的“超五星级宾馆”，被称为“无目的地的目的地”和“海上流动度假村”，邮轮不仅仅是一种运送旅客海上游览的交通工具，更是一种海洋休闲度假的综合服务平台。邮轮和其他休闲旅游业的本质区别在于邮轮既是一种交通方式，又是一个旅游目的地。旅客巡游的经历不仅仅包括巡游本身，很大程度上还体现为欣赏国内外停靠港景色，

① 郑慧．基于中国旅游者需求的邮轮旅游产品开发对策研究［D］．中国海洋大学，2009.

享受船上精美住宿、膳食服务，体验船上豪华休闲娱乐设施，参加丰富多彩的海岸远足游览等[①]。

表 5-1　在中国大陆和港澳开通的主要邮轮

邮轮公司	邮轮	总吨位（吨）	标准载客量（人）	市场布局
皇家加勒比	海洋量子号	16.78	4180	上海
	海洋赞礼号	16.78	4180	天津、香港
	海洋航行者号	13.8	3284	深圳、香港
地中海邮轮	辉煌号	13.8	3274	上海
歌诗达邮轮	赛琳娜号	11.45	3780	上海
	大西洋号	8.56	2680	上海、深圳
	幸运号	10.3	3470	青岛、大连
丽星邮轮	处女星号	7.53	1804	上海、深圳、青岛
	双子星号	5.07	1532	厦门、青岛、海口
	宝瓶星号	5.13	1511	青岛
天海邮轮	新世纪号	7.24	1814	上海、厦门、深圳
诺唯真邮轮	喜悦号	16.77	3850	上海、天津
公主邮轮	盛世公主号	14.3	3560	上海
钻石邮轮	辉煌号	2.45	1200	海口、连云港
渤海邮轮	中华泰山号	2.45	1200	三亚、大连
星梦邮轮	世界梦号	15.13	3352	广州、香港

（二）邮轮港口

邮轮港口一般有以下特点：港区接近城市中心，水深和航道条件良好，岸线较长；全年停靠泊邮轮数量和游客流量较大；周边配套的旅游资源丰富，著名景点较多；陆、空交通便利；码头附近拥有高标准的大型购物、餐饮场所与宾馆酒店；具有符合国际法规和惯例的出入关和口岸管理程序；拥有现代化的码头设施及可持续发展的条件。

① 孙晓东，冯学钢. 中国邮轮旅游产业：研究现状与展望［J］. 旅游学刊，2012，27（2）：101-112.

邮轮访问港以挂靠航线为主的邮轮港口，应具备邮轮停泊、旅客和船员上下船等基本功能。访问港一般分布在旅游资源丰富的城市或岛屿。邮轮在停靠港的停靠时间较长，一般停靠4~8小时，不仅供乘客上岸观光，还进行一定的补给、补充和废料处置；小码头仅供乘客上岸观光，作较短停靠，在该类型码头的停靠时间一般少于4小时，基本上不增加补给，也很少有乘客辞别邮轮或新增加乘客[①]。

邮轮始发港以始发航线为主，兼顾挂靠的邮轮港口。除访问港基本功能外，始发港应具备邮轮补给、垃圾污水处理，旅客通关、行李托送、旅游服务、船员服务等功能。始发港多分布在腹地人口稠密、经济发展水平较高、旅游资源丰富、交通便捷的港口城市。[②]

邮轮母港是邮轮停靠时间最久的港口，为邮轮提供需求补给、维修保护，也是最大的游客集散地。是邮轮旅客规模更大、服务功能较多和城市邮轮相关产业集聚度较高的始发港，是邮轮公司的运营基地，除始发港基本功能外还应具备邮轮维修保养、邮轮公司运营管理等功能。是发展到一定阶段的产物，是建设邮轮大国的重要载体。通常由邮轮公司根据市场需求、城市依托条件和企业经营战略来确定。

我国目前使用的邮轮港口共15家，其中邮轮专用码头8家。邮轮专业码头主要包括上海吴淞口国际邮轮港、天津国际邮轮母港、上海港国际客运中心、青岛邮轮母港、深圳招商蛇口国际邮轮母港、三亚凤凰岛国际邮轮港、舟山群岛国际邮轮港、厦门国际邮轮中心8家，有通过将货运码头改造的大连港、广州国际邮轮港、温州国际邮轮港、防城港港、烟台港、秀英港、北海港7家港口，未来还要继续规划建设大连国际邮轮母港、广州南沙邮轮母港、北海国际邮轮港、海口南海明珠国际邮轮港、厦门国际邮轮母港等多家新型专业邮轮港口，宁波、秦皇岛计划兴建国际邮轮港，并且大多以母港为发展定位。邮轮本身是旅游目的地，但是上岸既可以提高旅游附加值，也可以调节游客海上生活，邮轮停靠港口构成了邮轮产业中的重要节点。特别对于邮轮母港而言，邮轮游客在正式的邮轮旅游开始前和结束后在母港城市的游览没有严格时间限制，游客在母港城市住宿概率较大。

① 余科辉，刘志强．世界邮轮旅游目的地与邮轮母港研究［J］．商业经济，2007（7）：94-95.

② 全国沿海邮轮港口布局规划方案。

专栏 5-1　中国主要邮轮港情况

1. 上海吴淞口国际邮轮港。位于上海吴淞口长江岸线水域，码头水域规划岸线总长 1500 米，一期岸线长度 774 米，建有 2 个大型邮轮泊位，同时可靠泊 1 艘 10 万吨级邮轮和 1 艘 20 万吨级邮轮。2008 年 12 月 20 日开工建设，2010 年 4 月 27 日成功试靠 11.6 万吨“钻石公主”号，2011 年 10 月正式开港试运营，2012 年接靠大型邮轮 62 艘次，2013 年接靠 127 艘次，2014 年接靠 217 艘次，2015 年接靠 283 艘次，2016 年已达 500 艘次。已成为亚太地区最繁忙的国际邮轮母港，超越纽约成为世界八大邮轮母港之一。

2. 上海港国际客运中心。位于黄浦江西岸，靠近外滩，拥有 880 米长的黄金沿江岸线。国际客运码头面积约 20000 平方米，水深 9~13 米，可以同时停靠 3 艘豪华邮轮，年通过能力达到 100 万人次。主要设施布置于近 5 万平方米绿地下面，地上部分为一个“漂浮”在绿化带上的不规则玻璃球体。2019 年以上海为母港的主要运营航线目的地包括日本九州福冈和长崎、富士山、鹿儿岛、神户、宫古岛、那霸、别府，少至 3 晚 2 个港口，多至 7 晚 5 个港口，实现了上海—日本多种航线，还有到达菲律宾拉瓦格、马尼拉的航线。

3. 天津国际邮轮母港。位于天津港东疆港区南端，与东疆保税港区毗邻，总建筑面积 160 万平方米，岸线长 2000 米，6 个泊位，2010 年 6 月 26 日正式开港，初期开发面积 70 万平方米，计划建设 2 个大型国际邮轮泊位及配套客运站房，码头岸线长 625 米，可停靠现在世界上最大邮轮，设计年旅客通过能力 50 万人次。Costa、Royal、MSC、NYK、Princess 邮轮等国际邮轮公司开辟了在天津的母港航线。2019 年天津新设了属于自己的首条“环中国海”航线，该航线在“天津—釜山—长崎—舟山—香港—那霸—济州—天津—釜山—下关—舟山—那霸—香港—厦门—鹿儿岛—天津”的范围进行航行。

4. 厦门国际邮轮母港。中国大陆最早接待的国际邮轮母港之一，是中国第一个有定期国际邮轮航班的港口。2016 年 9 月，厦门国际邮轮母港正式启动码头泊位升级改造，改造工程位于东渡港区，0~4 号泊位。改造后，其岸线总长度为 1419 米，改造建设 4 个泊位，其中 0~2 号泊位为邮轮泊位，3 号泊位为 2 万吨级滚装轮泊位。0~2 号邮轮泊位建成后，可满足 1 艘 15 万吨级邮轮和 2 艘 8 万吨级邮轮“三轮同靠”，同时泊位码头结构可满足世界最大的 22

万吨邮轮靠泊要求。

5. 青岛邮轮母港。位于胶州湾东岸，青岛市市北区即墨路街道新疆路西侧，青岛港大港港区中港池内。其启动区占地35公顷，总建筑面积约50万平方米，投资约50亿元。青岛邮轮母港岸线总长度966米，现有3个邮轮泊位，其中码头长度490米，陆域纵深95米，吃水–13.5米大型邮轮泊位1个，可停靠目前世界上最大的22.5吨级“海洋绿洲号”和“海洋魅力号”邮轮；码头长度约476米，吃水–8.0米的中小型邮轮泊位2个。

6. 舟山国际邮轮港。舟山群岛新区目前唯一的国际客流口岸，位于朱家尖西岙，2014年10月13日正式开港。目前已建成的10万吨级（兼靠15万吨级）码头，全长356米，宽32米，引桥长188米，设计年客运量约50万人次，用于旅客候船及出入境查验的综合联检大厅，占地6200平方米，设有10个双向出入境查验通道。

7. 三亚凤凰岛国际邮轮港。三亚凤凰岛位于三亚市三亚湾度假区，是一座在大海礁盘之中吹填出的人工岛。三亚凤凰岛国际邮轮港于2007年正式建成通航，嘉年华、皇家加勒比以及丽星等世界知名的大邮轮公司纷纷选择三亚凤凰岛国际邮轮港，开通了数条经停三亚的航线。二期工程新建3万吨级和10万吨级码头各1个，15万吨级码头2个及25万吨级码头1个，将能同时停靠6艘3万~25万吨级国际邮轮。

8. 广州南沙国际邮轮母港。位于广东自贸试验区的南沙新区片区，总规划岸线1.6公里，规划建设4个10万~22.5万吨邮轮泊位，可停靠世界上最大的邮轮。2019年11月17日，广州南沙国际邮轮母港开港。这是我国建筑面积最大的邮轮母港综合体，首次实现了与地铁无缝衔接，并安装了国内功率最大的岸电设备以实现绿化环保。

国际邮轮公司纷纷将世界最新的豪华邮轮投放中国市场，2017年，在中国市场运营的母港邮轮数量达到18艘次，为中国游客提供具有世界竞争力的邮轮产品和服务，提升中国邮轮市场规模。2017年，中国母港邮轮公司主要为皇家加勒比邮轮、地中海邮轮、歌诗达邮轮、公主邮轮、云顶邮轮等，新进邮轮公司为诺唯真邮轮、银海邮轮，本土邮轮公司主要有天海邮轮、渤海邮轮、精致钻石邮轮三家企业。母港邮轮主要为大众级邮轮，涵盖海洋量子号、海洋赞礼号、海洋航行者号、海洋水手号、赛琳娜号、大西洋号、维多利亚号、幸运号、抒情号、新世纪号、钻石辉煌号、中华泰山号、蓝宝石公主号、盛世公主号、处女星号、云顶梦号、喜悦号，奢华级别邮轮为银影号，总吨位187.64万吨，平均吨位为10.42万吨，平均标准载客量达到2580人，平均最大载客量达到2934人。[①]“海洋量子号”在2019年前往新加坡运营，“海洋赞礼号”将在2019年离开天津母港部署在美国西雅图执行阿拉斯加航线，而这一段时间是中国邮轮市场的“旺季”。“海洋航行者号”将于2019—2020年返回澳大利亚运营悉尼航线。

2018年5月18日，MSC地中海邮轮辉煌号在上海吴淞口国际邮轮港开启中国首航，是将吴淞口国际邮轮港作为母港的第20艘大型邮轮，吴淞口国际邮轮港迎来了第100万名出入境游客。2018年，丽星邮轮“双子星号”重新以厦门为母港开始运营母港航线。2018年6月13日，亚太邮轮业先驱丽星邮轮旗下“宝瓶星号”进驻青岛开启盛大首航。2019年5月18日，歌诗达旗下第一艘专为中国市场量身打造的邮轮“威尼斯号”开启中国首航。2019年6月6日，皇家加勒比邮轮所属超量子系列第一艘邮轮——“海洋光谱号”开启上海首航。地中海邮轮全新一代未来旗舰“荣耀号”2019年在英国南安普顿正式命名下水，进驻中国母港，为中国母港邮轮树立全新标杆。

二、中国邮轮旅游发展历程特点与模式特征

中国真正意义上的邮轮旅游产品供给始于2006年意大利歌诗达邮轮公司在中国市场母港航次的开辟，近年来我国邮轮市场发展势头迅猛，邮轮产业已步入“到港服务与公民出境服务并举”的阶段。中国交通运输协会邮轮游艇分会（CCYIA）的统计数据表明，从2006年到2013年，中国港口接待邮轮数量从115艘次增加到423艘次，同比增幅达到267.8%，2013年中国全年邮轮接待经历了一次爆发性的增长，较2012年同比增长48%。其中，仅上海、天津、三亚三大主要邮轮港口接待国际邮轮就达377艘次，比2012年增长55.8%，接待出入境国内外邮轮旅客116.8万人次，比2012年增长97%。到2020年，国内邮轮旅客人数将达到200万人次，按照2013年起算，年复合增

① 中国邮轮产业发展报告（2018）。

长率为28.8%。我国母港邮轮接待量保持增长趋势，从2006年的18艘次增长到2017年的1098艘次，增长60倍。根据CCYIA预计，中国邮轮产业发展将依次经历三个阶段：第一阶段，国际邮轮到港服务阶段。这一阶段中国邮轮业各界逐步形成对邮轮经济发展的共识，全国沿海各港口城市纷纷规划邮轮码头，建设邮轮接待设施；邮轮消费市场经历了起初的萌芽，从基本了解、知晓发展到逐步接受邮轮旅游这一新兴的海上度假方式；而国家、区域及地方政府层面，则相继出台推动产业发展的一系列规划、法规、政策及试点方案等。第二阶段，到港服务与公民出境服务并举阶段。第三阶段，中国邮轮经济发展成熟阶段。目前中国邮轮经济尚处于一、二阶段间的过渡期[①]。

（一）开放引进品牌邮轮运营企业，我国成为亚洲夏季邮轮航线重要的起始港和目的地、冬季邮轮航线的重要停靠点，也成为全球环游航线的必经之地

独特的东方文化、丰富的旅游资源和潜力巨大的客源市场使我国成为亚洲邮轮市场的核心组成部分，日益受到邮轮公司重视。高速增长的中国经济逐渐成为中国邮轮经济快速发展的强大动力，中国有着其他国家难以比拟的巨大客源市场。对中国消费者而言，邮轮旅游是一种新型的高端海洋旅游产品，近些年全球三大邮轮集团旗下邮轮相继开辟了由中国港口出发的东北亚和东南亚新航线；对国际游客而言，通过邮轮旅游可以丰富他们的旅游经历，东方文化的魅力加上新兴的邮轮旅游方式，使访问中国的国际邮轮数量不断增加。

全球排名前三的邮轮运营企业分别为嘉年华集团、皇家加勒比集团、云顶香港邮轮集团。这三大邮轮集团所拥有的邮轮数量为159艘，运载量总计为33.8万吨，分别占邮轮业的63%和81%，呈现出明显的寡头垄断市场特征。这种较强的市场垄断结构使得邮轮运营业具有较高的进入壁垒，具体表现为已有企业的品牌效应所造成的进入壁垒、利用已有的分销系统形成的进入壁垒、与旅游经营商进行产品组合等合作形成的进入壁垒、借助对邮轮码头的控制实施的进入壁垒、通过提高舱位供给量所形成的进入壁垒等。在寡头垄断市场结构下，由于邮轮运营中船票和船上产品销售具有不同的价格弹性，因此，邮轮

① 程爵浩．中国邮轮经济的发展形势及其若干问题［J］．港口经济，2010（2）：27-28.

公司大多采取类似两步收费制的定价策略，即不断降低船票价格的同时，对游客的船上消费项目进行较高的加成定价[①]。

（二）布局增建邮轮码头带动发展邮轮旅游，港口城市相继发展邮轮旅游，依托邮轮母港逐步形成邮轮旅游圈

我国约有16个港口城市有过国际邮轮的接待经验，沿海各港口城市也正争相发展邮轮经济，其中具有客源发送能力的邮轮母港主要有天津东疆国际邮轮母港、上海国际邮轮组合母港（上海港国际客运中心和吴淞口国际邮轮港）和厦门国际邮轮中心三个国际邮轮港。大连、烟台、青岛、威海、南京、舟山、宁波、广州、深圳、海口、三亚、北海等港口属于具有国际邮轮接待历史的邮轮停靠港，也都在积极研究发展邮轮经济。随着邮轮经济在我国起航且日益升温，许多沿海城市分别提出了开发邮轮旅游的规划计划和设想，并积极将发展邮轮经济列入城市经济发展规划，积极采取措施加以实施。其中已投入使用和规划建设中的邮轮港、邮轮码头就有近10个城市[②]。

依托大的邮轮港，我国形成了以上海为中心的长三角邮轮圈、以天津为中心的环渤海邮轮圈、以广州为中心的南海邮轮圈。邮轮产业正处于动态调整期，并将在下一阶段迈入高质量发展期。我国邮轮发展10年来，出境人数由1万多人次发展到239万人次，年均增长40%~50%。

邮轮母港城市为邮轮码头预留足够发展空间并给予支持，邮轮码头构成了航游网络的节点，邮轮经济就成为网络化的节点经济。从邮轮旅游运营的视角看，要想发展邮轮经济就要通过邮轮码头的建设，吸引国际邮轮的到达而成为邮轮产业的节点。当一个港口城市被定位为停靠邮轮的母港，该区域就会形成较大的邮轮经济效应。港口城市发展邮轮经济的重要方式，就是建立标准的邮轮码头以吸引邮轮靠泊，并争取成为大型邮轮公司的邮轮母港。邮轮旅游的聚集性表现为各类相关要素集聚在邮轮码头附近，以便及时快捷地为邮轮及邮轮乘客提供优质服务，因此，邮轮母港所在地一般会以邮轮码头为中心形成邮轮产业集聚区，既为邮轮补给、维护、修理等相关产业开辟了一个可观的新市

---

① 石玉．试论国内邮轮旅游业的发展现状及对策［D］．辽宁师范大学，2014.

② 李鹏．基于游客体验角度的邮轮母港设计研究［J］．中国水运（下半月），2014，14(8)：9-10，12.

场，又带动了服务游客的餐饮、住宿、旅游、购物等各方面经济的发展，成为当地新的经济增长点[①]。

（三）国家重视邮轮旅游发展，邮轮旅游发展政策环境不断完善

2008年6月，国家发改委下发了经国务院同意的《关于促进我国邮轮经济发展的指导意见》；2010年6月，国家旅游局发布实施了亚洲第一个邮轮专业行业标准——《国际邮轮口岸旅游服务规范》；2012年9月，国家旅游局正式批准上海成为全国首个“中国邮轮旅游发展实验区”；2013年2月，国务院明确提出支持邮轮游艇码头等旅游休闲基础设施建设，积极发展相关服务产品。2013年7月1日开始施行的《出境入境管理法》，规定外国人24小时内过境免签证的范围包含海港和陆地港；将邮轮旅游列入重点培育的旅游新业态。这些都为未来中国邮轮产业发展创造了必要而宽松的政策环境。

表5-2　邮轮产业扶持政策

时间	部门	相关政策	政策内容
2018年	交通运输部	《关于落实〈中共中央国务院关于支持海南全面深化改革开放的指导意见〉实施方案》	推动三亚邮轮母港建设，支持服务三亚邮轮母港的免税油料、生活物资、维修等邮轮物料供应基地与维修养护基地建设，以及支持邮轮公司以东南亚、港澳台等航线为重点，开发运营涉及三亚、海口邮轮港的邮轮航线产品
2018年	交通运输部、发展改革委、工业和信息化部、公安部、财政部、商务部、文化和旅游部、海关总署、税务总局、移民局	《关于促进我国邮轮经济发展的若干意见》	明确了积极培育邮轮市场、拓展提升港口服务能力、进一步优化口岸环境和功能、强化邮轮安全发展、着力推动邮轮绿色发展、加快推进邮轮建造及配套装备产业发展、着力提升邮轮供应配套能力、提升邮轮运输旅游服务水平、大力推动邮轮人才培养九个方面主要任务
2018年	中共中央国务院	《中共中央国务院关于支持海南全面深化改革开放的指导意见》	支持海南开通跨国邮轮航线，支持三亚等邮轮港口试点开展公海游航线，加快三亚邮轮母港建设发展

① 张言庆，马波，范英杰.邮轮旅游产业经济特征、发展趋势及对中国的启示［J］.北京第二外国语学院学报，2010，32（7）：26-33.

续表

时间	部门	相关政策	政策内容
2018 年	上海市委常委会审议通过	《关于促进我市邮轮经济深化发展的若干意见》	要结合打响“四大品牌”，不断做强特色，提升邮轮旅游服务能级，发展邮轮制造为核心的高端制造业和配套产业。要与全面深化改革、扩大开放相衔接，推动发展邮轮经济的相关政策成为实现更高水平对内对外开放的有力举措
2018 年	上海宝山区	《关于加快宝山邮轮经济发展的实施意见》	打造具有全球影响力的邮轮企业总部基地、建设具有全球竞争力的邮轮母港、构筑全产业链的邮轮经济发展高地、推动产城融合区港联动发展、优化邮轮经济发展的营商环境五个方面
2018 年	上海市工商行政管理局	《支持宝山区邮轮产业发展的若干意见》	包括围绕营造安全放心的邮轮旅游消费环境，开通邮轮消费维权的绿色通道，及时化解消费纠纷，维护消费者合法权益等措施
2018 年	威海市	《发展国际邮轮旅游产业财政奖励意见》	对成立邮轮公司、在威海始发航线、在威海挂靠航线、邮轮港口（码头）经营企业、邮轮代理服务公司、旅行社等进行奖励
2018 年	广州市	《关于印发建设广州国际航运中心三年行动计划（2018—2020 年）的通知》	鼓励发展邮轮设计、修造、供应、人才培训、邮轮旅游保险、免税购物等邮轮旅游服务产业
2018 年	福建自贸区厦门片区管委会	《关于促进厦门自贸试验区邮轮船供服务业发展的暂行办法》	按每年交付靠泊厦门自贸区邮轮的国内物资货值总额给予 2% 的奖励，每家船供企业每年最高补贴 100 万元
2018 年	广州南沙区	《广州南沙新区（自贸片区）促进邮轮产业发展扶持办法》	对邮轮公司落户、邮轮港（码头）经营企业、邮轮组织等进行扶持补贴，其中明确提出在南沙区设立的具有独立法人地位并在南沙缴纳税收的邮轮公司，给予一次性资金扶持 50 万 ~500 万元
2018 年	海口市	《海口市鼓励邮轮产业发展财政补贴实施办法》	对在海口组建或新迁入邮轮公司以及国际邮轮公司在海口设立独立法人公司，对邮轮公司（或包租邮轮的企业）将海口作为访问港的邮轮，对邮轮港口经营企业给予补贴，以及旅行社招徕游客在海口登轮等给予资金补贴

续表

时间	部门	相关政策	政策内容
2018年	天津市旅游局	《天津市邮轮旅游发展三年行动方案（2018—2020年）（征求意见稿）》	重点任务和措施主要包含进一步加强京津冀邮轮旅游协同发展、进一步提升邮轮母港服务功能、进一步丰富完善邮轮旅游产品、进一步加强邮轮旅游宣传推广、进一步拓展和延伸邮轮产业链、进一步提升管理服务水平、进一步争取邮轮旅游产业发展政策、进一步加强邮轮旅游人才培养、积极支持邮轮会展业发展、充分发挥天津邮轮游艇协会作等十个方面
2019年	中共中央、国务院	《粤港澳大湾区发展纲要》	深化海洋开发空间布局，与海洋功能区划、土地利用总体规划衔接，科学统筹海岸带（含海岛地区）、近海海域、深海海域利用

（四）我国高度重视和加快邮轮设计制造业发展

国产邮轮建造是我国邮轮产业链的重要环节，可以发挥我国造船大国的优势，加快建造我国本土化的国产邮轮，组建本土邮轮船队，从而能掌握世界邮轮产业主导权。当前世界邮轮建造被欧洲邮轮建造企业所垄断，主要有德国迈尔船厂、意大利芬坎蒂尼集团等造船巨头。我国本土船舶建造企业不断推进国产豪华邮轮设计建造的探索，支持邮轮建造的相关政策不断推出，推动邮轮设计建造的产业扶持资金持续推出，加速摘取造船业“皇冠上的明珠”，突破豪华邮轮的建造技术。中船集团推动国产大型邮轮的设计建造，从2012年年中着手研究进入大型邮轮建造领域，2015年10月，携手宝山区、中投公司、英国劳氏船级社、美国嘉年华集团、意大利芬坎蒂尼集团，发布邮轮产业六方合作共同宣言。2016年5月，中船集团通过整合旗下邮轮设计建造优势资源，成立邮轮科技公司，并同意大利芬坎蒂尼造船集团签署《豪华邮轮造船总包合资协议》。2016年9月，中船集团联合中投公司与嘉年华集团、芬坎蒂尼集团签署了《2+2艘13.35万吨邮轮新造船意向书》。2017年2月，国船集团与嘉年华集团、芬坎蒂尼集团组建邮轮船东运营公司，并订购第一批2+4艘Vista级大型豪华邮轮，专为中国市场提供服务，第一艘新船预计于2023年交付。2018年9月27日，中国船舶工业集团公司与嘉年华集团公司签署了大型邮轮一揽子协议，包括中船集团购买嘉年华2艘在营8万总吨邮轮订单、合资成立邮轮运营公司在上海运营大型邮轮和在上海建造 2+4 艘 13.35 万总吨大型邮轮等一系列合同，合同总金额超过 300 亿元人民币。2018 年 2 月，中船集团旗下广船国际有限公司、中国船舶工业贸易公司与瑞士地中海航运集团（MSC）、意大利 Onorato 航运集团旗下 MOBY 公司签署 4+2+2 艘 2500 客 /3765 米车道豪华邮轮型客滚船建造合同，签约建造的豪华邮轮型客滚船总长为 229.5 米，型宽为 32 米，拥有 536 间舱室，可容纳 2500 人，货舱车道长度达 3765 米，服务航速约 23.5 节，入级意大利船级社（RINA），该船注重环保，采用废热回收系统并已预留以液化天然气（LNG）作燃料动力。2018 年 6 月 28 日，上海外高桥造船拟将所持邮轮科技 43.4% 股权协议转让给中船集团，转让完成后，中船集团向邮轮科技增资人民币 4 亿元，中船集团持股比例达到 60.523%，成为第一大股东，中船邮轮科技公司将被打造成为中船集团邮轮业务平台，负责邮轮运营及供应链投资等业务。2019 年，我国首艘自主建造的极地探险邮轮“招商极地邮轮 1 号”在江苏海门交付。还带动南通海门市打造出国内首个豪华邮轮制造配套产业园，招商局重工也将从极地探险邮轮向中型豪华邮轮、大型豪华邮轮逐步攻坚，预计 2022 年首艘“中国制造”大型豪华邮轮也可交付使用。

三、中国邮轮旅游现存主要问题与对策建议

（一）缺少有国际水平和竞争力邮轮母港，现有的邮轮母港支撑和带动作用还未充分发挥，迫切需要加快推进邮轮母港建设

很多城市缺少邮轮母港，因为没有足够大的港口腹地，我国渤海沿岸和东南沿海的滩涂面积很广，江苏、山东、浙江的滩涂加起来就占了我国滩涂总面积的一半。而华南沿海滩涂面积较小，广东、广西、海南的滩涂面积加起来才占 17%。滩涂水太浅，传统建设方式不适合建港，滩涂的海岸线泥沙多，建港难度大、建港成本高。我国每个沿海省、市、区都有滩涂，面积占比依次为江苏（24.5%）、山东（15.4%）、浙江（11.5%）、辽宁（9.9%）、福建和广东（9.6%）、河北（5.5%）、广西（5.1%）、上海（4.3%）、海南（2.4%）、天津（2.2%）。现有的一些邮轮母港，也还未充分发挥其对所在城市应有的辐射带动作用，扩散效应较弱，且全国母港布局分散，结构单一，没有形成体系。根

据交通运输部邮轮港口规划，2030年前，我国将形成2~3个主要邮轮母港，形成以邮轮始发港为主、以访问港为补充的邮轮港口格局。根据国家规划，加快推进建设邮轮母港和停靠港，并推动开通以国内沿海城市为主的优质航线，现阶段重点研究国内国际访问港航线。将邮轮母港、停靠港建设列入沿海各经济区的总体规划和专项规划。建议国家有关部门制定邮轮发展国家规划，出台针对我国沿海国际邮轮母港建设的指导性意见，在我国主要的沿海港口群体建设中，综合考虑城市旅游吸引物、综合服务能力和港口岸线、码头设施，聚焦重点城市建设国际邮轮母港，支持沿海旅游城市建设国际邮轮停靠港。

（二）本土邮轮船队发展缓慢以及邮轮自主设计建造缺乏，要加快发展我国的邮轮制造业，培育拉长我国的邮轮产业链

我国邮轮船队运营及邮轮旅游产品经营尚处于发展初级阶段。2019年9月，中国旅游集团和中国远洋海运集团共同投资运营的中国民族邮轮品牌“星旅远洋”旗下首艘豪华邮轮“鼓浪屿”号在厦门母港开启首航，标志着中国第一艘完全自主运营的豪华邮轮正式开启，本土邮轮船队发展踏出关键第一步。但在邮轮自主设计建造方面，我国基本处于空白状态。2016年7月4日，中国船舶工业集团公司与意大利芬坎蒂尼集团在上海正式签署邮轮造船合资公司协议，双方将合资设立邮轮设计建造公司，标志着中国制造邮轮项目进入了实质性启动阶段，但我国距离实现完全自主设计和建造还有很长一段路要走。为此，迫切需要加快实现邮轮自主设计和建造，适应国内邮轮旅游日益增长的需求，加快国产邮轮的自主研发，推动国内有实力的造船企业与国外邮轮设计、建造企业开展技术和商务合作，尽快实现首制船自主设计建造突破。加强与国际邮轮配套企业的交流合作，逐步构建国内邮轮专业化配套体系。积极开展邮轮设计建造标准规范研究，尽早形成自主品牌和技术标准。经过5~10年的发展，基本掌握大中型邮轮设计、建造、修理技术，培育形成大型邮轮总装制造企业和一批专业化的邮轮配套及内装公司，逐步开拓国际主流邮轮建造市场[①]。

① 国家六部委发文要实现邮轮自主设计和建造［EB/OL］. http://www.ishipoffshore.com/html/1/2015-10-09/1152.html.

（三）邮轮产业链不完整、邮轮产业集聚效应不强，迫切需要加快发展邮轮经济

邮轮经济是以邮轮旅游为核心，以运输和旅游为纽带，集船舶制造、交通运输、港口服务、船舶供应、游览观光、餐饮酒店、金融保险、房地产、加工制造等相关产业活动于一体的经济形态。我国多数港口城市腹地客源不足、集散不便，当地邮轮维修服务、商品供应能力不强、始发邮轮班次少，特别是没有国际邮轮公司总部、没有自己的邮轮公司等缺陷，在邮轮旅游行业定位、行业管理、游客服务、邮轮旅游产品以及母港布局、口岸管理、邮轮航行、邮轮停靠、运行管理等方面还存在的诸多政策制约。邮轮产业链不完整，邮轮产业集聚效应不强，港口和企业盈利能力较差，整体效益不佳。需要确定我国邮轮经济的总体战略、整体规划，提出相应的产业发展促进政策和专项规划，并与沿海各地规划相衔接，引导邮轮经济发展。注重邮轮目的地的开发，注重邮轮港口腹地的建设和规划。进一步加大对外开放力度、改革不利于邮轮经济发展的法规制度，为邮轮经济创造宽松的、协调的发展环境，推动港口企业、旅游企业与邮轮企业加强合作。

（四）邮轮入境旅游吸引力、竞争力不足，迫切需要大力发展邮轮入境旅游，开辟我国母港始发的多港挂靠邮轮航线和境外港口组合航线

国内邮轮入境主要以访问港的形式吸引入境邮轮游客，邮轮市场出入境出现结构性失衡，从市场吸引力来看，国内邮轮旅游产品设计缺乏丰富性和多样化，国内旅行社海外市场拓展能力不足，导致国内及上海邮轮市场难以吸引入境游客。在中国的对外邮轮航线中，日、韩作为旅游目的地占据着重要的地位，占中国邮轮出境 95% 以上。拥有丰富的邮轮港口资源、海岸线资源、旅游特色资源却难以与邮轮旅游进行有效对接，近海区域的邮轮旅游航线尚未开发。南海航线当前仅仅处于探索阶段，尚未充分利用南海丰富而独特的海洋资源，目前仅形成较小的市场规模。“日韩航线”的单一性与游客的多样化需求相矛盾，使得目前对目的地较为注重的中国游客对邮轮旅游的满意度有待提

升，这也影响到邮轮产品的复购率，不利于扩大客源市场[①]。

着力打造我国邮轮旅游目的地，有效整合我国旅游资源，加快推动邮轮旅游目的地建设。充分发挥 144 小时过境免签和国际邮轮旅游团 15 天入境免签政策，吸引国际游客来上海乘邮轮。探索对组织国外游客开展入境旅游的国际邮轮公司及国外旅行社奖励机制，进一步优化国际游客在航海口岸换乘签证便利政策，促进邮轮入境游市场发展。迫切需要加快我国母港始发的多港挂靠邮轮航线和境外港口组合航线，推动邮轮产品的品质化、特色化发展，推动邮轮旅游向优质服务转变，扶持从我国始发的具有特色和不同周期的旅游线路。鼓励支持邮轮公司开辟挂靠母港的航线，科学有序地加密航次密度。吸引境外邮轮公司、旅行社共同开设新航线，增加母港的竞争力：邮轮母港是邮轮产业航行千里的始发站，但母港建设好了，并不等于邮轮公司会立即入驻，旅行社要招徕客源，还需要培育市场，需要方方面面的共同努力。鉴于境外邮轮公司掌握开辟航线的主动权的现实情况，想要母港经济效益最大化，港航旅携手发展非常重要，参照天津、上海邮轮母港，由港口联合龙头旅游企业为主，中小型旅行社为辅的方式共同包船，实现优势互补、风险共担，旅行社参与更加积极。

（五）目前邮轮旅游与其他旅游资源的互动性较低，邮轮旅游对沿海区域旅游整体拉动不足，迫切需要加强陆海统筹增强辐射带动

不少邮轮港所在的城市都是著名旅游城市，有丰富的旅游资源，我国邮轮的发展与其他类型旅游资源的对接较少，使得游客在出游的过程中不能充分体验不同的旅游业态，不利于更好地提升邮轮旅游的全程体验和满意度。如作为亚太第一大邮轮母港所在地的上海邮轮港，上海邮轮与浦江游览、迪士尼等旅游品牌、江浙等周边地区旅游资源整合和联动性不足，缺乏良好的旅游线路整体设计和品牌宣传。为此，建议支持邮轮内地客源市场开发。鼓励邮轮公司及代理机构开发内地邮轮旅游客源市场，支持在沪航空、铁路建立联程联动机制，推进“邮轮＋航空”“邮轮＋铁路”“邮轮＋省际巴士”等“邮轮＋”的有序发展，为游客提供更为便利的交通条件。各级政府部门出台相关政策，鼓励和支持邮轮公司、代理机构培育和开发境外和外省市客源。提升重要邮轮节

① 《邮轮绿皮书》解读：中国邮轮市场突破口何在？［EB/OL］. https://www.sohu.com/a/277714106_621569.

展的社会影响力，加大对重要邮轮特色品牌活动的扶持力度，进一步提升上海邮轮旅游节等推进邮轮文化传播节展活动的社会知名度和影响力。持续发挥上海在亚太邮轮市场的影响力和资源优势，争取亚太邮轮大会等较大国际影响力的邮轮相关会议常驻上海。

（六）通过解读邮轮旅游产品特性，加强对旅游者的宣传

在旅游文化培育方面，要通过解读邮轮旅游产品特性，加强对旅游者的宣传，让旅游者理解中西方旅游文化的差异，理解邮轮旅游产品与传统旅游产品消费习惯的差异，转变邮轮旅游者消费观念。借助国内外旅游推介会、展览会，加大向世界推介邮轮旅游的力度，形成中国邮轮旅游目的地国际品牌吸引力。同时，要拓展邮轮旅游消费发展空间，形成旅游消费新业态，培育良性的邮轮旅游消费文化。

第二节 中国游艇旅游发展

游艇业作为新兴产业成为我国旅游经济新动力，我国游艇旅游发展有不可多得的资源优势和市场，前些年取得快速发展，在资源、政策等推动下，大众化趋势也更为明显，游艇业正迎来新一轮发展。

一、中国游艇旅游基本概述

（一）游艇

游艇是指一种用帆或电力驱动的小型船只，造型精巧、线条流畅，是一种水上娱乐耐用消费品，它集航海、运动、娱乐、休闲等功能于一体，主要满足个人或家庭进行娱乐和运动的需要。在发达国家，游艇多为私人拥有，而在发展中国家游艇多作为旅游中供游客娱乐的项目。按动力分为无动力艇、双动力艇、动力艇；按大小分为36英尺以下小型游艇、36~60英尺中型游艇、60英尺以上大型游艇；按造型分为双体游艇、海钓船、巡航艇、敞露甲板型、小快艇。

（二）游艇旅游

游艇旅游是集运动、航海、娱乐、休闲、社交于一体的新型旅游形式，旅游者通过不同尺寸大小外形的游艇帆船开展海洋观光、休闲垂钓、摩托艇潜水拖伞等海洋亲水活动。游艇俱乐部为会员提供游艇、泊位、游艇修配厂、艇库以及吊装台等必备设施外，还设有陆上运动区、休闲观光区、餐饮购物区、健身康体区、商务活动区以及别墅区等，在开展游乐项目同时，还举办酒会、餐会、宴会和舞会等社交活动。我国已有多家知名的游艇俱乐部，开展海上运动旅游和游艇休闲娱乐活动。根据中国交通运输协会邮轮游艇分会不完全统计，国内有近百家游艇俱乐部。我国游艇码头及俱乐部主要集中在五个区域：以天津、大连、青岛为核心的环渤海游艇港口群；以上海为核心的长三角游艇港口群；以厦门为核心的东南沿海游艇港口群；以广州、深圳、珠海为中心的珠三角游艇港口群；以海口、三亚为核心的海南旅游岛港口群。知名的游艇俱乐部主要有：深圳大梅沙国际游艇俱乐部、厦门香山国际游艇俱乐部、青岛银海游艇俱乐部、青岛国际游艇俱乐部、三亚海天盛筵鸿洲国际游艇会、上海莱悦游艇俱乐部、深圳湾游艇会、深圳浪骑游艇会、浙江九龙山游艇俱乐部、三亚鸿洲国际游艇会、苏州水星游艇俱乐部、太湖山水游艇俱乐部、日照水上运动基地等（表 5–3）。

表 5–3　中国知名游艇俱乐部

序号	俱乐部名	成立时间（年）	所在地	泊位数量
1	浙江九龙山游艇俱乐部	2007	嘉兴	200
2	大连星海湾国际翻俱乐部	2002	大连	270
3	青岛银海国际游艇俱乐部	2005	青岛	366
4	青岛国际游艇俱乐部	2005	青岛	700
5	深圳浪奇游艇会	1998	深圳	275
6	深圳湾游艇会	2008	深圳	300
7	三亚鸿洲国际游艇会	2005	三亚	72
8	上海莱悦游艇国际连锁俱乐部	2007	上海	18
9	苏州水星游艇俱乐部	2007	苏州	144
10	太湖山水游艇俱乐部	1999	无锡	80

续表

序号	俱乐部名	成立时间（年）	所在地	泊位数量
11	日照水上运动基地	2006	日照	320
12	厦门香山国际游艇俱乐部	2005	厦门	450

二、中国游艇旅游发展历程特点与模式特征

2014 年 8 月，国务院出台的《关于促进旅游业改革发展的若干意见》明确提出支持邮轮游艇等旅游装备制造国产化，积极发展邮轮游艇旅游。2015 年 8 月，国务院办公厅又发布了《国务院办公厅关于进一步促进旅游投资和消费的若干意见》，意见指出要培育发展游艇旅游大众消费市场，制定游艇旅游发展指导意见，有规划地逐步开放岸线和水域；推动游艇码头泊位等基础设施建设，清理简化游艇审批手续，降低准入门槛和游艇登记、航行旅游、停泊、维护的总体成本，吸引社会资本进入；鼓励发展适合大众消费水平的中小型游艇；鼓励拥有海域、水域资源的地区根据实际情况制定游艇码头建设规划；到 2017 年，全国建成一批游艇码头和游艇泊位，初步形成互联互通的游艇休闲旅游线路网络，培育形成游艇大众消费市场。①

19 世纪后期，中国第一家游艇会——上海游艇总会成立，标志着我国游艇旅游正式起源，但此后很长一段时间内，受政治、经济、社会、观念等多方面制约性因素影响，国内游艇旅游市场发展很不成熟。改革开放后，特别是近二十年来，随着经济的发展和人们生活水平不断提高，游艇旅游作为重要的海洋休闲旅游项目，逐渐被人们所熟悉和喜爱。当前，在中央、地方政府大力扶持下，我国游艇旅游发展迅速。统计资料显示，目前国内游艇码头泊位约 13000 个，游艇俱乐部 110 多家，注册游艇数量已超过 1 万艘；从旅游消费方式看，私人游艇旅游、租赁游艇旅游两种消费方式备受游客喜爱，尤其是随着游艇租赁业务的迅速拓展，国内游艇旅游消费观念逐渐转变，消费市场规模正在不断扩大。②

① 李宝轩，赵莹，陈咏梅．我国游艇旅游大众消费市场培育路径研究［J］．湖北经济学院学报（人文社会科学版），2019，16（6）：27–29.

② 吴晓亮，罗春祥．海南游艇休闲旅游产品及消费市场分析［J］．旅游纵览（下半月），2016(9)：173.

随着高端制造提升，政府政策松绑而导致的市场门槛逐渐降低，价格水准日益下调，大部分游艇旅游产品在国内逐渐摆脱奢侈品的光环，开始被越来越多的游客所接受和喜爱。根据统计，我国游艇产业规模大约在 40 亿元，全国共有 1.2 万个泊位与 2700 个陆地露天泊船架位。依照 2017 年 CCYIA 抽样调查的 9067 个游艇泊位、共停泊游艇 3285 艘推算，全国停泊游艇共约 5500 艘，平均下来约 27 万人拥有一艘游艇，人均拥有量与发达国家仍有巨大差距。抽样调查实际停泊的 3285 艘游艇中，帆船数量为 1089 条，占比 33.2%。在 CCYIA 评选的中国游艇城市 20 强中，珠三角地区包括深圳、厦门、广州、珠海、中山、汕头等地，其中深圳、厦门的综合得分居全国首位及第二位。长三角地区包括上海、舟山、宁波、苏州、温州等地，其中上海综合得分位居全国第三。京津冀及山东地区包括青岛、大连、天津、日照等地。海南地区包括三亚与海口。在中国游艇城市 20 强中，三亚综合排名第四，仅次于深圳、厦门、上海，在自然环境、政府管理竞争力、游艇服务竞争力几大指标上排名前列，然而由于产业结构限制，三亚在游艇工业竞争力方面落后于珠三角等地城市①。

（一）形式多样，彼此相互交织

中国游艇旅游主要包括 3 种形式：一是自用（自己为船东）或租赁使用。前者是游艇所有人自身用于游览观光、休闲娱乐等活动；后者在我国法律上尽管还没有具体规定和许可，但在实际经营过程中以及国际上都非常普遍，租赁费用涉及游艇停泊、维修维护、管理、船长或船员服务、餐饮娱乐等内容。此外还包括第三方提供的比赛性船艇而进行的休闲体育活动。二是自己有驾照或聘请专业驾驶员掌控游艇。前者符合不以营利为目的的享受性活动条件，需要通过专业培训获得游艇操纵适应证书；后者以游艇观光、休闲、体验为要义，但也需掌握一定的水上救生和基本安全知识，并在游艇上配备一定比例的安全人员和救生设备。三是合伙制与会员制。前者指多人共同购买和消费游艇，如“合伙购艇、分时度假”；后者以会员方式进行游艇消费，游艇所有权属于游艇运营公司。这些旅游形式仅是从不同角度进行划分，不是绝对的，而是彼此

① 赵宽，张帅.国内游艇旅游发展现状、问题与对策：以海南三亚为例［J］.中国旅游评论，2020（1）：79-86.

相互交织。[①]

（二）产业链长，形成多产业共同发展的游艇经济现象

游艇旅游往往以游艇俱乐部（会）等专业海游公司的运营管理为中心，其余节点包括传统游艇业的消费和服务、支持和辅助等中下游产业门类。其中，上游产业包括设计研发（游艇设计、游艇技术）、制造工业（原材料工业、游艇制造工业、游艇装配工业）、配套工业（专业发动机、发电机、专业仪器仪表、导航设备、螺旋桨、帆具、涂料、安全设备、卫生洁具、电器设备、控制装置等游艇附件），其经济功能为技术生产配套；中游（核心）产业包括销售服务（总代理、游艇销售公司、游艇展销、游艇杂志、游艇网站、二手游艇经营）、消费服务（食住行游购娱、游艇俱乐部、游艇驾驶、水上运动培训、游艇代管、保养维修、游艇租赁、游艇器材等），其经济功能为流通和核心业务；下游产业包括基础服务（码头、仓储、游艇转运、安全、报关、航道、信息、水域资源、金融保险等）、辅助产业（水上运动装备、体育用品器材），其经济功能为支持服务和互补产品。[②]

（三）以俱乐部为主要载体，采取国际通行的游艇俱乐部模式

中国游艇旅游的发展，采取的是国际通行的游艇俱乐部模式。即依托游艇俱乐部为主要载体进行游艇旅游发展模式。游艇俱乐部的主要功能在于辅助游艇的水上旅游休闲活动，游艇旅游者通过成为俱乐部会员或者通过俱乐部提供的服务设施，依托游艇俱乐部为平台，开展各种游艇旅游活动。俱乐部为消费者提供商务应酬、运动娱乐、休闲度假等活动的空间场所，将游艇旅游提升到更完善的层面。游艇俱乐部的主要业务包含：星级酒店、游艇码头、会所、导航、游艇停泊、游艇租赁、游艇驾驶培训、游艇保养维修等。能够满足游艇旅游者休闲度假、商务社交、运动娱乐等需求。游艇俱乐部既可以吸纳游艇所有者为会员，提供相应服务，或者是俱乐部自身拥有游艇，吸纳游艇爱好者成为会员，为他们提供游艇租赁及相关服务。游艇俱乐部为会员提供各项游艇相关

---

① 姚云浩，栾维新.游艇旅游概念辨析及开发策略研究［J］.海洋开发与管理，2017，34(6)：17–22.

② 程爵浩．我国游艇经济发展的多维解析［J］．船舶工业技术经济信息，2005（7）：92–98.

服务。具体包括：社交型游艇俱乐部、商务型游艇俱乐部、休闲型游艇俱乐部、运动型游艇俱乐部等。

（四）与房地产与酒店建设相结合，发展游艇旅游地产经济

除了游艇俱乐部模式，我国游艇旅游发展还与房地产开发、酒店建设结合。游艇地产是围绕游艇港口建立的一系列旅游景观地产，是“游艇旅游地产”的结合物，由于游艇旅游活动的开展而不断升值。游艇度假酒店模式，即以度假酒店为主要载体，在度假酒店周边水域进行游艇旅游及休闲度假活动。游艇度假酒店不仅要满足度假休闲等基本功能，还应该能够满足游艇的停泊补给等需求。还有的城市探索建设公共游艇码头，一般位于城市滨水景观区，作为城市公共设施、公共景观规划建设的一部分，与陆地上的宾馆酒店、商店街道等完善城市公共基础服务。公共游艇码头是面向社会提供游艇停泊等服务，对泊位进行销售或出租，同时提供简单的维护管理服务，为一般游艇拥有者和爱好者提供方便，泊位及管理费用一般低于俱乐部游艇码头。周边配备餐饮、住宿、休闲娱乐设施，可以满足大众游艇旅游者的基本需求[①]。

三、中国游艇旅游现存主要问题与对策建议

我国游艇旅游取得了快速发展，但仍处在初级阶段，还存在着许多政策壁垒需要深化开放改革，进一步规范和优化游艇企业营运。

（一）我国游艇定义还不统一，统筹规划、体制机制和政策体系不完善，需要做好统筹规划和优化发展环境

目前，中国国内包括与游艇产业相关的政府主管部门、社团组织和企业等各方，对游艇的概念理解存在差异。交通运输部2008年颁布的《游艇安全管理规定》提出，“游艇是指仅限于游艇所有人自身用于游览观光、休闲娱乐等活动的具备机械推进动力装置的船舶”；而中国船级社在《游艇建造规范》（2009版）中则将游艇定义为“从事非营业性游览观光、休闲娱乐等活动的船舶，包括以整船租赁形式从事前述活动的船舶”。两者对游艇“自用”这一属

① 邢鹤龄．游艇旅游发展模式研究［D］．山东大学，2012.

性的描述存在出入。再如，中国船级社对游艇有“非营业性”的表述，但国内行业组织、游艇俱乐部等则认为游艇因具备丰富人民生活并产生合理经济效益的属性，故在今后发展中，“非营业性”的表述或将成为游艇产业发展的一个障碍。要加强对游艇产业发展的宏观引导，重新定义游艇概念，使社会各界树立正确的游艇消费观念，营造发展游艇运动休闲经济的良好氛围。国家有关主管部门需做好顶层设计，尽快制定符合国内游艇产业实际的发展规划，以城市的整体规划为基础，突破地域的局限来进行游艇产业的布局，要着眼全局，将城市的旅游布局、产业布局、功能布局等纳入统筹考虑。

（二）我国游艇建造、检验等相关的标准规范和技术尚未完善，需培育游艇设计制造，加快游艇产业集群发展

中国船级社承担游艇建造规范制定、法定入级检验职责，但现行的相关标准规范已落后于我国游艇产业发展的实际需要。现行游艇建造标准中有部分条款参照国际标准，实际上与国内现有产业状况不符，导致一些船体材料、船用专业设备及配件的检验认证等不能完全满足建造需求。例如，当前许多国产游艇船用配套产品在技术上已经能满足使用需求，但由于短期内不能获得满足国际标准的检验认证，因而不能被采用。再如，根据国内规范，游艇载荷人数不能超过 12 人，20 米以内船长的限载人数为 12 人，否则只能申请为客船，但不管从船艇承载能力还是从国外建造情况来看，这种游艇人数限制都缺乏技术支撑，且不利于游艇产业的发展。并且我国的游艇设计还在起步阶段，游艇制造企业对工艺问题缺乏重视，缺乏成熟的设计机构和人才。要培育游艇设计业，提升游艇设计研发能力，创立自主品牌，逐步实现由目前贴牌生产和引进技术为主向自主研发、自有品牌转变。提升游艇制造业，重点发展游艇原材料工业、游艇制造业和游艇配件业三大产业。发展游艇俱乐部和游艇文化产业，以游艇消费带动旅游发展，把游艇消费服务作为游艇经济发展的突破点和现代服务业的重要增长点。引申关联产业，发展以游艇销售、展示、体验为主要内容的会展业，鼓励和支持相关的水上器材、体育用品制造及销售行业的发展，在零配件生产条件不成熟的情况下，可先支持有实力、有经验的企业建设游艇零配件销售配送中心，作为游艇零配件常年展示、销售、配送中心。

（三）我国缺乏游艇公共码头等基础设施，需增加游艇公共码头建设促进游艇消费

我国已建成的游艇码头大部分归游艇俱乐部或游艇会私有，但是游艇俱乐部一般是为中高端游艇服务的，为普通大众服务的游艇公共码头少之又少，一些城市面临游艇无处停泊和下水的尴尬，成为制约当地游艇经济发展的瓶颈。码头泊位是游艇消费市场最重要的基础设施，公共码头低廉的停泊标准将能极大地降低游艇、帆船、帆板等海上休闲娱乐活动的参与门槛。结合部分造船企业老旧厂区搬迁与转型发展需要，充分利用造船企业的优质港湾水域及码头岸线等稀缺资源，积极争取国家和地方政府的支持，尝试通过 PPP、BOT 等形式参与游艇公共码头建设，将部分老厂区打造成为集游艇亲水旅游、休闲娱乐、科普教育功能于一体的游艇综合体项目。

（四）我国游艇的购买环节税费高，登记环节、消费使用环节手续烦琐、限制多，应进一步放宽政策、简化环节

国内对于“游艇是奢侈品”的观念仍没有完全转变，现行消费税不能满足游艇大众消费的新定位。购买国产游艇、进口游艇都要缴纳 10% 左右的消费税，一些消费者为避税只能以高速船的名义购买游艇，虽然购买成本降低了，但间接增加了后期的管理、维护等其他成本。另外，国内和游艇相关的船舶注册登记管理办法需要进一步完善，由于现阶段国内游艇登记注册手续仍较为烦琐，截至 2018 年年末，全国有约 2.5 万艘游艇，但在中国内地进行海事登记的仅为 10% 左右，绝大部分选择在香港或境外登记注册。

在航行审批方面，目前国内游艇出航、航线等均需要向当地边防、码头管理公司、海事等多部门重重备案，访客登上游艇也要向有关部门报备，各种“备案”极大限制了游艇使用的便捷性。在码头泊位方面，我国现已投产的游艇码头，大多数泊位属于向特定会员服务的游艇俱乐部，入会门槛高、收费高，且不少码头选址存在“孤岛效应”，让许多游艇主望而却步。在航行区域方面，目前我国大多数游艇被关在码头，不允许到公共海域，在内河、湖泊里面航行和停泊也受到明显限制，并且我国法律禁止汽车后拖挂游艇车上路，游艇难以“游”起来。2006 年 8 月，交通部《关于加强游艇管理的通知》中首

次提出游艇专用水域的概念，规定游艇航行、停泊的专用水域由海事机构批准，但长期以来并未得到相关机构的响应，城市优质水域岸线未被合理利用，游艇码头范围被随意挤占，且对于公园、水库等水域界定不清晰，监管部门不明确。应争取国家支持，进一步放宽游艇税收政策，加大政策扶持力度。

（五）我国游艇租赁和二手交易市场不完善，制约游艇市场发展，需发展游艇租赁业务、开展二手游艇交易

一方面，租赁将成为我国推动游艇大众消费的重要方式，而游艇租赁业务在我国尚处于法律的灰色地带。另一方面，游艇的更新体现产业的递次发展原则，二手市场有利于船东群体、游艇等级和使用频率向更高一级过渡，使更多人成为新的游艇拥有者。二手游艇交易市场涉及买卖、置换、寄售、评估、翻新、维修与保养、代理运输等方面，在游艇产业发达国家，二手游艇销售约占游艇业产值的20%。而就我国目前二手游艇交易情况来看，缺乏二手游艇价值评估体系，目前仅有船级部门开展的船艇技术评估，二手游艇交易难度大，极不利于游艇资产的流动；并且我国二手游艇交易存在“佣金变差价”的不正当交易行为，极大制约了二手游艇市场的发展。随着未来我国游艇租赁相关法律法规的完善，我国游艇租赁前景可期，可以依托租赁公司、投资公司等单位，探索游艇租赁业务，争取未来国家对于游艇租赁试点政策的支持。还要从游艇数据库建设角度切入，推动二手游艇交易发展。目前国内游艇产业发展处于起步阶段，游艇数量少，是我国游艇数据库建设的重要窗口期，建议相关机构与行业主管部门沟通，积极争取政府部门的支持，牵头开展国内游艇数据库建设，并在此基础上开展二手游艇交易。①

第三节　中国海洋主题公园发展

海洋主题公园是现代旅游业在旅游资源开发过程中所孕育产生的新的旅游吸引物，是海洋旅游重要的发展模式之一，是集诸多娱乐内容、休闲要素和服

① 谢予，杨洋．中国游艇产业发展问题与对策［J］．世界海运，2019，42（10）：12-15.

务接待设施于一体的综合性旅游目的地。它以强烈的个性、普遍的适宜性而吸引着各个层次的游客，同时以其高门票、高消费、重游率高等特点吸引着投资者的投资建设。

一、海洋主题公园基本概述

海洋主题公园是以海洋为主题，集海洋生物研究与展示、环境教育、海洋科普、海洋文化传播等多功能于一体的休闲娱乐空间，是传播海洋文化、开展海洋科学知识普及、展示海洋科技成果以及满足人们认识海洋、了解海洋的旅游需求的重要载体。海洋主题公园是主题公园的一种特殊形式，是具有很强海洋属性的主题公园，具有投资巨大、占地广阔、科普特征强烈、公园建设专业化程度高、维护难度大的特征，因海洋公园具有海洋科普性质和不可替代的游乐体验，其往往成为城市居民和游客青睐的旅游产品。最新一代的海洋主题公园主要是以极地体验或海洋生物探秘或两者兼备为主题，以休闲娱乐、运动养生、商务会所、酒店、人居环境、景观地产等综合配套，以时尚休闲、亲近海洋、珍爱生命、动态刺激等为理念，结合其他主题旅游活动构成的集科普教育、游乐、购物、休闲、文化演出等为一体的大型主题旅游休闲社区①。可以为公众提供舒适的娱乐休闲空间，同时还是科学技术与文化知识的重要载体，公众教育属性也是其重要的功能之一。海洋主题公园在进行收集、饲养、保藏、研究和展览展示水生生物的过程中，重新塑造和重现了海洋世界、陆地水域及生态环境的发展与变化，从而完成传输科学技术与文化知识的目的。

二、中国海洋主题公园发展历程特点与模式特征

海洋主题公园发展大致可分为三个发展阶段：以科普教育为主的萌芽起步阶段、观光与娱乐结合的快速发展阶段、休闲和综合游乐相结合的品牌扩张阶段。一是以科普教育为主的萌芽起步阶段。1990 年以前，以青岛水族馆、广西北海水族馆为典型代表。该时期的海洋主题公园以海洋动植物的初级利用为主，旅游产品主要表现为水族馆形式，主要功能是科学研究、科普教育和观赏。这类展馆通常将海洋鱼类养殖在玻璃水箱、橱窗式水池中进行展示，或者

① 刘庆余，张立明，弭宁．中国海洋主题公园的时空分布及发展趋势［J］．商业研究，2010（1）：168–171.

是让游客参观海洋生物标本，游览面积很小，水箱容量有限，鱼类品种单一，容易使游客感到枯燥乏味，不能与游客产生互动，属于静态观赏类。其对海洋旅游资源的利用是粗放式的，主要依托相关的海洋研究机构，组织形式上属于事业单位。由于经营能力、经营思路、资金来源等方面都难以适应激烈市场竞争的要求，目前或已关闭，或已寻求合资改造。二是观光与娱乐相结合的快速发展时期。20 世纪 90 年代国内海洋主题公园快速发展，典型代表有北京自然科学博物馆水族馆、山海关水族馆、青岛海豚表演馆、昆明水族馆、大连圣亚海洋世界、北京海洋馆、上海长风海底世界、广州海洋馆等。这一时期海洋主题公园的产品表现形式开始多样化，有以科普教育为主的海洋公园、有以动物表演为主的海洋公园等。多数海洋公园都建有海底隧道，营造出了十分逼真的模拟海底景观。海洋公园内部结构上仍以单体馆藏建筑形式为主，应用大型洄游水槽、展示池放养更多的海洋鱼类；部分海洋馆在加强海洋动物展示的同时增设了海洋动物的表演场馆以及游乐园，观赏性更强，更加注重珍稀海洋动物的饲养与研究，并配以较为完善的酒吧、商店、餐饮等辅助服务设施。总体上来说，这一阶段的海洋馆在活动项目方面开始注重活动性与参与性，体现了寓教于乐的旅游要求，但参与性不够，互动性不强，整体配套服务能力有限，对游客的吸引力有限。三是休闲和综合游乐相结合的品牌扩张时期。2000 年之后，我国海洋主题公园进一步加快发展和提升，典型代表有大连老虎滩海洋公园、抚顺皇家极地海洋世界、海南热带海洋世界、青岛极地海洋世界。海洋公园主题特色更加突出，如部分海洋公园内建设极地馆模拟极地环境，向旅游者展示极地海洋动物并开展极地体验活动；部分海洋公园突出热带主题，以热带海洋生物的展示为核心。部分海洋公园已成为以海洋为特色的综合性主题公园，娱乐休闲性更加突出，类似于“水上迪士尼乐园”。除了珍稀海洋、极地生物展示，海底隧道海洋剧场主题表演，科普馆、嘉年华、游艺设施等基本内容外，娱乐设施更加现代化，增加了四维动感影院、水幕电影海洋游乐大街、潜水馆、海洋嘉年华等娱乐活动；有的海洋公园为了丰富游憩活动内容，还建有鸟语林、热带雨林等观赏项目。海洋公园内部功能分区更加明显，更注重游客体验的营造，游憩活动项目更具特色，给游客充分的体验游乐空间，游览时间明显延长[①]。同时，由于旅游市场竞争的加剧，海洋公园开始向大规模、专业化、多功能开发转化，出现了一些连锁经营的海洋主题公园，如大连海昌集团将大连海洋极地馆的成功经营模式推广到青岛、昆明、成都、武汉等地，形成了以极地为主的主题公园品牌。我国具代表性的十大海洋主题公园有厦门海底世界、亚龙湾海底世界、太平洋海底世界、香港海洋公园、新澳海底世界、大连圣亚海洋世界、青岛海底世界、上海水族馆、长沙海底世界、杭州极地海洋公园。中国海洋主题公园发展模式主要分为：科普教育型海洋博物馆（橱窗式玻璃水箱、人造海底隧道）、观赏娱乐型海洋水族馆（水族馆＋表演＋剧场＋游乐场）、休闲游乐型海洋主题公园（大型海洋主题乐园、海洋主题文化产业链）。

（一）科普教育型海洋博物馆

科普型的海洋博物馆主要是以科普教育为主，通过展示各种鱼类或者鱼类标本，并详细介绍形成科普教育，在馆内以静态和动态两种展示方式，通过开辟专门的放映厅及摆设厅来介绍海洋各类生物的习性、生活方式等，还需在展馆一定区域放置展示板，供游客学习。由于其是静态展示，对展馆的规模及展箱的质量要求不是很高，因此费用相对较低，这类展馆一般是公益性的，大都由政府出资建设，一般是小型的水族馆或者博物馆系列，都是具备科普性的馆藏类型，在具备科普性的同时，其同样具备观赏性。（1）我国首座教育型水族馆——青岛水族馆。青岛水族馆因其具有厚重的历史和创新性，成为我国海洋生物展示、科普宣传的主要阵地。先后被评为全国科普教育基地、全国青少年科技教育基地和青岛市爱国主义教育基地，为海洋事业的发展、海洋知识的教育做出了卓越贡献。1930 年由蔡元培、李石曾、宋春舫、蒋丙然等科技先驱倡建，1932 年 5 月 8 日正式开馆，是中国海洋研究机构的前身。馆内不仅涉及海洋生物标本采集、分类、鉴定、收藏等方面，还在海洋生物的饲养、繁殖研究和海洋知识的普及教育等方面也取得了突出成绩，成为我国著名的以展示海洋生物为特色的自然科学博物馆。为体现水族馆在科普方面的专业性，1995 年青岛水族馆组织成立了由各大城市 40 余家水族馆参加的中国自然科学博物

① 耿庆汇，张娟娟．我国海洋主题公园发展分析：问题与对策［C］// 中国海洋论坛．中国海洋学会，2007.

馆协会水族馆专业委员会，委员会挂靠青岛水族馆。2010年10月，青岛水族馆和中国海洋大学合作共同创建了以海洋生物研究为主的教学科研基地，在海洋生物的研究方面为水族馆的深入、专业发展指明了方向。（2）娱乐学习体验海洋博物馆——上海探索馆。2014年11月29日在同济大学东校区开馆，是一座游览与科普相结合的新奇博物馆，深海探索馆占地近500平方米，包含“海洋纵览”“深海探索”“深海遨游”“海底观测”四部分内容，采用大量声光电等现代化展示技术，形象、直观、立体化地呈现了深海别样迷人的世界。徜徉在深海馆里，深海探索主要提供针对蛟龙号载人潜水器的介绍，机器载人潜水器的小视频供人观赏。不仅能欣赏到“黑烟囱”喷出的海底热液幻影、活跃在幽暗深海的大量珍奇生物、多姿多彩的有孔虫等海洋微体生物群，还能了解人类探索深海的进程以及深海最新的科技与发现。通过观看《深潜的梦想》《探访深海》《蛟龙号载人深潜器》等多部短片，感知人类曾经征服海洋的雄心与信心。

（二）观赏娱乐型海洋水族馆

观赏型的水族馆，是以观赏为主的水族馆，几乎没有科普型博物馆那种寓教于乐的科普活动，全馆的主要业务为接待游客前来观赏，馆内的设置一般分为静态展示和动态展示。静态展示一般为各种海洋生物的标本，带有针对标本的详细介绍；动态展示一般是活体的海洋生物，让游客在观赏之中了解各种生物的外貌及生活形态。这种单纯以观赏为目的的水族馆在我国20世纪90年代比较流行，如今随着人们追求的日渐丰富，水族馆逐渐拓展其他业务，以此寻求更多游客前来观赏，提升当地的旅游经济发展。观赏娱乐型海洋水族馆典型案例主要有:（1）徐州云龙湖水上世界。坐落在风景如画的云龙湖湖心岛上，因其造型奇特而洋溢着现代建筑雕塑的艺术气息。云龙湖水上世界原先是亚洲最大的淡水水族馆，于1994年8月建馆开业，后来在政府的大力主导下，在原先展出的淡水鱼的基础上，增加了大量的海水鱼种。如今其场馆内分为“近海奇观”“互动多媒体”“淡水生态”“热带雨林”“神秘文化”“珍稀鱼类”“海底隧道”7个主题区。近年来随着高科技的融入，游客进入馆内赏玩，犹如进入了一个风光无限、造型奇特、各种鱼类相互环绕的海底世界。在场馆建立之初，场馆主要以观赏为主，近年来随着业务的不断拓展，逐步走向综合化。

（2）福州左海海底世界。坐落于风景秀丽的福州左海公园内，展馆面积3000多平方米，展示300多种近5000尾（只）海洋动物，是一座融观赏、游乐、科普为一体的大型海洋动物展馆。左海海底世界由热带雨林馆、海底隧道、海洋鱼馆、企鹅生态馆、梦幻的水母馆、北极狐馆、海洋剧场、科普电教馆、生物标本馆、贝壳馆及海洋购物中心组成，从设计到内容构思，借鉴东南亚地区大型水族馆的先进技术经验，融中外文化于一体，以建设东南沿海最具特色的海底世界为目标，突出了海狮、海豹表演、美人鱼表演、人鲨共舞表演。同时，还设有配套项目摩天轮、升降式旋转飞椅等娱乐性活动。

（三）休闲游乐型海洋主题公园

前两类都多少会涉及娱乐元素，而以娱乐性为建设初衷的主题公园主要强调了娱乐性能，每一个项目的设计，都体现了娱乐功能。在表演中，展现的是游客与动物和驯兽师的互动性，设置的每个环节都带有参与性，游客在欣赏期间可以参与其中，感受其中的奥妙。休闲游乐型海洋主题公园典型案例：珠海横琴长隆国际海洋度假区。位于广东珠海、地处与澳门近在咫尺的中国国家级开放新区——横琴新区，由广东长隆集团首期总投资超过200亿元人民币，打造一个世界超大型综合主题旅游度假区。建设世界最大的海洋鱼类展览馆。2014年3月29日，珠海长隆国际海洋度假区三大首期项目正式对外开放。同年在美国佛罗里达州奥兰多开幕的2014国际游乐园和景点协会博览会上，全球主题公园和娱乐行业机构——主题娱乐协会宣布，珠海长隆海洋王国摘取了“主题公园杰出成就奖”，成为首个获得这一奖项的中国主题娱乐品牌。作为亚洲唯一代表闯入本年度“全球最佳主题乐园奖”提名名单，这也是中国内地主题公园首次获得这一业内顶级大奖的提名。横琴长隆海洋王国2015年入园人数超过748万人次，增长速度远超迪士尼乐园、环球影城等国际大鳄。2016年全球主题公园游客大数据，珠海长隆水上乐园世界客流第一，海洋王国客流量快速增长。2017年4月22日，第23届全球主题娱乐协会（Themed Entertainment Association）年度颁奖晚宴在美国洛杉矶举行，中国长隆集团旗下的珠海横琴长隆海洋王国5D城堡影院获得该协会颁发的“杰出成就奖”，这是本年度唯一一个获得该奖项的中国本土旅游品牌[①]。珠海横琴长隆国际海洋度假区发展模式有几个特点：一是布局丰富的产业链，包括长隆海洋世界、动物王国、摩天轮公园、海豚湾水上乐园、科幻世界、世界花园、鸟类世界、滨海沙滩公园八大主题公园。此外还兴建主题酒店、国际会展中心、体育休憩公园、国际海洋大剧院、主题购物中心、国际游艇会和生态居住区等[②]，形成集旅游景点、酒店餐饮、娱乐休闲于一体的欢乐体验大联合的旅游王国。丰富的产业链，让长隆的"雪球"越滚越大，形成整体板块的"洼地效应"。原有的产业和产品，对新产品的人群聚集和口碑传播产生了根本性的影响。同时，新项目的崛起，又丰富完善了板块内的产业链，从而使得长隆旅游度假区的竞争优势得到进一步的增加。二是打造世界领先的特色设施。长隆海洋王国全面整合珍稀的海洋动物、顶级的游乐设备和新奇的大型演艺，全力打造世界顶级、规模最大、游乐设施最丰富也是最富有想象力的海洋动物为主题休闲公园。拥有世界最大的海洋主题乐园、全球首创大型游乐设施与珍贵动物展区相结合的独特设计、亚洲第一台飞行过山车、轨道全球最长、亚洲第一台水上过山车、世界最大的海洋馆和亚克力玻璃、世界最庞大的海洋主题花车巡游阵容等。长隆海洋王国海洋馆同时荣获五项吉尼斯世界纪录，馆内饲养有不同品种的珍奇鱼类多达 15000 条，是整个珠海长隆国际海洋度假区世界领先实力的一个惟妙惟肖的缩影。三是盈利模式多元综合收益。产品和功能的综合化、多元化，除门票外还提供海洋大街购物消费、酒店度假消费、国际马戏城消费、海底景观餐厅、船长西餐厅、渔港食街雅叙廊、长廊、珊瑚自助餐厅、亚马逊自助餐厅、西餐及日本料理等高档美食消费，以及大型多功能会展消费，使得其盈利模式综合化、多元化，提供多元化超级体验，给消费者带来极致享受，为企业带来高服务附加值。四是服务上针对性强且贴心。给游客留下美好印象的不仅是长隆各种世界领先的游乐设施及产品，还有长隆员工热情的微笑与周到的服务。游客在长隆都可以找到被重视、被尊重的感觉，服务员主动打招呼问

① 人民网 . 中国长隆集团再次荣获全球主题娱乐协会大奖［EB/OL］.http://world.people.com.cn/n1/2017/0423/c1002-29229853.html.

② 涂善忠，谭广文，曾非凡，等.珠海市横琴岛长隆海洋度假区树种规划［J］.广东园林，2012(4)：49-53.

好，微笑回答游客的问题。小孩子在长隆更是享受 VIP 的待遇[①]。五是推广上采取娱乐营销、紧贴市场。以娱乐营销为主导，通过广告推广、新闻宣传、事件策划等整合传播方式，与深受年轻人喜爱的节目结合，全面紧贴目标市场，大力推广“亲子游”理念，为长隆打造“世界级民族旅游品牌”奠定了坚实基础。长隆的电视广告连续多年登陆中央电视台和凤凰卫视。与顶级媒体和顶级电视节目强强联手，极大地提升了长隆在主流媒体上的影响力，其“娱乐营销”战略已经成为一本实用的市场推广教科书[②]。

另一个典型案例是大连圣亚海洋世界。中国唯一以人造景观为主营业务的上市企业大连圣亚于 1994 年 1 月成立，2002 年上市，1995 年建成的大连圣亚海洋世界是我国第一座建成并对外开放的第三代水族馆——海底通道式水族馆，海底通道长达 118 米。成功做法及模式主要有：一是开发自己的 IP，2012 年提出打造“大白鲸计划”原创海洋主题泛文旅产业链，以“大白鲸”为统一品牌，上游为海洋主题原创儿童文学，中游为主题动漫、影视、舞台剧、游戏及动漫衍生品等，下游为“海洋文化 + 复合业态”的模式，包括第五代海洋公园、水（海）岸城等文化旅游休闲及城市配套复合型产品。截至 2015 年年底，公司旗下室内儿童主题乐园项目在全国 26 座城市开业 32 家分店，涵盖主力店、社区店与旗舰店，作为公司管理输出项目，处于开店拓展期的儿童乐园虽尚未为公司带来明显的收入利润，但“大白鲸世界”的品牌影响力逐步提升，带动公司其他板块的发展。二是精准市场定位、打造独特消费场景。大连圣亚海洋世界着力打造“世界第一座情景式海洋主题乐园”，突出“情景”，推出了一系列颇具看点，娱乐性、艺术性皆为上品的海洋极地动物表演。其中《海豚湾之恋》更是堪称我国最梦幻、最打动人心的海洋大戏。大连圣亚海洋世界的合理定位，找到了合适的突破口，对彰显自己的旅游资源优势起到了重要作用。三是采取灵活的价格机制吸引游客，采取灵活多变的价格策略，适当地降低门票价格，只是吸引客源的一个原因，在原有票价的基础上制定出一个灵活多变的价格变动体系则显得更为行之有效。主题公园的旅游旺季多在 5—9 月和春节期间，大连圣亚海洋世界适时推出优惠活动。四是注重公益活动，打造文化品牌。大连圣亚海洋世界作为“中国第一家海豚辅助康复儿童孤独症训练极

① 深度剖析长隆成功之道［EB/OL］. https://weibo.com/p/1001603877500500477553.

② 长隆集团：崛起的游乐世界［EB/OL］. http://pinpai.ccipp.org/case/detail/1032.html.

地”，率先突破海豚辅助康复儿童孤独症的常规手段，在救助孤独症儿童的同时，也在呼吁社会共同奉献爱心。公益事业并不能为以营利为目的的主题公园带来直接的利润和收益，但能够不断提升和完善主题公园的价值观，将追求良好人文环境、追求社会真善美的价值取向传达给社会大众，树立良好口碑。五是推出参与体验性强的活动。大连圣亚的两场动物表演“海豚湾之恋”和“功夫海象”中都加入了与观众互动、请观众参与表演的环节，并在表演后留出与白鲸、海豚等海洋动物亲密接触的时间；在圣亚海洋世界、珊瑚世界与极地世界三个场馆中也有常设观众体验项目，海洋生物触摸池、互动问答、喂斑海豹等，让游客亲身感受海洋与极地动物的奇妙。一些参与性强的娱乐活动能作为园内的一大亮点，吸引更多的游客前来，也能让游客对主题公园的特点有更进一步了解（图 5–1）。

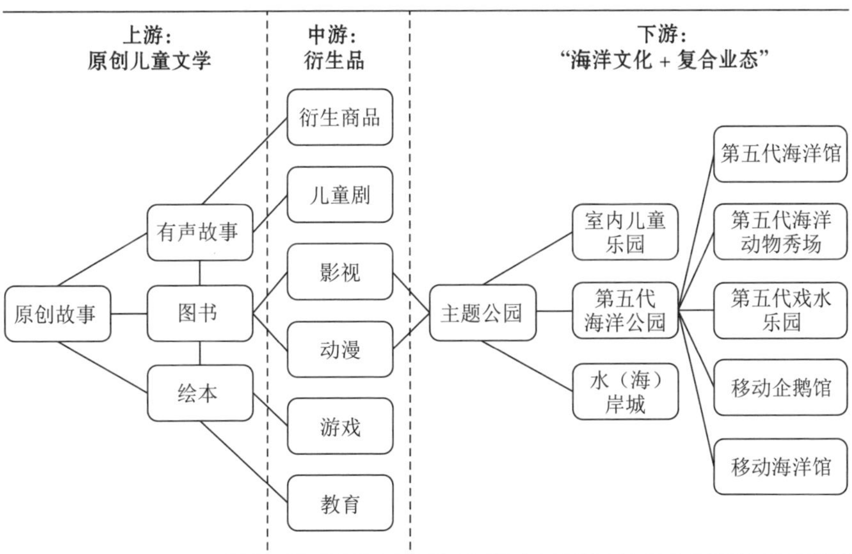

图 5–1　大连圣亚 IP 开发模式

资料来源：公司官网，中银证券。

另一个典型例子是海昌海洋公园。海昌海洋公园是中国领先的主题公园及配套商用物业开发及运营商，通过园内游乐项目以及公园周边的配套商用物业为游客提供综合性的游览、娱乐、休闲、餐饮及购物体验。目前，公司在大连、青岛、天津、烟台、武汉、成都及重庆拥有 8 个主题公园，其中 6 个海洋主题公园、1 个冒险主题游乐园及 1 个水世界，在上海和三亚拥有 2 个在建大型项目。相继有大连老虎滩海洋公园、青岛极地海洋世界、成都极地海洋世界、天津极地海洋世界、烟台鲸鲨馆、武汉极地海洋世界六家海洋主题公园启动营业。后来，海昌旅游向海昌房地产收购烟台渔人、天津极地、成都极地和武汉极地、大连发现王国、重庆海昌加勒比海。其发展模式主要经验：一是打造独特的主题公园品牌 IP，利用鲜明、丰富的极地海洋文化优势，以萌趣极地海洋动物为原型，引入国内外顶尖创新资源及团队，在提炼企业文化的基础上，自主研发“神形兼备”的系列动物形象 IP。海昌海洋公园 IP 自主研发的理念是不只要形象 Q 萌，更要注入正能量的世界观，塑造“万物有灵”故事和角色个性，把极地探索、海洋科普、生命关爱等知识和价值观，通过趣味化、有寓意的故事，以不同的媒介及应用终端，传播给千千万万的游客，特别是亲子客群[①]。公司丰富并推广自主卡通形象动物族谱，并将自主研发的美人鱼主题 4D 影片《海洋之光 • 珍珠保卫战》在现有主题公园内放映。此外，公司还聘请人气作家及实力插画团队开发海昌自有版权的海洋暖心系列绘本图画。从绘本、表情包、4D 影片、舞台剧、大电影到主题餐饮、海昌优品、动物 IP 主题酒店，这些产品与海昌海洋公园及其全国布局的实体公园经营融会贯通、相辅相成，同时实现海昌海洋公园线上线下多个领域的共荣。海昌海洋公园“有梦、有爱、有快乐”的企业核心价值主张，也通过若干有灵魂的动物 IP，深入人心，陪伴一代代儿童快乐成长。二是创新开发互动娱乐项目。海洋公园以极地、海洋动物展示区为主，目标客群为家庭游客，开发儿童互动娱乐项目。互动科技儿童娱乐方面，公司借助了互动多媒体技术，研发海洋主题的嵌入式娱乐项目以及小型极地海洋主题巡展项目。2015 年 9 月，公司的首个嵌入式娱乐试点项目“海昌海洋光影乐园”在沈阳开业；2016 年 6 月，第二家嵌入式儿童互动娱乐项目“美人鱼光影乐团”在成都开业。还开发了集移动巡展、组合式拆装、主题科普、多媒体技术等元素于一体的“移动海洋嘉年华”产品。

---

① 青岛海昌极地海洋公园：从符号到文化的探索［EB/OL］. http://wb.qdqss.cn/html/qdrb/20180417/qdrb313429.html.

三、中国海洋主题公园现存问题与对策建议

（一）我国海洋主题公园布局不均，选址要做好区位和市场评估论证

绝大部分海洋公园分布在我国经济发达的东部省份，我国海洋主题公园深受区域经济水平的影响，与城市群的发达程度也存在很大关系，如环渤海城市群最多、长江三角洲城市群与珠三角城市群次之。一些地区出现重复建设。在海洋主题公园建设之前，需要进行严格的市场调和系统的统计分析。既要调查需求情况，在有效范围内居民的消费水平和消费偏好，也要调查供给状况，即在一定距离内其他娱乐设施的分布状况。区位条件评估市场论证不仅在海洋公园筹建之初要做，即使再增加项目、扩大规模时也要进行，不能盲目新建或扩建。

（二）我国海洋主题公园特色不突出，同质化严重，要注重打造IP、产品创新、加强管理创新

我国海洋主题公园有些以建筑造型吸引人、有些以饲养及馆藏规模吸引人、有些以饲养水平取胜。但总体依然缺少突出特色，没有形成品牌形象。如大部分海洋公园或长或短都有一个水底隧道，隧道内混养多种海洋生物。另外，我国海洋主题公园目前大多还限于鱼类、水族的展示，缺乏完整的主题特点。海洋公园需要根据社会需求并结合自身特色，精心策划推出含有丰富创意的新景点、新项目或新活动，尤其是动态性与参与性的主题活动。经营方式要灵活，如大连圣亚海洋世界曾与湖南电视台的“勇往直前”合作，提供给电视台做节目背景或娱乐节的场所，这样对提升公园的知名度与档次都有很大的帮助。海洋主题公园的发展不仅是资金、资源的优化配置，更重要的是智慧、策略、能力和人才的创新。因此，要加强管理改革，使公园有一个良好的经营环境，员工有一个和谐的工作环境。注重员工的管理培训，通过严格的培训和标准化的服务规则，使游客得到高品质的服务。①

① 耿庆汇，张娟娟. 我国海洋主题公园发展分析：问题与对策［C］. 中国海洋论坛. 中国海洋学会，2007：30–35.

（三）门票价格偏高，周边产业不足，要拓展多样化的盈利模式，延伸产业链

海洋主题公园的基本建设需要特殊的建材和建筑工艺，日常的饲养、水族品种的消耗和补充、防疫、水体调整和对外展示等，运营成本高，因此需要巨额投资。游客的二次消费很低，餐饮、商品等各方面的消费很少，导致海洋主题公园盈利模式较为单一。多数海洋主题公园所有者与管理者们想尽快回收投资，只能依靠较高的门票价格，而相对较高的门票价格使很多低收入旅游者望而却步。同时周边相关产业开发力度也较为缺乏，配套产品如纪念品、影视产品等商品以及餐饮、住宿等其他营利渠道仍处于起步阶段，大多数主题公园的衍生产品收入占主题公园整体收入的比例很小，没有形成一个完整的产业链条。要打造集食、住、游、购、娱、养、学等元素为一身的海洋主题公园综合体。把海洋主题公园与周边商业购物、主题酒店、主题餐饮、房地产开发等多种产业加以融合，互相依托、互相促进，形成以海洋主题公园为核心吸引，以各种周边产业为主要盈利点的综合体系。发挥整体效益，从各个产业、各个角度向游客展示海洋主题公园的特色文化，全方位吸引游客、留住游客，提升综合收益[①]。

第四节　中国海岛旅游发展

海岛旅游是海洋旅游中最受人欢迎的出行选择，也是全球旅游产业中发展速度最快的业态之一。海岛旅游以海岛为依托，凭借岛上特有的自然和人文旅游资源，以满足游客观光休闲、避暑疗养、回归自然、放松身心等需要。我国旅游需求不断释放和升级，海岛旅游成为新需求点，国家和各地出台的相关政策也促进了海岛旅游发展。

一、中国海岛旅游基本概述

我国海岛旅游开发起源于 20 世纪 70 年代末，主要集中在海南、山东、福

① 王秀明 . 新时期山东省主题公园发展研究［D］. 曲阜师范大学

建、浙江、上海等沿海地区，海岛以海岛区域为旅游目的地，决定了海岛旅游既有内陆的旅游特点，又兼顾海洋旅游特性。海岛远离大陆，犹如与世隔绝的世外桃源，游客可以在岛上静下来慢慢感受海岛的独特魅力，身心得到了放松，非常适应游客休闲旅游。海岛旅游资源和旅游产品均依托海洋和海岸带而存在，如海岛气候与地貌以及生物资源等，海岛旅游最具吸引力的就是海洋特性。此外，海岛生态环境较为脆弱，要求旅游开发运营中要特别注意生态环境保护[①]。

我国海岛旅游发展快速，在依托沿海发达经济区发展的基础上，我国海岛以其特有的区位、资源和环境优势，取得了快速发展，特别是我国实施海洋发展战略以来，已成为海洋经济和海洋旅游发展的新的增长点[②]。从海岛开发的历史看，1985 年我国首次召开全国海岛工作座谈会，海岛旅游的开放与开发引起决策者的关注，1988 年国家先后建立了三批海岛开发、保护和管理试点，2003 年国家颁布《全国海洋经济发展规划纲要》提出要发展海岛休闲度假旅游，随着旅游市场需求的快速增长和海洋开发战略的实施，海洋海岛旅游的开发日益得到重视。2010 年海南省政府发布《海南国际旅游岛的建设发展规划纲要》规划了海南海岛旅游的发展路径。国家旅游局将 2013 年定为“中国海洋旅游年”，并与国家海洋局签署了《关于推动海洋旅游发展的合作框架协议》，共同致力于把发展海洋海岛旅游作为建设海洋生态文明、实现兴海富民以及推动海洋经济持续、健康、快速发展的增长点。2015 年国家提出《关于全面推进海域资源市场化配置的实施意见》政策，全面推进海岛旅游资源的市场化配置，至 2017 年《国民经济和社会发展第十三个五年规划纲要》和《平摊国际旅游岛建设方案》的相继出台有效地促进了我国海岛旅游业的发展。

二、中国海岛旅游发展特点与模式特征

我国海岛旅游市场持续升温，2017 年我国共接待海岛旅游人数 9836 万人次，海岛旅游总收入达 897 亿元；我国公民出境海岛旅游人数突破 4000 万人

① 孙静，楚英英 . 海岛旅游开发问题与对策研究［J］. 绿色科技，2020（15）：199–201.

② 张振克，张云峰 . 当前我国海岛开发中存在的关键问题与对策［A］// 浙江省海洋学会，浙江省海洋与渔业局，国家海岛开发与管理研究中心 .2010 年海岛可持续发展论坛论文集［C］. 浙江省海洋学会、浙江省海洋与渔业局、国家海岛开发与管理研究中心：浙江省海洋学会，2010：18.

次，创造旅游收入总量超1.2万亿元，海岛旅游业已发展成为我国海洋经济产业结构中的核心支柱（占比42.1%）。未来在国家政策的持续推进、消费升级拉动、基础设施完善和价格优势明显等优势的促进下，我国海岛旅游将会得到较大发展空间。

（一）推进全国海洋经济发展试点区、加快国际旅游岛建设

2016年，《国民经济和社会发展第十三个五年规划纲要》指出，要创新海域海岛资源市场化配置方式，深入推进山东、浙江、广东、福建、天津等全国海洋经济发展试点区建设，支持海南利用南海资源优势发展特色海洋经济，建设青岛蓝谷等海洋经济发展示范区。同年《"十三五"旅游业发展规划》指出，"十三五"期间我国将大力发展海洋及滨水旅游，加大海洋海岛旅游投资开发力度，建设一批海岛旅游目的地。加快海南国际旅游岛、平潭国际旅游岛建设，推进横琴岛等旅游开发。支持平潭国际旅游岛、福州新区、江苏昆山等建设成为两岸旅游产业合作示范区。制定邮轮旅游发展规划，有序推进邮轮旅游基础设施建设，改善和提升港口、船舶及配套设施的技术水平。

（二）有效利用海岛生态，鼓励新建国家海洋公园

近些年，我国不断加强海洋海岛的生态环境保护工作。在海域和海岛的使用管理方面，2001年全国人大常委会颁布了《中国人民共和国海域使用管理办法》，正式确立了中国的海域使用管理制度。2009年颁布的《中国人民共和国海岛保护法》，确立了保护与合理开发并重的海岛管理制度，将海岛划分为有居民海岛、无居民海岛和特殊用途海岛三类分别进行管理。2010年海洋局颁布的《海洋特别保护区管理办法》指出，为保护海洋生态景观、历史文化遗迹、独特地质地貌景观及周边海域建立海洋公园。国家级海洋公园是发展海洋海岛旅游的重要载体。海洋海岛保护成为促进海岛生态旅游发展的重要手段，海洋海岛保护工作不断强化，海岛旅游发展日益受到重视。

（三）重点开发海岛旅游娱乐业态，形成特色海岛旅游

2008年，国家海洋局发布《关于为扩大内需促进经济平稳较快发展做好服务保障工作的通知》，提出要加快推动以无居民海岛为主的海岛开发和建设，

不仅要加强相关政策支持，还要发展特色经济。2011 年，国土部发布《无居民海岛保护和利用指导意见》，推进无居民海岛的合理开发利用，规范无居民海岛使用秩序，科学指导县级（市级）无居民海岛保护和利用规划。2016 年，国家海洋局印发《无居民海岛开发利用审批办法》，加强对无居民海岛的保护与管理，进一步规范无居民海岛开发利用审查批准工作，明确无居民海岛开发利用的申请审批、批复登记等具体内容。以上政策都明确了无居民海岛开发和发展的必要性和重要性。2011 年，国家海洋局公布了首批 176 个可开发利用的无居民海岛，旅游娱乐用岛占据绝大部分，共有 104 个，加强无居民海岛的开发利用将加快我国海岛旅游发展的步伐。

（四）注重消费需求和生态功能，合理开发近岸海岛

2016 年，《全国海岛保护工作“十三五”规划》指出，要通过促进海岛经济发展，全力推进我国 21 世纪海上丝绸之路和智慧海洋建设的总体战略。一是要以创建和美海岛、规范无居民海岛利用为抓手，建立无居民海岛开发利用的引导和约束机制，探索用岛模式，推进海岛地区经济发展。二是合理开发近岸海岛，支持边远海岛发展，推进海岛资源开发利用由注重生产要素向注重消费要素和生态功能转变。在合理利用海岛自然资源的前提下，主动对接海洋经济发展示范区建设，保障重大项目用岛需求：支持海南国际旅游岛和舟山、平潭、横琴等国家级涉岛新区的开发开放；扶持辽宁长兴岛、上海长兴岛、浙江大榭岛、浙江玉环岛、浙江洞头岛、福建东山岛和广东南澳岛等重点海岛产业集聚区发展。三是推动国家出台支持海岛经济发展政策，鼓励近岸海岛多元化保护利用，扶持边远海岛发展；推动边远海岛交通体系发展，支持码头、桥梁道路等交通基础设施建设。

（五）创新融资方式，加大支付及补助力度

2010 年《国务院关于推进海南国际旅游岛建设发展的若干意见》指出，在投融资政策上，支持符合条件的旅游企业发行企业债券，设立旅游产业投资基金。2016 年，《全国海岛保护工作“十三五”规划》指出，在投融资模式上，要增强多元投入，充分利用好中央财政资金和海洋开发性金融支持，此外要建立多渠道、多元化的投融资机制，充分发挥财政性资金的引领和示范作用，

积极推广政府与社会资本合作（PPP）模式，引导和鼓励社会资金参与海岛保护。国务院印发《关于同意平潭国际旅游岛建设方案的批复》指出，在投融资政策上，加大对平潭国际旅游岛建设投资支持，在基础设施、生态建设、环境保护和社会事业等方面安排中央预算内投资等资金时，赋予西部大开发政策。相关专项建设基金要加大对平潭重大项目的支持，鼓励福建省设立平潭旅游产业发展促进基金，加强对平潭旅游企业和重大项目的融资支持和服务。支持企业通过政府和社会资本合作（PPP）模式在平潭投资、建设、运营旅游项目，引导社会资本广泛参与旅游相关产业投资。

三、中国海岛旅游现存问题和对策建议

（一）旅游产品开发深度不够，产品雷同，需以文化为魂，打造特色化、个性化海岛旅游产品

旅游行为有三个层次：一是观光旅游，享受自然和人文景观；二是娱乐旅游，是以娱乐为基础、可以增强和丰富旅游活动的内容，属于旅游行为的提高层次；三是专业旅游，如宗教朝拜、修养疗养、考察调查、出席会议等。随着经济的快速发展，越来越多的海岛游客已经不仅仅满足于时间较短的观光游，旅游活动层次已从第一层次逐渐提高到第二、第三层次。与海岛游客日益增多的旅游需求相比，国内的众多海岛虽然资源潜力很大，但因开发不足或尚待开发不能满足游客的需求而游客稀少。随着岛屿旅游业的逐渐兴起，虽然各地海岛加大了开发的力度，但开发模式大多雷同。在这些已开发的众多海岛中，除了少数开发较早的著名海岛创建了海岛娱乐中心、游艇俱乐部、高尔夫球场、度假别墅以及海上运动等外，大多数海岛的旅游开发还停留在海水浴阶段，旅游产品多以滨海游和渔家游为主，而沙滩游泳、海景观光在海滨旅游就可以实现，渔家体验更是屡见不鲜的滨海旅游项目。这使海岛不具备长久的吸引力，不能吸引更广泛的游客驻足，同时使游客去了一个海岛就没有去其他海岛的欲望。这也使越来越多中高端游客选择出境海岛游。可以说，旅游产品的开发还不够深入，产品的相似性在一定程度上影响了中国岛屿旅游业的进一步发展。

因此，需以文化为魂，深入挖掘各海岛特色，打造特色化、个性化海岛旅游产品。文化是海岛旅游的灵魂，海岛旅游一定要体现海岛特色，注重对海

岛文化的挖掘。我国海岛拥有特有的海岛文化，如海岛的渔家习俗、渔谣以及海岛美食都是海岛独有的文化。海岛文化一直受大陆文化的影响。不同海岛之间，文化也存在一定的差异。如舟山群岛的舟山民间谜语，广鹿岛的洒酒祭海和长海号子等。以海岛文化为切入点，构建差异化海岛，为海岛旅游注入文化内涵，增加海岛旅游的深度。深度挖掘，打造“海岛+”体验项目。随着旅游市场需求发生着变化，旅游者对体验性的旅游项目更加向往。我国虽然是海洋大国，但不是海洋强国。海岛旅游可以开展体验式旅游项目帮助游客认识海洋、了解海洋文化。开展“海岛+体育”项目。海上体育项目对陆地人们具有强烈的吸引力。看海只能获得视觉享受，海上体育项目可以让游客深入感受海洋的乐趣。如环海岛自行车赛以及徒步旅行。引进游艇、冲浪等水上体育项目，发展海洋休闲垂钓项目。开展“海岛+教育”项目。海岛可以与旅行社展开合作推出海岛研学旅行项目，推出具有海洋文化教育的旅游项目，寓教于游。针对家庭，开展具有海岛特色的亲子运动会，通过孩子带动家庭成员参与。

（二）我国海岛基础设施建设薄弱，服务质量不高，急需加大基础设施建设，为旅游提供保障

由于海岛远离陆地，所以海岛地区的发展比较落后，再加上我国海岛旅游的开发起步较晚，导致岛上基础设施建设更加薄弱。目前岛上淡水资源和电力资源稀缺，卫生环境较差，诸多海岛普遍缺乏完善的保障措施，所以在许多方面不能达到一个合格的标准。但是基础设施的完善必然要以大量的资金投入为代价，因此海岛旅游开发成本非常高。所以，现阶段由于海岛资金基础有限，我国海岛地区基础设施建设还处于滞后状态，供水供电等配套设施还不完善。而且海岛与外界以及各海岛间的交通联系比较单一，主要依靠海上运输，交通方式主要为轮船，速度慢，受天气影响较大，抗灾害能力较差，景区可进入能力有限。旅游接待服务设施中农家饭店数量较多，高规格的旅游接待能力尚未进一步扩大。因此，我国需加快推动海岛基础设施建设，同时基础设施建设应顺应海岛生态环境①。一是建设海岛民宿。民宿起源于日本，主要是利用当

① 杨洁．国外海岛旅游的成功经验对我国海岛旅游发展的启示［D］．辽宁师范大学，2009.

地闲置房屋打造小型住宿产品。民宿住宿产品对开展海岛旅游体验具备很大的参考价值。借鉴国际海岛开发模式，设计一座与海岛自然与人文相融的海岛民宿，游客住海岛民宿，近距离感受海岛文化风情。二是建设海岛露营基地，为游客提供户外露营体验。以海岛露营体验吸引游客过夜。围绕海岛露营开展具备海岛特色的旅游项目，如抓海鲜、沙滩足球、夜泳、篝火晚会、看日出等。三是构建海岛交通网络。高效、便捷的交通是海岛旅游的首要条件。目前我国海岛都存在交通不便的情况，不仅是陆地到海岛的交通不便，岛上的交通也是一大问题。海岛需要构建交通网络。陆地到海岛建设机场，增加交通的可进入性，突破仅有船只或轮渡等单一交通的藩篱。海岛内部要设置多种交通工具，如出租车、公交车以及自行车、摩托车等，满足游客不同的游览需求。

（三）空间开发竞合机制不协调，协作观念差，需统筹海岛旅游开发，落实海岛开发与保护政策

海岛内各部门之间存在诸多不协调，包括法律不完善、协调体制不健全等，如一些地方的海洋资源开发管理机构不协调，基本上是以行业为主，部门之间没有一个统一规划、协调、治理的管理机构，最终导致多头管理，秩序混乱。此外，各个海岛间的旅游开发形式类似，各岛之间自立门户、自主经营，彼此之间无序竞争，产品档次低，旅游效益低。全国的海岛旅游开发缺少统一的思想和统一的行动，缺乏统筹规划和对产品整体性的策划，这导致空间整体协调性不足，使得海岛旅游开发项目重复建设现象严重、产品种类单一。各个岛屿之间也只顾自身的开发和彼此间的竞争而忽视了相互协作的重要性，缺乏宏观的竞争与合作的协调管理机制，这势必会带来不必要的竞争和环境的破坏，不利于海岛旅游业的整体发展。

因此，需从国家层面确立海岛旅游地方经济主导产业的战略地位，将海岛旅游开发纳入海岛社会经济总体规划。采取政府主导型战略，由国家发改委与海洋局等主管部门牵头，立足于国内海岛休闲旅游开发现实，结合全国海洋功能区划和沿海各省市旅游开发规划，编制全国海岛休闲旅游开发与保护规划及各省市海岛旅游开发实施方案。按照相互协调、突出特色、错位发展的原则，充分发挥各地海岛的旅游资源优势，多部门密切合作，广泛征求各方意见，合理界定主要海岛休闲旅游开发的功能定位，确定各具特色、相互促进的海岛旅

游开发模式，优化配置海岛旅游开发基础设施建设。协调具有不同休闲旅游开发适宜性的海岛开发布局，引导地方政府将海岛旅游开发与保护纳入地方社会经济发展总体规划，并出台相应的海岛开发与保护法规条例来落实国家海岛开发与保护政策，确保海岛旅游开发的可持续性。

（四）海岛旅游发展与环境问题矛盾突出，需建立合理的海岛资源开发模式，推动海岛资源可持续利用

在岛屿地区，存在诸如淡水资源有限和恶劣天气频繁发生的问题。气候变化引起的冰川融化、海平面上升问题，海洋生态破坏和自然灾害问题等加剧了本就脆弱的海岛地区的发展。陆岛通道和围海相关工程在一定程度上改变了岛屿及其周围水域的自然环境状况，对周围海域造成严重污染。另外，由于缺乏严格的旅游监管体系，以及在开发中忽视了对环境的保护，导致海岛地区的自然生态环境十分脆弱。不仅大量的植被和土壤遭到了破坏，海洋生物物种也在迅速锐减，海洋生物多样性逐步丧失。而且建设过程中的垃圾和废水向海里倾倒，游客乱扔垃圾、乱倒脏水等现象也时有发生。这些严重威胁了岛屿正确和有效的利用，成为海岛旅游业发展道路上的一个绊脚石。因此，需突破传统思维，采取多种有效的方式来提高海岛资源利用效率，突破海岛资源与环境瓶颈是确保海岛可持续发展的关键。在海岛能源开发上，要充分利用海岛本地的风能、太阳能及生物质能等新型可再生绿色能源的开发，确定适合不同海岛开发需要的能源开发模式，减少海岛对外来能源的依赖，特别是要尽量减少海岛能源基础设施建设所带来的不良环境影响。制定合理有效的适宜海岛发展的建筑标准，大力推动环保住宅建设，推动节能利用，使海岛旅游开发中的能源消耗实现最小化，能源利用效率最大化；科学设计与规划海岛淡水供给体系，建立水资源再利用系统和海水淡化及直接利用系统，引导游客节水行为，并推动一切可能的措施来节约水资源，提高海岛有限水资源的利用效率。同时在旅游基础设施建设与旅游产品设计中，要充分考虑到水资源的循环利用，避免旅游开发对海岛蓄水层、水道及海岸带的水质污染，尽力缓解与当地传统活动的水利用竞争，避免过度的海岛休闲旅游开发影响到海岛水资源供给的平衡；在垃圾处理上，要提高海岛游客的消费意识，使游客认识到海岛与大陆在垃圾处理上

的差异。采用环保的海岛产品采购、生产与服务体系，从源头阻止。①

第五节　中国海洋旅游其他新业态发展

海洋旅游的内容包括在海滨地区、近海、深海、大洋的各种旅游休闲现象，包括海洋旅游建设、滨海配套基础设施建设和旅游活动，涉及酒店、餐饮、滨海别墅、旅游码头、零售业、休闲游船、海岸生态旅游、邮轮游艇旅游、潜水、休闲垂钓、帆船绕桩赛、摩托艇、拖拽伞、香蕉船等许多业态。近年来，海洋运动等海洋旅游新业态快速发展，海洋旅游最具特色和最有吸引力的海钓、探险和富有参与性、挑战性、刺激性的潜水和海上体育运动、南极旅游等项目受青睐。

随着人民生活水平不断提升和旅游消费升级，潜水、帆船、帆板、滑浪、冲浪、海钓等各类海洋旅游快速发展，成为消费新热点。国家体育总局发布了《水上运动产业发展规划》，水上运动以旅游、娱乐、探险、竞技等为主要形式，依托于我国丰富的海洋等资源，为大众提供基本公共服务和公共产品，使其成为健身休闲产业的重要支撑。

一、潜水、冲浪、帆船等海洋运动

潜水的原意是为进行水下查勘、打捞、修理和水下工程等作业而在携带或不携带专业工具的情况下进入水面以下的活动。后潜水逐渐发展成为一项以在水下活动为主要内容，从而达到锻炼身体、休闲娱乐的目的的休闲运动，广为大众所喜爱。有昼潜、夜潜，水肺潜、浮潜、半潜观光，岸潜、暗礁潜、深海船潜等各种类型的潜水项目。随着消费升级的脚步，潜水这种看似高端的休闲娱乐运动也呈现出大众化的趋势。中国的潜水产业发展较之欧美等发达国家和地区还有一定差距，根据中国潜水运动协会的统计，近年来全国潜水产业以每年 30% 的速度增长，潜水运动日益受到追捧，潜水产业向规模化、标准化、专业化发展，潜水产业正变成融合了休闲、娱乐和观光的蓝色产业。

① 王圣，孙吉亭. 山东海岛旅游发展现状与对策探讨［J］. 海洋开发与管理，2011，28（1）：91-95.

帆船是依靠自然风力作用于帆上而推动船只前进的一项运动，帆船比赛用的通常是由船体、桅杆、舵、稳向板、索具等部件构成的小而轻的单桅船，现代帆船始于荷兰，1870 年美国和英国首次举行横渡大西洋的美洲杯帆船赛。1896 年被列为首届奥运会比赛项目，1900 年再次被列为奥运会比赛项目。中国帆船协会发布了《中国帆船帆板运动协会章程》《中国帆船帆板运动协会会员管理制度》《中国帆船帆板运动协会竞赛管理制度》等，促进帆船运动发展，随着中国水上项目推广，帆船运动正快速成为中国内陆及沿海城市广为普及并喜闻乐见的体育休闲活动，中国各地每年举行一定规模帆船比赛近百场。

冲浪是以海浪为动力，利用自身的高超技巧和平衡能力，搏击海浪的一项运动。运动员站立在冲浪板上，或利用腹板、跪板、充气的橡皮垫、划艇、皮艇等驾驭海浪的一项水上运动。冲浪作为竞技运动在中国的发展尚不成熟，但大众冲浪运动发展潜力巨大。随着冲浪运动进入奥运，引导社会力量共同参与冲浪运动发展，各地打造有海岛风情与冲浪基因的多元系列，以更加贴切、接地气的方式，把冲浪文化带给城市里的人们，正在引起新一轮的冲浪运动和冲浪文化潮流。

帆板运动是介于帆船和冲浪之间的新兴水上运动帆板项目，帆板由带有稳向板的板体、有万向节的桅杆、帆和帆杆组成。运动员利用吹至海上的自然风力，站到板上，通过帆杆操纵帆使阀板产生速度在水面上行驶，改变帆的受风中心和板体的重心位置在水上转向。因和冲浪运动有密切关系，故又称风力冲浪板或滑浪风帆。

摩托艇运动是用摩托艇作为工具的一种水上竞技活动。它不仅能丰富群众文化娱乐生活，同时还可以锻炼人们的体质和勇于同大自然搏斗的顽强意志。摩托艇运动是一项水上综合性的技术活动，要求运动员熟悉并适应水上生活，具有航海基本知识、驾驶船艇和使用小型高速发动机的技术。摩托艇体积小，重量轻，速度快，操纵简单，易于维护，运输方便，航行时不受航道限制，经济实用，国内外已把摩托艇普遍用于国防、治安、生产建设和生活等各个方面。

沙滩排球是一项在世界广受欢迎的沙滩运动，沙滩排球比赛对场地和器材的要求比较少，比赛时又能充分享受阳光、沙滩和海水，这项运动受到了广泛的关注和发展，并被誉为“21 世纪最杰出的运动”。由于观众踊跃，收看转播的人较多，因此促进了沙滩排球的商业化发展。商业化程度的提高，又同时促进了职业化的发展，职业化又加速了运动水平的提高。运动水平的提高，会使比赛更加精彩，从而又能吸引更多的观众，沙滩排球的发展已形成良性循环。良性的循环将对这一项目的发展与提高，有着积极重要的意义和作用。

二、海钓等旅游新业态

海钓，一般可以分成礁石钓、海岸钓和船钓三大类。海钓是集渔业、休闲游钓、旅游观光于一体的休闲活动。海钓既是高雅的休闲活动，也是高度刺激又富有乐趣的竞技运动，欧美发达国家已有上百年的发展历史，与高尔夫、骑马、网球被列入四大贵族运动之一。海钓旅游以海洋为环境，以海洋鱼类为猎物，在钓鱼的过程中又能体验航海乐趣、欣赏海洋美景、品尝海鲜美食，是一项综合型的海洋旅游项目，具有较强的海洋特征。海钓旅游是一种运动，海钓的过程中要进行攀岩、登山、航海、游泳等体力活动，还要背着沉重的装备徒步行走，是一项非常锻炼身体和磨炼耐性的运动项目。海钓旅游要求游客亲身参与航海、钓鱼等活动，游客通过参与这些活动获得新奇、刺激、坚持、收获的体验。据不完全统计，中国有一亿人的海钓大军[①]。

我国垂钓文化历史悠久，据文物考证始于尧舜时代，最早关于垂钓的文字记载见于2000多年前的《诗经・季风》有“濯濯竹竿，以钓于淇”的诗句，古代名人崇尚垂钓，留下了大量关于垂钓的典故和文艺作品。在中国古籍中，庄子笔下曾记载任公子蹲于会稽垂竿东海期年后钓得大鱼的故事，《山海经・大荒南经》中有张弘之国，善在海上捕鱼的记载以及西汉铜镜的镜纹中有张弘以鸟为饵捕鱼的图像。我国海岸线绵延18000多公里，海鱼品种多，常见的有70多种，适宜海钓的主要有黄鱼、鳕鱼、鳕鱼、海鲸、带鱼、石斑鱼、鳗鱼等。海水鱼比淡水鱼类更凶猛，见饵即咬，因此比淡水钓更易收获，且海洋面积广大，垂钓对象有暖水性、温水性和冷水性鱼类；水体深，有上、中、下层水的鱼类多样，垂钓更具刺激性和乐趣。海钓产业可以带动船艇租赁、导钓服务、渔具饵料、海鲜餐饮、旅业服务和购物消费等多个相关产业的发展，我国大连、青岛、宁波、厦门、珠海、海南的一些岛屿都是优良的海钓场所。

① 段学成，朱晓辉.海钓旅游开发实证研究——以舟山嵊山岛为例［J］.国土与自然资源研究，2016（1）：89-91.

根据不完全统计，中国目前有各类海钓俱乐部400余家，南海、东海、环渤海三大沿海区域成为海钓业的集中地点，目前属于专业级别的海钓人数已达50万，每年举办大量的海钓邀请赛等活动。形成了“平台化展示、基地化管理、企业化运作、节庆式推进、精品化发展、体制化保障”的海钓发展模式①。

三、海洋康体保健旅游

海洋旅游目的地具有风光秀丽、空气湿润、气候宜人、紫外线充足、冷暖适中、空气中富含负离子与微量元素等特点，对人体健康十分有益。中国利用海洋优良的海洋资源、养生资源，开发多种类型的医疗健康旅游产品，大力培育富有特色的医疗旅游品牌，拓展国内外医疗旅游市场，不断延伸与医疗健康相关的产业链。积极发展旅游与健康体检、疗养结合的模式。鼓励针对不同消费需求，开发温泉养生、中医药养生、游乐养生、美食养生等特色养生产品。纯净的海水及氯化钠温泉具有泡浴、饮用及吸入等使用方式，结合海洋性气候和其他康养方法，对人类的身心健康有确切的辅助医疗和康复作用。以海水浮力、静水压力、水流冲击等方式享受海水中独有元素，通过水中行走、逆流游泳以及冷热交替的温度来唤起身心活力及内在自愈能力。利用源自于海洋环境中有益人类身心健康的“疗养因子”（气候、海水、海泥、海藻和沙子）可以进行综合性保健治疗实现自然疗法。

我国海洋康养旅游常见的有日光浴、沙疗等，日光浴是利用日光进行锻炼或防治慢性病的方法，主要是让日光照射到人体皮肤，引起一系列理化反应，以达到健身治病的目的。海水浴是在天然海水中浸泡、冲洗或游泳的健身防病方法，对过敏性皮炎、日光皮炎、神经性皮炎、牛皮癣、湿疹、痱子等皮肤病都有疗效，还可以起到按摩、消肿、止痛、促进血液循环并使血管舒张、降压作用。沙疗已经成为群众健身防病的养生方式，可减轻疼痛、祛除风湿，浴后会感到全身松爽。还有海水SPA和水疗，主要透过人体的五大感官达到全方位的放松，将精、气、神三者合一，实现身、心、灵放松。将医学治疗和康复疗养与日光、温泉、地热、海滨、森林等旅游资源进行有机结合，形成健康观光旅游、健康休闲旅游、健康养生旅游、健康体验旅游、健康度假旅游、健康

① 王依欣．中国海钓的产业化之路［J］．中国渔业经济，2009，27（2）：97-101.

养老旅游等系列化的创新型旅游产品。

四、海洋低空旅游

低空旅游利用民用航空器飞行开展的观光、休闲、娱乐等，是“通航+旅游”融合形式。根据中国民航局印发《空中游览》咨询通告中提出的空中游览、飞行体验和异地短途观光等词汇。低空区域原则上是指全国范围内真高1000米（含）以下区域。山区和高原地区可根据实际需要，经批准后适当调整高度范围。滨海低空旅游是依托相邻或相近的海岸带、海岛及海洋等各种自然和人文资源，使用通用航空器从事非航空运输的商务、观光、休闲、体育娱乐等旅游活动。

我国通用航空不断向大众化发展，低空旅游具备巨大潜力与市场基础。随着中国通用航空和低空飞行的快速发展，飞机将越来越融入普通百姓的生活。我国初步形成一批以城市及景区空中观光为核心的低空旅游示范项目，一些城市也开通了以观光为主的低空旅游项目。中国低空旅游正在呈现几个发展趋势：一是产品体验化，低空旅游产品将由观光产品向运动体验、衍生主题消费产品升级；二是布局网络化，形成“城市—景区—城市”为主的网络化发展格局；三是组织专业化依托协会、俱乐部等组织，培育消费爱好和专业技能，激活低空旅游消费市场。构建以低空旅游为核心环节，延伸体验服务环节，因地制宜开展培训、作业相关的配套业务体系，增加飞行模拟、飞行表演、飞机驾驶培训、私人飞机托管服务等，延伸拓展低空旅游衍生产品、承接婚庆蜜月、广告宣传、会议会展、演艺娱乐、企业年会等业务，拓展经营范围实现叠加效应，形成有效的低空旅游产业链生态体系。

中国各地正在重点开发空中观光、通勤交通、运动娱乐、赛事节庆和驾驶体验等专项产品，根据不同风光景区开发建设特色化、差异化、个性化的低空旅游产品，加快发展空中婚礼、低空跳伞、低空摄影以及动力三角翼、热气球、双人动力伞观光旅游等低空旅游，进一步增强低空旅游产品的多样性、服务的乐趣性，从而构建模块化、可定制、差异化的产品体系，综合提升低空旅游产业的整体品质①。

---

① 张洪，龚婷. 新时代我国低空旅游产业高质量发展的路径选择［J］. 当代旅游，2017，（7）：195–196.

五、海洋会展节庆旅游

随着海洋旅游不断发展，中国与海洋有关的会展和节庆活动迅速发展。著名大的代表性海洋会展节庆活动有：一是在深圳举办的中国海洋经济博览会，即“海博会”，是中国海洋第一展，是推动新技术、新成果转化和产业化的重要平台，包括展览、论坛、配套活动等内容。二是舟山举办的世界海岛大会，聚焦海洋海岛旅游全产业链开发。三是厦门举办的游钓、休闲渔村及海洋娱乐产业博览会，已成为中国“休闲渔业第一展”。四是海南国际海洋博览会，是“海洋旅游”主题的海洋旅游行业 B2B2C 专业展会。还有各地举办的各类海洋旅游节、各种涉及海洋相关领域的展会。

六、海洋极地旅游

极地以神奇的冰雪风光吸引全球游客，以观赏冰山峡湾和特有生物、参观科考站、滑雪、潜水和冰海划舟等为主，南极旅游以乘船为主，占全部客流量的 93%~97%。南极旅游的线路主要分为东线和西线：东线一般经澳大利亚、新西兰和南非前往东部南极大陆；西线一般从南美洲南部的港口城市乌斯怀亚出发，横渡德雷克海峡前往南设德兰群岛或在此线路的基础上增加观光岛屿。前往南极点或进行南极徒步旅行一般搭乘飞机抵达联合冰川后再飞至南极点。北极旅游较便捷的线路是游客飞赴芬兰赫尔辛基后转飞至挪威奥斯陆，再飞至斯瓦尔巴群岛、冰岛或格陵兰岛（北极 3 岛）。游客前往北极点可选择乘坐破冰船或飞机，从摩尔曼斯克出发，经巴伦支海至北极点，途中会在法兰士约瑟夫地群岛登陆；乘坐飞机可从挪威斯瓦尔巴的朗伊尔宾飞至北极点附近的巴厄诺冰雪帐篷考察站，再转乘直升机至北极点[①]。

根据国际南极旅游组织协会（IAATO）统计，中国赴南极游客数量最近几年保持第二，2016—2017 年，中国游客共约 5289 名，占 12%；2017~2018 年，中国游客升至约 8156 名，占 16%；2018~2019 年，中国游客共约 8149 名，占 15%。过去几年，中国赴南极旅游人数增长率是美国平均增长率的 3.5 倍，是全球增长率的 3 倍多，预计 2023~2024 年中国将超越美国成为前往南极人数最

---

① 唐荣，李萍，刘杰，李培英，冯秀丽．极地旅游发展研究［J］．海洋开发与管理，2018，35(6)：26–29．

多的国家，将成第一大客源国。

在我国“建设海洋强国”和“海上丝绸之路”的战略背景下，海洋旅游业作为海洋产业和旅游业的重要组成部分受到前所未有的重视，未来海洋旅游将向着高端化、国际化、信息化、智能化的方向发展。海洋广阔无垠，随着科技不断发展，潜水游、游艇海钓、南极游等新型旅游产品兴起，21 世纪海上丝绸之路特色邮轮旅游航线和海上无目的地邮轮旅游航线加快发展，海洋旅游不断走向深蓝时代。

项目统筹： 谯　洁
责任编辑： 郭海燕
责任印制： 冯冬青
封面设计： 中文天地

图书在版编目（CIP）数据

海洋旅游发展的中国模式 / 石培华等编著. -- 北京：中国旅游出版社，2021.4

（中国旅游发展模式研究系列丛书 / 石培华主编）

ISBN 978-7-5032-6648-5

Ⅰ. ①海… Ⅱ. ①石… Ⅲ. ①海洋－旅游业发展－研究－中国 Ⅳ. ①F592.3

中国版本图书馆CIP数据核字(2021)第060970号

书　　名： 海洋旅游发展的中国模式

作　　者： 石培华等编著
出版发行： 中国旅游出版社
（北京静安东里 6 号　邮编：100028）
http://www.cttp.net.cn　E-mail:cttp@mct.gov.cn
营销中心电话：010-57377108，010-57377109
读者服务部电话：010-57377151
排　　版： 北京旅教文化传播有限公司
经　　销： 全国各地新华书店
印　　刷： 北京工商事务印刷有限公司
版　　次： 2021 年 4 月第 1 版　2021 年 4 月第 1 次印刷
开　　本： 720 毫米 × 970 毫米　1/16
印　　张： 20.75
字　　数： 330 千
定　　价： 68.00 元
ISBN　978-7-5032-6648-5